전설로 떠나는

월街의 영웅

주식투자에서 상식으로 성공하는 법

전설로 떠나는
월街의 영웅

피터 린치·존 로스차일드 지음 | **이건** 옮김 | **홍진채** 감수

ONE UP ON WALL STREET

국일증권경제연구소

헌사

아내이자 20년 넘게 최고의 친구인 캐럴린Carolyn에게 바친다.
아내의 지원과 희생이 나에게 결정적으로 중요했다.

세 딸 메리Mary, 애니Annie, 베스Beth에게 바친다.
부모를 사랑하고 형제끼리 사랑해주니 정말 고맙다.

피델리티 인베스트먼츠의 동료들에게 바친다.
이들의 특별한 노력 덕분에 마젤란이 탁월한 실적을 올렸으나,
이들은 세인의 주목을 받지 못했다.

100만 마젤란 주주들에게 바친다.
이들은 소중한 돈을 내게 맡겨주었으며,
그동안 내게 편지 수천 통과 전화 수천 통을 보내주었고,
시장이 폭락할 때는 장차 회복될 것이라고
일깨우면서 나를 위로해주었다.

하나님께 바친다.
평생 내게 베풀어주신 놀라운 축복에 감사드린다.

득점왕 10회, 시즌 MVP 3회, 우승 6회, 결승 MVP 6회. 마이클 조던이 시카고 불스에서 14년간 뛰면서 일궈낸 기록이다. 가히 농구의 신이라 불릴 만한 어마어마한 업적이다. 그런데 마이클 조던과 같은 14년이란 기간 동안 주식시장 역사에 길이 남을 업적을 쌓아 올린 인물이 있었으니 바로 전설적인 펀드매니저로 불리는 피터 린치다.

1977년부터 1990년까지 2,500%(연평균 복리수익률 28%)의 누적수익률을 올리며 마젤란 펀드를 140억 달러 규모(처음 펀드를 맡았을 당시에 비해 500배 성장)로 키워냈을 뿐 아니라 놀랍게도 단 한 해도 마이너스 수익률을 기록하지 않았다. 미국 프로 농구계에 마이클 조던이 있었다면 미국 자산운용 세계에는 피터 린치가 있었다.

차이점은 하나 있다. 마이클 조던은 직접 농구 교본을 펴낸 적이 없지만 피터 린치는 직접 세 권의 책을 냈다. 그것도 자신의 주식투자 비법을 빠짐없이 모두 담아서 말이다. 그 중에서도 백미는 단연코 1989년에 첫 번째 출간된 책인《월가의 영웅》이다. 나는 이 책을 주식투자를 시작한 1996년에 처음 접했는데 1995년 한국에 소개되었으니 운이 억세게도 좋았던 셈이다. 이 책으로 주식투자의 개념을 올바로 잡았기 때문이다.

나는 종종《월가의 영웅》을 두고 주식투자자들에게 축복과도 같은 책이라 얘기한다. 위대한 농구선수가 마이클 조던만이 아닌 것처럼 투자의 대가들도 꽤나 많이 꼽을 수 있다. 하지만 단언컨대 피터 린치만큼 쉽고 재미있으며 유익한 책을 쓴 사람은 없다. 직접 경험한 경제 사건들을 비롯해 온갖 기업들의 흥망성쇠가 드라마처럼 펼쳐질 뿐 아니라 종목의 유형을 명쾌하게 분류해 실전투자에 적용할 수 있도록 도와준다.

피터 린치가 활약한 80년대는 마이클 밀켄으로 상징되는 정크본드 차입매수의 광풍이 불었으며 이반 보에스키로 상징되는 내부자 정보 스캔들이 횡행했던 시기였다. 이런 때 아내의 쇼핑 목록을 관찰해 10배 오르는 종목을 발굴하는 그의 투자방식은 신선한 충격이 아닐 수 없었다. 상식적인 투자가 첨단 금융기법이나 은밀한 거래를 이길 수 있음을 보여준 덕택에 오늘날 우리는 철학적, 도덕적 고민에서 자유로워졌다. 게다가 개인투자자들도 얼마든지 좋은 성과를 낼 수 있다고 설득하며 자신감을 불어넣기까지 한다.

우리는 마이클 조던의 시그니처로 우아한 덩크슛과 페이드어웨이슛을 떠올린다. 피터 린치의 시그니처는 발로 뛰는 기업탐방과 생활 속의 발견이다. 지금은 개인투자자부터 펀드매니저까지 모두 기본이라 여기는 방법인데, 피터 린치가 이 책에 소개하면서부터 보편화되었다고 봐야 한다. 이외에도 그가 전해준 팁들과 남긴 명언들은 나의 펀드매니저로서의 삶에 깊숙이 자리잡고 있다. 힘들고 어려울 때마다 이 책을 꺼내 읽으며 그의 가르침을 가슴에 다시 새긴다(농구선수들도 조던의 영상을 반복해 보는지 궁금하다).

피터 린치의 존재가 한국에 알려진 지 26년이 흘렀다. 그 가운데 큰 전환점은 이건 역자가 새롭게 번역한 개정판의 출간이었다. 이를 통해 우리는 다시 나오기 힘든 명저를 더 올바로 이해할 수 있게 되었다. 그런데 이건 역자는 용어와 표현을 다시 고쳐 또 한번의 개정판을 냈다. 완벽한 번역을 향한 뜨거운 열정에 박수를 보낸다. 한국에 이런 깐깐한 번역가가 있다는 건 한국의 주식투자자들에게 또 다른 축복이 아닐까 싶다.

피터 린치는 그가 운용한 펀드 이름인 마젤란(포르투갈의 항해가)처럼 주식시장이란 바다에서 역사에 남을 항해를 성공적으로 마친 사람이다. 이제 그가 직접 들려주는 모험의 세계로 들어가보자. 틀림없이 그 흥미진진한 이야기에 푹 빠져들고 말 것이다.

– 최준철 VIP자산운용 대표

이 책의 부제목은 '(당신이 이미) 알고 있는 지식으로 돈 버는 방법 How to use what you already know to make money in the market'입니다. 이는 성공적인 투자에 특별한 지식이 필요치 않다는 말입니다. "통상적으로 두뇌의 3%를 사용하는 정상인이라면 월스트리트의 전문가 못지않게 종목을 선정할 수 있다."고 피터 린치는 말합니다. 물론 이 말이 아무런 준비 없이 주식시장에 뛰어든 개인들도 누구나 좋은 성과를 거둘 수 있다는 말은 절대 아닙니다. 그보다는 성공투자를 위해 내부자만 알 수 있는 은밀한 정보라든지, 대학에서 박사학위를 받은 전문가의 깊은 지식이 꼭 필요한 것은 아니라는 의미입니다. 건전한 상식을 가진 개인들도 이미 세상에 다 공개된 정보를 기반으로 얼마든지 훌륭한 투자 의사결정을 내릴 수 있습니다. 물론 그러기 위해서는 철저한 분석을 통해 합리적으로 기업 가치를 평가하고, 자신이 구한 가치보다 충분히 싼 가격에 사서 최소 2-3년 기다릴 마음가짐으로 멀리 보고 투자하는 자세가 필요할 것입니다.

피터 린치는 13년간의 기관투자자 생활을 거쳐 46세에 은퇴한 후 현재는 행복한 개인투자자의 삶을 살고 있습니다. 이 책은 그가 은퇴를 1년 앞둔 시점에 개인투자자들의 투자를 격려하고자 쓴 책입니다. 피터 린치는 자신이 전문 투자자였음에도 불구하고 개인투자자들이 전문가 못지않게 성과를 낼 수 있다고 이야기하고 있습니다.

공교롭게도 저는 피터 린치와는 반대로 대략 13년간의 개인투자자 생활을 거쳐 46세에 투자자문사를 창업하여 기관투자자의 세계로 들어섰습니다. 처음 저는 기관투자자가 되면 개인투자자였을 때보다 여러 가지 혜택이나 이점이 있지 않을까 생각했습니다. 하지만 기관투자자나 개인투자자나 정말로 큰 차이가 없었습니다.

기업들이 사업보고서와 여러 가지 공지 자료를 올리는 전자공시 시스템인 DART는 기업을 알 수 있는 최고의 보물 창고이며 누구나 이용할 수 있습니다. 최근 들어서는 블로그와 유튜브 상에 공짜로 보는 게 미안할 정도로 질 좋은 자료들이 방대하게 올라와 있습니다. 홈페이지에 회사의 IR자료를 올리는 기업들도 점차로 늘어나고 있습니다. 이런 자료로도 불충분하다면 기업의 IR담당자에게 전화를 하거나 탐방을 통해 궁금한 점을 추가적으로 확인해볼 수도 있습니다. 개인일 때나 기관일 때나 IR담당자에게 듣는 내용은 별 차이가 없습니다. 개인들은 흔히 기관투자자들이 개인은 얻지 못하는 특별한 정보를 기업으로부터 얻을 수 있을 거라 막연히 짐작하지만 그런 부분은 제가 아는 한 정말 없다고 말씀드릴 수 있습니다.

하지만 이것이 모든 개인투자자가 기관투자자와 동등한 실력을 갖췄다는 얘기는 아닙니다. 누구나 물에 들어갈 수는 있겠지만, 능숙하게 헤엄을 치려면 최소한 몇 개월의 수영 강습과 1-2년 이상의 꾸준한 연습이 필요한 것과 마찬가지입니다. 투자에도 기본적인 준비와 연습 과정이 필요합니다. 그 과정에서 훌륭한 스승의 지도를 받는다면 분명히 큰 도움이 될 것입니다. 그런 의미에서 피터 린치와 그의 책은 훌륭한 스승의 역할로 손색이 없습니다. 이 책은 주식투자에 앞서 투자자가 갖춰야 할 기본적인 자세와 태도, 구체적인 종목 선정 방법부터 포트폴리오 운용까지 투자에 필요한 모든 부분을 재미있고 구체적으로 알려주고 있습니다. 1989년 이 책의 초판이 나오고 30년이 넘는 시간이 흘렀지만, 저를 포함하여 많은 전문투자자들이 지금도 여전히 이 책에 담긴 내용처럼 실제로 종목을 발굴하고 포트폴리오를 운용하고 있습니다. 피터 린치의 조언은 30년 전이나 지금이나 전혀 빛바래지 않았습니다. 이미 고전의 반열에 오른 이 책 자체가 훌륭한 투자에 최첨단 지식이 꼭 필요하지 않음을 방증하는 사례라고 할 수 있습니다.

투자 전문 번역가이신 이건 선생님의 쉽고 간결한 문장으로 다듬어져 새롭게 출간된 이 책은 투자를 시작하는 모든 분들이 방대한 투자 세계에서 헤매지 않고 스스로 길을 찾아갈 수 있도록 안내하는 최고의 길잡이가 될 것이라 생각합니다.

– 박성진 이언투자자문 대표

목차

1부

투자 준비

2부

종목 선정

3부

장기적 관점

$

밀레니엄판 서문

　　나는 개인투자자들에게 기본 정보를 제공하고 투자를 격려하고자 이 책을 썼다. 그런데 이 책이 30쇄를 거치면서 100만 부 넘게 팔릴 줄 누가 알았겠는가? 초판이 발간되고 11년 뒤 이 개정판이 나왔지만, 내가 피델리티 마젤란 펀드에서 좋은 실적을 올리게 해준 동일한 원리가 오늘날의 주식투자에도 그대로 적용된다고 나는 확신한다.

　　1989년 《월가의 영웅One Up On Wall Street》이 서점에 나오고 나서 오랜 세월이 흘렀다. 나는 1990년 5월 마젤란 펀드를 떠났는데, 전문가들은 기막힌 선택이라고 말했다. 이들은 내가 적절한 시점에 떠난다고 축하해주었다. 대형 강세장이 붕괴하기 직전이었기 때문이다. 한동안은 비관주의자들이 똑똑해 보였다. 미국의 주요 은행들이 지급불능 상태에 빠져 몇몇은 도산하고 말았다. 초가을이 되자 이라크에 전운이 감돌았다. 주식이 근래에 보기 드물게 최악으로 폭락했다. 그 뒤 곧 전쟁이 승리로 끝났고, 은행 시스템이 회복되었으며, 주식도 반등했다.

사실은 반등 정도가 아니었다! 다우지수가 1990년 10월 이후 4배이상 올라서 2,400 수준에서 1만 1,000을 훌쩍 넘어섰다. 20세기들어 주식시장에 최고의 10년이었다. 미국 가구의 거의 50%가 주식이나 펀드를 보유했는데, 이는 1989년보다 32% 증가한 것이다. 시장 전체로 25조 달러에 이르는 새로운 부가 창출되었고, 모든 도시와 마을에 그 영향이 드러났다. 이런 상태가 이어진다면, 누군가 '이웃집 억만장자'라는 책도 쓸 법하다.

4조 달러가 넘는 신규 자산이 펀드에 투자되었는데, 1989년에는 2,750억 달러였다. 나는 펀드매니저였으므로, 펀드의 대성공은 내게 좋은 일이다. 하지만 한편으로는 아마추어 투자자들의 주식투자 실적이 부진했다는 뜻도 된다. 만일 이런 대형 강세장에서 이들이 직접 투자로 좋은 실적을 올렸다면, 이렇게 대규모가 펀드로 옮겨가지는 않았을 것이다. 아마도 이 책에 담긴 정보가 길을 잃은 투자자들에게 더 수익성 높은 길로 안내할 것이다.

마젤란 펀드에서 물러난 후, 나는 개인투자자가 되었다. 나는 자선사업으로, 신앙이 다양한 빈민가 아이들을 보스턴 가톨릭 학교에 보낼 장학금을 모금하고 있다. 그리고 피델리티에서 비상근으로 펀드 이사 업무를 담당하면서, 젊은 애널리스트(다양한 산업과 기업을 조사하는 사람) 양성과 자문을 맡고 있다. 최근 내 여가가 적어도 30배쯤 늘어났기 때문에 나는 가족과 함께 집과 해외에서 많은 시간을 보낸다.

이제 내 이야기는 충분히 했다. 우리가 좋아하는 주제인 주식으로 돌아가자. 1982년 8월에 시작된 강세장에서 주가가 미국 역사상 가장 많이 상승하여 다우지수가 15배가 되었다. 린치의 표현을 쓰면 이것은 '15루타'가 된다. 나는 다양한 성공기업들 가운데서 15루타 종목을 발굴하는 데는 익숙하지만, 시장 전체가 15루타라면 이것은 기절초풍할 보상이다. 한번 생각해보자. 1929년 고가에서 1982년까지 다우지수는 겨우 4루타였다. 반세기 동안 248에서 1,046으로 올랐을 뿐이다! 이후 주가가 오를 때는 더 빨리 올랐다. 다우지수가 2,500에서 5,000으로 두 배가 되는 데 8.3년이 걸렸고, 5,000에서 1만으로 두 배가 되는 데는 겨우 3.5년 걸렸다. 1995~1999년에는 20% 넘게 상승하는 해가 유례없이 5년이나 이어졌다. 전에는 20% 넘게 상승한 해가 3년 이상 이어진 적이 한 번도 없었다.

월스트리트에 대형 강세장이 진행되자, 시장을 믿었던 사람들은 보상을 받았고, 회의적인 사람들은 어리둥절했다. 하지만 내가 처음으로 마젤란 펀드 운용을 맡았던 1970년대 초의 침체장에서는 양쪽 모두 이런 강세장이 오리라고는 상상도 하지 못했다. 시장이 저가에 이르렀을 때 사기가 꺾인 투자자들은 약세장이 영원하지 않다는 사실을 상기해야 했다. 인내심 있는 투자자들은 다우지수가 1960년대 말에 도달했던 수준을 회복하기까지 15년 동안 주식과 펀드를 계속 붙들고 있었다. 오늘날에는 강세장이 영원하지 않으며, 시장이 어느 방향으로 움직일 때나 인내심이 필요하다는 사실을 기억해야 한다.

이 책의 20장에서 나는 1984년 AT&T(미국 전화전신 회사로 출발한 복합 지주회사)의 기업분할(모회사가 주주에게 자회사 주식을 분배하면서 새 회사를 분리 독립시키는 행위)이 이 시대 주식시장에서 가장 중요한 사건이라고 말했다. 오늘날에는 인터넷이 그렇다. 하지만 인터넷은 지금까지 내 곁을 그냥 지나쳤다. 나는 예나 지금이나 기술 공포증에 시달리고 있다. 내 경험으로는 최신 유행을 따르지 않아도 투자에 성공할 수 있다. 사실 워런 버핏을 포함해서 대부분 위대한 투자가들은 기술 공포증이 있다. 이들은 자신이 이해하지 못하는 주식은 보유하지 않는데, 나 역시 그렇다. 나는 던킨 도너츠와 크라이슬러를 이해하기 때문에 내 포트폴리오에 편입시켰다. 나는 은행, 저축대부조합, 그 친척뻘 되는 패니메이Fannie Mae는 이해한다. 그러나 웹은 모른다. 나는 웹으로 검색해본 적도 없고, 채팅해본 적도 없다. 아내나 자녀와 같은 전문가의 도움이 없으면, 나는 웹을 찾지도 못한다.

1997년 추수감사절 휴일에, 나는 뉴욕에서 웹에 능숙한 친구와 에그노그(달걀에 설탕, 우유 따위를 넣은 음료)를 함께 먹었다. 친구에게 나는 아내 캐럴린이 미스터리 소설가 도로시 세이어즈Dorothy Sayers를 좋아한다고 말했다. 친구가 근처 컴퓨터 앞에 앉아 몇 번 클릭하니 세이어즈의 저서 목록이 나왔고, 독자 리뷰와 함께 별 한 개에서 다섯 개까지 등급도 매겨져 있었다(서점 웹사이트에서는 저자도 펀드매니저처럼 등급이 매겨진다). 나는 캐럴린에게 선물할 세이어즈 책 네 권을 구입했고, 선물 포장을 선택했으며, 우리 집 주소를 입력했고, 내 크리스마스 선물 목록 하나에 완료 표시를 했다. 이렇게 해서 나는 처음으로 아마존닷컴을 접하게 되었다.

이 책을 읽다 보면 다른 전문가들보다 훨씬 앞서서, 내가 먹어보거나 쇼핑하는 방법으로 최고의 주식들을 발굴한 이야기가 나온다. 아마존은 교외의 쇼핑몰 공간이 아니라 사이버 공간에 존재했으므로, 나는 아마존을 무시했다. 아마존은 내가 이해하지 못할 정도는 아니었다. 그 사업은 세탁소만큼이나 이해하기 쉬웠다. 또한 1997년에 아마존은 전망에 비해 합리적인 가격 수준이었고, 자금상태도 양호했다. 그러나 나는 이런 새로운 형태에서 기회를 발견할 만큼 사고가 유연하지 못했다. 내가 마음먹고 조사했다면, 이런 유형의 쇼핑에 존재하는 거대한 시장과 아마존의 시장 확보능력을 발견했을 것이다. 애석하게도 나는 조사하지 않았다. 그동안 아마존은 1998년 한 해에만 10배로 뛰어 '10루타 종목'이 되었다.

아마존은 기적적인 상승실적을 기록한 500대 '닷컴' 종목에 충분히 포함된다. 첨단기술주와 닷컴 종목들의 경우, 스티븐 킹^{Stephen King}이 스릴러 한 편을 쓰기도 전에 새로 공개한 주식이 열 배로 뛰는 일도 드물지 않다. 이런 투자에는 인내심도 그다지 필요 없다. 인터넷이 등장하기 전에는 기업들이 꾸준히 성장해서 수십억 달러 규모의 대기업이 되어야 했다. 이제는 기업이 이익을 내기 전에도, 심지어 매출이 발생하기 전에도, 수십억 달러짜리 대기업이 될 수 있다. 미스터 마켓Mr. Market(주식시장을 가리키는 가상적 인물)은 갓 태어난 웹사이트가 지난 세대의 월마트나 홈디포Home Depot와 같은 방식으로 실물 세계에서 실적을 입증할 때까지 기다리지 않는다.

이제는 인기 높은 인터넷 주식에 대해 기본을 따지는 일 자체가 구식이다(구식이라는 말 자체가 구식이고, 이런 말을 쓴다는 점에서 나 역시 구식이다). 단지 닷컴의 겉모습과 그 뒤에 숨은 흥미로운 개념만 보고도, 오늘날의 낙관주의자들은 수십 년의 성장과 번영에 해당하는 가격을 기꺼이 먼저 지불한다. 그러면 후속 매수자들이 미래지향적 '펀더멘털(fundamental: 기본 지표)'을 바탕으로 더 높은 가격에 주식을 매수하며, 이런 주가 상승으로 미래가치는 더욱 높아진다.

실리콘밸리(Silicon Valley: 샌프란시스코 근교 첨단산업단지)에서 마세라티(Maserati: 이탈리아의 고급 스포츠카)가 많이 팔리는 것을 보면, 기업을 공개하는 닷컴기업 경영자들과 일찌감치 매수해서 적절한 시점에 팔고 나오는 투자자들은 엄청난 돈을 버는 듯하다. 하지만 나는 닷컴 종목이 잔뜩 오른 뒤 매수하는 사람들에게 경고 한마디 하려고 한다. (실현이 안 될지도 모르는)이익이 장기간 고성장을 거듭하는 것으로 이미 주가에 반영되었는데도, 닷컴 주식을 매수하는 것이 과연 합당한가? 내 질문 방식에서 당신도 이미 파악했겠지만, 내 답은 "아니오."다. 이런 신규 종목 중에는 거래 첫날 2배, 3배, 심지어 4배로 뛰는 종목도 많다. 주식중개인이 이런 종목을 공모가로 상당 물량을 확보해주지 못한다면, 투자자는 이익을 얻기가 힘들다(그러나 인터넷 공모는 '슈퍼볼(Super Bowl: 프로 미식축구의 챔피언 결정전)' 입장권보다도 경쟁이 치열하므로, 가망이 거의 없다). 닷컴 종목들은 개장 몇 시간 만에 고가에 도달할 것이므로, 아마 투자자들은 한 푼도 벌지 못할 것이다.

당신이 닷컴 축제에서 소외되었다는 느낌이 든다면, 닷컴 투자자들 가운데 상승폭을 전부 차지한 사람이 거의 없다는 사실을 상기하라. 대부분 투자자가 접근하기도 힘든 공모가를 기준으로 수익률을 측정한다면, 이는 투자자를 오도하는 것이다. 주식을 어느 정도 배정받은 사람들은 단지 운이 좋은 사람들이기 때문이다.

즉시 만족을 주는 투자방식이 주위에 널려있는데도, 나는 여전히 낡은 방식으로 투자하고 있다. 나는 구식 펀더멘털에 따라 실적이 나오는 주식을 보유하고 있다. 즉, 신규시장에 진입하고, 이익이 증가하며, 이에 따라 주가가 오르는 성공적인 기업들을 보유하고 있다. 아니면 결함이 있지만 회생하고 있는 회사를 보유한다. 린치 포트폴리오의 전형적인 대박 종목들은(지금도 여전히 잘못 골라서 손실 입는 종목이 있다!) 실력을 발휘하는 데 대개 3~10년 이상 걸린다.

닷컴기업들은 이익이 발생하지 않기 때문에 표준적인 PER(주가수익배수Price Earnings Ratio = 주가 / 주당순이익) 척도로는 대부분 평가할 수가 없다. 다시 말해서, PER에서 이익에 해당하는 'E'가 없다. PER이 없으면 투자자들은 어디에나 나타나는 유일한 데이터에 집중할 수밖에 없다. 그것은 주가다! 내가 보기에, 주가는 유용성이 가장 낮은 정보인데도, 사람들이 가장 많이 추적하는 정보다. 1989년 《월가의 영웅》이 발간될 때만 해도, 파이낸셜 뉴스 네트워크Financial News Network

채널의 화면 하단에만 시세 테이프가 지나갔다. 요즘에는 다양한 채널에서 시세 테이프를 볼 수 있으며, 일부 채널에서는 조그마한 박스에 다우Dow, S&P500 등을 보여주기도 한다. 시청자들은 채널을 돌리다 보면 자연스럽게 종가를 알게 된다. 인기 포털사이트에 들어가면, 우리는 클릭 몇 번으로 개인화된 포트폴리오를 구성하여 모든 보유종목에 대해 직전의 움직임까지 파악할 수 있다. 아니면 무료전화, 무선호출기, 음성메일로도 주가를 알 수 있다.

이렇게 쏟아지는 주가 정보는 잘못된 메시지를 전달한다. 내가 좋아하는 인터넷 회사가 30달러에 거래되고, 당신 종목이 10달러에 거래된다면, 가격에만 관심을 집중하는 사람들은 내 종목이 당신 종목보다 낫다고 말할 것이다. 이런 생각은 위험한 착각이다. 오늘이나 다음 주 미스터 마켓이 지불하는 가격을 보아서는 정보고속도로 시대에 2~3년 뒤 어느 회사가 성공할지 알 수가 없다. 만일 한 가지 데이터만 추적해야 한다면, 이익을 추적하라. 그 회사에 이익이 있다면 말이다. 이 책에서 보겠지만, 나는 이익이 조만간 주식투자의 성패를 결정한다고 믿는다. 오늘, 내일, 다음 주에 주가를 자꾸 들여다보아도 정신만 산란해질 뿐이다.

인터넷은 세상을 바꾼 첫 번째 혁신이 절대 아니다. 철도, 전화, 자동차, 비행기, TV 모두 인류의 전반적인 생활, 아니면 적어도 세계 인구 상위 1/4에 혁명적인 영향을 미쳤다고 주장할 수 있다. 이런 새로운 산업이 새로운 기업들을 낳았지만, 오로지 몇 개만 생존하여 그 분야를 지배했다. 인터넷에도 똑같은 일이 일어날 것이다.

맥도날드McDonald's가 햄버거 시장을 차지하고, 슐룸베르거Schlumberger가 유전 서비스 시장을 지배한 것처럼, 한두 개 거대기업이 이 분야를 장악할 것이다. 성공하는 회사의 주주들은 부자가 되겠지만, 성공하지 못한 회사의 주주들은 돈을 잃을 것이다. 물론 당신이 솜씨 좋게 선택하는 종목이 연 10억 달러를 버는 거대기업으로 성장할 수도 있다.

전형적인 닷컴기업들은 아직 이익이 없지만, 간단하게 분석해보면 어떤 회사가 장차 얼마를 벌어야 현재의 주가가 지탱되는지 대충 파악할 수 있다. 닷컴.com이라는 기업이 있다고 가정하자. 먼저 유통주식수(1억 주로 가정)에 현재 주가(100달러로 가정)를 곱해서 '시가총액'을 구한다. 1억 주에 100달러를 곱하면 100억 달러가 나오는데, 이것이 닷컴의 시가총액이다.

언제 어느 회사에 투자하든지, 우리는 그 회사의 시가총액이 증가하기를 바란다. 다른 투자자가 더 높은 가격에 주식을 매수하면 시가총액이 증가하고, 우리의 투자는 가치가 올라간다. 따라서 닷컴이 10루타 종목이 되기에 앞서서, 시가총액이 100억 달러에서 1,000억 달러로 열 배 증가해야 한다. 일단 목표 시가총액을 설정한 다음에는 이렇게 자신에게 물어야 한다. "닷컴이 1,000억 달러의 가치를 지탱하려면 얼마나 벌어야 하는가?" 대략 답을 구하려면, 고성장주의 일반적인 PER을 적용하면 된다. 요즘처럼 분위기가 고조된 시장에서는 이익의 40배라고 가정하자.

여기서 잠시 여담을 하겠다. 10장에서 나는 맥도날드의 사례를 들면서, 아무리 훌륭한 회사라도 너무 비싸게 사면 위험한 투자가 된다고 언급했다. 1972년 맥도날드는 주가가 무려 이익의 50배까지 상승했다. 하지만 이렇게 '과도한 기대'를 충족할 방법이 없었기 때문에 주가는 75달러에서 25달러로 떨어졌고, '더 현실적인 수준'인 이익의 13배가 되어 훌륭한 매수 기회를 만들어주었다. 이어서 로스 페로Ross Perot의 일렉트로닉 데이터 시스템스Electronic Data Systems(EDS)에 사람들이 자그마치 이익의 500배를 지불했다는 사실도 언급했다. 이익의 500배라면, 이익이 일정할 경우 EDS에 투자해서 초기 투자금액을 회수하려면 500년이 걸린다. 인터넷 덕분에 이제는 이익의 500배도 충격적인 수준이 아니고, 앞의 예에서 가정한 닷컴의 40배나 50배도 놀라운 수준이 아니다.

어쨌든 1,000억짜리 기업이 되려면 닷컴은 결국 연 25억 달러를 벌어야 한다는 계산이 나온다. 1999년에 25억 달러 넘게 번 미국기업은 33개에 불과하므로, 닷컴기업도 이만큼 벌려면 마이크로소프트처럼 크게 성공한 기업이 되어야 한다.

그래도 인터넷에 대한 논의는 긍정적으로 마무리하고자 한다. 무리한 희망을 안고 과도한 시가총액에 매수하지 않고서도 인터넷 트렌드에 편승하는 방법이 세 가지 있다. 첫째는 유서 깊은 '곡괭이와 삽' 전략이다. 골드러시 기간에 금을 캐려던 사람들은 대부분 돈을 잃었지만, 이들에게 곡괭이, 삽, 텐트, 청바지(리바이 스트라우스Levi Strauss)를 팔았던 사람들은 멋지게 이익을 냈다. 오늘날 우리는 인터넷 사용량 증가로부터 간접적으로 이득을 얻는 비非인터넷기업을 찾을 수 있다(택배업이 확실한 예다). 아니면 인터넷 가동과 관련된 스위치 및 장치 제조업체에 투자할 수도 있다.

둘째는 이른바 '공짜 인터넷주'다. 이는 실제로 이익이 발생하고 주가도 합리적인 비인터넷 기업에 인터넷 사업이 섞여 있는 경우를 말한다. 당신이 스스로 찾을 수 있으므로, 회사 이름을 열거하지는 않겠다. 그러나 내 눈에는 흥미를 돋우는 공짜주가 여럿 보인다. 대개 이런 상황에서 회사 전체는 예컨대 현재 시장에서 8억 달러로 평가받지만, 풋내기 인터넷 사업은 성과가 입증되기 전인데도 10억 달러로 평가받는다. 만일 인터넷 사업이 기대를 충족시킨다면, 투자자들은 커다란 보상을 받을 것이다. 회사의 인터넷 사업부가 기업분할 되어 독립된 주식으로 거래될 것이다. 만일 실패하더라도, 인터넷 사업은 회사의 정규 사업에 부가된 일부이므로 투자자의 손실은 제한적일 것이다.

셋째는 인터넷으로부터 간접적으로 이득을 얻는 기업에 투자하는 방법이다. 인터넷을 이용해서 원가를 절감하고, 운영을 간소화하며, 더욱 효율성이 높아지고, 따라서 수익성이 높아지는 재래식 소매기업에 투자하라. 한 세대 전, 스캐너가 슈퍼마켓에 설치되었다. 덕분에 좀도둑이 감소하고 재고관리가 더 쉬워지면서 슈퍼마켓 체인은 엄청난 혜택을 입게 되었다.

더 나아가 인터넷과 그 주변 기업들 가운데서 대규모 성공사례가 나올지 모르지만, 지금 시점에서 보면 기대만 크고 주가는 비효율적이다. 오늘날 5억 달러짜리 기업은 성공하는 반면, 100억 달러짜리

기업은 서푼짜리가 될지도 모른다. 기대가 현실로 바뀜에 따라, 승자가 되는 주식은 오늘보다 내일 더 분명해질 것이다. 이런 모습을 보는 투자자들은 자신의 강점을 활용해서 시간을 갖고 대응할 수 있다.

　내가 간과했던 100루타 종목 마이크로소프트 이야기로 돌아가자. 시스코 및 인텔과 함께 이 첨단기술의 거함은 거의 처음부터 폭발적인 이익을 기록했다. 마이크로소프트는 1986년 주당 15센트에 기업을 공개했다. 3년 뒤에도 우리는 1달러 밑에서 매수할 수 있었으며, 여기서부터 80배가 올랐다(이 주식은 여러 번 '주식분할'을 했으므로, 기업을 공개할 때 실제로 15센트에 거래된 것은 아니다. 더 자세한 내용은 '도입' 장의 주를 참조하라). 미주리주州 사람들의 '증거를 보이시오' 방식으로, 마이크로소프트가 윈도우95로 성공하는 모습을 확인한 다음 매수했더라도, 우리는 여전히 투자금액의 7배를 벌었다. 우리는 프로그래머가 아니라도 마이크로소프트가 어디에나 설치된 모습을 볼 수 있다. 애플Apple 컴퓨터를 제외하면, 새 컴퓨터는 모두 마이크로소프트 운영체계와 마이크로소프트 윈도우를 탑재하고 출시된다. 애플은 매력을 잃고 있다. 윈도우를 사용하는 컴퓨터가 많아질수록, 소프트웨어 전문가들은 애플 대신 윈도우 프로그램을 더 많이 짰다. 애플은 이제 궁지에 몰렸으며, 매출액이 시장의 7~10%에 불과하다.

　그동안 마이크로소프트 프로그램을 사용하는 컴퓨터 제조업체들(델Dell, 휴렛 팩커드Hewlett-Packard, 컴팩Compaq, IBM 등)은 매출을 늘리기 위해서 격렬한 가격전쟁을 시작했다. 이 끊임없는 접전 때문에 컴퓨터 제조업체들은 이익이 줄어들었지만, 마이크로소프트는 아무 영향도 받지 않았다. 빌 게이츠의 회사는 컴퓨터를 만든 것이 아니라 컴퓨터를 움직이는 '연료'를 팔았기 때문이다.

시스코 역시 대박 종목이었다. 이 주식은 1990년 기업을 공개한 이후 480배 올랐다. 나는 일상적인 이유로 이 놀라운 종목을 간과했지만, 틀림없이 많은 사람이 이 종목을 발견했을 것이다. 많은 기업이 시스코 제품을 이용해서 자사의 컴퓨터를 네트워크에 연결했다. 이어 대학들도 시스코 제품을 이용해서 기숙사에 네트워크를 설치했다. 학생, 교수, 방문한 부모들이 이러한 진행 과정을 보았을 것이다. 아마 이들 가운데 일부는 집에 가서 조사한 다음 시스코 주식을 샀을지도 모른다.

나는 이 책의 주요 주제를 설명하려고 마이크로소프트와 시스코를 최근 사례로 언급하였다. 아마추어 투자자들은 직장, 쇼핑몰, 세차장, 식당, 그밖에 유망한 새 기업이 등장하는 곳 어디든지 관심을 기울이면, 내일의 대박 종목을 발굴할 수 있다. 이 책을 읽어나가면 명확하게 이해될 것이다.

입담이 좋기로 유명한 농구선수 찰스 바클리Charles Barkley는 사람들이 자신의 자서전을 잘못 인용한다고 불평한 적이 있다. 사람들이 이 책에서 잘못 인용하는 것은 아니지만, 한 가지 핵심을 오해하고 있다. 다음 내용을 유의하기 바란다.

나 피터 린치는 당신이 어떤 상점에서 쇼핑을 즐긴다는 이유로 그 상점 주식을 사라고 권하지도 않고, 당신이 좋아하는 제품을 만든다고 그 제조업체의 주식을 사라고 권하지도 않으며, 음식이 맛있다고 그 식당 주식을 사라고 권하지도 않는다. 상점, 제품, 식당이 마음에 든다면 당신이 흥미를 느낄만한 좋은 이유가 되므로, 조사 목록에 올려놓으라. 그러나 이것만으로는 주식을 매수할 이유가 되지 못한다! 회사의 이익 전망, 재무상태, 경쟁상황, 확장계획 등을 조사하기 전에는 절대로 투자하지 말라.

소매기업에 투자한다면, 분석할 핵심 요소 또 하나는 이 회사가 확장의 마지막 단계, 즉 야구로 치면 종반전에 접근하고 있는지 파악하는 일이다. 라디오섹Radio Shack이나 토이저러스Toys "R" Us가 전국의 90%에 점포망을 구축했다면, 전국의 10%에 점포망을 갖췄을 때와는 전망이 확연히 다르다. 우리는 회사의 미래 성장이 어디에서 오는지, 그리고 성장 속도가 언제 늦춰질 것인지 추적해야 한다.

✛✛✛

전형적인 아마추어 투자자가 전형적인 펀드자키(fund jockey: 펀드매니저를 디스크자키 식으로 비꼰 표현)보다 유리하다는 나의 신념은 아직도 변함이 없다. 1989년에는 전문가들이 더 좋은 정보를 더 빨리 입수할 수 있었지만, 이제는 정보 격차가 좁혀졌다. 10년 전 아마추어 투자자들은 회사에 관한 정보를 세 가지 방법으로 입수했다. 첫째, 회사로부터 직접 입수했고, 둘째, 〈밸류라인Value Line〉이나 스탠더드 앤드 푸어스Standard & Poors 조사 자료에서 얻었으며, 셋째, 거래 증권사의 애널리스트가 작성한 보고서에서 얻었다. 본사에서 이런 보고서를 우편으로 보내주기도 했지만, 정보가 도착하는 데 며칠이 걸렸다.

오늘날에는 수많은 애널리스트의 보고서가 온라인으로 제공되며, 어떤 브라우저를 쓰든지 마음대로 불러서 볼 수 있다. 관심 기업에 대한 민감한 뉴스는 자동으로 이메일로 들어온다. 내부자가 주식을 사는지 파는지, 증권사에서 회사 등급을 올렸는지 내렸는지 즉시 알 수 있다. 우리는 맞춤형 화면을 구성해서 특정 속성을 지닌 종목들을 찾아낼 수도 있다. 온갖 종류의 펀드 실적을 추적하고, 비교하며, 펀드의 10대 보유종목을 확인할 수도 있다. 〈월스트리트 저널The Wall Street Journal〉과 〈배런스Barron's〉 인터넷판에 들어있는 '요약 자료'를 클릭하면, 거의 모든 상장회사에 대한 약식 평가를 즉시 볼 수 있다. 여기에 다양한 정보가 있으며, 이 회사를 담당하는 애널리스트들이 평가한 등급도 볼 수 있다.

또한 인터넷 덕분에 1975년에 기관투자자의 주식거래 비용이 줄어든 것처럼, 소액투자자들이 주식매매에 지불하는 비용도 극적으로 줄어들었다. 온라인 트레이딩 때문에 전통적인 증권회사들은 계속 수수료 인하 압력을 받았으며, 이는 20년 전 할인증권사가 탄생하면서 시작된 수수료 인하 추세가 이어진 것이다.

당신은 내가 마젤란을 떠난 이후 투자습관이 어떻게 바뀌었는지 궁금할 것이다. 나는 이제 수천 개 종목이 아니라 50개 종목만 추적한다(나는 다양한 재단과 자선단체의 투자위원회에서 활동하고 있지만, 종목 선정은 소속 펀드매니저들이 하고 있다). 유행을 좇는 투자자들은 린치의 포트폴리오가 뉴잉글랜드 골동품협회 소속이라고 생각할지도 모르겠다. 내 포트폴리오에는 저축대부조합이 저평가되었을 때 헐값에 매수한 주식이 들어있다. 이 주식은 엄청나게 올랐지만, 나는 아직도 일부를 보유하고 있다(장기간 상승한 종목을 매각하면 대금의 20%를 세금으로 내야 하므로, 국세청 주도 약세장을 맞이하게 된다). 나는 1980년대부터 보유한 성장주도 여럿 있으며, 1970년대부터 보유한 종목도 몇 개 있다. 이런 기업들은 계속 번창하고 있지만, 주가는 여전히 낮아 보인다. 그 밖에 나는 매수한 가격보다 훨씬 내려간 고물 주식들도 아직 잔뜩 붙들고 있다. 나는 완고하거나 향수에 젖어서 이런 실망스러운 주식들을 갖고 있는 것은 아니다. 이들은 모두 재무상태가 건전하고 회사가 나아진다는 근거가 있어서 보유하고 있다.

내 고물 주식들을 보면 한 가지 중요한 원칙이 떠오른다. 우리는 투자하는 모든 종목에서 돈을 벌 필요가 없다는 원칙이다. 내 경험으로는 포트폴리오의 열 종목 가운데 여섯 종목이 오르면 만족스러운 실적을 올릴 수 있다. 왜 그럴까? 우리가 입는 손실은 투자한 금액으로 한정되지만(주가는 마이너스로 내려갈 수가 없다), 이익은 상한선이 없기 때문이다. 고물 주식에 1,000달러 투자하면, 최악의 경우 1,000달러를 잃을 수 있다. 대박 종목에 1,000달러 투자하면, 몇 년에 걸쳐 1만 달러, 1만 5,000달러, 2만 달러, 그 이상을 벌 수 있다. 대박 종목 몇 개만 있으면 평생의 투자에서 성공할 수 있다. 여기서 나온 이익으로 신통치 않은 종목에서 입은 손실을 모두 메우고도 남기 때문이다.

내가 보유하지는 않았지만 이 책에서 언급한 두 종목인 베들레헴 철강Bethlehem Steel과 제너럴 일렉트릭General Electric(GE)에 대해서 최근 정보를 전하겠다. 둘 다 우리에게 유용한 교훈을 준다. 나는 늙어가는 우량주 베들레헴 철강이 1960년 이래 계속 쇠퇴하는 중이라고 설명했다. 이 유명한 늙은 기업은 취약한 신생기업만큼이나 투자자에게 수익을 주지 못하는 듯하다. 베들레헴 철강은 한때 미국의 힘을 세계에 과시하던 상징이었으나, 이제는 계속 실망만 안기고 있다. 1958년에는 60달러였으나 1989년이 되자 17달러로 떨어져서, 싸다고 매수한 싸구려 사냥꾼은 물론 충성스러운 주주들까지 응징했다. 1989년부터 주가는 또 한 차례 떨어져서 17달러에서 낮은 한 자릿수로 내려앉았으니, 싼 주식도 언제든지 더 싸질 수 있다는 사실을 입증했다. 언젠가 베들레헴 철강이 다시 오를지도 모른다. 그러나 오른다고 가정한다면, 그것은 소망이지 투자가 아니다.

나는 전국 TV쇼에서 GE를 추천했지만(이후 10루타 종목이 되었다), 책에서는 회사의 거대한 규모(시가총액 390억 달러, 연 이익 30억 달러) 때문에 이익이 빠르게 증가하기 힘들다고 설명했다. 훌륭한 사업을 하는 이 회사는 실제로 주주들에게 내가 예상했던 것보다 더 높은 수익을 안겨주었다. 잭 웰치Jack Welch의 빈틈없는 리더십 아래 온갖 난관을 무릅쓰면서, 이 거대기업은 수익성 높은 민첩한 기업들로 분할되었다. 최근 은퇴를 발표한 잭 웰치는 GE의 수많은 사업부가 정상의 실적을 올리도록 이끌었으며, 잉여자금으로는 신규 사업을 인수하고 자사주를 매입했다. GE가 1990년대에 거둔 성공을 보면, 기업의 스토리를 추적하는 일이 얼마나 중요한지 알 수 있다.

자사주 매입으로 시장에 또 하나의 중대한 변화가 일어났다. 배당이 멸종 위기의 생물이 된 것이다. 나는 13장에서 배당의 중요성을 이야기했지만, 주주들에게 보상하는 이 오래된 방법은 희귀동물 검은발족제비와 같은 운명을 맞이하는 듯하다. 정기적으로 지급되는 배당은 투자자들에게 지속적인 소득이 되었으며, 주식이 오르지 않는 기간에도 주식을 보유하는 이유가 되었으므로, 배당이 사라지는 현상은 유감스러운 일이다. 1999년, 이제 S&P500에 포함되는 500대 종목의 배당수익률은 제2차 세계대전 이후 최저인 1% 수준까지 내려갔다.

지금은 1989년보다 금리가 낮으므로, 우리는 채권수익률과 배당수익률이 당연히 낮으리라 기대한다. 주가가 올라도 배당수익률은 내려간다(50달러짜리 주식의 배당이 5달러면, 배당수익률이 10%다. 주가가 100달러로 올라가면, 배당수익률은 5%로 떨어진다). 그런데 기업들은 과거에 했던 방식으로 배당을 올리지 않고 있다.

1999년 10월 7일자 〈뉴욕타임스The New York Times〉에 따르면 "기업들이 갈수록 배당금 인상을 꺼리는데도, 경제가 잘 돌아가는 것을 보면 희한하다." 멀지 않은 과거만 해도, 성숙기의 건전한 기업에서 배당금을 올리면, 이것은 회사가 번창한다는 신호였다. 또한 배당을 중단하거나 인상하지 못하는 것은 회사가 곤경에 처했다는 신호였다. 최근에는 건전한 회사들도 배당을 건너뛰고, 그 돈으로 GE처럼 자사주를 매입하고 있다. 주식공급을 줄이면 주당 이익이 증가하므로, 주식을 팔아야 이익을 거둘 수 있기는 하지만 결국 주주들에게 보상이 돌아간다.

배당이 사라지는 현상에 대해 누군가 책임을 져야 한다면, 그 주체는 미국 정부다. 법인세를 부과한 다음에도, 이른바 불로소득이라는 이유로 배당에 최고 세율을 적용하기 때문이다. 주주들의 이중과세를 피하려고, 기업들은 배당을 포기하고 주가를 올리는 자사주 매입전략을 선택했다. 이 전략을 실행하면 주주들이 주식을 팔 때 자본 이득세를 더 많이 내야 하지만, 장기 자본이득에 부과되는 세율은 일반 소득세율의 절반 수준이다.

나는 11년 동안 오찬 및 만찬 연설을 할 때 장기투자에 대해서 말하면서, "자신이 장기투자자라고 생각하시는 분은 손을 들어주십시오."라고 부탁했었다. 오늘날까지도 사람들의 반응은 만장일치였다. 한두 시간 만에 거래를 해치우는 데이 트레이더day trader를 포함해서 청중 모두가 자신은 장기투자자라고 생각했다. 장기투자의 인기가 너무도 높아진 탓에, 자신이 단기투자자라고 인정하기보다는 차라리 코카인 중독자라고 인정하는 편이 쉬울 정도다.

주식시장 뉴스는 찾기 힘든 상태였으나(1970년대와 1980년대 초), 그 뒤 곧 찾기 쉬워졌고(1980년대 말), 그다음에는 오히려 피하기가 힘들어졌다. 금융 날씨는 실제 날씨만큼이나 자세히 보도된다. 고가, 저가, 바닥, 변동성, 다음 변화에 대한 끊임없는 예측과 그 변화에 대처하는 방법 등이 보도된다. 사람들은 장기로 생각하라는 조언을 듣지만, 온갖 등락에 대해서 끊임없이 논평을 듣다 보면 신경이 날카로워져서 계속 단기에 집중하게 된다. 이런 상황에서는 반응을 자제하기가 매우 힘들다. 자동차 오일을 점검하듯이 주가를 6개월마다 점검하면서 최근의 등락에 대한 집착에서 벗어날 수 있다면, 투자자들은 더 편안해질 것이다.

나처럼 장기투자의 가치를 열정적으로 믿는 사람도 없지만, 황금률이 그렇듯이 말하기는 쉬워도 실천하기는 힘들다. 그래도 내가 속한 투자자 세대는 앞에서 언급한 모든 조정 기간에도 시장에 대한 믿음을 잃지 않고 끝까지 버텼다. 내가 오랫동안 운용했던 마젤란 펀드에 그동안 들어왔던 환매 요청으로 판단해보면, 투자자들은 대단히 침착했다. 1990년 사담 후세인(Saddam Hussein: 1937~2006년, 이라크 대통령) 약세장에서도 환매한 고객은 몇 %밖에 없었다.

데이 트레이더와 헤지펀드 덕분에 주식시장에는 이제 놀라운 속도로 손바꿈이 일어나고 있다. 1989년에는 뉴욕증권시장에서 하루 거래량 3억 주가 매우 활발한 수준이었다. 이제 3억 주는 졸린 수준이고 8억 주라야 평균이다. 데이 트레이더들이 미스터 마켓을 몰아냈는가? 활발한 주가지수 거래가 이와 관계가 있는가? 원인이 무엇이든(나는 데이 트레이더를 핵심 요소로 본다), 빈번한 거래 때문에 주식시장은 더 변동이 심해졌다. 10년 전에는 하루에 주가가 1% 넘게 오르내리는 날이 드물었다. 현재는 1% 이상 움직이는 날이 한 달에도 여러 번 나온다.

그런데 데이 트레이딩day-trading(초단기 주식 매매)으로 생계를 유지할 확률은 경마장, 카지노 테이블, 비디오 포커로 돈을 벌 확률과 비슷한 수준이다. 사실 나는 데이 트레이딩이 집에서 하는 카지노라고 생각한다. 게다가 집에서 하는 카지노는 서류작성 부담까지 있다. 하루에 20번씩 거래하면 1년이면 거래가 5,000건인데, 모든 거래를 기록하고 표로 만들어서 국세청에 보고해야 한다. 따라서 데이 트레이딩은 여러 회계사를 먹여 살리는 카지노인 셈이다.

그날 주식시장이 어떻게 끝났는지 알고 싶은 사람들은 다우지수 종가가 얼마냐고 물어본다. 나는 상승 종목수와 하락 종목수에 더 관심이 있다. 이른바 등락 종목수가 시장 상황을 더 생생하게 전달하기 때문이다. 몇몇 종목만 오르고 대부분은 비실거리는 최근의 배타적 시장의 경우 특히 더 그렇다. '저평가된' 소형주나 중형주를 매수하는 사람들이 신중한 태도에도 불구하고 응징당하고 있다. S&P500 지수가 28%나 올랐는데도 자기 주식은 왜 내리는지 사람들이 의아해하고 있다. 그것은 S&P500의 몇몇 대형주가 지수를 올리기 때문이다.

예를 들면 1998년 S&P500 지수는 28% 상승했지만, 자세히 들여다보면 지수에 포함된 50대 종목이 40% 상승한 반면, 나머지 450개 종목은 거의 움직이지 않았다. 인터넷과 그 조연들의 무대인 나스닥NASDAQ 시장에서는 10여 개 초대형 기업들만 크게 오르고, 나머지 주식들은 모두 내렸다. 1999년에도 똑같은 현상이 되풀이되었는데, 엘리트 종목들이 상승하여 수많은 하락 종목들을 지탱하면서 평균을 왜곡했다. 1999년에는 뉴욕증권거래소에서 거래된 종목 가운데 1,500개 이상이 하락했다. 이런 양분 현상은 전례가 없다. 그런데 사람들은 S&P500은 거대기업들이 지배하지만, 나스닥은 소기업들의 안식처라고 생각한다. 1990년대 말이 되자, S&P500의 거대기업들이 S&P500 지수를 지배하는 것 이상으로, 나스닥의 거대기업들(인텔, 시스코, 기타 몇몇 기업)이 나스닥지수를 지배했다.

소형주가 가득한 업종 가운데 하나가 생명공학이다. 나는 첨단기술을 꺼리기 때문에 전형적인 생명공학기업을 이렇게 조롱했다. "주식을 발행해서 현금은 1억 달러가 있고, 박사는 100명 있으며, 현미경은 99개 있지만, 매출은 한 푼도 없는 회사." 하지만 최근의 발전 상황을 보면 나도 생명공학에 한마디 거들고 싶다. 그렇다고 아마추어 투자자들에게 생명공학 주식을 고르라고 권하는 것은 아니고, 다만 새로운 세기에는 생명공학이 전반적으로 과거 전자 산업이 했던 역할을 할 수도 있다는 말이다. 오늘날 매출이 발생하는 생명공학기업은 매우 많으며, 30여 개는 이익을 내고 있고, 50개는 곧 이익을 낼 태세다. 암젠Amgen은 10억 달러가 넘는 이익을 내면서 진정한 생명공학 우량주가 되었다. 자금 일부는 수많은 생명공학 펀드 가운데 하나에 장기투자할 만하다.

시장평론가들은 방송과 잡지에서 오늘의 시장과 과거 시장을 비교한다. "지금 시장은 1962년과 매우 비슷합니다." "1981년 시장이 떠오르는군요." 또는 매우 비관적인 느낌이 들면, "우리는 다시 1929년 대공황을 맞이하고 있습니다."라고 말한다. 최근에는 소형주는 내리고 대형주(특히 '멋진 50종목Nifty Fifty')만 계속 올랐던 1970년대 초와 많이 비교된다. 그러다가 1973~1974년에 약세장이 오자 멋진 50종목도 50~80% 폭락했다! 이런 심란한 하락으로 대형주는 약세장에도 버틴다는 속설이 틀린 것으로 입증되었다.

우리가 멋진 50종목을 매수해서 25년 동안 보유했다면(차라리 주식을 매도하라고 부추기는 라디오, TV, 잡지가 없는 무인도에 갇혀있었다면), 그 실적에 불만은 없을 것이다. 비록 한 세대가 걸렸지만, 멋진 50종목은 완전히 회복하고도 더 올랐다. 1990년대 중반이 되자 멋진 50종목은 1974년 이후 총수익률 기준으로 다우지수와 S&P500을 앞질렀다. 1972년 꼭대기 시세에 샀더라도, 우리의 선택이 옳았다.

다시 말하지만, 우리는 회의론자들이 "너무 비싸다."라는 가격에 50대 종목을 매수했다. 이 현대판 멋진 50종목이 1973~1974년의 폭탄세일과 같은 폭락을 겪을지는 아무도 모른다. 역사를 돌아보면 조정(10% 이상 하락)은 2년마다 발생하고, 약세장(20% 이상 하락)은 6년마다 발생한다. 무서운 약세장(30% 이상 하락)은 1929~1932년 대공황 이후 다섯 번 찾아왔다. 약세장이 영원히 사라졌다고 확신한다면 어리석은 일이다. 따라서 12개월 뒤 학자금이나 결혼 비용 등에 쓸 돈으로는 절대 주식이나 펀드에 투자해서는 안 된다. 하락장에서 손해 보면서 억지로 주식을 팔 수는 없기 때문이다. 하지만 장기투자를 하면, 시간이 우리 편이 된다.

장기 강세장에서도 때때로 폭락이 발생한다. 《월가의 영웅》이 출간되었을 때, 주식이 1987년 폭락에서 막 회복되고 있었다. 50년 만에 최악의 폭락이 나의 아일랜드 골프휴가와 우연히 겹쳤다. 아일랜드에 열 번쯤 더 가본 뒤에야(나는 아일랜드에 집을 한 채 샀다), 내가 아일랜드 잔디를 밟아도 또 폭락이 일어나지 않는다고 확신하게 되었다. 나는 이스라엘, 인도네시아, 인도에 방문할 때도 영 마음이 불편했다. 국가명이 알파벳 'I'로 시작되는 나라에 발을 들여놓을 때는 신경이 곤두섰던 것이다. 하지만 이스라엘에 두 번, 인도에 두 번, 인도네시아에 한 번 다녀왔지만, 시장에는 아무 일도 없었다.

아직은 1987년과 같은 폭락이 되풀이되지 않았지만, 1990년에 약세장이 찾아왔다. 내가 피델리티 마젤란 펀드를 떠나던 해였다. 1987년 폭락에 많은 사람이 겁을 먹었지만(이틀 동안 35%가 하락했으니 당연하다), 내게는 1990년이 더 무서웠다. 왜일까? 1987년에는 경제가 착실히 성장하고 있었고, 은행들은 지불능력이 있었으므로, 펀더멘털이 긍정적이었다. 1990년에는 경제가 침체하고 있었고, 최대 규모 은행들도 궁지에 몰렸으며, 미국은 이라크와 전쟁을 준비하고 있었다. 그러나 곧 전쟁에서 승리했고, 경기침체가 끝났으며, 은행들이 회복되었고, 주가는 현대 역사상 최대 폭으로 상승했다. 더 최근에는 1996년 봄, 1997년과 1998년 여름, 1999년 가을에 주요 지수의 10% 하락이 있었다. 1998년 8월에는 S&P500이 14.5% 하락했는데, 제2차 세계대전 이후 두 번째로 낙폭이 큰 달이었다. 9개월 뒤 주가는 하락했다가 다시 상승해서, S&P500이 50% 넘게 올랐다!

내가 이렇게 열거하는 이유가 무엇일까? 폭락하기 직전에 시장에서 빠져나올 수 있다면 얼마나 근사할까? 하지만 아무도 폭락 시점을 예측하지 못한다. 게다가 시장에서 빠져나와 폭락을 피한다고 해도, 다음 반등장 전에 다시 시장에 들어간다는 보장이 없다. 여기 확실한 시나리오가 있다. 우리가 1994년 7월 1일 주식에 10만 달러를 투자하고 5년 동안 묻어두었다면, 10만 달러는 34만 1,722달러로 불어났다. 그러나 그 기간에 주가가 가장 많이 오른 30일 동안만 주식을 보유하지 않았어도, 10만 달러는 겨우 15만 3,792달러가 되었다. 시장에 계속 눌러앉았다면 두 배가 넘는 보상을 받았다는 뜻이다.

크게 성공한 투자자가 전에 말했듯이, "약세론이 항상 지성적으로 들린다." 아침 신문을 읽을 때마다, 그리고 저녁 뉴스를 볼 때마다, 우리는 주식을 내던질 그럴듯한 이유를 얼마든지 찾아낼 수 있다.《월가의 영웅》이 베스트셀러가 되었을 때, 라비 바트라Ravi Batra 의 저서《1990년 대공황The Great Depression of 1990》도 베스트셀러가 되었다. 강세장이 사망했다는 기사는 1982년부터 수도 없이 되풀이되었다. 그 이유는 이런 식이었다. 일본의 경제 침체, 중국 및 세계와의 무역적자, 1994년 채권시장의 붕괴, 1997년 신흥시장의 붕괴, 지구온난화, 오존층 고갈, 디플레이션, 이라크 전쟁, 소비자 부채, 최근의 Y2K. 새해 첫날이 지나자, Y2K는 최근 영화 고질라Godzilla 이후 가장 과장된 공포였던 것으로 드러났다.

'주식이 고평가되었다'가 몇 년 동안 약세론자들이 내세운 슬로건이었다. 어떤 사람들에게는 1989년 다우지수가 2,600이었을 때도 주식이 너무 비싸 보였다. 또 어떤 사람들에게는 1992년 다우지수가 3,000을 넘어설 때도 주식이 터무니없어 보였다. 다우지수 4,000대에서도 반대론자들의 합창이 이어졌다. 언젠가 심각한 약세장이 다시 오겠지만, 심지어 잔인한 40% 폭락 뒤에도 주가는 다양한 전문가들이 주식을 던지라고 떠들던 시점보다 훨씬 높을 것이다. 내가 앞에서도 지적했듯이, "시장이 절대 고평가되지 않는다는 말이 아니라, 시장이 고평가되었다고 걱정해도 소용이 없다는 말이다."

강세장은 근심의 벽을 타고 오른다는 말이 있는데, 근심은 그치는 법이 없다. 최근에는 생각하기 힘든 다양한 재난들에 대해 우리 방식으로 걱정했다. 제3차 세계대전, 생물학적 아마겟돈(세계의 종말에 선과 악이 싸우는 대결전장), 핵무기 유출, 극지 만년설 융해, 유성의 지구충돌 등. 한편 생각지도 못한 여러 가지 이득도 있었다. 공산주의가 붕괴했고, 미국 연방정부와 주 정부가 흑자 예산을 달성했으며, 1990년대 미국에 새 일자리 1,700만 개가 창출되어 유명 대기업들의 '감량경영' 여파를 메우고도 남았다. 감량경영 때문에 해고통지서를 받은 사람들은 혼란과 비탄을 겪었지만, 대기업 근로자 수백만 명이 풀려나서 고속성장하는 소기업의 흥미롭고 생산적인 일자리로 옮기게 되었다.

이 깜짝 놀랄 일자리 창출에 사람들은 제대로 관심을 기울이지 않았다. 미국은 지난 반세기 동안 실업률이 가장 낮았던 반면, 유럽은 여전히 만연한 실업 때문에 고통받고 있다. 유럽의 대기업들도 감량경영을 했지만, 유럽에는 틈새를 메워줄 소기업들이 부족하다.

유럽은 저축률도 미국보다 높고, 시민들의 교육수준도 높지만, 실업률이 미국의 두 배가 넘는다. 경악할만한 사실이 또 하나 있다. 유럽의 1999년 말 근로자 수가 10년 전보다 줄어들었다는 점이다.

기본 스토리는 항상 단순하고 영원하다. 주식은 복권이 아니다. 모든 주식에는 기업이 붙어있다. 기업들은 실적이 좋아지기도 하고 나빠지기도 한다. 기업의 실적이 전보다 나빠지면, 그 주식은 떨어진다. 기업의 실적이 좋아지면, 그 주식은 오른다. 이익이 계속 증가하는 좋은 회사의 주식을 갖고 있으면, 당신은 부자가 된다. 기업은 제2차 세계대전 이후 이익이 55배 증가했고, 주식시장은 60배 올랐다. 전쟁 4회, 침체 9회, 대통령 8명, 탄핵 1회도 이런 성장을 바꾸지 못했다.

다음 표에는 1990년대 미국 주식시장의 100대 종목에 포함되는 20개 회사의 이름이 나온다. 왼쪽 칸의 숫자는 투자금액 기준 총수익 순위를 나타낸다. 100대 종목에 들어갔더라도 첨단기술주들(헬릭스Helix, 포트로닉스Photronics, 실리코닉스Siliconix, 세러지닉스Theragenics)은 생략했는데, 이는 일반인들도 발견하고 조사해서 이익을 얻을 수 있었던 종목들을 열거하고 싶었기 때문이다. 델컴퓨터Dell Computer가 가장 많이 올랐는데, 델을 들어보지 못한 사람이 어디 있는가? 델의 강력한 매출과 제품의 인기 상승에 대해서는 누구나 알 수 있었다. 초기에 주식을 매수한 사람들은 무려 889루타를 만들 수 있었다. 처음에 델에 1만 달러를 투자했다면 890만 달러가 되었다. 컴퓨터를 몰라도 델, 마이크로소프트, 인텔(새로 나오는 컴퓨터에는 모두 '인텔 인사이드

1990년대 미국의 20대 주식 *

실적 순위	기호	회사명	업종	1989년 말 1만 달러 투자 시 1999년 말 실적
1	DELL	델 컴퓨터	컴퓨터 제조	$890만
6	CCU	클리어 채널 커뮤니케이션스	라디오 방송국	$810만
9	BBY	베스트 바이	소매업	$99만 5,000
10	MSFT	마이크로소프트	기술	$96만
13	SCH	찰스 슈왑	할인 증권사	$82만 7,000
14	NBTY	NBTY	비타민, 식품 공급	$78만 2,000
20	WCOM	MCI 월드컴	커뮤니케이션	$69만 4,000
21	AMGN	암젠	생명공학	$57만 6,000
30	PPD	프리페이드 리걸 서비시즈	법률 서비스	$41만 6,000
33	INTC	인텔	컴퓨터칩	$37만 2,000
34	HD	홈디포	건축 자재	$37만
40	PAYX	페이첵스	급여 서비스	$34만
46	DG	달러 제너럴	할인 소매업	$27만
49	HDI	할리데이비슨	오토바이	$25만 1,000
52	GPS	갭	의류소매업	$23만 2,000
69	SPLS	스테이플스	사무용품	$18만 6,000
75	WBPR	웨스턴 뱅크 / 푸에르토 리코	은행업	$14만
77	MDT	메드트로닉	의료품	$16만 8,000
82	ZION	자이언스 뱅코프	은행업	$16만 1,000
87	LOW	로우스 컴퍼니즈	건축 자재	$15만 2,000

- 인수된 기업은 제외한다.
- 자료 : 네드 데이비스 리서치Ned Davis Research

Intel Inside' 스티커가 붙어있었다)이 유망함을 알 수 있었다. 생명공학자가 아니어도 암젠이 연구소에서 베스트셀러 의약품 둘을 보유한 제약 회사로 전환된 사실을 알 수 있었다.

찰스 슈왑Charles Schwab? 이 회사의 성공도 못 보았을 리가 없다. 홈디 포? 이 회사는 계속 빠른 속도로 성장해서, 두 번째 10년에도 100대 기업에 들어갔다. 할리데이비슨Harley Davidson? 변호사, 의사, 치과의사 들이 떼를 지어 주말마다 오토바이 떠돌이Easy Rider가 된다는 사실은 할리데이비슨에 엄청난 뉴스였다. 로우스Lowe's? 홈디포의 판박이다. 똑같은 일상 사업에서 괴물 주식이 둘이나 나올 줄 누가 예상했겠는 가? 페이첵스Paychex? 도처의 소기업들이 페이첵스에 급여 업무를 떠 넘기면서 두통을 없애고 있다. 아내 캐럴린이 가족의 재단 업무에 페이첵스를 이용했지만, 나는 이 사실을 파악하지 못해서 이 주식을 놓치고 말았다.

10년 동안 최고의 실적 일부는(이전 10년에서와 마찬가지로) 구식 소 매업에서 나왔다. 갭The Gap, 베스트 바이Best Buy, 스테이플스Staples, 달 러 제너럴Dollar General 모두 몇 배씩 뛰었으며, 수백만 쇼핑 고객들이 직접 체험할 수 있는 훌륭한 회사들이었다. 소형은행 둘이 목록에 포함된 것을 보면, 은행업처럼 낡은 저성장 업종에서도 대박 종목이 나온다는 사실을 다시 한번 보여준다. 다음 10년에 대해 나는 이렇 게 권한다. 내일의 대박 종목을 계속 찾아라. 당신도 발견할 수 있다.

– 피터 린치Peter Lynch와 존 로스차일드John Rothchild

$

머리말

아일랜드 여행기

요즘 주식시장에 관한 이야기를 꺼내다 보면, 1987년 10월 16~20일에 일어난 사건을 빼놓을 수가 없다. 이 기간에 나는 인생에서 가장 별난 경험을 했다. 1년도 더 지난 지금 냉정한 마음으로 돌이켜보니, 그때 겪은 소동 가운데 정말로 중요한 사건들이 이제 구분이 된다. 기억할만한 가치가 있는 사건은 다음과 같다.

- 10월 16일 금요일, 아내 캐럴린과 나는 아일랜드 코크 카운티 County Cork에서 드라이브하면서 즐거운 하루를 보냈다. 나는 휴가를 쓰는 일이 드물어서, 내가 여행을 하고 있다는 사실 자체가 특이한 일이었다.

- 나는 상장기업의 본사에 단 한 번도 들르지 않았다. 매출, 재고, 이익에 관한 최신 정보를 얻을 수 있다면, 나는 어느 방향으로

든 160km 정도를 기꺼이 우회하는 사람이다. 하지만 여기는 반경 400km 이내에 S&P 보고서나 재무상태표를 얻을만한 회사가 없는 것 같았다.

- 우리는 블라니 성Blarney Castle에 갔는데, 지상 몇 층 높이의 성 꼭대기 흉벽에 전설적인 블라니 돌(Blarney stone: 이것에 입 맞추면 아첨을 잘하게 된다고 한다)이 접근하기 불편한 위치에 놓여 있었다. 드러누운 자세로 난간을 잡은 채, 절벽 위에 놓인 쇠살대 위를 미끄러져 다가가면, 전설의 돌에 키스할 수 있다. 블라니 돌에 키스하고 살아서 돌아오는 일은 전율이 넘친다.

- (토요일에는 워터빌Watervillie, 일요일에는 둑스Dooks에서) 골프를 치고 아름다운 링 오브 케리Ring of Kerry를 따라 드라이브하며 조용한 주말을 보내면서, 우리는 비로소 블라니 돌의 흥분에서 벗어났다.

- 10월 19일 월요일, 나는 모든 지능과 정력을 동원해서 극한 도전을 감행했다. 세계에서 가장 어렵다는 킬라니Killarney의 킬린Killeen 코스 18홀에 도전한 것이다.

- 골프 클럽을 차에다 싣고, 나는 캐럴린과 함께 해변 휴양지 딩글Dingle 반도로 가서, 스켈리그Sceilig 호텔에 숙박했다. 내가 몹시 피곤했었나 보다. 오후 내내 호텔 방에서 나오지 않았다.

- 그날 저녁 우리는 친구 엘리자베스, 피터 갤리와 함께 도일스Doyle's라는 유명한 해산물 음식점에서 식사했다. 다음 날인 20일 항공편으로 집에 돌아왔다.

사소한 혼란 _____

물론 사소한 혼란 몇 가지는 말하지 않았다. 돌이켜보면 그런 일들은 언급할 가치가 거의 없다. 1년이 지난 뒤에도 사람들은 시스티나 성당Sistine Chapel은 기억하지만, 바티칸 궁전 안에서 뛴다고 욕먹은 일은 기억하지 못하는 것과 마찬가지다. 하지만 지금부터 나를 괴롭혔던 일들을 모두 털어놓겠다.

- 업무를 마치고 아일랜드로 떠났던 목요일, 다우지수가 48포인트 하락했고, 우리가 도착한 금요일에는 108.36포인트 또 떨어졌다. 그래서 나는 휴가를 계속 즐겨도 되는 건지 고민했다.
- 블라니 돌에 키스하는 순간에도, 나는 블라니가 아니라 다우지수를 생각하고 있었다. 골프를 칠 때를 제외하고 주말 내내, 나는 주가가 더 하락하면 어느 종목을 팔고 어느 종목을 저가에 매수할지에 대해 회사와 여러 번 통화했다.
- 킬라니의 킬린에서 골프를 치던 월요일, 다우지수는 또 508포인트 떨어졌다.

시차 덕분에 나는 월스트리트 개장 벨이 울리기 몇 시간 전에 라운드를 마쳤다. 그러지 않았다면 십중팔구 골프를 더 형편없이 망쳤을 것이다. 그런데도 금요일부터 이어진 우울한 기분 때문에 (1) 가장 잘 치는 날에도 내 퍼팅은 형편없지만, 이날 퍼팅은 평소만도 못했고 (2) 내 점수조차 기억하지 못했다. 그날 오후 온통 내 관심을 사로잡은 것은 마젤란 펀드의 100만 투자자들이 월요일 단 하루에만 자산의 18%에 해당하는 20억 달러를 잃었다는 사실이었다. 이 재난에 마음을 빼앗긴 상태였으므로, 딩글로 가는 길에 펼쳐진 절경도 내 눈에는 들어오지 않았다. 아마도 42번가와 브로드웨이 교차로처럼 아무 생각 없이 스쳐 지나갔다.

오후 내내 호텔 방에서 나오지 않았다고 말했지만, 나는 낮잠을 잔 것이 아니었다. 이례적으로 많은 환매청구에 대비해서 현금을 마련하고자, 펀드의 1,500개 종목 가운데 무엇을 팔 것인지 본사와 통화하고 있었다. 평소 상황이라면 현금이 충분한 수준이었지만, 10월 19일 같은 상황에서는 충분한 수준이 못 되었다. 세상이 망하는 것인지, 나라 전체가 불황에 빠지는 것인지, 그 정도로 나쁘지는 않아서 단지 월스트리트만 문을 닫는 것인지, 당시에는 도무지 판단할 수가 없었다.

동료와 나는 팔아야 할 종목들을 팔았다. 먼저 런던 시장에서 영국 주식을 처분했다. 월요일 아침 런던 주가는 미국 시장의 주가보다 전반적으로 높았다. 전주 금요일 보기 드문 허리케인이 닥쳐서 시장이 열리지 않은 덕분에, 런던 시장은 폭락을 모면했기 때문이다. 이어 뉴욕에서 주식을 팔았는데, 대부분 개장 초에 처분했다. 이때는 다우지수가 150포인트 남짓 하락한 상태였으나, 시간이 지나면서 508포인트까지 하락했다.

그날 저녁 도일스 음식점에서 내가 어떤 해산물을 먹었는지 전혀 기억이 나지 않는다. 작은 연안국의 GNP만큼 펀드에서 손실을 본 뒤라면, 새우를 먹는지 대구를 먹는지조차 구분할 수 없는 법이다.

앞에서 언급한 모든 사건 때문에 사무실로 서둘러 복귀하고 싶었으므로, 우리는 20일에 집으로 돌아왔다. 나는 아일랜드에 도착한 날부터 이런 상황을 각오하고 있었다. 솔직히 말해서 나는 혼란에 빠져 마음의 평정을 잃었던 것이다.

10월에 얻은 교훈

나는 투자자들이 시장의 등락을 무시해야 한다고 늘 믿고 있다. 다행스럽게도 사람들 대부분은 앞에서 언급한 사건에 관심을 거의 기울이지 않았다. 이 사건을 예로 든다면, 그 한 주 동안 절망에 빠져 피델리티 마젤란Fidelity Magellan 펀드에서 MMF로 자금을 옮긴 사람은 100만 고객 가운데 3%에도 못 미쳤다. 절망에 빠져 매도하는 경우에는 항상 헐값에 팔게 되어있다.

10월 19일에 주식시장 때문에 애간장이 탔더라도, 그날이나 그 다음 날에 팔 필요가 없었다. 천천히 주식 포트폴리오를 줄여나갔어도, 당일에 놀라서 던져버린 사람들보다 높은 가격에 팔 수 있었다. 12월부터 시장이 꾸준히 상승하기 시작했기 때문이다. 1988년 6월이 되자, 시장은 23%가 넘는 약 400포인트를 회복했다.

10월에 우리는 수많은 교훈을 얻을 수 있었지만, 나는 여기에 세 가지를 보태고자 한다.

(1) 쓸데없는 걱정으로 좋은 포트폴리오를 망치지 말라.

(2) 쓸데없는 걱정으로 좋은 휴가를 망치지 말라.

(3) 펀드에 현금이 충분치 않을 때는 절대 해외여행을 하지 말라.

10월의 사건에 대해서 몇 장에 걸쳐 더 이야기할 수도 있지만, 이제 당신의 시간을 낭비하고 싶지 않다. 당신에게 더 가치 있는 이야기, 즉 우수한 기업을 찾아내는 방법에 대해서 말하는 편이 낫겠다. 하루에 508포인트가 하락하든 108포인트가 하락하든, 결국 우수한 기업은 성공하고 열등한 기업은 실패할 것이며, 각각에 투자한 사람들도 여기에 합당한 보상을 받게 될 것이다.

아무튼 내가 도일스 식당에서 무엇을 먹었는지는 기억이 나면, 즉시 알려 드리겠다.

$

도입

아마추어 투자자가 유리하다

이제 전문 투자자인 저자는 다음 약 300쪽에 걸쳐 독자들에게 성공 비결을 나누어 주겠다고 약속한다. 그러나 이 책에서 제시하는 첫 번째 원칙은, 전문가의 말에 귀를 기울이지 말라는 것이다! 나는 투자 업무에 20년 동안 몸담은 뒤, 통상적으로 두뇌의 3%를 사용하는 정상인이라면 월스트리트의 전문가 못지않게 종목을 선정할 수 있다고 확신하게 되었다.

전문가 대신 스스로 투자를 잘 할 수 있다는 말이 당황스러울지도 모르겠다. 성형외과 의사가 환자에게 얼굴을 스스로 고치라고 말하는 법이 없고, 배관공이 집주인에게 온수 탱크를 손수 설치하라고 말하는 법이 없으며, 미용사가 손님에게 머리를 스스로 깎으라고 권하는 법이 없으니까 말이다. 그러나 투자는 성형 수술도 아니고, 배관공사도 아니며, 미용도 아니다. 투자의 세계에서는 전문 투자자라고 똑똑한 것도 아니고, 아마추어 투자자라고 생각만큼 어리석은 것도 아니다. 아마추어 투자자는 전문 투자자의 말에 귀를 기울일 때만 어리석은 투자자가 된다.

사실 아마추어 투자자는 원래 엄청난 이점을 갖고 있어서, 제대로 활용할 경우 전문가를 뛰어넘는 실적을 올릴 수 있으며, 시장 평균도 넘어설 수 있다. 또한 스스로 종목을 선택한다면 모름지기 전문가를 뛰어넘어야 한다. 그렇지 않을 바에야 왜 이런 수고를 하는가?

그렇다고 주식 펀드를 모조리 팔아 치우라는 말은 아니다. 그런 일이 대규모로 발생한다면, 나는 일자리를 잃게 될 것이다. 게다가 투자자에게 이익을 주는 펀드라면, 펀드에는 아무 잘못이 없다. 겸손을 떠나 솔직하게 말해서, 우선 수백만 아마추어 투자자들이 피델리티 마젤란 펀드에 투자해서 좋은 성과를 올린 덕에, 나는 이 책을 써달라는 요청을 받았다. 펀드는 금액이 적어서 분산투자하기 힘든 사람들은 물론, 주식시장과 겨루어보려는 의향이나 시간이 없는 사람들에게도 훌륭한 발명품이다.

그러나 일단 스스로 투자하기로 마음먹은 다음에는 혼자 힘으로 투자를 해야 한다. 이는 확실한 정보, 증권사의 추천 종목, 뉴스레터에서 제시하는 '놓칠 수 없는' 최신 정보 등을 무시하고, 스스로 조사해야 한다는 뜻이다. 피터 린치 같은 권위자들이 사고 있다는 종목도 무시하라는 말이다.

피터 린치가 매수 중인 종목을 무시해야 하는 정당한 이유가 적어도 세 가지 있다.

(1) 피터 린치가 틀렸을지 모른다!(내가 투자했다가 실패한 수많은 종목을 볼 때마다, 이른바 전문가라는 사람도 열 번 가운데 네 번은 지극히 어리석다는 사실을 끊임없이 되새기게 된다)

(2) 피터 린치의 선택이 옳다고 하더라도, 그가 언제 마음을 바꿔 그 종목을 매도할지 절대 알 수가 없다.

(3) 당신 주위에 더 좋은 정보 원천이 널려있다. 내가 언제든 원할 때 쓸 수 있는 것처럼, 당신도 언제든 그 정보 원천을 쓸 수 있다는 점이 커다란 장점이다.

어느 정도 관심을 기울인다면, 바로 직장이나 근처 쇼핑몰에서 탁월한 종목들을 발굴할 수 있으며, 게다가 월스트리트보다 훨씬 앞서서 찾아낼 수 있다. 신용카드를 소지한 미국 소비자라면, 수십 개 기업에 대해서 자연스럽게 기본적 분석을 할 수밖에 없다. 그리고 당신이 소비 업종에 종사한다면, 그만큼 더 유리하다. 여기가 바로 10루타 종목을 찾아낼 곳이다. 나는 피델리티에 근무하면서 이런 식으로 종목이 발굴되는 모습을 몇 번이고 지켜보았다.

놀라운 10루타 종목들

월스트리트 용어로 '10루타'란, 10배를 벌어들인 종목을 말한다. 이 전문 용어가 야구에서 온 것인지는 다소 의심스럽다. 야구에는 4

루타, 즉 홈런까지만 있기 때문이다. 투자 사업에서는 4루타도 훌륭하지만, 10루타는 홈런 2개에 2루타를 보탠 것과 같다. 주식시장에서 10루타를 경험해본 사람이라면 그 짜릿한 매력을 잘 알 것이다.

나는 투자를 시작한 초기부터 투자액을 10배로 늘리려는 열정을 키워왔다. 내가 난생처음 투자한 플라잉 타이거 라인 Flying Tiger Lines이 몇 배로 뛴 덕분에 나는 대학원에 갈 수 있었다. 지난 10년 동안 때때로 5루타, 10루타, 드물지만 20루타가 나온 덕에 내 펀드가 경쟁에 앞설 수 있었다(나는 1,400개 종목을 보유하고 있다). 규모가 작은 포트폴리오라면, 이런 탁월한 종목이 하나만 있어도 손실이 이익으로 바뀔 수 있다. 이런 종목이 발휘하는 효과는 정말 놀랍다.

그 효과는 약세장에서 가장 극적으로 드러난다(물론 약세장에도 10루타가 나온다). 거대한 강세장이 시작되기 2년 전인 1980년으로 돌아가 보자. 1980년 12월 22일 다음과 같은 10개 종목에 1만 달러를 투자해서 1983년 10월 4일까지 보유했다고 가정하자. 이것이 전략 A다. 전략 B는 여기에다 단지 11번째 종목 하나를 추가한 것이다. 그 종목이 스톱 앤드 숍Stop & Shop으로서, 10루타 종목이 되었다.

전략 A의 투자실적을 보면, 투자원금 1만 달러가 거의 3년 동안 1만 3,040달러로 늘어나, 총 수익률이 겨우 30.4% 수준이다(같은 기간 S&P500은 총 수익률이 40.6%였다). 이런 결과를 보면, "별 볼 일 없군. 차라리 전문가에게 맡길걸."이라고 말하기 쉽다. 만일 스톱 앤드 숍을 추가했다면, 1만 달러가 두 배 이상으로 불어나 2만 1,060달러가 되었고, 총 수익률 110.6%가 되어 월스트리트에 자랑할 수 있었다.

만일 스톱 앤드 숍의 전망이 개선되는 모습을 보고 주식 비중을 늘렸다면, 총 수익률이 두 배 높아졌을지도 모른다.

A전략 포트폴리오

	매수	매도	증감률(%)
베들레헴 철강 Bethlehem Steel	25.13	23.13	-8
코카콜라 Coca Cola	32.75	52.50	+60.3
제네럴 모터스 General Motors(GM)	46.88	74.38	+58.7
W. R. 그레이스 Grace	53.88	48.75	-9.5
켈로그 Kellogg	18.38	29.88	+62.6
매뉴팩처러스 하노버 Mfrs. Hanover	33	39.13	+18.5
머크 Merck	80	98.13	+22.7
오웬스 코닝 Owens Corning	26.88	35.75	+33.0
펠프스 닷지 Phelps Dodge	39.63	24.25	-38.8
슐룸베르거 Schlumberger	81.88	51.75	-36.8
주식분할 반영			+162.7

B전략 포트폴리오

A전략에 한 종목 추가

	매수	매도	증감률(%)
스톱 앤드 숍	6	60	+900.0

이런 놀라운 실적을 올리려면, 11개 종목 가운데 대박 종목 하나

만 발굴하면 된다. 한 종목만 제대로 고른다면, 나머지 종목 모두에서 실수를 저질러도 여전히 투자에 성공할 수 있다.

애플과 도넛 _____

사람들은 엉뚱한 저가주에서만 10루타 종목이 나온다고 생각할 지도 모르겠다. 합리적인 투자자들은 쳐다보지도 않는 브레이노 바이오 피드백Braino Bio Feedback이나 코스믹 알앤디Cosmic R&D처럼 이상한 주식 말이다. 사실은 우리가 쉽게 알아볼 수 있는 회사 가운데도 10루타 종목이 수없이 많다. 예를 들면 던킨 도너츠Dunkin' Donut, 월마트, 토이저러스, 스톱 앤드 숍, 스바루Subaru 등이 있다. 사람들은 이런 회사의 제품을 높이 평가하고 좋아한다. 그러나 스바루 자동차를 살 때 스바루 주식도 함께 샀다면, 오늘날 백만장자가 되었다는 사실을 누가 알았겠는가?

이 말은 사실이다. 이런 계산에는 몇 가지 가정이 있다. 첫째, 1977년 저가인 2달러에 주식을 매수한다. 둘째, 1986년 고가에 매도한다. 8대1의 주식분할을 고려하면 312달러가 되었을 것이다.* 이것은 156루타로서 홈런 39개에 해당하며, 자동차 가격 이내인 6,410달러를 투자했다면 정확하게 100만 달러가 되었다. 낡은 중고차 대신 당신은 재규어 두 대에 곁들여 차고가 딸린 대저택도 소유할 수 있다.

도넛을 사 먹는 만큼 던킨 도너츠에 투자하는 방식으로는 100만 달러를 벌지 못했을 것이다. 한 사람이 도넛을 몇 개나 먹을 수 있을까? 하지만 1982년에 매주 도넛을 24개 사 먹으면서(총 지출액 270달러) 같은 금액만큼 이 주식에 투자했다면, 4년 뒤 주식 가치가 1,539달러(6루타)로 늘어났을 것이다. 던킨 도너츠에 1만 달러를 투자했다면, 4년 뒤 4만 7,000달러 이익을 얻었다.

1976년에 180달러를 주고 갭^{The Gap} 청바지 10벌을 샀다면, 청바지는 지금쯤 다 헤졌겠지만 180달러에 매수한 갭 주식(공모가가 18달러였다)은 1987년 시장 고점에 4,672.50달러가 되었을 것이다. 갭에 1만 달러를 투자했다면 25만 달러를 벌었다.

1973년 출장 중에 라 킨타 모터 인^{La Quinta Motor Inns}에서 하룻밤에 11.98달러로 31일을 묵고, 숙박료 371.38달러만큼 이 주식을 매수했다면, 10년 뒤 주식 가치가 4,363.08달러가 되었을 것이다. 라 킨

---

* 이 책 여기저기에 2대1, 3대1 식의 주식분할이 등장한다. 만일 우리가 X 회사에 1,000달러를 투자해서 10달러짜리 주식 100주를 보유하고 있는데, 2대1로 주식분할이 일어나면, 우리는 갑자기 5달러 주식 200주를 보유하게 된다. 예를 들어 2년 뒤 이 주식이 10달러로 상승하면, 우리가 투자한 돈은 두 배가 된다. 그러나 주식분할을 모르는 사람의 눈에는 한 푼도 벌지 못한 것처럼 보인다. 10달러에 매수한 주식이 여전히 10달러이기 때문이다.

스바루 주식의 경우, 주가가 실제로 312달러가 된 것은 아니다. 주가가 고점에 이르기 직전 8대1 주식분할이 있었으므로, 당시 주가는 실제로 39달러(312/8)였다. 계산을 확인하려면 주식분할 전 가격을 모두 8로 나누면 된다. 1977년의 저가 2달러는 이제 '주식분할' 반영 후 주당 25센트가 된다(2달러/8 = 0.25달러). 물론 이 주식은 25센트에 거래된 적이 없다.

회사들은 일반적으로 자사 주식의 절대가격이 너무 높아지는 것을 원치 않는다. 이것이 주식분할을 발표하는 이유 가운데 하나다.

타에 1만 달러를 투자했다면, 10만 7,500달러를 벌었다.

1969년에 서비스 코퍼레이션 인터내셔널Service Corporation International (SCI)에 장례비용 980달러를 지불하면서, 슬픔 속에서도 SCI 주식에 980달러를 투자했다면, 1987년에는 1만 4,352.19달러가 되었을 것이다. SCI에 1만 달러를 투자했다면 13만 7,000달러를 벌었다.

1982년에 아이들이 성적을 올려 대학에 진학하도록 2,000달러를 주고 애플 컴퓨터를 구입하면서 2,000달러를 애플 주식에 투자했다면, 1987년에는 이 주식이 1만 1,950달러가 되어 대학 1년 학자금을 충당했을 것이다.

상식의 위력

이렇게 놀라운 이익을 얻으려면 정확한 시점에 매수해서 매도해야만 했다. 하지만 저점과 고점을 놓친 경우라도, 우리가 모르는 난해한 회사보다는 앞에서 언급한 친숙한 회사에 투자했을 때 더 높은 실적을 올렸을 것이다.

뉴잉글랜드 소방관에 대한 유명한 이야기가 있다. 1950년대 당시 한 소방관은 그 지역의 탐브랜즈(Tambrands: P&G사의 생리용품-당시에는 탐팩스Tampax) 공장이 무서운 속도로 확장되는 모습을 두 눈으로 확인했다. 이 회사가 번창하는 것이 아니라면 그토록 빠르게 확장할 리가 없다고 생각한 그는 2,000달러를 투자했다. 게다가 이후

5년 동안 2,000달러씩 계속 투자했다. 1972년이 되자 소방관은 백만장자가 되었다. 스바루 주식을 사지 않았는데도 말이다.

이 운 좋은 투자자가 주식중개인이나 다른 전문가에게 조언을 구했는지는 확실치가 않다. 하지만 만일 조언을 구했다면 이들은 소방관의 생각이 틀렸다고 말했을 것이고, 그가 이 말을 믿었다면 기관이 매수하던 블루칩이나 당시 유행하던 인기 전자 주식을 보유했을 것이다. 다행히도 소방관은 자기 생각을 남에게 알리지 않았다.

사람들은 전문가들이 증권 단말기를 통해서 입수하는 세련되고 수준 높은 소문에서 고급 투자 아이디어가 나온다고 추측하지만, 나는 주로 소방관과 같은 방식으로 투자 아이디어를 얻는다. 나는 매년 수백 개 회사와 이야기하고 CEO, 애널리스트, 펀드업계 동료들과 골치 아픈 회의로 수많은 시간을 보내지만, 당신과 마찬가지로 근무 시간이 아닐 때 대박 종목을 발굴한다.

타코벨Taco Bell – 나는 캘리포니아로 가는 길에 먹어 본 부리토(burrito: 고기와 치즈를 얇고 둥근 떡으로 싸서 구운 것) 맛에 매료되었다. 라킨타 모터 인 – 경쟁사인 홀리데이 인Holiday Inn 사람이 내게 말해주었다. 볼보Volvo – 내 가족과 친구들이 이 차를 탄다. 애플 컴퓨터 – 우리 애들이 집에서 쓰고 있고, 우리 회사 시스템 관리자도 업무용으로 몇 대 구입했다. 서비스 코퍼레이션 인터내셔널 – 피델리티 전자 산업 애널리스트(이 분야 담당자가 아니므로 이 회사와 아무 관계가 없다)가 텍사스로 가는 길에 발견했다. 던킨 도너츠 – 나는 이 회사 커피를 좋아한다. 최근에 발견한 개선된 피어 원 임포츠Pier 1 Imports – 아내가 추천했다. 사실은 캐럴린이 나의 최고 정보원이다. 그녀가 바로 레그스L'eggs를 발견한 장본인이다.

레그스는 상식의 위력을 보여주는 완벽한 사례다. 이 회사 제품이 70년대에 가장 성공한 2대 소비자 제품 가운데 하나가 되었다. 피델리티 마젤란을 맡기 전인 70년대 초, 나는 피델리티에서 애널리스트로 근무하고 있었다. 나는 전국을 여행하면서 섬유공장을 방문하고, 이익률, PER, 기타 난해한 기본 요소들을 계산하면서 섬유업종을 파악했다. 그러나 이런 정보 가운데 어느 하나도 캐럴린의 정보만큼 값진 것은 없었다. 레그스는 내가 조사해서 발굴한 회사가 아니라, 캐럴린이 슈퍼마켓에서 찾아낸 회사다.

계산대 옆 철제 진열대에 스타킹이 화려한 색상의 플라스틱 달걀에 포장되어 새롭게 진열되어 있었다. 제조회사 헤인즈Hanes는 보스턴 교외 지역을 포함해서 전국 여러 곳에서 레그스를 시험 판매하고 있었다. 헤인즈가 시험 슈퍼마켓에서 쇼핑을 마치고 나오는 여성 수백 명에게 방금 스타킹을 구입했는지 물었을 때, 구입했다고 대답한 비율이 높았다. 그런데 사람들 대부분은 제품 브랜드를 기억하지 못했다. 헤인즈는 무척이나 기뻐했다. 브랜드를 알리지 않고서도 어떤 제품이 베스트셀러가 된다면, 브랜드를 발표한 다음에는 얼마나 잘 팔리겠는가?

캐럴린은 섬유 애널리스트는 아니었지만 레그스가 우수한 제품이라는 사실을 얼마든지 실감할 수 있었다. 단지 한 켤레 사서 신어보는 것으로 충분했다. 이 스타킹은 이른바 고강도였는데, 일반 스타킹에 비해 올이 풀리지 않도록 만들어졌다. 또한 누구에게나 잘 맞았다. 그러나 주요 매력은 편리성이었다. 슈퍼마켓의 풍선껌이나 면도기 옆에서 레그스를 집어들 수 있었으므로 백화점까지 갈 필요가 없었다.

헤인즈는 일반 브랜드 스타킹을 백화점과 전문점에서 이미 판매하고 있었다. 그러나 여성들은 백화점이나 전문점에는 평균적으로 6주에 한 번 방문하는 반면, 슈퍼마켓에는 1주일에 두 번 방문하므로 일반 브랜드에 비해 레그스를 구입할 확률이 12배 높다고 헤인즈는 판단했다. 슈퍼마켓에서 스타킹을 판매하는 아이디어는 엄청난 호응을 얻었다. 쇼핑 카트에 플라스틱 달걀을 담은 여성들이 계산대 앞에 줄지어 서 있는 모습을 보면 충분히 파악할 수 있었다. 브랜드가 정식으로 발표된 뒤에는 전국적으로 레그스가 얼마나 팔릴지 상상해보라.

스타킹을 구입한 여성들, 스타킹이 팔리는 모습을 지켜본 계산대 점원들, 아내가 스타킹을 사 들고 오는 모습을 본 남편들 가운데 얼마나 많은 사람이 레그스의 성공을 알 수 있었을까? 수백만 명이다. 이 제품이 도입되고 2~3년 지난 뒤, 수천 개 슈퍼마켓 중 어디를 둘러보았어도 이 제품이 베스트셀러라는 사실을 실감할 수 있었다. 이로부터 레그스를 만드는 회사가 헤인즈이고, 헤인즈 주식이 뉴욕증권거래소에 상장되어 있다는 사실은 손쉽게 알 수 있었다.

캐럴린이 나에게 헤인즈를 일깨워주었을 때, 나는 늘 하던 대로 그 스토리를 조사했다. 그 스토리는 내가 생각했던 것보다도 더 좋았다. 그래서 탐브랜즈에 투자한 소방관이 가졌던 것 같은 확신으로, 나는 피델리티 펀드매니저들에게 이 주식을 추천했다. 헤인즈는 사라 리^{Sara Lee}에 합병되기 전까지 6루타가 되었다. 레그스는 사라 리에 여전히 많은 돈을 벌어주고 있으며, 지난 10년 동안 꾸준히 성장했다. 나는 헤인즈가 인수되지 않았다면 50루타 종목이 되었으리라 확신한다.

레그스의 장점은 우리가 이 회사를 초창기부터 알 필요가 없었다는 점이다. 우리는 헤인즈 주식을 첫해, 둘째 해에 샀거나, 심지어 레그스를 전국적으로 판매한 다음인 셋째 해에 샀더라도 적어도 3배를 벌 수 있었다. 그러나 많은 사람, 특히 남편들이 그렇게 하지 않았다. 흔히 가족을 대표하는 전담 투자자인 남편들은 아마도 태양에너지 주식이나 위성 안테나 주식에 투자해서 거덜나느라 너무 바빴던 모양이다.

내 친구 해리 하운드투스(가명) 이야기를 하겠다. 사실 우리 모두에게 하운드투스와 같은 속성이 조금씩은 있다. 이 전담 투자자(대개 가족마다 한 사람씩 있다)는 연간 구독료 250달러짜리 주식시장 뉴스레터와 〈월스트리트 저널〉을 읽으며 오전 시간을 보내고 있었다. 그는 위험은 제한적이면서 상승 잠재력이 큰 짜릿한 종목을 또 찾고 있었다. 〈월스트리트 저널〉과 뉴스레터 양쪽 모두에서 윈체스터 디스크 드라이브^{Winchester Disk Drives}가 멋진 미래를 확보한 야무진 소기업이라고 호의적으로 언급했다.

하운드투스는 디스크 드라이브에 대해서는 전혀 모르지만, 주식중개인과 통화한 뒤 윈체스터가 메릴린치의 '적극 매수' 리스트에 올라갔다는 사실을 알게 된다.

이 모든 일이 단순한 우연일 리가 없다고 그는 생각한다. 그는 어렵게 번 돈 3,000달러를 윈체스터에 투자하는 것이 매우 현명한 판단이라고 확신한다. 아무튼 그는 조사를 했다!

투자라는 진지한 사업을 이해하지 못한다고 알려진 아내(이 역할이 부부 사이에 바뀔 수도 있지만, 흔치는 않다) 헨리에타가 방금 쇼핑몰에서 돌아왔다. 아내는 리미티드The Limited라는 훌륭한 여성 의류점을 새로 발견했다. 매장은 고객들로 북새통을 이뤘다. 그녀는 숨 돌릴 틈도 없이 친절한 판매원과 굉장한 할인판매에 대해서 남편에게 설명했다.

"제니퍼가 가을 내내 입을 옷을 샀어요. 275달러밖에 안 해요."

"275달러라고?"

전담 투자자가 투덜거렸다.

"당신이 돈을 낭비하는 동안 나는 집에서 돈 벌 궁리를 하고 있었소. 윈체스터 디스크 드라이브가 답이오. 가장 확실한 종목인 것 같소. 3,000달러 투자할 생각이오."

투자라는 진지한 사업을 이해하지 못하는 아내가 말한다.

"조심해서 하세요. 하발라이트 포토셀Havalight Photo Cell 기억하시죠? 그 확실하다는 종목이 7달러에서 3달러 50센트로 떨어졌잖아요. 1,500달러를 손해 봤어요."

"하지만 그건 하발라이트였고, 이번에는 윈체스터라오. 〈월스트리트 저널〉에서는 디스크 드라이브가 향후 10년 동안 주요 성장 산업이라고 하는구려. 우리만 이 성장 산업에서 빠질 수는 없잖소?"

나머지 이야기는 쉽게 상상할 수 있다. 디스크 드라이브 산업에 예상 밖의 경쟁이 벌어졌는지, 윈체스터 디스크 드라이브의 분기 실적이 저조하게 나왔고, 주가는 10달러에서 5달러로 떨어졌다. 전담 투자자는 이런 상황을 도무지 이해할 수가 없었고, 매도하는 편이 현명하다고 판단했다. 그는 손실액이 제니퍼의 옷 다섯 벌 값이 조금 넘는 1,500달러에 불과하다며 스스로 위안을 얻었다.

하운드투스가 모르는 사이, 아내 헨리에타를 매료시켰던 리미티드의 주가는 꾸준히 상승하고 있었다. 1979년 12월 (주식분할 반영) 50센트가 안 되었던 주가가 1983년에는 9달러로 상승하여 이미 20루타가 되었고, 마침내 52.88달러까지 치솟았다. 9달러에 잡기만 했어도, (5달러까지의 하락을 버텨냈다면)그는 5배 넘게 벌 수 있었다. 초창기 기준으로는 100루타가 넘는 종목이므로, 만일 하운드투스가 일찌감치 1만 달러를 투자했다면, 그는 이 종목으로 100만 달러 넘게 벌었을 것이다.

더 현실적으로 가정해서, 하운드투스 부인이 구입한 옷값에 해당하는 275달러를 주식에 투자했다면, 이런 소액 투자로도 딸의 한 학기 등록금을 댈 수 있었다.

우리 전담 투자자는 윈체스터를 매도한 뒤에도 리미티드를 매수할 시간이 많이 있었지만, 이 기회를 줄기차게 무시했다. 이 무렵 전국에 리미티드 매장이 400개가 열렸고 모든 매장에 고객이 넘쳤지만, 하운드투스는 너무 바빠서 이 사실을 알아채지 못했다. 그는 기업사냥꾼 분 피켄스Boone Pickens가 메사 석유Mesa Petroleum를 노리는 모습에 주목하고 있었다.

아마도 508포인트 급락 직전인 1987년 말경, 하운드투스는 리미티드가 거래 증권사의 매수추천 목록에 올랐다는 사실을 마침내 발견한다. 게다가 3개 잡지에 유망한 기사가 실렸고, 이 주식이 대형 기관들의 사랑을 받게 되었으며, 무려 30명이나 되는 애널리스트들이 이 회사를 조사했다. 전담 투자자는 이 종목이 견실하면서도 평판 좋은 매수 종목이라고 생각했다.

하루는 그가 아내에게 속삭인다.

"참 흥미로운 일이야. 당신이 좋아하던 리미티드란 매장 기억하오? 알고 보니 상장회사였구려. 우리가 주식을 살 수 있다는 뜻이오. 게다가 내가 방금 본 PBS(미국 공영 방송) 특집으로 판단하건대 꽤 좋은 주식인 것 같소. 〈포브스Forbes〉에 특집기사까지 실렸다네. 어쨌든 전문 투자가들은 충분히 확보했을 리가 없소. 내 퇴직기금에서 몇천 달러 정도는 투자할 가치가 있겠소."

"퇴직기금에 아직도 몇천 달러가 남아 있어요?"

헨리에타가 의심하며 묻는다.

"물론 있고말고. 게다가 당신이 좋아하는 매장 덕에 곧 늘어날 거요."

전담 투자자가 허풍을 떤다.

"하지만 난 이제 리미티드에서 쇼핑 안 해요. 물건값도 너무 비싸졌고 이제는 독특하지도 않아요. 요즘은 다른 매장에도 같은 물건들이 있어요."

헨리에타가 말한다.

"그게 무슨 상관이야? 나는 쇼핑이 아니라 투자에 대해서 말하는
거라고."

전담 투자자가 호통을 친다.

하운드투스는 1987년의 신고가 근처인 50달러에 주식을 매수한
다. 머지않아 주가가 16달러까지 폭락한다. 절반 정도 하락했을 때
그는 주식을 팔고 빠져나온 다음, 손실을 줄였다며 또다시 안도한다.

이 회사가 상장회사입니까? ─────────────

나는 하운드투스가 리미티드를 놓쳤다고 비난할 처지가 못 된다.
내 아내도 그의 아내처럼 매장에 사람이 몰리는 모습을 보았지만,
나도 주가가 오르는 동안 단 한주도 사지 않았다. 게다가 리미티드
가 널리 알려지고 사업이 악화하기 시작할 때에야 매수해서, 손해를
본 상태로 여전히 보유하고 있다.

사실 나는 그동안 놓쳐버린 10루타 종목을 열거하는 것으로도 여
러 페이지를 채울 수 있다. 이 책을 읽다 보면 더 안타까운 사례들도
만나게 될 것이다. 유망한 기회를 무시하는 일로 치자면, 나는 누구
못지않은 전문가다. 한번은 금세기 최고의 자산주라 할 만한 페블
비치 골프장Pebble Beach Links에 서 있었지만, 이 회사가 상장회사인지

물어봐야겠다는 생각이 전혀 떠오르지 않았다. 나무와 그린 사이의 거리를 물어보느라 너무 바빴던 것이다.

다행히 우리 주위에는 10루타 종목들이 매우 많아서, 당신이나 나나 대부분을 놓치더라도 여전히 충분한 몫을 찾아낼 수 있다. 나처럼 대규모 포트폴리오를 보유한 경우에는 10루타 종목을 여러 개 찾아내야 두각을 나타낼 수 있다. 당신처럼 소규모 포트폴리오를 보유한 경우에는 단 하나만 찾아내면 된다.

또한 레그스나 던킨 도너츠처럼 친숙한 기업에 투자할 때의 장점은 스타킹을 신거나 커피를 마셔보는 것만으로도 우리가 월스트리트의 애널리스트들이 하는 기본적 분석을 하고 있다는 점이다. 매장을 방문해서 제품을 시험하는 일이 애널리스트 업무의 핵심 요소에 속하기 때문이다.

일생에 걸쳐 자동차나 카메라를 구입하면서, 우리는 무엇이 좋은 상품이고 나쁜 상품인지, 어느 상품이 잘 팔리고 안 팔릴지를 보는 안목이 개발된다. 당신이 자동차에 대한 전문가가 아니라면 다른 분야에 대한 전문가이며, 가장 중요한 점은 당신이 월스트리트보다 먼저 알게 된다는 사실이다. 인근에 던킨 도너츠 체인점 여덟 개가 새로 열리는 모습을 당신이 보았다면, 메릴린치 식당 전문가가 던킨 도너츠를 추천할 때까지 기다릴 이유가 어디 있는가? 메릴린치 식당 전문가는 던킨 도너츠의 주가가 2달러부터 10달러까지 5배가 되어야 비로소 이 회사를 발견하게 되지만(이유는 곧 설명하겠다), 당신은 주가가 2달러일 때 이미 발견했다.

아마추어 투자자들은 주식을 조사하는 초기 단계에 도넛을 먹으면서 돌아다니는 일이 어떤 이유에서인지 세련된 조사 방법이라고 생각하지 않는 듯하다. 사람들은 전혀 모르는 회사에 투자할 때 더 편안한 것처럼 보인다. 아마도 월스트리트에 관련해서 이런 불문율이 있는가 보다. "만일 그 회사를 이해하지 못한다면, 평생 모은 돈을 투자하라. 길모퉁이에 있어서 눈에 잘 띄는 기업은 피하고, 이해할 수 없는 제품을 만드는 기업을 찾아라."

한번은 나에게도 이런 회사에 투자할 기회가 있었다. 누군가 내 책상 위에 남겨둔 보고서에 따르면, 이 회사는 다음과 같은 제품을 만들고 있었다. "1메가 S램, 상보형 금속 산화막 반도체 C-mos(complementary metal oxide semiconductor), 양극성 축소명령 세트 컴퓨터bipolar risc(reduced instructive set computer), 부동소수점floating point, 데이터 입출력 어레이 프로세서data I/O array processor, 최적화 컴파일러optimizing compiler, 16바이트 듀얼 포트 메모리16-bytes dual port memory, 유닉스 운영체계unix operating system, 웻스톤 메가프롭 폴리실리콘 에미터whetstone megaflop polysilicon emitter, 고주파수 대역폭high band width, 6기가 헤르츠six gigahertz, 이중 금속배선 통신 프로토콜double metalization communication protocol, 비동기 후방 호환성asynchronous backward compatibility, 주변장치 버스 구조peripheral bus architecture, 4로 교차 기억장치four-way interleaved memory, 15나노초 용량15 nanoseconds capability."

주식중개인이 전화를 걸어 10년에 한 번 오는 대박 기회라고 추천하더라도, 이 회사 제품이 경주마 이름인지 메모리칩 이름인지 구분이 되지 않는다면, 근처에도 가지 말아야 한다.

염병할 양배추 인형 _____

그렇다면 우리는 모든 체인 음식점, 인기 제품이 있는 모든 회사, 근처 쇼핑몰에 매장을 여는 모든 상장회사의 주식을 사야 한다는 말인가? 투자가 그렇게 쉬운 일이라면, 내가 사무실 건너편에 있는 여피 스타일 세븐일레븐7-Eleven인 빌드너스Bildner's에 투자해서 돈을 날렸겠는가? 이 편의점에서는 샌드위치만 사 먹을 뿐, 회사 주식은 사지 말았어야 했다. 휴지가 된 이 주식 50주로는 참치 샌드위치도 사 먹을 수 없었다. 이 주식에 대해서는 나중에 더 설명하겠다.

콜레코Coleco는 또 어떤가? 양배추 인형이 금세기 최고의 베스트셀러가 되었지만, 이것으로 재무상태표가 부실한 열등 기업을 구할 수는 없었다. 처음에는 홈비디오 게임으로, 다음에는 양배추 인형 열풍으로 주가가 1년여 동안 극적으로 상승했지만, 1988년에 회사가 파산법 11장에 따라 법정관리를 신청하자, 주가는 결국 1983년의 고가 65달러에서 1.75달러로 폭락하고 말았다.

유망 기업을 찾아내는 일은 단지 첫 단계일 뿐이다. 다음 단계는 조사하는 일이다. 조사하면 토이저러스와 콜레코를 구별할 수 있고,

애플 컴퓨터와 텔레비디오Televideo를 구별할 수 있으며, 피드먼트 항공Piedmont Airlines과 피플 익스프레스 항공People Express Airlines을 구별할 수 있다. 피플 익스프레스를 언급하다 보니, 이 회사의 진행 상황을 더 조사하지 않았던 일이 후회스럽다. 더 조사했다면 나는 이 회사 주식도 사지 않았을 것이다.

나의 온갖 실수에도 불구하고, 내가 피델리티 마젤란 펀드를 운용한 12년 동안 펀드의 주당 순자산가치가 20배 넘게 올랐는데, 이는 거의 알려지지 않은 비인기 종목을 내가 찾아낸 다음 손수 조사할 수 있었기 때문이다. 나는 어느 투자자든지 똑같은 방법을 써서 이득을 얻을 수 있다고 확신한다. 전문 투자자를 앞지르는 일은 생각만큼 어렵지가 않다. 앞에서도 말했지만 전문 투자자라고 다 똑똑한 것은 아니기 때문이다.

이 책은 3부로 구성된다. 1부 투자 준비(1장~5장)에서는 스스로 종목 선정 능력을 평가하고, 경쟁(펀드매니저, 기관투자자, 기타 월스트리트 전문가)을 판단하며, 주식과 채권의 위험을 비교 평가하고, 자신의 자금 필요를 조사하며, 성공적인 종목 선정 기법을 개발하는 방법을 다룬다. 2부 성공 종목 선정(6장~15장)에서는 가장 유망한 기회를 찾아내는 방법, 어떤 회사를 선택하고 어떤 회사를 피해야 하는지, 주식중개인, 연차보고서, 기타 자료를 최대한 이용하는 방법, 주식의 기술적 평가에서 자주 언급되는 다양한 숫자(PER, 장부가치, 현금흐름)를 이해하는 방법 등을 다룬다. 3부 장기적 관점(16장~20장)에서는 포트폴리오를 설계하는 방법, 관심 기업을 관찰하는 방법, 매수 시점과 매도 시점 선정 방법, 옵션과 선물 거래의 어리석음, 20여 년 투자 기간에 내가 발견한 월스트리트, 미국기업, 주식시장의 건전성에 대한 일반적 고찰에 관해 설명하려고 한다.

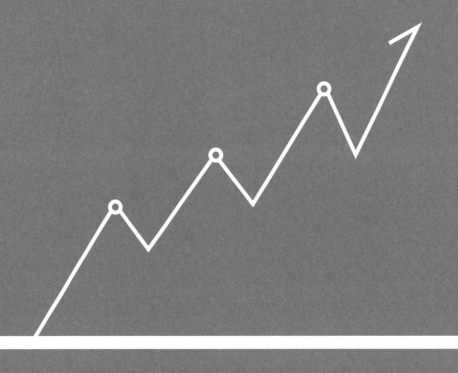

1부

투자 준비

ONE UP ON WALL STREET

주식을 매수하기 전에, 당신은 시장에 대해서 기본적인 결정을 내려야 한다. 국가 경제를 얼마나 믿을 것인가, 주식에 투자할 필요가 있는가, 투자한다면 기대 수익이 얼마나 되는가, 단기로 투자할 것인가 장기로 투자할 것인가, 주가가 예상 밖으로 갑자기 폭락할 경우 어떻게 대응할 것인가 등을 미리 결정해 두어야 한다. 미리 목표를 정하고 태도(주식이 정말로 채권보다 위험하다고 생각하는지)를 명확히 설정하는 것이 가장 좋다. 확신 없이 우유부단한 상태로 있을 때 최악의 상황을 맞이하면, 모든 희망과 이성을 내던지고 손실을 본 채 주식을 매도하여, 시장에 희생될 수 있기 때문이다. 성공 투자자와 상습적 패배자를 가르는 요소로 지식과 조사 못지않게 중요한 요소가 개인의 준비 태세. 결국 투자자의 운명을 결정하는 것은 주식시장도 아니고 기업도 아니다. 투자자 자신이다.

1장

펀드매니저가 되다

주식투자 능력에 유전적 요소 따위는 없다. 다른 사람들은 투자 감각을 타고났지만, 자신은 타고난 감각이 없어서 손실을 본다고 불평하는 사람들이 많다. 나는 요람 위에 시세 표시기가 달렸던 것도 아니고, 펠레가 어린 시절부터 축구공을 갖고 놀듯이 주식시세 면을 갖고 논 것도 아니었다. 내가 아는 한, 아버지는 GM 주가를 확인하려고 자리를 뜬 적이 없고, 어머니도 불황기에 AT&T의 배당금을 물어보신 적이 없다.

지금 돌이켜보니, 내가 태어났던 1944년 1월 19일 다우지수가 하락했고, 내가 병원에 있던 주간에 더 내려갔다. 당시에는 전혀 생각하지 못했지만, 이것이 린치의 법칙 Lynch Law이 나타난 최초의 사례였다. 린치의 법칙이란, 린치에게 좋은 일이 생기면 시장이 하락한다는 법칙이다(마지막 사례는 1987년 여름 내가 출판사와 책을 출간하기로 합의 했을 때 나타났다. 내 경력이 절정에 이르렀던 이 시점에 시장은 두 달 동안 1,000 포인트나 하락했다. 책이 이 정도니, 영화에 대해서는 더 신중하게 생각해야겠 다).

내 친척들은 대부분 주식을 불신했는데, 그럴만한 이유가 있었 다. 어머니는 일곱 남매 가운데 막내였다. 따라서 나의 삼촌들은 대 공황 당시 성년이었고, 1929년의 대폭락을 직접 체험한 사람들이었 다. 그래서 우리 집안에는 주식을 사라고 권하는 사람이 없었다.

내가 들어본 유일한 투자 사례는, 할아버지 진 그리핀이 씨티즈 서비스Cities Service 주식을 매수한 경우다. 할아버지는 매우 보수적인 투자자였으며, 이 회사를 선택한 것은 수도회사라고 생각했기 때문 이다. 할아버지는 뉴욕으로 여행했을 때 이 회사가 석유회사라는 사 실을 발견하자 곧바로 팔아버렸다. 그 후 씨티즈 서비스는 50배가 올랐다.

1950년대 전체 기간은 물론 1960년대에 들어서도 미국인들은 전반적으로 주식을 불신했지만, 이 기간에 시장은 세 배로 뛴 데 이 어 다시 두 배로 뛰었다. 1980년대가 아니라 내가 어렸던 이 기간이 역사상 최고의 강세장이었지만, 삼촌들은 주식투자를 도박장의 주 사위 노름처럼 취급했다. 사람들은 경고했다. "주식시장은 근처에도 가지 마라. 너무 위험해서 재산을 모두 날리게 된다."

돌이켜보면, 1950년대처럼 주식시장에서 재산을 모두 날릴 위험 이 적었던 시기는 그 이전에도 없었고 이후에도 없었다. 이로부터 나는 시장을 예측하기 힘들다는 사실을 배웠을 뿐 아니라, 소액투자자들은 잘못된 시점에 시장을 비관하거나 낙관하기 때문에 강세장에 투자를 시작하고 약세장에 빠져나오면서 자멸한다는 사실을 깨달았다.

아버지는 수학 교수를 거쳐 존 핸콕^{John Hancock}에 최연소 감사가 된 근면한 분이었다. 그러나 아버지는 내가 일곱 살 때 병에 걸렸고, 열 살 때 뇌암으로 돌아가셨다. 이런 비극 때문에 어머니는 직장 생활을 해야만 했고(어머니는 루드로 매뉴팩처링^{Ludlow Manufacturing}에서 일했는데, 이 회사는 나중에 타이코 랩^{Tyco Labs}에 인수되었다), 나는 아르바이트를 해서 어머니를 돕기로 마음먹었다. 열한 살 때 나는 캐디로 일했다. 이날이 1955년 7월 7일이었고, 다우지수가 467에서 460으로 떨어진 날이었다.

골프를 배운 열한 살 소년에게 캐디는 기막힌 일자리였다. 나는 단지 골프 코스를 돌아다니는 대가로 돈을 받았다. 배달 소년이 일주일 내내 아침 6시부터 신문을 배달해서 버는 돈보다, 내가 오후 한나절에 버는 돈이 더 많았다. 이보다 나은 일자리가 어디에 있겠는가?

고등학교에 다니면서, 나는 캐디 일에 더 미묘하고도 중요한 장점이 있다는 사실을 깨달았다. 특히 보스턴 교외에 있는 브래 번^{Brae Burn} 같은 회원 전용 클럽이 그랬다. 질레트^{Gillette}, 폴라로이드^{Polaroid}, 게다가 피델리티 등 주요 기업의 사장들이 내 고객이었다. 조지 설리번^{D. George Sullivan}의 공을 찾아주다 보니, 결국 내 일자리를 찾게 되었다.

브래 번 같은 클럽의 탈의실을 거쳐서 중역으로 고속 승진한 캐디가 나뿐이 아니었다.

주식을 배우고 싶은 사람에게 골프 코스는 증권거래소 입회장 다음으로 좋은 곳이었다. 특히 회원들은 드라이브로 슬라이스나 훅을 친 다음에는 최근에 거둔 투자 성공담을 열정적으로 늘어놓았다. 한 라운드를 도는 동안 내가 골프 요령 다섯 가지를 알려주면, 회원은 그 대가로 주식 정보 다섯 가지를 내게 가르쳐주었다.

나는 얻은 정보를 이용해서 투자할 돈은 없었지만, 페어웨이에서 성공담을 들은 뒤 주식시장이 돈을 잃는 곳이라는 우리 가족들의 사고방식에 대해 다시 생각하게 되었다. 내 고객 가운데 여러 사람이 실제로 주식시장에서 돈을 번 것 같았고, 일부 성공담은 내 마음에 실감나게 와 닿았다.

캐디 일을 하다 보면 얼마 안 가서 골프 회원들을 카스트제도 기준으로 분류하게 된다. 가장 높은 사람이 희귀한 신인神人(골프 솜씨도 뛰어나고, 인품도 훌륭하며, 팁도 두둑이 주는 사람)이고, 그다음이 골프 솜씨나 팁이나 그저 그런 사람이며, 가장 밑바닥에 오는 사람이 최하층 천민(골프 솜씨도 형편없고, 인품도 천박하며, 팁도 인색한 사람)이다. 내가 캐디를 맡은 사람은 대부분 골프 솜씨도 평균 수준이고 팁도 평균 수준인 사람이었다. 하지만 골프 솜씨가 형편없지만 팁이 후한 사람과 골프 솜씨는 뛰어나지만 팁이 인색한 사람 사이에서 선택할 기회가 오면, 나는 팁이 후한 사람을 선택하게 되었다. 나는 캐디 일을 하면서, 돈벌이가 중요하다고 생각을 굳히게 되었다.

나는 고등학교에 다니던 전체 기간과 보스턴대학교 재학 기간에 계속 캐디 일을 하면서, 프란시스 위메트^{Francis Ouimet} 캐디장학금을 받아 학비 일부를 지불했다. 대학에 들어갔을 때, 과학, 수학, 회계학 같은 일반 경영학 과목은 필수과목을 제외하고는 피해 다녔다. 대신 인문과목을 주로 수강했는데, 역사, 심리학, 정치학을 배웠고, 형이상학, 인식론, 논리학, 종교학, 고대 그리스철학을 공부했다.

지금 돌이켜보니, 통계학 공부보다 역사와 철학 공부가 나의 주식투자에 훨씬 도움이 되었다. 주식투자는 과학이 아니라 기술이라서 만사를 철저하게 계량화하도록 훈련받은 사람은 크게 불리하다. 만일 종목 선정이 계량화할 수 있는 작업이라면, 슈퍼컴퓨터를 사용하는 사람이 거액을 벌 것이다. 그러나 주식시장에는 계량화가 통하지 않는다. 주식시장에 필요한 수학은(크라이슬러의 보유 현금이 10억 달러, 장기 부채가 5억 달러 등과 같이) 초등학교 4학년 산수로 충분하다.

논리학은 내가 월스트리트의 비논리성을 깨닫게 해주었다는 이유만으로도, 나의 종목 선정에 가장 도움이 되었던 과목이다. 실제로 월스트리트 사람들은 옛날 그리스 사람들처럼 생각한다. 고대 그리스 사람들은 둘러앉아서 말의 이빨이 몇 개인지에 대해 몇 날 며칠 토론했다. 이들은 직접 말의 이빨을 세어보는 대신 둘러앉아 토론하면서도 파악할 수 있다고 생각했다. 월스트리트의 많은 투자자가 둘러앉아서 주가가 오를지 내릴지 토론하는데, 이는 회사를 방문해서 확인하는 대신 재무상태를 숙고하면 답이 나온다고 생각하는 식이다.

먼 옛날, 사람들은 해가 떠오를 때마다 닭 우는 소리를 듣고, 닭이 울기 때문에 해가 떠오른다고 믿었다. 오늘날에는 말도 안 되는 소리다. 하지만 월스트리트 전문가들도 시장이 오르는 이유를 새로운 방식으로 설명할 때 원인과 결과를 매일 혼동한다. 예를 들면, 치마 길이가 짧아졌다느니, 슈퍼볼에서 어느 팀이 이겼다느니, 일본 사람들이 불행하다느니, 추세선이 깨졌다느니, 공화당이 선거에 이긴다느니, 주식이 '과매도' 되었다느니 등이다. 나는 이런 이론을 들을 때마다 닭 울음을 떠올리게 된다.

1963년 대학 2학년 때, 나는 처음으로 주식에 투자했다. 플라잉 타이거 라인Flying Tiger Lines을 주당 7달러에 매수했다. 캐디 일과 장학금으로 학비를 충당하면서 집에서 통학했기 때문에 다른 경비를 줄일 수 있었고, 85달러짜리 차를 150달러짜리 차로 이미 교체한 상태였다. 그동안은 돈이 없어서 투자정보를 써먹을 수 없었지만, 마침내 투자할 돈을 모으게 되었다!

플라잉 타이거는 내가 아무렇게나 고른 종목이 아니었다. 비록 가정은 틀렸지만 끈질기게 조사해서 고른 종목이었다. 한 수업에서 내가 읽은 논문에 항공 산업의 장래가 밝다는 내용이 있었고, 플라잉 타이거가 항공화물 회사라고 나와 있었다. 그래서 이 주식을 매수했지만, 그 이유로 주가가 오른 것은 아니었다. 미국이 베트남과 전쟁을 치르게 되었고, 플라잉 타이거가 태평양을 가로질러 군대와 군수품을 나르면서 돈을 벌었기 때문에 주가가 오른 것이었다.

2년도 채 지나기 전에 플라잉 타이거는 32.75달러에 도달했고,

내 첫 번째 5루타 종목이 되었다. 나는 이 주식을 조금씩 팔아서 대학원 학비로 썼다. 플라잉 타이거 장학금 덕에 와튼 스쿨에 다니게 되었다. 첫사랑이 장래 연애에 큰 영향을 미치듯이, 첫 종목이 장래 자금 사정에 커다란 영향을 미친다면, 내가 플라잉 타이거를 선택한 것은 행운이었다. 이 경험을 통해서 대박 종목은 반드시 존재하며, 시장에는 이런 종목들이 더 있다고 확신하게 되었다.

보스턴대학 4학년 때 나는 사장 설리번의 권유에 따라 피델리티 여름 일자리에 응모했다. 설리번은 골프 솜씨는 형편없지만, 인품이 훌륭하며, 내게 팁도 두둑이 주는 사람이었다. 피델리티는 뉴욕 요트 클럽New York Yacht Club, 오거스타 내셔널 골프 클럽Augusta National Golf Club, 카네기 홀Carnegie Hall, 켄터키 경마Kentucky Derby를 보유하고 있었다. 피델리티는 투자업계의 본산이었다. 중세의 위대한 수도원에 수사들이 몰리는 것처럼, 재무상태표를 신봉하는 사람들은 여기서 근무하기를 꿈꾸었다. 여름 일자리 셋을 놓고 신청자 100명이 몰렸다.

피델리티는 뮤추얼펀드 판매에 탁월한 솜씨를 발휘했기 때문에 우리 어머니도 매달 100달러씩 피델리티 캐피털Fidelity Capital에 적립하고 있었다. 게리 차이Gerry Tsai가 운영하는 이 펀드는 유명한 고고 시대에 이름을 날렸던 고고 펀드 두 개 중 하나였다. 나머지 하나는 네드Ned로도 알려진 에드워드 존슨 3세Edward C. Johnson Ⅲ가 운영하는 피델리티 트렌드Fidelity Trend였다. 네드 존슨은 미스터 존슨으로 불린 전설적인 창립자 에드워드 존슨 2세Edward C. Johnson Ⅱ의 아들이었다.

네드 존슨의 피델리티 트렌드와 게리 차이의 피델리티 캐피털은

1958~1965년 동안 다른 펀드들을 압도적으로 누르면서 펀드 산업에서 선망의 대상이 되었다. 이런 거물들로부터 훈련과 지원을 받으면서, 나는 아이작 뉴턴Isaac Newton이 한 말을 실감하게 되었다. "내가 멀리 볼 수 있었던 것은 거인의 어깨 위에 올라섰기 때문이다."

네드가 커다란 성공을 거두기 오래전에, 그의 아버지 미스터 존슨은 미국인들이 투자를 보는 관점을 바꾸어 놓았다. 미스터 존슨은 자본을 지키기 위해서가 아니라 돈을 벌기 위해서 주식에 투자해야 한다고 믿었다. 투자해서 돈을 벌면, 이 돈으로 더 많은 주식에 투자해서 돈을 더 많이 벌어야 한다. "아내는 평생 바꾸지 않더라도, 주식은 바꿔야 한다." 늘 멋진 말을 만들어내는 미스터 존슨이 한 말이다. 물론 이런 말을 하는 그가 〈미즈Ms.〉 잡지로부터 상을 받았을 리는 없다.

나는 피델리티에서 일하게 되어 흥분되었다. 게다가 게리 차이가 뉴욕의 맨해튼 펀드Manhattan Fund로 회사를 옮긴 뒤 내가 차이의 사무실에서 근무하게 되었다. 1966년 5월 첫 주에 출근했을 때 925였던 다우지수는, 내가 9월에 근무를 마치고 대학원에 진학할 때는 당연히 린치의 법칙에 따라 800 아래로 곤두박질쳤다.

랜덤워크와 메인 슈거 _____

기업금융이나 회계에 전혀 경험이 없는 나 같은 인턴사원도 정규 애널리스트들과 마찬가지로 기업 분석 및 보고서 작성 업무에 투입되었다. 잔뜩 겁먹었던 업무들도 막상 해보니 아무것도 아니었다. 인문학 전공자들도 얼마든지 주식을 분석할 수 있었기 때문이다. 나는 제지 및 출판 업종을 맡게 되었고, 소그 페이퍼Sorg Paper와 인터내셔널 텍스트북International Textbook 같은 회사를 방문하기 위해서 전국을 누비기 시작했다. 당시 항공사들이 파업상태였으므로, 나는 버스로 여행했다. 여름이 끝날 무렵, 내가 가장 잘 파악하게 된 회사가 그레이하운드였다.

피델리티에서 잠시 근무한 뒤 대학원 2년차 과정을 위해 와튼 스쿨로 돌아갔을 때, 나는 학계의 주식시장 이론이 과연 가치가 있는지 어느 때보다도 의심하게 되었다. 사람들은 학교에서 배운 지식이 투자 업무에 도움이 되리라 기대하지만, 와튼에서 배운 지식은 나를 실패로 이끌 것 같았다. 나는 통계학, 고등미적분, 정량분석을 공부했다. 정량분석에 따르면, 내가 피델리티에서 두 눈으로 본 일들은 실제로 일어날 수 없는 일이었다.

나는 효율적 시장 가설(주식시장에는 모든 정보가 주가에 '반영'되어 있으며, 주가는 항상 '합리적'이다)과 랜덤워크 가설(시장의 등락은 비합리적이며, 예측이 불가능하다)도 통합하기가 힘들었다. 나는 시장이 합리적이라고 보기 힘든 이상한 움직임을 이미 많이 보았으며, 피델리티의 훌륭한 펀드매니저들이 성공하리라는 점은 예측이 전혀 어렵지 않았다.

정량분석과 랜덤워크를 신봉하는 와튼 교수들이 피델리티의 새

동료들만큼 성과를 올리지 못하는 것이 분명했으므로, 이론과 실무 사이에서 나는 실무를 선택하기로 했다. 내가 아는 사람이 켄터키 프라이드 치킨Kentucky Fried Chicken(KFC)에 투자해서 방금 20배 수익을 올린 데다가, 사전에 주가가 올라가야 하는 이유까지 설명한 터에, 시장이 비합리적이라는 학문적 이론을 지지하기는 무척이나 힘들었다. 나는 오늘날까지도 이론가와 예언가를 불신하고 있다.

일부 과목은 도움이 되었지만, 설사 모든 과목이 가치가 없었다 하더라도 나는 와튼에 다닌 보람이 있었다. 캠퍼스에서 아내 캐럴린을 만났기 때문이다(1968년 5월 11일 시장이 열리지 않은 토요일, 나는 군 복무 중에 결혼했다. 우리는 일주일 동안 신혼여행을 다녀왔는데, 이 기간에 다우지수가 13.93포인트 하락했다. 내가 당시에 다우지수를 지켜보았다는 말이 아니라, 나중에 확인해보니 그랬다는 말이다).

와튼에서 2년 과정을 마친 뒤, 나는 학군단ROTC 프로그램에 따라 2년간 복무하기 위해서 입대했다. 1967~1969년 동안 나는 포병 중위가 되어 처음에는 텍사스에서, 다음에는 한국에서 복무했다. 당시 상황에서는 편안한 근무지였다. 포병 중위들은 대부분 베트남에 배치되었기 때문이다. 한국의 유일한 단점은 미국 주식시장에서 너무 멀다는 점이었다. 또한 당시 내가 알기로는 서울에 주식시장이 없었다. 그래서 나는 주식투자 금단 증상에 시달렸다.

가끔 휴가를 얻게 되면 나는 잃어버린 시간을 벌충하려고 서둘러 고향으로 돌아가, 친구와 동료들이 추천하는 다양한 인기 주식을 사들였다. 이들은 계속 상승하는 고공비행 주식을 매수하고 있었지만, 내게는 계속 하락 중인 보수적인 종목을 권유했다. 실제로 나는 레인지 오일Range Oil로 돈을 좀 벌었지만, 철석같이 믿었던 메인 슈거 Maine Sugar가 주저앉으면서 더 큰돈을 잃었다.

메인 슈거 직원들은 메인주州 감자 농부들에게 농한기에 사탕무를 재배하라고 설득하면서 돌아다녔다. 사탕무 재배는 메인주 농부들은 물론이고 메인 슈거에 대단히 수지맞는 사업이 될 터였다. 사탕무를 재배하면 농부들은 추가 소득을 올리는 동시에 토양을 비옥하게 만들 수 있었다. 사탕무는 감자의 완벽한 간작間作 작물(주된 작물을 짓는 사이에 심는 작물)이었다. 게다가 메인 슈거가 사탕무 심는 비용까지 전액 부담하고 있었다. 농부들은 다 자란 사탕무를 뽑아서 막 완공된 메인 슈거의 거대한 정제공장에 갖다주기만 하면 되었다. 문제는 이들이 지극히 보수적인 메인주 농부들이었다는 점이다. 이들은 사탕무를 수십만 제곱미터에 한꺼번에 심지 않았다. 첫해에 1,000㎡에 심어보고 효과가 있으면 다음해에 2,000㎡, 그 다음해에 4,000㎡로 넓혀가는 식이었다. 그러나 그동안 정제공장은 작업량이 부족해서 문을 닫게 되었고, 메인 슈거는 파산했다. 주가는 6센트로 떨어져서, 자판기에서 풍선껌 6개를 뽑을 푼돈이 되었다.

메인 슈거에서 대실패를 맛본 뒤, 느려터진 메인주 농부들에게 매달려야 하는 주식은 절대로 사지 않겠다고 맹세했다.

1969년 나는 한국에서 돌아와 정규직 애널리스트가 되어 피델리티에 복귀했다. 역시 린치의 법칙에 따라 주식시장은 급락했다. 1974년 나는 부소장에서 연구소장으로 승진했고, 다우지수는 다음

3개월 동안 250포인트 하락했다. 1977년 5월, 나는 피델리티 마젤란 펀드를 맡았다. 이때 899였던 다우지수는 다음 5개월 동안 801로 미끄러지기 시작했다.

마젤란 펀드의 자산규모는 2,000만 달러였다. 포트폴리오는 겨우 40개 종목이었는데, 피델리티의 사장 네드 존슨은 종목수를 25개로 줄이라고 내게 권했다. 나는 공손히 말을 들은 뒤 작업을 시작해서 종목수를 60개로 늘렸고, 6개월 뒤에는 100개로 늘렸으며, 곧이어 150개로 키워놓았다. 일부러 거꾸로 간 것은 아니었다. 나는 헐값에 굴러다니는 주식을 사지 않고서는 배길 수가 없었으며, 당시에는 헐값 주식이 여기저기 널려있었기 때문이다.

열린 마음을 지닌 네드 존슨은 멀리서 나를 지켜보면서 격려해주었다. 네드와 나는 추구하는 방식이 달랐지만, 그래도 그는 내 방식을 수용해주었다. 적어도 내가 좋은 실적을 올리는 동안에는 말이다.

내 포트폴리오 종목수는 계속 증가해서, 한때 저축대부조합 S&L 종목만 150개가 넘기도 했다. 나는 몇몇 저축대부조합만 보유하는 것으로는 성에 차지 않았으므로, 유망한 투자기회라고 판단되기만 하면 전면적으로 사들였다. 편의점도 한 곳에 투자하는 것으로는 충분치가 않았다. 세븐일레븐의 모회사인 사우스랜드Southland에 더해서, 서클 케이Circle K, 내셔널 컨비니언스National Convenience, 숍 앤드 고Shop and Go, 홉 인 푸드Hop-In Foods, 페어몬트 푸드Fairmont Foods, 선샤인 주니어Sunshine Junior 등을 매수할 수밖에 없었다. 수백 개 종목을 사들이는 방식은 네드 존슨이 주식형 펀드를 운용하는 스타일이 분명히 아니었지만, 나는 여전히 여기 버티고 있다.

머지않아 나는 좋아하지 않는 주식이 하나도 없다는 이유로 주식 분야의 윌 로저스^{Will Rogers}(만능 연예인)로 소문났다. 투자전문지 〈배런스^{Barron's}〉에서는 "린치가 보유하지 않은 종목을 하나라도 댈 수 있는가?"라는 식으로 늘 농담을 만들어냈다. 현재 나는 1,400개 종목을 보유하고 있으므로 이들의 말에도 일리가 있다. 나는 보유하고 나서 후회한 종목도 수없이 열거할 수 있다.

그러는 동안 마젤란 펀드의 자산이 90억 달러로 증가했는데, 이는 그리스 GNP의 절반 규모에 해당했다. 그리스는 2,500년이 넘는 역사를 자랑하는 나라지만, 지난 11년 동안의 투자수익률 기준으로는 마젤란 펀드가 그리스보다 훨씬 높았다.

윌 로저스는 주식에 대해서 다음과 같이 탁월한 충고를 한 바 있다. "도박하지 말라. 예금을 모두 털어 우량 주식을 산 다음, 주가가 오를 때까지 보유한 뒤 팔아라. 주가가 오르지 않는다면 주식을 사지 마라."

2장

 월스트리트의 똑똑한 바보들

군사정보, 박식한 교수, 귀청을 찢는 정적, 점보새우 등은 유명한 모순 어법이다. 나는 여기에 투자전문가를 추가하고자 한다. 아마추어 투자자들은 투자전문가를 적당히 의심하는 눈으로 보아야 한다. 그래야 당신의 상대가 어떤 사람인지 실체를 파악할 수 있다. 주요 기업들의 주식 70%를 기관투자자들이 거래하고 있으므로, 당신은 주식을 사거나 팔 때마다 이른바 투자전문가라는 똑똑한 바보들과 경쟁을 벌일 가능성이 갈수록 커지고 있다. 이것은 당신에게 좋은 기회다. 투자전문가들이 수많은 문화적, 법적, 사회적 제약(이 가운데 상당수는 이들 스스로 부과한 것이다)을 받고 있다는 점을 고려하면, 투자전문가들 전체가 지금까지 거둔 실적조차 놀라울 따름이다.

물론 투자전문가들이 모두 똑똑한 바보는 아니다. 위대한 펀드매니저, 혁신적인 펀드매니저, 자유자재로 투자하는 독립적 펀드매니저도 있다. 존 템플턴John Templeton이 바로 그런 인물이다. 그는 세계시장을 개척했으며, 아마도 전 세계에 투자해서 돈을 벌어들인 최초의 인물이었다. 그에게 돈을 맡긴 투자자들은 1972~1974년에 미국 시장 붕괴를 피해갈 수 있었다. 그가 펀드 자금 대부분을 캐나다와 일본 주식에 투자했기 때문이다. 그뿐 아니라 1966~1988년 기간에 미국 다우지수가 겨우 두 배가 되는 동안, 그는 일본 다우지수(닛케이 지수Nikkei Stock Averages)가 17배 상승하는 기회를 가장 먼저 이용하였다.

지금은 고인이 된 뮤추얼 셰어즈Mutual Shares 펀드의 맥스 하이네Max Heine도 사고가 유연한 독창적 인물이었다. 사후에 그의 뒤를 이은 문하생 마이클 프라이스Michael Price는 스승이 세운 전통에 따라 자산이 풍부한 기업 주식을 순자산가치 1달러당 50센트에 사서 기다렸다가 주가가 1달러로 오른 뒤 팔았다. 그는 탁월한 솜씨를 발휘했다. 존 네프John Neff도 소외된 주식에 계속해서 위험을 무릅쓰고 투자한 챔피언이었다. 루미스 세일즈Loomis-Sayles의 켄 히브너Ken Heebner 역시 위험을 무릅쓰고 탁월한 실적을 올린 인물이다.

피터 데로스Peter DeRoetth도 소형주로 뛰어난 실적을 올린 친구다. 데로스는 하버드 법학대학원 출신으로서 주식에 대해 주체할 수 없는 열정을 지닌 인물이다. 바로 그가 내게 토이저러스를 알려준 사람이기도 하다. 그가 성공을 거둔 비결은 경영대학원을 다니지 않았다는 점이다. 그는 쓸데없는 것을 배우지 않았으므로, 잊으려고 애쓸 필요도 없었다.

조지 소로스^{George Soros}와 지미 로저스^{Jimmy Rogers}는 금 매도 포지션, 풋옵션 매수, 호주채권 헤징 등 내가 도무지 설명할 수 없는 난해한 거래로 거액을 벌었다. 단연 가장 위대한 투자가 워런 버핏^{Warren Buffett}은 나와 같은 방식으로 기회를 탐색하는 인물이다. 다만 그는 기회를 발견하면 회사를 통째로 사버린다는 점이 나와 다를 뿐이다.

이렇게 탁월한 인물은 소수인 반면, 그저 그런 펀드매니저들이 압도적으로 많다. 우둔한 펀드매니저, 멍한 펀드매니저, 알랑거리는 펀드매니저, 소심한 펀드매니저, 다른 세력을 따라다니는 펀드매니저, 고리타분한 펀드매니저, 온갖 규칙에 속박된 짝퉁 펀드매니저 등이 넘쳐난다.

투자를 하려면 다른 사람들의 마음을 읽을 줄 알아야 한다. 우리는 모두 같은 신문과 잡지를 읽고 같은 경제학자의 말에 귀를 기울인다. 솔직히 말해서, 우리는 모두 매우 동질적이다. 우리 중에 튀는 사람은 많지 않다. 주식형 펀드를 운용하는 사람 중에 고등학교 중퇴자가 있다면 나는 깜짝 놀랄 것이다. 펀드매니저 중에 파도타기나 트럭운전을 했던 사람도 없을 것이다.

또한 말끔한 모습을 한 청년도 보기 힘들 것이다. 한번은 아내가 위대한 발명이나 사상은 30세 전에 이루어진다는 통속적인 이론을 분석한 적이 있다. 하지만 나는 지금 45세에 여전히 마젤란 펀드를 운용하고 있으므로, 위대한 투자는 나이와 상관없다고 주장하는 바이다. 게다가 다양한 시장을 경험한 중년의 투자자는 이런 경험을 못 한 젊은이보다 유리할 것이다.

아무튼 대다수 펀드매니저가 중년인데, 이는 청년이나 노년에 천부적 재능을 발휘할 여지가 없다는 뜻이다.

뒷북치는 월스트리트 _____

내가 어렵게 찾아낸 탁월한 종목들은 모두 장점이 명확하게 드러났으므로, 만일 투자전문가 100명에게 자신의 포트폴리오에 편입할 재량권이 있었다면, 이 가운데 99명이 이 종목들을 편입했으리라 확신한다. 그러나 이제 내가 설명하려는 이유로 이들은 편입할 수가 없었다. 이들이 10루타 종목을 편입하기까지는 정말이지 걸림돌이 너무나 많다.

현재의 제도 아래에서는, 어떤 주식에 대해서 많은 대형 기관이 투자에 적합하다고 인정하는 동시에, 저명한 월스트리트 애널리스트 다수가 이 주식을 추천 목록에 올려놓아야만 비로소 펀드매니저들이 투자를 진지하게 고려할 수 있다. 다른 사람들이 먼저 움직여주기만을 기다리며 눈치 보는 상황에서, 어떻게든 투자가 이루어진다는 사실이 놀라울 따름이다.

리미티드The Limited가 이른바 뒷북치는 월스트리트의 전형적인 사례다. 1969년 이 회사가 주식을 공개했을 때, 이 회사는 대형 기관과 거물급 애널리스트들에게 거의 알려지지 않았다. 기업공개 주간사는 리미티드의 본사가 있는 오하이오주 콜럼버스 소재 베르코 앤드 코Vercoe & Co.라는 소형 증권회사였다. 리미티드 회장 레슬리 웩스너Leslie Wexner의 고등학교 친구 피터 홀리데이Peter Halliday가 당시 베르코의 영업부장이었다. 홀리데이의 설명에 따르면, 월스트리트가 리미티드에 관심이 없었던 것은 당시 오하이오주 콜럼버스가 기업의 중심지가 아니었기 때문이다.

화이트 웰드White, Weld의 수지 홈즈Susie Holmes가 몇 년 동안 홀로 이 회사를 분석한 뒤에야, 퍼스트 보스턴First Boston의 매기 길리엄Maggie Gilliam이 1974년 리미티드를 공식적으로 인정해서 두 번째로 분석을 시작했다. 매기 길리엄도 오헤어 공항에 폭설이 내린 탓에 시카고 우드필드 몰을 거닐지 않았다면, 리미티드 매장을 발견하지 못했을 것이다. 길리엄은 아마추어 감각을 살린 덕에 이 매장에 관심을 기울이게 되었다.

리미티드 주식을 매수한 첫 번째 기관은 티 로 프라이스 뉴허라이즌스 펀드T. Rowe Price New Horizons Fund였으며, 매수 시점은 1975년 여름이었다. 당시 전국에 걸쳐 리미티드 매장 100개가 개점된 상태였다. 관찰력 있는 구매고객 수천 명은 이 기간에 스스로 회사를 조사할 수 있었다. 1979년이 되어서도 겨우 두 기관이 리미티드 주식을 보유했으며, 보유량도 전체 발행물량의 0.6%에 불과했다. 당시 회사의 직원과 임원들이 주식 대부분을 보유하고 있었는데, 나중에 설명하겠지만 이것은 대개 좋은 신호였다.

1981년에는 리미티드 매장 400개가 호황을 누리고 있었지만, 조사하는 애널리스트는 여섯뿐이었다. 이때가 길리엄이 리미티드를 발견하고서 7년이 지난 시점이었다. 1983년이 되자 주가가 중간 고점 9달러에 도달했는데, 1979년 주식분할을 반영해서 50센트에 매수한 장기투자자들은 18배 수익을 올렸다.

1984년에는 주가가 거의 절반으로 떨어져 5달러가 되었지만 회사는 여전히 잘 굴러가고 있었으며, 오히려 투자자들에게는 좋은 매수 기회가 되었다(뒤에 설명하겠지만, 기업의 기초가 건전한데도 주가가 하락할 때는 주식을 계속 보유하거나 추가로 매수하는 편이 낫다). 주가가 반등하여 15달러에 도달한 1985년이 되어서야, 애널리스트들이 몰려와 잔치에 동참했다. 사실 이들은 리미티드를 지나치게 치켜세우며 앞다투어 매수추천 목록에 올려놓았고, 공격적인 기관 매수가 이어지면서 주가가 계속 상승하여 52.88달러까지 올라갔다. 그러나 이것은 합리적인 수준을 훨씬 넘어선 가격이었다. 이 무렵 리미티드를 조사하는 애널리스트는 30명을 넘어섰고, 이들 대부분이 조사를 시작하자마자 곧바로 리미티드가 추락하고 말았다.

내가 좋아하는 장례회사인 서비스 코퍼레이션 인터내셔널SCI은 1969년에 처음으로 주식을 공개했다. 이후 10년 동안 조금이라도 관심을 기울인 애널리스트가 단 한 사람도 없었다! 회사는 월스트리트의 관심을 끌려고 갖은 노력을 기울였고, 마침내 언더우드 노이하우스Underwood, Neuhaus라는 소규모 투자회사가 관심을 보이게 되었다. 시어슨Shearson이 관심을 보인 대형 증권회사였으며, 그때가 1982년이었다. 이때 주식은 5루타가 되어있었다.

물론 1983년에 주당 12달러에 SCI를 매수해서 1987년 고점인 30.38달러에 매도했어도 두 배가 넘는 수익을 낼 수 있었다. 그러나 1978년에 투자해서 얻을 수 있었던 40루타의 짜릿함에는 비할 바가 못 되었다.

투자자 수천 명은 장례식에 참석했다는 이유만으로 이 회사를 잘 파악하고 있었으며, 회사가 계속해서 잘 운영되는 것을 알고 있었다. 반면 월스트리트의 똑똑한 바보들은 장례 서비스가 표준 산업분류에 포함되지 않았기 때문에 SCI를 간과했던 것으로 밝혀졌다. 장례 서비스는 정확히 레저 사업도 아니었고 내구 소비재도 아니었다.

1970년대 10년 내내 스바루가 최대 상승을 기록하고 있을 때, 주요 애널리스트 3~4명만 이 회사를 조사하고 있었다. 1977~1986년 동안 던킨 도너츠는 25루타 종목이 되었지만, 오늘날에도 이 회사를 조사하는 대형 기관은 겨우 둘뿐이다. 게다가 5년 전에는 둘 다 관심이 없었다. 당시 보스턴의 애덤스 하크니스 앤드 힐^{Adams, Harkness, and Hill} 같은 몇몇 지방 증권회사만 관심을 기울였으나, 도넛을 먹어본 사람이라면 누구나 스스로 조사를 시작할 수 있었다.

뒤에 다시 설명할 펩 보이즈^{Pep Boys}는 1981년에는 1달러 아래에서 거래되었지만, 1985년 9.50달러가 되어서야 애널리스트 세 사람의 관심을 끌게 되었다. 스톱 앤드 숍도 담당 애널리스트가 하나에서 넷으로 늘어나면서 주가도 5달러에서 50달러로 올랐다.

사례를 더 열거할 수도 있지만, 이 정도면 충분히 이해가 되었을 것이다. 앞에서 설명한 사례와, 애널리스트 55명이 일상적으로 따라

붙는 IBM, 애널리스트 44명이 조사하는 엑손^{Exxon}을 비교해보라.

4인 검사필 _____

만일 월스트리트 전문가들이 흥미로운 주식을 매수할 이유를 찾는다고 생각한다면, 그는 월스트리트의 현실을 잘 모르는 사람이다. 펀드매니저들은 대부분 흥미로운 주식을 사지 말아야 할 이유를 찾는다. 그 흥미로운 주식이 오르면 적당히 변명해야 하기 때문이다. 변명의 예를 들자면 다양하다. "회사 규모가 너무 작아서 살 수가 없었습니다." "회사 실적이 없어요." "성장 산업이 아닙니다." "경영 능력이 확인되지 않았거든요." "종업원들이 노조에 가입했어요." "경쟁하다가 쓰러질 겁니다." "스톱 앤드 숍은 절대 성공할 수 없습니다. 세븐일레븐에 당할 겁니다." "픽 엔 세이브^{Pic 'N' Save}는 버틸 수가 없어요. 시어스가 내버려 두지 않거든요." "에이전시 렌터카^{Agency Rent-A-Car}는 허츠^{Hertz}, 에이비스^{Avis}와 경쟁해서는 승산이 없습니다." 이런 말들은 더 조사할만한 타당한 이유가 될 수도 있지만, 즉흥적인 판단이나 무차별적인 금기를 뒷받침하는 데 사용될 때도 많다.

자신의 목이 위태로운 상황에서, 잘 알려지지 않은 라 킨타 모터인^{La Quinta Motor Inns}에 배짱 좋게 투자하는 전문가는 거의 없다. 무명 회사에 투자하면 막대한 이익을 거둘 가능성이 있고, 확고한 회사에 투자할 경우 확실하게 소액만 손실을 본다면, 정상적인 펀드매니저,

연금관리자, 기업 포트폴리오 관리자들은 앞다투어 확고한 회사로 몰려간다. 성공을 거두는 것도 좋지만, 실패할 경우 무능하게 보이지 않는 편이 더 중요하기 때문이다. 월스트리트에는 이런 불문율이 있다. "IBM에 투자하면 고객 돈을 날려도 절대 쫓겨나지 않는다."

IBM에 투자해서 손실을 보면, 고객과 상사는 이렇게 묻는다. "젠장맞을, IBM에 무슨 문제가 생긴 거야?" 그러나 라 킨타에 투자해서 손실을 보면 이들은 이렇게 묻는다. "자네 무슨 일을 저질렀나?" 이런 이유로, 자신의 목을 걱정하는 펀드매니저들은 애널리스트가 둘뿐이고 주가가 3달러일 때는 라 킨타를 매수하지 않는다. 이들은 월마트^{Wal-Mart}라도 주가가 4달러이고 아칸소주 소도시의 작은 매장에 불과할 때는 매수하지 않는다. 미국 대도시 전역에 월마트 매장이 들어서고, 애널리스트 50명이 회사를 조사하며, 월마트 회장이 〈피플^{People}〉 특집기사에 픽업트럭을 몰고 출근하는 괴짜 억만장자로 소개될 때에야 비로소 이들은 주식을 매수한다. 그러나 이때는 주식이 40달러로 오른 다음이다.

최악의 판박이 투자는 은행의 기금 운용 부서와 보험회사에서 이루어진다. 이들은 사전에 승인받은 목록에 따라 주식을 사고판다. 기금 운용자 열에 아홉은 '실적 차이'가 벌어져 화를 입을 경우의 보신책으로 이러한 목록을 이용한다. 실적 차이는 커다란 문제를 불러올 수 있는데, 그 사례를 들어보겠다.

두 회사의 사장 스미스와 존스는 늘 그러듯 함께 골프를 즐기고 있다. 두 사람 모두 리버 씨티은행에 기금 운용을 맡기고 있다. 골프 시작 시각을 기다리면서 이들은 기금 계좌에 대해 잡담하다가, 스미스의 계좌는 수익이 연 40%였던 반면 존스의 계좌는 연 28%였다는 사실을 알게 되었다. 둘 다 만족할만한 수익이지만, 존스는 얼굴빛이 변한다. 그는 이른 아침부터 은행에 전화를 걸어, 똑같은 기금 운용부에서 관리하는 계좌인데 왜 자기 계좌가 스미스의 계좌보다 실적이 떨어지냐고 따진다. "이런 일이 다시 일어난다면 돈을 몽땅 빼겠소."라고 존스가 호통친다.

다양한 계좌를 담당하는 펀드매니저들이 사전에 승인된 동일한 목록에서 주식을 선택하면, 기금 운용부의 이러한 불상사를 피할 수 있다. 이 방법을 쓰면 스미스와 존스 둘 다 동일한 실적이 나오거나, 적어도 누가 화날 정도로 실적 차이가 벌어지지는 않을 것이다. 당연히 실적은 신통치 않겠지만, 차이가 벌어지는 것보다는 신통치 않은 실적이 훨씬 뒤탈이 적다.

다양한 애널리스트나 펀드매니저가 독립적 사고를 발휘해서 정교하게 선정한 30개 종목으로 주식 목록을 구성했다면, 이야기가 달라질 수도 있다. 그렇다면 역동적인 포트폴리오를 구성할 수 있다. 그러나 대개는 펀드매니저 30명이 모두 동의해야 그 종목이 목록에 올라간다. 하지만 위대한 저서나 교향곡 가운데 위원회가 만든 작품이 없듯이, 훌륭한 포트폴리오 역시 위원회가 구성한 사례는 없다.

보니것^{Vonnegut}(미국 소설가)의 단편 소설이 떠오른다. 여기서는 재능이 부족한 사람들의 심기를 건드리지 않으려고, 뛰어난 무용가는 무게 추를 몸에 두르고 훌륭한 화가는 손가락을 묶는 식으로, 재능이 탁월한 사람들이 일부러 자제한다.

새로 산 셔츠 주머니에 들어있는 '4인 검사필' 꼬리표도 연상된다. 목록에 들어가는 종목 선정 방식이 바로 4인 검사필이기 때문이다. 의사결정자들은 자신이 승인하는 종목에 대해 도무지 알지 못한다. 출장을 다니며 회사를 방문하거나 신제품을 조사하지 않았기 때문에, 이들은 안건을 그냥 통과시킬 따름이다. 나는 셔츠를 살 때마다, 이 장면을 떠올린다.

펀드매니저들이 종목 선정에 예민해지는 것도 놀랄 일이 아니다. 펀드매니저의 직업 안정성은 나이트클럽 댄서나 풋볼 코치 수준이다. 그나마 코치는 경기가 없는 기간에는 긴장을 풀 수 있다. 펀드매니저는 경기가 1년 내내 진행되므로 절대로 긴장을 풀 수가 없다. 즉각적인 실적을 요구하는 고객과 상사들이 3개월마다 손익을 점검한다.

전문가들을 대신해서 종목을 선택하는 펀드매니저들과는 달리, 나는 일반 대중을 위해서 펀드를 운용하므로 다소 편한 입장이다. 마젤란 펀드 투자자들은 대개 소액투자자이므로 언제든지 펀드를 환매할 수 있지만, 이들은 종목별로 포트폴리오를 점검해서 내 운용에 대해 비판하지 않는다. 그러나 블라인드 트러스트 은행의 펀드매니저 분 더글 씨는 이런 비판을 당하는 처지다. 이 은행은 화이트 브레드사의 기금 계좌를 운용하고 있다.

분 더글은 종목 선정에 소신이 있는 사람이다. 블라인드 은행에서 7년 동안 펀드매니저로 근무하면서 그는 직관에 따라 훌륭한 결정을 내리고 있다. 그의 유일한 소망은 업무에 간섭받지 않는 일이다. 반면 화이트 브레드의 부사장 샘 플린트도 자신이 주식에 일가견이 있다고 생각한다. 그는 3개월에 한 번씩 분 더글이 화이트 브레드를 위해 선정한 종목들을 비판적인 시각으로 분석한다. 3개월 단위의 맹렬한 점검 말고도 플린트는 매일 두 번씩 전화를 걸어 상황을 점검한다. 더글은 플린트에 워낙 질렸기 때문에 차라리 그나 화이트 브레드를 모르고 지냈으면 더 좋았겠다고 생각한다. 종목 선정에 대해 플린트와 이야기하느라 너무 많은 시간을 낭비하는 탓에, 그는 일할 시간이 부족할 지경이다.

일반적으로 펀드매니저들은 자신이 한 일을 설명하느라 근무 시간 가운데 4분의 1을 소비한다. 먼저 운용 부서의 직속 상사에게 보고한 다음, 화이트 브레드의 플린트 같은 최고의 상전에게 보고한다. 고객이 거물일수록 펀드매니저가 더 많은 이야기로 고객을 기쁘게 해주어야 한다는 것이 이곳의 불문율이다. 물론 포드 모터 컴퍼니^{Ford Motor Company}, 이스트만 코닥^{Eastman Kodak}, 이튼^{Eaton}처럼 유명한 예외도 있지만, 이런 예외는 흔하지 않다.

예컨대 거만한 플린트가 더글의 최근 실적을 점검하면서 포트폴리오에서 제록스^{Xerox}를 발견했다고 치자. 제록스의 현재 주가는 52달러다. 플린트가 매수가격 항목을 살펴보니, 제록스의 매수가격은 32달러다. "대단하군. 내가 해도 이만큼 잘할 수는 없어." 플린트가 감격한다.

그다음 플린트가 본 종목은 시어스^{Sears}다. 현재 주가는 34.88달러고, 매수가격은 25달러다. "탁월해." 그가 더글을 칭찬한다. 매수가격에 날짜가 적혀있지 않은 것이 더글에게는 다행이다. 따라서 나팔바지가 전국적으로 유행하던 1967년 이래로 제록스와 시어스가 포트폴리오에 계속 들어있었다는 사실을 플린트는 전혀 모른다. 제록스가 편입된 긴 기간을 고려하면 투자수익률이 MMF에도 못 미치지만, 플린트는 이를 알지 못한다.

이어 플린트는 내가 항상 좋아하는 종목 세븐 옥스 인터내셔널 Seven Oaks International을 발견한다. 하인즈 케첩 15센트 할인, 윈덱스 25센트 할인 등 쿠폰을 신문에서 오려내어 슈퍼마켓 계산대에 제출하면, 그다음에 이런 할인 쿠폰이 어떻게 처리되는지 당신은 아는가? 슈퍼마켓에서 쿠폰을 모아 멕시코에 있는 세븐 옥스 공장에 보내면, 공장에서는 마치 연방준비은행에서 수표를 결제하듯이 산더미처럼 쌓인 쿠폰을 확인하고 처리해서 지급을 완료한다. 세븐 옥스는 이렇게 따분한 일을 하면서 돈을 많이 벌고 있으며, 주주들도 높은 수익을 올리고 있다. 수수께끼 같은 회사 이름에 모호하고 따분한 일을 하지만 높은 수익을 올리는 기업이 바로 내가 좋아하는 투자대상이다.

플린트는 세븐 옥스에 대해 들어본 적이 없고, 유일하게 아는 사실이라곤 매매기록뿐이다. 펀드에서 10달러에 매수했는데, 지금은 시가가 6달러다. "이게 뭐요? 40%나 내렸잖소!" 플린트가 묻는다. 더글은 이 한 종목에 대해 자초지종을 설명하면서 남은 회의 시간을 보내야 한다. 비슷한 일을 두세 번 겪은 뒤, 그는 파격적인 회사에 다시는 투자하지 않겠다고 맹세하고, 제록스와 시어스만 계속 보유한다. 그리고 세븐 옥스를 목록에서 완전히 삭제해서 영원히 잊어버리고 싶어서, 기회가 오자마자 즉시 팔아버리겠다고 결심한다.

집단적으로 종목을 선정하는 편이 안전하다고 생각하면서, 그는 '집단사고group think'로 되돌아간다. 극작가 아이스킬로스Aeschylus, 괴테Goethe, 심지어 TV 스타인 외계인 앨프Alf의 조언조차 그는 무시한다.

둘은 동반자, 셋은 군중

넷은 동반자 둘

다섯은 동반자 하나와 군중 하나

여섯은 군중 둘

일곱은 군중 하나와 동반자 둘

여덟은 동반자 넷이거나, 군중 둘과 동반자 하나

아홉은 군중 셋

열은 동반자 다섯이거나, 동반자 둘과 군중 둘

세븐 옥스는 영업에 특별한 문제가 없더라도 (내가 지금도 소량 보유 중인 것을 보면, 문제가 없는 듯하다), 게다가 나중에 10루타 종목이 되더라도, 단지 플린트가 좋아하지 않는다는 이유로 화이트 브레드 기금 계좌에서 팔려나간다. 반면 팔아야 할 주식들은 플린트가 좋아한다는 이유로 계속 보유한다. 투자 업무에서는 손실이 발생한 주식을 무차별적으로 매도할 때 "증거를 파묻는다."라고 말한다.

노련한 펀드매니저들은 너무도 신속하고 효율적으로 증거를 파묻기 때문에, 이런 수법이 이미 생존 수단으로 자리 잡은 듯하다. 십중팔구 차세대 펀드매니저들도 타조가 모래에 머리를 파묻듯이 이 수법을 주저 없이 사용할 것이다.

업계 현실이 이러하므로, 만일 첫 번째 기회에 손수 증거를 파묻지 않는다면 더글은 파면되고, 포트폴리오가 통째로 후임 펀드매니저에게 넘어간다. 후임자는 항상 긍정적인 태도로 업무를 시작하고자 하므로, 제록스는 유지하고 세븐 옥스는 없앨 것이다.

내 동료들이 줄지어 항의하기 전에, 눈에 띄는 예외를 다시 한번 칭찬하겠다. 뉴욕시 밖에 있는 여러 은행의 운용 부서는 오랜 기간 종목 선정에 탁월한 능력을 발휘해왔다. 특히 중간 규모의 회사들이 기금 운용에서 두각을 나타냈다. 전국적으로 조사해보면, 보험사 자금, 연금 기금, 신탁계정을 운용하는 탁월한 펀드매니저들이 수십 명 드러날 것이다.

굴 먹는 달에만 투자하라

뭔가 흥미로운 종목을 매수하려고 할 때마다, 펀드매니저들은 다양한 명문 규정과 규제에 부딪혀 물러서기 일쑤다. 일부 은행 신탁 부서는 노조가 있는 기업의 주식은 매수를 허용하지 않는다. 전력, 석유, 철강과 같은 특정 산업 그룹이나 비성장 업종에 투자하지 않는 기관도 있다. 심지어 회사 이름이 'R'로 시작되는 주식을 매수하지 못하게 하거나, 굴 먹는 달을 따지듯이 이름에 'r'이 들어가는 달(9월September~4월April)에만 주식을 매수하게 하는 사례도 있을지 모른다.

은행이나 펀드뿐 아니라 증권거래위원회SEC가 규정을 만들기도 한다. 예를 들어 SEC 규정에 따르면, 마젤란 펀드 같은 펀드들은 한 회사의 주식을 10% 넘게 보유할 수 없고, 한 종목에 펀드 자산을 5% 넘게 투자할 수도 없다.

다양한 규제들은 좋은 의도로 만들어졌으며, 펀드가 모든 달걀을 한 바구니에 담거나, 칼 아이칸Carl Icahn(유명한 기업사냥꾼)처럼 회사를 인수하지 못 하도록 막는 역할을 한다. 그 여파로 규모가 큰 펀드들은 1만여 상장기업 가운데 예컨대 상위 100대 기업에만 투자해야 한다.

가령 우리가 10억 달러 규모의 연금 기금을 운용하며, 지나친 실적 차이를 방지하기 위해서 4인 검사필 방식으로 사전 승인된 40개 종목 중에서 선택해야 한다고 가정하자. 우리는 각 종목에 전체 자산의 5%까지만 투자할 수 있으므로, 적어도 20개 종목을 선정해서 각 종목에 5천만 달러씩 투자해야 한다. 우리가 보유할 수 있는 최대 종목은 40개이며, 각 종목에 2,500만 달러씩 투자할 수 있다.

이때 우리는 발행주식의 10%를 매수해도 2,500만 달러가 넘지 않는 회사를 찾아야 한다. 이렇게 되면 10루타 종목이 나오기 쉬운 고성장 소기업에 투자할 기회가 많이 사라진다. 이런 조건이라면, 예컨대 세븐 옥스나 던킨 도너츠에 투자할 수 없었을 것이다.

시가총액 기준으로 추가 규제를 가하는 펀드도 있다. 이런 펀드는 예컨대 시가총액 1억 달러 미만인 회사에는 투자하지 않는다(시가총액은 발행주식수에 시가를 곱해서 산출한다). 발행주식수가 2,000만 주고 시가가 1.75달러인 회사는 시가총액이 3,500만 달러이므로, 이 펀드에서는 투자할 수 없다. 하지만 주가가 세 배로 뛰어 5.25달러가 되면 이 회사의 시가총액이 1억 500만 달러가 되므로, 이 순간부터 매수가 가능해진다. 그 결과 이상한 현상이 벌어진다. 대형 펀드는 주가가 잔뜩 오른 경우에만 소기업 주식을 매수할 수 있게 된다.

따라서 연금 포트폴리오는 당연히 10% 한도를 채울 수 있는 〈포춘Fortune〉 500대 기업에 계속 투자해야 하지만, 이런 종목에서 뜻밖에 즐거움을 얻는 사례는 드물다. 이들은 IBM, 제록스, 크라이슬러를 매수해야 하지만, 특히 크라이슬러는 십중팔구 경영이 완전히 회복되어서 가격이 잔뜩 오를 때까지 기다려야 한다. 널리 인정받는 탁월한 운용회사인 스커더 스티븐스 앤드 클라크Scudder, Stevens, and Clark는 주가가 바닥(3.50달러)을 찍기 직전에 매도했으며, 주가가 30달러에 도달한 다음에야 다시 매수했다.

연금 기금 관리자들이 시장 평균에 뒤지는 것도 전혀 놀랄 일이 아니다. 우리가 은행에 운용을 맡긴다면, 대부분은 그저 그런 실적이 나올 수밖에 없다.

내가 운용하는 뮤추얼펀드는 규제가 덜하다. 나는 사전에 승인된 목록에서 종목을 선정할 필요도 없고, 플린트 같은 사람이 내 주위를 어슬렁거리지도 않는다. 그렇다고 피델리티의 내 상사와 감독자들이 내 업무를 감시하지 않거나, 까다로운 질문을 던지지 않거나, 정기적으로 실적을 점검하지 않는다는 뜻은 아니다. 다만 내게 제록스를 매수하라거나 세븐 옥스를 매도하라고 지시하는 사람이 없다는 말이다.

나에게 가장 불리한 점은 펀드의 규모다. 펀드의 규모가 커질수록 경쟁에서 앞서나가기가 그만큼 더 힘들어진다. 90억 달러 규모의 펀드로 8억 달러 규모의 펀드와 경쟁하는 것은 래리 버드^{Larry Bird}가 허리에 2킬로짜리 사슬을 두른 채 농구 경기에서 맹활약하는 것과 마찬가지다. 거대한 펀드에는 그 규모만큼이나 커다란 핸디캡이 붙는다. 펀드의 규모가 커질수록, 움직이는 데 더 많은 에너지가 소모되기 때문이다.

90억 달러로 커진 다음에도 마젤란 펀드는 경쟁에서 계속 앞서나갔다. 해마다 새로운 점쟁이가 나타나 이런 실적이 이어질 수 없다고 말했지만, 지금까지는 해마다 이런 실적을 유지했다. 1985년 6월, 미국에서 가장 큰 펀드가 된 이래 마젤란 펀드는 일반 주식형 펀드의 98%를 물리쳤다.

이런 좋은 실적을 올린 것은 세븐 옥스, 크라이슬러, 타코벨, 펩보이즈, 다른 모든 고성장기업, 회생^{turnaround}기업, 인기 없는 기업들 덕분이다. 내가 사려는 종목들은 전통적인 펀드매니저들이 피하는 바로 그런 종목들이다. 다시 말해서, 나는 언제나 아마추어처럼 생각하려고 노력한다.

홀로 가는 길 _____

당신은 기관처럼 투자할 필요가 없다. 만일 기관처럼 투자한다면 기관처럼 실적이 나올 수밖에 없는데, 이는 대부분 좋은 실적이 아니다. 그렇다고 아마추어처럼 생각하려고 애쓸 필요도 없다. 당신은 이미 아마추어이기 때문이다. 당신이 서핑을 즐기거나, 트럭 운전사, 고등학교 중퇴자, 은퇴한 괴짜라면, 당신은 이미 강점을 지니고 있다. 월스트리트에서 통용되는 사고방식에서 벗어나는 순간, 10루타가 가능해진다.

당신이 투자할 때, 플린트 같은 사람이 주변을 어슬렁거리며 분기 실적에 대해 비판하는 일도 없을 것이고, IBM 대신 에이전시 렌터카를 매수했다고 들볶는 일도 없을 것이다. 아마도 배우자나 주식중개인과 이야기해야 할지 모르지만, 주식중개인은 당신이 이상한 종목을 선택하더라도 쉽게 찬성할 것이며, 세븐 옥스를 골랐다고 당신을 내쫓는 일은 없을 것이다. 당신이 수수료만 제대로 지급한다면 말이다. 당신이 거듭 실수해도 내버려 두는 것을 보면, 배우자도 당신의 투자방식을 이미 승인한 것 아니겠는가?(혹시 그럴 일은 없겠지만 배우자가 당신이 선택한 종목에 실망한다면, 매달 수령하는 잔액 증명서를 숨기면 된다. 그렇다고 펀드매니저인 내가 이런 방식을 사용한다는 말은 아니다. 단지 소액투자자에게는 이런 방안도 있다는 점을 알려줄 뿐이다)

당신은 어떤 종목을 어떤 이유로 매수하는지 동료에게 설명하느라 일과 시간의 4분의 1을 소비할 필요도 없다. 이름이 'R'로 시작되는 회사 주식을 사든, 6달러가 안 되는 주식을 사든, 노동조합과 관련된 회사의 주식을 사든, 당신의 투자를 막는 규정은 어디에도 없다. "나는 월마트를 들어본 적이 없어." 또는 "던킨 도너츠는 시시하게 들리는군. 록펠러라면 도넛에 투자하지 않았을 거야."라고 말하면서 당신을 괴롭히는 사람도 없다. 전에 11달러에 팔았던 주식을 19달러에 다시 산다고 잔소리하는 사람도 없다. 그러나 투자전문가는 11달러에 매도한 주식을 절대로 19달러에 다시 매수할 수 없다. 그렇게 했다가는 증권 단말기를 몰수당한다.

당신에게 1,400개 종목을 보유하라고 강요하는 사람도 없으며, 100개 종목에 골고루 나눠 투자하라고 말하는 사람도 없다. 한 종목이든, 네 종목이든, 열 종목이든, 당신이 원하는 대로 보유할 수 있다. 사업이 마음에 드는 회사가 하나도 없다면, 주식에 전혀 손대지 않고 더 좋은 기회가 나타날 때까지 기다려도 된다. 그러나 펀드매니저는 이런 호사를 누릴 수가 없다. 펀드매니저들이 주식을 모두 처분하려고 덤비면, 좋은 가격으로 매수해주는 사람이 아무도 없다.

가장 중요한 점은 뉴스가 애널리스트나 펀드매니저들에게 도달하기 몇 달 전이나 심지어 몇 년 전에, 당신은 이웃이나 일터에서 멋진 기회를 발견할 수 있다는 사실이다.

반대로 당신은 절대 주식시장과 인연을 맺으면 안 될지도 모른다. 이것은 자세히 논의할 가치가 있는 주제다. 주식시장은 확신을 요구하며, 확신이 없는 사람들은 반드시 희생되기 때문이다.

3장

투자인가, 도박인가?

"신사는 채권을 좋아한다."

- 앤드루 멜론Andrew Mellon

지난 10월의 폭락과 같은 혼란 뒤에는 주식시장에서 빠져나와 채권시장으로 도피한 투자자들이 있었다. 주식이냐 채권이냐의 문제는 솔직하게, 그리고 침착하면서도 진지하게 논의할 가치가 있다. 그러지 않으면, 주식시장이 폭락해서 사람들이 제정신이 아닌 상황이 왔을 때 이들은 또다시 은행으로 몰려가 CD를 매입할 것이기 때문이다. 최근에 그런 상황이 벌어졌었다.

채권, MMF, CD에 투자하는 것은, 형태는 다르지만 결국 이자가 지급되는 채무증서에 투자하는 행위다. 특히 이자가 복리로 계산된다면, 이자를 받는다고 문제가 될 것은 전혀 없다. 맨해튼의 아메리칸 인디언을 생각해보자. 이들은 1626년 장신구와 구슬 24달러어치를 받고 부동산을 이민자들에게 팔아넘겼다. 362년 동안 인디언들은 이 거래 때문에 심하게 조롱당했다. 그러나 이들이 맨해튼 섬을 사들인 사람들보다 아마도 유리한 조건에 거래했던 것으로 밝혀졌다.

이들이 받은 장신구를 현금화해서 전체 기간에 연 복리 8%로 증식했다면, 인디언의 재산은 거의 30조 달러가 되었을 것이다. 반면 맨해튼 지역의 최근 납세 기록에 따르면, 이 지역의 부동산 가치는 281억 달러에 불과하다. 맨해튼에 유리하게 해석해보자. 281억 달러는 감정가격이고, 시장가격은 그 두 배라고 가정하자. 그러면 맨해튼의 가치는 562억 달러가 된다. 어느 쪽으로 계산해도 인디언이 29조 달러 이상 남겼다.

1626년에 실제로 8% 금리가 존재했더라도 인디언은 8% 금리를 받지 못했을 것으로 생각해보자. 인디언이 6% 금리를 받았다고 가정하면 지금은 347억 달러가 되었을 것이며, 부동산을 관리하거나 센트럴파크에서 잔디를 깎을 필요가 없을 것이다. 3세기에 걸쳐 복리로 계산할 때는 단 2% 포인트가 이렇게 엄청난 차이를 만들어낸다.

어떤 식으로 계산을 하든, 이 거래에서 속은 사람에게도 할 말이 있다. 채권 투자는 나쁘지 않다.

채권은 특히 지난 20년 동안 매력적이었다. 그 이전 50년 동안은 매력이 없었지만, 지난 20년 동안은 분명히 매력이 있었다. 역사적으로 금리는 4%에서 크게 벗어난 적이 없었지만, 지난 10년 동안은 장기 금리가 16%까지 올랐다가 8%로 떨어지면서 엄청난 기회가 발생했다. 1980년에 20년 만기 미국 국채(재무부 채권)를 매수했다면, 채권의 액면 가치가 두 배로 뛰었을 뿐 아니라 원래 투자금액에 대해서 16% 이자를 계속 받을 수 있었다. 만일 당신이 그때 기민하게 20년 만기 국채에 투자했다면, 최근 강세장에서조차 주식시장을 큰 폭으로 앞질렀을 것이다. 게다가 조사보고서를 한 줄도 읽을 필요가 없었고, 주식중개인에게 수수료를 한 푼도 지불할 필요가 없었다.

(장기 국채는 적어도 만기 5년 전까지는 재무부의 '중도상환'이 불가능하므로, 금리 하락을 기대하는 투자에 가장 좋은 투자대상이다. 회사채와 지방채는 대개 훨씬 빨리 중도상환할 수 있으므로, 채권 발행자들은 자신에게 유리하다고 판단하는 즉시 채권을 되사들인다. 그러나 부동산 소유자가 토지를 수용당하는 것처럼, 채권 투자자에게는 달리 선택 대안이 없다. 금리가 하락하면서 채권 투자자들이 수지맞는 거래를 했다고 좋아하는 순간, 이 거래는 취소되고 채권 투자자들은 투자금액을 돌려받는다. 반면, 금리가 채권 투자자에게 불리한 방향으로 움직이면, 채권 투자자는 계속 채권을 붙들고 있어야 한다.

회사채는 거의 모두 중도상환이 가능하므로, 금리 하락으로 이익을 얻고자 한다면 국채를 매수하는 편이 낫다)

예금통장을 없애라

전통적으로 채권은 판매되는 액면 단위가 매우 커서, 소액투자자는 매수할 수가 없었다. 따라서 소액투자자들은 예금계좌나 따분한 미국저축채권을 통해서만 채권에 투자할 수 있었다. 그러다가 채권 펀드가 개발되었고, 일반인들도 거부들처럼 채권에 투자할 수 있게 되었다. 그 뒤 MMF가 등장하면서 수백만 예금자들이 은행의 족쇄로부터 영원히 풀려났다. MMF를 창안해서 사람들을 수전노 같은 저축기관으로부터 과감하게 탈출시킨 브루스 벤트Bruce Bent와 해리 브라운Harry Browne에게, 우리는 기념비라도 세워 줘야 한다. 이들은 1971년 리저브 펀드Reserve Fund에서 MMF 운용을 시작했다.

나의 상사 네드 존슨은 이 아이디어에서 한 걸음 더 나아가 수표발행 기능까지 추가했다. 그 이전까지 단기자금시장은 주로 소기업들이 주급週給 자금을 잠시 맡겨두는 시장이었다. 수표발행 기능이 추가되자 MMF는 저축성 예금과 결제성 예금이 결합한 상품으로 인식되어 세계적으로 관심을 끌게 되었다.

변함없이 5% 이자만 지급하는 고루한 예금과는 달리, MMF는 주요 금리가 오르면 수익률도 즉시 따라 오르므로, 단기자금을 운용하기에 최상의 상품이다.

만일 당신이 1978년 이래 계속해서 MMF에 투자했다면, 그동안 당황할 일이 전혀 없었다. 당신은 몇 번 일어났던 주식시장 대폭락을 피해갔다. 최악의 상황에도 6%로 이자를 받았으며, 원금에서는 한 푼도 손실을 보지 않았다. 1981년 단기 금리가 17%로 뛰어오르고 주식시장이 5% 하락할 때도, 주식투자보다 22%나 높은 수익을 올렸다.

1986년 9월 29일~1987년 8월 25일 동안 다우지수가 1,775에서 2,722로 급등하는 강세장에서 당신이 주식을 한 주도 매수하지 않았다면, 인생에 한 번 오는 기회를 놓친 데 대해 바보가 된 기분이었을 것이고, 가진 돈을 모두 MMF에 넣었다는 사실을 한동안 친구에게도 말하지 않았을 것이다. 차라리 들치기를 당했어도 이만큼 억울하지는 않았다.

그러나 다우지수가 다시 1,738로 폭락한 날 아침에는 설욕한 기분이 들었을 것이다. 10월 19일에 일어난 엄청난 충격을 당신은 전혀 받지 않았기 때문이다. 주가가 급락하면서, 1년 동안 MMF로 올린 수익이 주식시장의 실적을 넘어섰다. MMF는 6.12%, S&P500은 5.25%였다.

주식의 반격

그러나 두 달 뒤 주식시장은 반등했고, 또다시 주식은 MMF와 장기 채권을 앞질렀다. 장기적으로는 항상 이런 식이다. 역사적으로 보면, 주식투자는 채권투자보다 틀림없이 수익이 높았다. 실제로 1927년 이후 주식은 연평균 수익률이 9.8%였던 반면, 회사채는

5%, 장기 국채는 4.4%, 단기 국채는 3.4%였다.

소비자물가지수^{CPI}로 측정한 장기 인플레이션은 연 3%이므로, 주식의 실질 수익률은 연 6.8%다. 가장 안전하다고 알려진 단기 국채의 실질 수익률은 0이었다. 그렇다. 전혀 가치가 없었다.

주식의 수익률이 9.8%고 채권의 수익률이 5%라면 그 차이가 하찮아 보일지 모르지만, 다음 우화를 들으면 생각이 달라질 것이다. 1927년 말 립 밴 윙클^{Rip Van Winkle}이 연수익률 5%짜리 회사채에 2만 달러를 투자하고 60년 동안 잠들었다면, 그는 깨어났을 때 37만 3,584달러를 쥐게 되었을 것이다. 이 돈이면 멋진 콘도와 볼보 승용차를 사고 머리를 깎을 수 있다. 반면 연수익률 9.8%로 주식에 투자했다면, 545만 9,720달러를 쥐었다(그는 잠들어 있었으므로 1929년 대공황이나 1987년 폭락에도 놀라서 주식을 헐값에 팔아버리는 일이 없었을 것이다).

1927년 네 가지 상품에 각각 1,000달러씩 세금 없이 복리로 투자했다면, 60년 뒤에는 다음과 같은 금액이 되었을 것이다.

단기 국채	$7,400
장기 국채	$13,200
회사채	$17,600
주식	$272,000

대폭락, 불황, 전쟁, 경기침체, 행정부 10회 교체, 수없이 바뀐 치마 길이에도 불구하고, 주식은 전반적으로 회사채보다 15배, 단기

국채보다 30배가 넘는 수익을 가져다주었다!

그 이유는 논리적으로 설명할 수 있다. 주식을 보유하면 회사의 성장이 당신 몫이 된다. 당신은 번창하고 확장하는 회사의 파트너이기 때문이다. 반면 채권을 보유하면 당신은 언제든지 교체될 수 있는 자금 공급자에 불과하다. 누군가에게 자금을 빌려주면 기대할 수 있는 최상의 결과는 원금에 이자를 보태서 돌려받는 것뿐이기 때문이다.

일정 기간 맥도날드 채권을 보유한 사람을 생각해보자. 이 사람과 맥도날드의 관계는 부채를 갚는 것으로 끝나며, 짜릿한 일 따위는 일어나지 않는다. 물론 은행 CD를 매입한 사람이 원리금을 돌려받듯이 맥도날드 채권 보유자는 돈을 돌려받는다. 그러나 맥도날드 주식을 보유했던 사람들은 그사이에 부자가 되었다. 이들은 회사를 소유했기 때문이다. 채권에 투자해서는 절대로 10루타를 잡을 수 없다. 당신이 부도 채권 전문가가 아니라면 말이다.

주식은 위험하지 않은가?

최근의 주식 폭락을 본 뒤 이렇게 말하는 사람도 있을 것이다. "하지만 위험하잖소? 주식이 채권보다 위험하지 않소?" 물론 주식은 위험하다. 주식이 투자자에게 돈을 갚는다고는 어디에도 쓰여 있지 않다. 나는 수백 번 이런 상황을 겪어서 분명히 알고 있다.

사람들은 우량주 장기 보유가 가장 안전한 방법이라고 생각하지만, 이 방법조차 위험하다. RCA는 과부와 고아들에게 적합할 정도로 안전한 종목으로 유명했지만, 1986년 66.50달러에 GE에 인수되었는데, 이 가격은 1967년 주가와 비슷했으며 1929년 고가인 38.25달러(주식분할 후 기준)보다 겨우 74% 오른 가격이었다. 튼튼하고 세계적으로 유명하며 성공적인 회사에 57년 동안 투자해서 얻은 성과라곤, 1%에도 못 미치는 연간 가격 상승이 전부였다. 베들레헴 철강은 아직도 1958년에 도달했던 고가 60달러보다 한참 아래에서 거래되고 있다.

1896년부터 원래 다우지수 목록에 포함되었던 종목들을 살펴보자. 아메리칸 카튼 오일American Cotton Oil, 디스틸링 앤드 캐틀 피딩Distilling and Cattle Feeding, 래클리드 가스Laclede Gas, US 레더U. S. Leather 우선주를 들어본 사람이 어디에 있겠는가? 한때 유명했던 이런 주식들은 분명히 오래전에 사라졌다.

1916년 목록부터 볼드윈 로코모티브Baldwin Locomotive가 등장했으나 1924년에 사라졌다. 1925년 목록에는 파라마운트 페이머스 래스키Paramount Famous Lasky와 레밍턴 타이프라이터Remington Typewriter 같은 친근한 이름이 포함되었다. 1927년에 레밍턴 타이프라이터가 사라지고, 대신 유나이티드 드러그United Drug가 그 자리를 차지했다. 1928년 다우지수 편입 종목이 20개에서 30개로 확대되었을 때, 새로 포함된 종목 가운데 내시 모터스Nash Motors, 포스텀Postum, 라이트 항공Wright Aeronautical, 빅터 토킹 머신Victor Talking Machine이 있었다. 마지막 두 회사는

1929년에 탈락했다. 빅터 토킹 머신은 RCA와 합병했다. 1950년에 콘 프로덕츠 리파이닝Corn Products Refining이 포함되었으나, 1959년에 스위프트 앤드 코Swift and Co로 대체되었다.

요점은 운명이 바뀐다는 사실이다. 대기업이 소기업으로 전락하지 않는다는 보장이 없으며, 절대 망하지 않는 우량주 따위는 없다는 말이다.

좋은 주식이라도 나쁜 시점에 나쁜 가격으로 매수하면 커다란 손실을 본다. 1972~1974년의 폭락장에서 발생한 일을 살펴보자. 브리스톨-마이어스Bristol-Myers처럼 안정적인 종목도 9달러에서 4달러로 떨어졌고, 텔레다인Teledyne은 11달러에서 3달러로, 맥도날드는 15달러에서 4달러로 떨어졌다. 이들은 분명히 위험한 회사가 아니다.

나쁜 주식을 좋은 시점에 사면 더 큰 손실을 본다. 어떤 기간에는 주식으로부터 나오는 연 9.8%라는 이론적 수익률을 실제로 얻으려면 한없이 기다려야 할 것처럼 보이기도 한다. 다우지수는 1966년 사상 최고치 995.15에 도달한 뒤 1972년까지 이 수준을 넘어서지 못했다. 그리고 1972~1973년에 도달한 고점도 1982년이 되어서야 넘어설 수 있었다.

그러나 초단기 채권과 채권 펀드를 제외하면, 채권 역시 위험하다. 채권에 투자했는데 금리가 상승하면 투자자는 내키지 않는 두 가지 대안 가운데 하나를 선택해야만 한다. 1) 채권 만기까지 낮은 수익률을 감수하거나, 2) 액면보다 훨씬 낮은 가격에 채권을 매도

한다. 당신이 정말로 위험을 싫어한다면, MMF나 은행 예금이 적합하다. 그밖에는 어디를 둘러보아도 위험이 깔려있다.

사람들은 지방채가 금고에 넣어둔 현금처럼 안전하다고 생각하지만, 드물게 파산하는 경우 투자자들은 보호받지 못한다(가장 유명한 파산 사례가 워싱턴 전력공사Washington Public Power Supply System가 발행한 악명 높은 '웁스Whoops' 채권이다). 물론 99.9%는 원리금을 돌려받지만, 파산이 아니라도 채권에 투자해서 손해 볼 때가 많다. 인플레이션이 무섭게 진행되는 동안 표면금리 6%인 30년 만기 채권을 보유하고 있으면, 채권의 가격이 얼마나 폭락할 수 있는지 알게 된다.

채권시장이 얼마나 변동이 심해졌는지 모르는 채, 사람들은 정부주택저당공사Government National Mortgage Association(GNMA) 채권을 매수하는 펀드에 투자하였다. 사람들은 '100% 정부보증'이라는 광고에 안심했다. 분명히 이자는 지급될 것이다. 하지만 금리가 올라가고 채권시장이 붕괴할 때도 펀드에 투자한 자금이 보호받는 것은 아니다. 금리가 0.5% 상승할 때 이런 펀드가 어떻게 되는지 신문 경제 면에서 찾아본다면, 내 말을 이해할 것이다. 요즘은 채권 펀드도 주식 펀드만큼이나 거칠게 오르내린다. 똑똑한 투자자들은 금리의 변동성을 이용해서 채권으로도 큰돈을 벌 수 있지만, 이런 변동성 탓에 채권 보유가 도박의 성격을 띠기도 한다.

주식과 스터드 포커 _____

솔직히 말해서 우리가 안심할 수 있을 정도로 투자와 도박을 깔끔하게 구분하는 방법은 없다. 투자에 안전한 곳과 위험한 곳을 구분해주는 거대한 장벽이나 절대적인 기준 따위는 없다는 말이다. 주식은 그 이전에는 술집에서 벌이는 내기 정도로 취급받다가, 1920년대 말이 되자 마침내 '신중한 투자'로 지위가 격상되었는데, 바로 이 무렵이 주식시장이 고평가되어 주식이 투자라기보다 도박이 된 시점이었다.

대공황을 겪고 20년 동안 사람들 대부분은 주식을 도박으로 여겼으며, 이러한 태도는 1960년대 말까지 이어졌다. 그러나 1960년대 말 주식이 다시 투자로 인정받게 되었을 때는 시장이 고평가되어 대부분 주식이 매우 위험했다. 역사를 돌이켜보면 주식은 유행이 순환하듯이 투자로 인정받았다가 도박으로 배척당하기를 되풀이했으나, 대개 그 순환주기가 잘못되었다. 주식은 실제로는 가장 위험한 시점에 신중한 투자로 인정받는 경향이 있다.

오랫동안 대기업 주식은 '투자'로 인정받고 소기업 주식은 '투기'로 간주되었으나, 최근에는 소기업 주식도 투자가 되었고 선물과 옵션이 투기가 되었다. 우리는 끊임없이 경계선을 다시 긋고 있다.

사람들이 자신의 투자를 '보수적인 투기'라고 표현하거나, 자신이 '신중한 투기자'라고 말하는 모습을 보면 참 재미있다. 이는 자신은 투자하고 싶지만 실제로는 도박을 하고 있는지 걱정스럽다는 뜻이다. 남녀가 서로 진정으로 사랑하는지 판단이 서지 않을 때, "우리는 만나고 있다."라는 표현을 쓰는 것과 같은 이치다.

투자에 위험이라는 불안 요소가 따른다는 점을 일단 받아들이면, 우리는 (채권 매수, 주식 매수, 경주마 선택 등의) 활동 유형이 아니라 당사자의 기술, 헌신, 모험심에 따라 도박과 투자를 구분할 수 있다. 체계적인 원칙을 고수하는 노련한 경마도박사라면, 경마로도 오랜 기간 비교적 안정적인 수익을 얻을 수 있다. 이 사람에게는 경마가 펀드에 투자하거나 GE 주식을 보유하는 것만큼이나 신뢰할 수 있는 수단이 된다. 반면에 최신 정보에 따라 서둘러 주식을 사고파는 무모하고 성급한 주식투자자라면, 이 사람의 주식 '투자'는 갈기가 멋진 말이나 자줏빛 비단옷을 입은 기수에게 월급봉투를 거는 행위보다 나을 바 없다.

(무모하고 성급한 주식투자자에게 나는 이렇게 충고한다. 월스트리트는 잊어버리고, 한밑천 들고 하이얼리어Hialeah 자동차 경주장, 몬테카를로Monte Carlo 도박장, 새러토가Saratoga, 낫소Nassau, 산타 아니타Santa Anita, 바덴바덴Baden-Baden 경마장으로 가라. 돈을 잃어도 이렇게 멋진 곳에서 잃는다면, 멋지게 놀았다고 위안이라도 삼을 수 있다. 주식에서 돈을 잃는다면, 주식중개인이 사무실에서 돌아다니는 모습을 봤다고 위안이 되겠는가?

경마에서 한밑천을 날렸다면 휴지가 된 마권을 바닥에 내던지는 것으로 모든 일이 마무리되지만, 주식, 옵션 등으로 돈을 날린다면 매년 봄마다 세무사와 상담하면서 고통스러운 경험을 되새길 수밖에 없다. 세금 문제를 정리하려면 며칠 동안 가욋일을 해야 할지도 모른다)

내가 보기에, 투자는 승률을 우리에게 유리하게 이끌어가는 도박에 비유할 수 있다. 애틀랜틱 시티Atlantic City든, S&P500이든, 채권시장이든 모두 마찬가지다. 사실 주식시장을 보면 나는 스터드 포커stud poker가 떠오른다.

카드 관리하는 법을 제대로 터득한 사람은 세븐 카드에 돈을 걸어 장기적으로 매우 일관되게 돈을 딸 수 있다. 카드 네 장은 공개되며, 우리는 자신의 모든 패뿐 아니라 상대의 패 대부분을 볼 수 있다. 세 번째 카드나 네 번째 카드를 돌리고 나면, 누가 따고 누가 잃을 것인지 꽤 분명하게 드러난다. 월스트리트에서도 마찬가지다. 우리가 찾는 방법만 알면, 공개된 정보는 많이 있다.

회사에 몇 가지 기본 질문을 던져보면, 우리는 어느 회사가 성장하고 번창할 것인지, 어느 회사가 성장하지 못하고 번창하지 못할 것인지, 어느 회사가 도무지 종잡을 수 없는지를 알 수 있다. 어떤 일이 일어날지 아무도 확신할 수는 없지만, 이익 급증, 무수익 자회사 매각, 신규시장 진출 등 새로운 사건은 마치 카드를 한 장 더 뒤집는 것과 같다. 카드에 성공 확률이 유리하게 나타나는 한, 우리는 게임을 계속 진행한다.

매달 규칙적으로 스터드 포커를 하는 사람은 똑같은 '행운아'가 늘 돈을 번다는 사실을 깨닫게 된다. 이 행운아는 카드 패가 펼쳐질 때마다 확률을 조심스럽게 계산하고 또 계산해서 투자수익을 극대화하는 사람이다. 계속해서 이기는 사람은 상황이 유리해지면 판돈을 올리고 불리해지면 게임을 포기하는 반면, 계속해서 지는 사람은 기적을 바라고 패배의 스릴을 즐기면서 매번 끝까지 가서 결국 비싼 대가를 치르고야 만다. 스터드 포커나 월스트리트나 기적은 흔치 않아서, 잃는 사람은 계속 잃을 수밖에 없다.

계속 이기는 사람도 에이스 3장을 받아 한도까지 판돈을 걸었다가, 숨어있던 로열 플러시에 당하는 때가 가끔 있다. 이들은 자신의 기본 방법으로 다음에는 보상을 받을 거라고 확신하면서, 그 판을 운명으로 받아들이고 다음 게임을 진행한다.

주식시장에서 성공하는 사람들 역시 주기적으로 손실을 보고, 좌절을 맛보며, 예기치 못한 사건을 맞이한다. 그러나 끔찍한 폭락이 일어나도 이들은 게임을 포기하지 않는다. 이들은 철저하게 조사한 뒤 H&R 블록^H&R Block^을 매수했는데, 갑자기 정부가 세금 코드를 단순화하는 바람에 이 회사의 사업이 악화한다면, 이들은 불운을 받아들이고 다음 종목 발굴에 착수한다. 이들은 주식시장이 순수한 과학도 아니고, 고수가 항상 이기는 체스판도 아니라고 생각한다.

열 종목 가운데 일곱 종목에서 기대만큼 실적이 나오면 나는 기뻐한다. 열 종목 가운데 여섯 종목에서 기대만큼 실적이 나오면, 나는 감사한다. 열 종목 가운데 여섯 종목이면 월스트리트에서 부러움을 살만한 실적을 올리기에 충분하기 때문이다.

스터드 포커에서 적절한 플레이로 위험을 줄일 수 있는 것처럼, 주식시장에서도 적절한 투자로 위험을 줄일 수 있다. 고평가된 주식을 사는 식으로 투자가 부적절한 경우에는 브리스톨-마이어스나 하인즈를 매수하더라도 커다란 손실을 보고 기회를 낭비할 수 있다. 우량주에 투자할 때는 관심을 기울일 필요가 없다고 생각하는 사람들에게 이런 일이 발생한다. 이들은 순식간에 투자액의 절반을 잃어버린 다음, 8년이 지나도록 원금을 회복하지 못한다. 1970년대 초에 거액의 묻지마 자금이 고평가된 종목을 따라다니다가 허공으로 사라졌다. 그렇다면 브리스톨-마이어스나 맥도날드에 투자하면 위험하다는 말인가? 그것은 이런 종목에 어떤 방식으로 투자하느냐에 달려있다.

반면에 충분히 연구한 뒤 투자한다면, 스리마일섬Three Mile Island 원자력발전소를 보유한 위험하고 골치 아픈 제너럴 퍼블릭 유틸리티General Public Utilities에 투자해도, 견실하고 노련한 기업 켈로그Kellogg에 부적절한 시점에 투자하는 것보다 훨씬 '안전'하다.

나는 장모인 찰스 호프가 위험한 종목에 투자하는 것을 원치 않았기 때문에, 매우 '안전한' 기업인 휴스턴 인더스트리Houston Industries를 매수하시라고 권했다. 이 주식은 10년이 넘도록 꼼짝하지 않았으니, 확실히 안전하긴 안전했다. 나는 어머니 돈으로는 더 '도박'에 가까운 투자를 해도 좋을 것 같아서, 어머니에게 더 '위험한' 컨솔리데이티드 에디슨Consolidated Edison을 매수해드렸다. 이 주식은 여섯 배가 올랐다. 이 종목은 회사의 기본 운영 상태를 계속 지켜본 사람들에게는 그다지 위험하지 않았다. 대박 종목은 이른바 고위험 부문에서 나오지만, 그 위험은 회사가 어떤 부문에 속하느냐보다 투자자가 어떤 사람이냐에 더 좌우된다.

불확실성을 감수하고 주식에 투자하는 사람이 얻는 가장 커다란 이점은 올바른 선택에 대해 이례적인 보상을 받는다는 사실이다. 이것은 뉴욕주 버펄로의 존슨 차트 서비스Johnson Chart Service에서 계산한 펀드 수익률에도 나타난다. 더 '위험한' 펀드와 더 높은 수익 사이에는 매우 흥미로운 상관관계가 존재한다. 1963년 일반 채권 펀드에 1만 달러를 투자했다면, 15년 뒤 3만 1,338달러가 되었다. 같은 1만 달러를 주식과 채권이 섞인 혼합형 펀드에 투자했다면 4만 4,343달러가 되었다. 모두 주식에 투자하는 안정성장형 펀드에 투자했다면 5만 3,157달러가 되었다. 역시 모두 주식에 투자하는 공격성장형 펀드에 투자했다면 7만 6,556달러가 되었다.

분명히 주식시장은 늘 도전해볼 만한 도박이었다. 게임 하는 법을 제대로 알고 있다면 말이다. 그리고 우리가 주식을 보유하고 있는 한, 새로운 카드가 계속해서 펼쳐진다. 이제 다시 생각해보니, 주식투자는 사실 세븐 카드 스터드 포커가 아니다. 차라리 세븐티 카드70-card 스터드 포커에 가깝다. 그리고 우리가 10개 종목을 보유하고 있다면, 세븐티 카드 게임을 동시에 10판 벌이는 것과 같다.

4장

자기 진단

"GE는 투자할만한 종목인가?"

나는 투자할 때 이런 질문을 먼저 던지지 않는다. 설사 GE가 좋은 종목이더라도, 우리가 이 종목을 보유해야 한다는 뜻은 아니다. 스스로 거울을 들여다보기 전에는 신문 금융 면을 뒤져봐야 아무 의미가 없다.

주식을 매수하기 전에, 다음 세 가지 질문부터 답해야 한다. (1) 내집이 있는가? (2) 나는 돈이 필요한가? (3) 내게 주식투자로 성공할 자질이 있는가? 주식이 좋은 투자가 될지 나쁜 투자가 될지는 〈월스트리트 저널〉에서 읽는 기사보다 위 세 질문에 우리가 대응하는 방식에 따라 더 좌우된다.

(1) 내 집이 있는가? _____

월스트리트에서는 "집이요? 좋은 얘기죠!"라고 말할 것이다. 그러나 우리는 주식투자보다 집 장만을 먼저 고려해야 한다. 집은 거의 모든 사람이 어떻게든 보유하는 훌륭한 투자이기 때문이다. 하수구 근처에 지은 집이나 호화 주택가의 저택처럼 가격이 폭락하는 예외도 있지만, (10중 8~9가 아니라)100중 99채의 집은 돈을 벌어준다.

당신은 주위 사람이 "나는 집에 투자했다가 망했어."라고 한탄하는 소리를 몇 번이나 들어보았는가? 장담컨대 많지 않을 것이다. 부동산에 아마추어인 수많은 사람도 자신의 집에 대해서는 훌륭하게 투자하고 있다. 급히 이사하느라 어쩔 수 없이 손해 보고 집을 파는 사람도 있지만, 주식투자에서 흔히 그러하듯 집을 사고팔 때마다 손해 보는 사람은 드물다. 주식에서는 흔한 일이지만, 어느 날 아침 일어나보니 집이 파산하는 바람에 재산을 날리는 경우는 더 드물다.

집에 투자할 때는 천재였던 사람이 주식에 투자할 때 천치가 되는 것은 우연이 아니다. 집은 전적으로 소유자에게 유리하게 되어있다. 계약금 20% 이하만 있어도 은행에서 대출받아 집을 소유할 수 있으므로, 우리는 놀라운 지렛대 효과를 얻는다.

(물론 우리는 증거금 50%로도 주식을 매수할 수 있으며, 이런 거래를 '신용매수'라고 부른다. 그러나 신용매수 종목은 주가가 하락할 때마다 현금을 추가로 넣어야 한다. 집에는 이런 일이 발생하지 않는다. 집이 석유산출지대에 자리 잡아서 시장가격이 하락해도, 돈을 더 납입할 필요가 전혀 없다. 부동산 중개업자가 한밤

중에 전화를 걸어, "내일 오전 11시까지 2만 달러를 납입하지 않으면, 방 두 개를 팔아버릴 거요."라고 통지하는 법이 절대 없다. 주식을 신용매수하면 종종 이런 일이 발생하지만 말이다. 이것도 집을 보유할 때 얻는 커다란 이점이다)

지렛대 효과 덕분에, 계약금을 20% 내고 10만 달러짜리 집을 산 뒤 집값이 연 5% 상승하면, 당신은 계약금 기준으로 연 25% 수익을 올리게 되며, 대출 이자에 대해서는 세금공제까지 받게 된다. 주식시장에서도 이런 식으로 투자한다면, 결국 분 피켄스보다도 더 큰 거부가 될 것이다.

게다가 집 소유자가 납부한 지방 부동산세는 보너스로 연방세 공제까지 받으며, 집은 완벽한 인플레이션 방어책이 되는 데다가, 불황기에 몸을 의탁할 장소까지 제공한다. 마침내 집을 팔아 현금을 챙길 때도, 이 돈으로 더 근사한 집을 사면 이익에 대한 세금을 피할 수 있다.

사람들이 관행적으로 집에 투자하는 과정은 이렇다. 처음에 작은 집을 사고, 이어서 중간 크기의 집을 사며, 다음에는 필요 이상으로 큰 집을 산다. 아이들이 집을 떠난 뒤 큰 집을 팔아 다시 작은 집을 사고, 이 과정에서 커다란 이익을 얻는다. 이 횡재에 대해서는 세금이 없다. 정부가 동정심을 발휘해서, 인생에 한 번 집에서 얻는 횡재에 세금을 면제해주기 때문이다. 주식에 대해서는 이런 일이 절대 없어서, 가급적 자주 그리고 무겁게 세금을 물린다.

우리는 세금을 내지 않고 40년 동안 집을 보유할 수 있지만, 결국은 집을 내놓아야 한다. 세금을 내야 할 때도, 이제 우리는 한계세율이 내려간 상태이므로 그 부담은 크지 않다.

오래된 월스트리트 격언 "좀먹거나 수리가 필요한 것에는 절대 투자하지 말라."는 경주마에는 맞는 말일지 몰라도 집에 대해서는 허튼소리다.

주식보다 집에 투자할 때 유리한 두 번째 중요한 이유가 있다. 우리는 일요일자 신문 부동산 면에 실린 헤드라인 '집값 추락'에 놀라 집을 팔아버리지는 않는다. 신문 광고 면에 당신 집의 금요일 종가가 실리는 일도 없고, TV 하단에 시세 테이프가 지나가지도 않으며, 아나운서가 가장 활발하게 거래된 주택 목록을 보도하지도 않는다. "오차드 레인 100번지 집값이 오늘 10% 하락했습니다. 주민들도 집값이 갑자기 하락한 이유를 이해하지 못하고 있습니다."

주식과 마찬가지로 집도 장기간 보유할 때 이익을 얻기가 쉽다. 주식과는 달리 집은 장기간 보유하는 경향이 있다. 아마도 7년이 평균 보유 기간이다. 반면 뉴욕증권거래소에서는 매년 주식의 87%가 주인이 바뀐다. 사람들은 주식을 보유할 때보다 집을 보유할 때 훨씬 마음이 편하다. 집을 내놓으려면 이사 트럭을 불러야 하지만, 주식을 내놓으려면 전화 한 통화로 충분하다.

끝으로, 우리는 다락에서 지하실까지 샅샅이 훑어보면서 적절한 질문을 던질 줄 알기 때문에 집에 제대로 투자할 수 있다. 우리는 집을 훑어보는 기술을 부모로부터 전수받는다. 우리는 부모가 전기, 가스, 학교, 배수구, 부식검사, 세금을 점검하는 모습을 보면서 자란다. 우리는 "블록에서 가장 비싼 집은 사지 마라." 같은 원칙을 기억한다. 우리는 길 위쪽의 주택들도 알아보고, 길 아래쪽의 주택들도 알아본다. 차를 타고 지역을 돌아보면서 어느 집이 수리 중이고, 어느 집이 낡았으며, 개조할 집이 얼마나 남아 있는지 확인한다. 그리고 계약을 하기 전에 전문가를 고용해서 흰개미, 지붕 누수, 건조 부패, 배관 부식, 배선 결함, 기초 균열 등을 점검한다.

사람들이 부동산시장에서는 돈을 벌고 주식시장에서는 돈을 잃는 것도 당연하다. 이들은 집을 고르는 데는 몇 달을 들이지만, 주식을 고르는 데는 몇 분만 들인다. 사실 이들은 좋은 종목을 고르는 데보다도, 좋은 전자레인지를 고르는 데 시간을 더 많이 소비한다.

(2) 나는 돈이 필요한가?

이제 두 번째 질문이다. 주식을 매수하기 전에 가족이 지출할 예산을 검토해야 합리적이다. 예를 들어 2~3년 뒤 자녀의 대학 학비를 지불해야 한다면, 그 돈으로는 주식을 매수하지 말라. 당신이 과부이고(주식투자 책에는 늘 과부가 등장한다), 지금 고등학교 2학년인 덱스터가 하버드 대학교에 들어갈 가능성이 있다고(그러나 장학금은 받지 못한다) 가정하자. 당신은 학비를 대기 힘든 형편이기 때문에 안정적인 우량주에 투자해서 재산을 늘리고 싶은 유혹을 느낀다.

이런 경우라면 우량주 투자도 너무 위험하다. 놀라운 사건이 많이 벌어지지 않는 한, 주가는 10~20년 뒤에 대해서는 비교적 쉽게 예측할 수 있다. 그러나 2~3년 뒤 주가가 오를지 내릴지 예측하려 한다면, 차라리 동전을 던져서 판단하는 편이 낫다. 우량주도 하락하여 3년이나 5년 동안 바닥을 길 수 있으므로, 만일 주식시장이 미끄러진다면 덱스터는 야간학교에 다녀야 한다.

당신은 고정수입으로 살아야 하는 노인일 수도 있고, 일할 수 없는 미성년자라서 가족의 유산에서 나오는 고정수입으로 살아가야 할 수도 있다. 둘 중 하나에 해당한다면, 주식에 투자해서는 안 된다. 자산의 몇 %를 주식에 투자해야 하는지 계산하는 온갖 복잡한 공식들이 있지만, 나는 월스트리트나 경마장에나 똑같이 적용할 수 있는 단순한 공식을 사용한다. 잃더라도 가까운 장래에 일상생활에 영향을 받지 않을 만큼만 주식에 투자하라.

(3) 내게 주식투자로 성공할 자질이 있는가? _____

이것이 가장 중요한 질문이다. 내가 생각하는 자질의 목록을 열거하면, 인내심, 자신감, 상식, 고통에 대한 내성, 초연함, 고집, 겸손, 유연성, 독자적으로 조사하려는 의지, 실수를 기꺼이 인정하는 태도, 전반적인 공포를 무시하는 능력 등이다. IQ 기준으로 말하면, 최상의 투자자들은 아마도 상위 3%와 하위 10% 사이의 어딘가에 분포할 것이다. 내 생각에 진정한 천재들은 아마도 이론적 사고에 지나치게 골몰한 나머지, 주식의 실제 움직임에 끊임없이 기만당할 것이다. 주식의 움직임은 이들이 생각하는 것보다 더 단순하기 때문이다.

완벽한 정보가 없는 상태에서 판단을 내리는 능력도 중요하다. 월스트리트에서는 상황이 명확한 경우가 거의 없으며, 상황이 명확할 때는 이미 너무 늦어서 이익을 얻을 수 없기 때문이다. 모든 데이터를 알아내려 하는 과학적 사고방식은 주식시장에서 통하지 않는다.

끝으로, 인간 본성과 '육감'의 유혹을 버텨내는 것이 중요하다. 사람들 대부분은 수없이 실패를 되풀이하면서도, 자신에게 주가, 금값, 금리를 점치는 능력이 있다고 굳게 믿는다. 실제로는 반대 현상이 일어나고 있는 시점에, 수많은 사람이 주가가 오른다고 또는 경제가 회복된다고 확신하는 모습을 보면 불가사의할 정도다. 이런 모습은 엉뚱한 시점에 낙관론 또는 비관론으로 돌변하는 인기 투자자문 뉴스레터에 드러난다.

뉴스레터를 통해서 투자심리를 추적하는 인베스터스 인텔리전스Investor's Intelligence가 발간한 정보에 따르면, 주식시장이 붕괴하기 직전인 1972년 말에 뉴스레터의 낙관론이 사상 최고를 기록했고, 비관론은 15%에 불과했다. 주식시장이 반등하기 시작한 1974년에는 투자심리가 사상 최저였는데, 뉴스레터의 65%가 최악의 상황이 아직 오지 않았다며 두려워했다. 시장이 하락하기 전인 1977년에도 뉴스레터는 또다시 낙관적이었고, 겨우 10%만 비관적이었다. 거대한 강세장이 시작된 1982년 초에도 뉴스레터의 55%가 비관론이었으며, 1987년 10월 19일의 폭락 직전에도 뉴스레터의 80%가 낙관론이었다.

투자자나 조언자들이 상습적으로 어리석거나 둔감해서 이런 문제가 발생하는 것이 아니다. 문제는 사람들이 시장 신호를 받아들였을 시점에, 시장은 이미 바뀌어버렸다는 점이다. 많은 긍정적 뉴스가 사람들에게 스며들어 투자자 대부분이 단기 전망을 강하게 낙관하는 시점이 되면, 경제는 곧 어려움을 겪게 된다.

CEO와 세련된 사업가들을 포함한 대다수 투자자가, 주식이 가장 좋은 실적을 올렸던 기간(예컨대 1930년대 중반~1960년대 말)에 주식을 가장 두려워했고, 주식이 가장 나쁜 실적을 냈던 기간(예컨대 1970년대 초와 최근 1987년 가을)에 가장 용감했던 사실을 달리 어떻게 설명하겠는가? 라비 바트라Ravi Batra의 저서 《1990년 대공황The Great Depression of 1990》이 성공한 것을 보면, 미국의 대호황이 보장된 것 아니겠는가?

실물경제가 바뀌지 않은 상태에서도 투자심리가 순식간에 역전되는 모습을 보면 놀라울 정도다. 10월의 대폭락 1~2주 전, 사업차 애틀랜타, 올랜도, 시카고 등을 여행하던 사람들은 새로운 공사현장을 보면서 감탄했다. "와, 대단한 호황이군." 며칠 뒤, 이 여행자들은 똑같은 건물들을 보면서 틀림없이 이렇게 말했을 것이다. "저런, 이 동네 큰일 났군. 이 많은 아파트는 다 어떻게 분양하고, 이 넓은 사무실 공간은 다 어떻게 임대하려나?"

인간은 태생적으로 투자 시점 선택에 실패하도록 만들어져 있다.

경솔한 투자자들은 걱정, 충족감, 항복이라는 세 가지 감정 상태를 계속해서 경험한다. 시장이 하락하거나 경제가 후퇴한 뒤, 그는 걱정 때문에 좋은 주식을 싼값에 사지 못한다. 비싼 가격에 주식을 매수한 뒤, 그는 주가가 오른다는 이유로 충족감을 느낀다. 바로 이때가 경제의 기초를 점검해야 하는 시점이지만, 그는 신경 쓰지 않는다. 마침내 경기가 침체해서 그의 주식이 매수가격 밑으로 떨어지면, 그는 흥분한 상태에서 항복하고 매도해버린다.

어떤 사람들은 자신이 '장기투자자'라고 생각하지만, 시장이 폭락하면(또는 조금 오르면) 그 시점에 단기투자자로 돌변하여 커다란 손실을 본 채(또는 푼돈을 벌고) 주식을 모두 팔아버린다. 투자라는 변덕스러운 사업에서는 공포에 빠지기 쉽다. 내가 마젤란 펀드를 맡은 이래 펀드는 8번의 약세장 동안 10~35% 하락을 경험했으며, 1987년 한 해만 봐도 8월에는 40% 상승했고 12월에는 11% 하락했다. 그해는 1% 상승으로 끝났는데, 손실을 낸 해가 한 번도 없다는 내 기록을 간신히 지킬 수 있었다. 천만다행이었다.

최근 내가 읽은 자료에 의하면, 일반적으로 주가는 1년 동안 평균 50% 오르내린다. 분명히 금세기 내내 이런 현상이 실제로 벌어진 것 같은데, 그렇다면 지금 50달러에 거래되는 주식은 앞으로 12개월 동안 60달러까지 오르거나 40달러까지 떨어질 수 있다는 뜻이다. 다시 말해서, 그해의 고점(60달러)이 저점(40달러)보다 50% 높다는 말이다. 만일 당신이 참지 못하고 50달러에 주식을 매수하고, 60달러에 추가로 매수한 뒤 ("거봐, 내 예상대로 오르잖아."), 절망에 빠져

40달러에 모두 팔아버리는 ("아닌가 봐. 망할 놈이 내려가네.") 유형의 투자자라면, 투자 서적을 아무리 읽어도 당신에게는 소용이 없을 것이다.

어떤 사람들은 자신이 역발상 투자자라고 상상한다. 그는 세상 사람들이 모두 이쪽으로 갈 때 자신은 저쪽으로 가서 돈을 벌 수 있다고 믿지만, 역발상 투자라는 아이디어가 큰 인기를 끌어 널리 인정받은 뒤에야 자신도 역발상 투자자가 되었다는 사실을 깨닫지 못한다. 진정한 역발상 투자자는 (남들이 모두 매수할 때 공매도 하는 식으로)인기 종목에 대해서 반대 방향으로 거래하는 투자자가 아니다. 진정한 역발상 투자자는 시장이 가라앉을 때까지 기다렸다가, 아무도 거들떠보지 않는 종목, 특히 월스트리트가 하품하는 종목을 매수한다.

허튼E. F. Hutton이 말하면 모두가 귀를 기울이지만, 바로 이것이 문제다. 그가 말하면 모두 잠들어야 한다. 누군가 시장을 예측할 때, 우리는 귀를 기울이는 대신 코를 골아야 한다. 그 비결은 자신의 육감을 믿지 말고, 오히려 자제력을 발휘해서 육감을 무시하는 것이다. 회사의 근본이 바뀌지 않는 한, 주식을 계속 보유하라.

그러지 않으면, 당신이 재산을 늘릴 수 있는 유일한 방법은 폴 게티J. Paul Getty가 제시한 확실한 성공 공식밖에 없을 것이다. "일찍 일어나, 열심히 일하고, 횡재를 잡아라."

5장

 지금 시장이 좋은지 묻지 마라

내가 강의를 마친 뒤 질의응답 시간이 되면, 항상 누군가 일어서서 지금 시장이 좋은지 나쁜지 질문한다. 굿이어 타이어Goodyear Tire가 견실한 회사인지, 현재 주가 수준이 적정한지 궁금해하는 사람도 있지만, 강세장 기조가 여전히 살아있는지, 아니면 약세장이 모습을 드러내고 있는지 알고 싶어 하는 사람이 네 배나 많다. 그러면 내가 승진할 때마다 시장이 하락한다는 사실 밖에는 시장 예측에 대해 아는 바가 없다고 항상 대답한다. 이 말이 내 입에서 떨어지자마자, 누군가 일어서서 내가 언제 승진할 예정이냐고 묻는다.

분명히 말하는데, 주식시장을 예측해야 주식으로 돈을 버는 것은 아니다. 만일 예측해야만 한다면, 나는 한 푼도 벌지 못했을 것이다. 가장 끔찍한 폭락장이 펼쳐질 때도 나는 여기 증권 단말기 앞에 줄곧 앉아있었지만, 설사 내 목숨이 걸려 있었다 해도 나는 사전에 폭락을 예측할 수가 없었을 것이다. 1987년 한여름, 나는 임박한 1,000포인트 하락에 대해 아무에게도 경고하지 않았고, 나 자신도 전혀 알지 못했다.

나만 예측에 실패한 것이 아니었다. 무식한 사람들은 몰려다닌다는 말이 있듯이, 수많은 유명 선각자, 예언자, 전문가들도 무더기로 예측에 실패했으므로, 나는 전혀 난처할 일이 없었다. 한 현명한 예측가는 말했다. "예측해야 하는 처지라면, 예측을 자주 하라."

10월에 시장이 붕괴한다고 내게 전화로 알려준 사람은 하나도 없었다. 만일 사전에 시장 붕괴를 예측했다고 주장하는 사람들이 자신의 주식을 모두 팔았다면, 시장은 이들의 매물 때문에 훨씬 더 일찍 붕괴했을 것이다.

해마다 나는 수천 개 회사의 임원들과 대화하고, 신문에 실리는 다양한 금 투자자, 금리 전문가, 연준 관찰자, 금융 예언가의 주장을 읽는다. 수많은 전문가가 과매수過買受 지표, 과매도過賣渡 지표, 헤드 앤드 숄더 패턴, 풋-콜 비율put-call ratios, 연준의 통화 공급 정책, 해외 투자, 천체 별자리의 움직임, 참나무에 낀 이끼 등을 연구한다. 그러나 로마의 점쟁이들이 황제에게 훈족이 쳐들어오는 시점을 예측해 주지 못한 것처럼, 이들도 시장을 일관성 있게 예측하지 못한다.

1973~1974년 주식시장 폭락을 사전에 경고한 사람은 아무도 없었다. 대학원에 다니던 시절에 나는 시장이 매년 9% 오른다고 배웠지만, 그 이후로 시장이 1년에 9% 오른 적은 한 번도 없었고, 시장

이 얼마나 오를지, 심지어 오를 것인지 내릴 것인지를 알려주는 믿을 만한 자료원을 아직 발견하지 못했다. 시장이 크게 오르거나 내릴 때마다 나는 항상 놀랐다.

주식시장의 움직임은 어떤 면에서 경제 전반과 관련되어 있으므로, 사람들은 인플레이션과 경기침체, 호황과 불황, 금리의 방향 등을 예측해서 시장을 간파하려 한다. 물론 금리와 주식시장 사이에는 놀라운 상관관계가 있지만, 누가 금리를 확실하게 예측할 수 있겠는가? 미국에는 경제학자가 6만 명이나 있으며, 대부분 정규직으로 고용되어 경기침체와 금리를 예측하고 있다. 만일 이들이 연속해서 두 번만 정확하게 예측할 수 있었다면, 이들은 지금쯤 백만장자가 되어 있을 것이다.

그렇다면 이들은 비미니^{Bimini}(바하마 제도의 휴양지)로 은퇴해서, 럼주를 마시며 녹새치 낚시를 하고 있을 것이다. 그러나 내가 알기로는 이들 대부분이 여전히 일하고 있다. 그만큼 예측이 어렵다는 뜻이다. 그렇다면 어떤 예리한 사람이 말했듯이, 세상의 경제학자들을 모두 없애버려도 아무 문제가 없을 것이다.

그러나 경제학자가 모두 쓸모없는 것은 아니다. 이 책을 읽고 있는 경제학자는 예외다. 특히 래퍼 곡선(Laffer curve: 세금 수입과 세율의 관계를 나타내는 그래프)과 달의 기울기 따위는 완전히 무시하고, 고철 가격, 재고, 철도 운송량 등을 조사하는 로렌스^{C. J. Lawrence}의 에드 하이먼^{Ed Hyman} 같은 경제학자는 예외다. 실용적 경제학자들은 내 마음에 드는 사람들이다.

불황이 5년마다 찾아온다는 이론도 있지만, 아직 그런 식으로 진행된 적이 없다. 헌법도 찾아보았지만, 5년마다 불황을 맞이해야 한다는 조항은 어디에도 없었다. 물론 불황이 시작되기 직전에 누군가 경고를 해준다면, 나는 포트폴리오를 조정할 수 있으니 무척이나 좋을 것이다. 그러나 내가 불황을 찾아낼 가능성은 없다. 어떤 사람들은 불황이 끝났거나 흥분되는 강세장이 새로 시작된다는 신호로, 누군가 벨을 울려주기를 기대한다. 문제는 이 벨이 절대로 울리지 않는다는 점이다. 상황이 명확해진 시점에는 이미 늦었다는 사실을 기억하라.

1981년 7월~1982년 11월 사이에 16개월의 불황이 있었다. 실제로 이 기간이 내 기억으로는 가장 무서울 때였다. 지각 있는 전문가들은 조만간 우리가 숲속에서 도토리를 주우며 살아가야 하므로, 사냥이나 낚시를 해야 할지 모른다고 걱정했다. 이 기간에 실업률이 14%, 인플레이션이 15%, 우대 금리가 20%였지만, 이 가운데 어느 하나라도 예고해주는 전화를 나는 한 통도 받지 못했다. 불황이 온 다음에는 자신이 이미 예측했었다고 주장하는 사람들이 많았지만, 불황이 오기 전에 내게 말해준 사람은 아무도 없었다.

투자자 열 중 여덟이 1930년대가 다시 온다고 단언하며 비관주의가 극에 달했던 시점, 주식시장은 복수하듯 반등했고, 갑자기 세상이 제대로 돌아가게 되었다.

소 잃고 외양간 고치기 _____

최근의 금융 상황이 어떤 방식으로 종결되든지, 우리는 앞으로 일어날 일이 아니라 직전에 일어났던 일에 대비하는 경향이 있다. 사람들은 최근 일어난 사건에 제대로 대처하지 못했다는 자책감을 느끼며, 지나간 사건에 다시 대비함으로써 심리적으로 보상받으려 한다.

10월 19일 시장이 붕괴하고 이튿날, 사람들은 시장이 무너질 것이라고 걱정하기 시작했다. 시장은 이미 무너졌고, 예측하지 못하고서도 살아남았는데도, 사람들은 시장이 또 무너질 것이라고 겁에 질렸다. 이번에는 당하지 않겠다고 시장에서 빠져나온 사람들은 시장이 상승하자 또다시 당한 셈이 되었다.

'다음번'은 '지난번'과 절대로 같지 않다는 농담도 있지만, 어쨌든 사람들은 '지난번'에 대비하지 않고서는 못 배긴다. 이런 모습을 보면 나는 마야인의 세계관을 떠올리게 된다.

마야 신화에 따르면, 세상은 네 번 파괴되었다. 마야인은 파괴로부터 값비싼 교훈을 배울 때마다 다음번에는 대비를 더 잘하겠다고 맹세했지만, 늘 지난번에 일어났던 위협에 대해서만 대비했다. 처음에는 홍수가 일어났다. 생존자들은 홍수를 기억하고 고지대에 있는 숲으로 들어가 둑을 짓고 벽을 세웠으며, 나무 위에 집을 지었다. 그러나 이들의 노력은 수포가 되었다. 다음번에는 세상이 불로 파괴되었기 때문이다.

이제 화재에서 살아남은 사람들은 나무에서 내려와 숲으로부터 가능한 한 멀리 달아났다. 이들은 특히 바위틈을 따라 돌로 새 집을 지었다. 그러나 머지않아 세상은 지진으로 파괴되었다. 네 번째는 세상이 무엇으로 파괴되었는지 기억도 나지 않는다. 어쩌면 불황인지 모르겠지만, 그것이 무엇이든 마야인은 제대로 대비하지 못했을 것이다. 이들은 다음에 올 지진에 대비하느라 너무 바빴을 것이기 때문이다.

2,000년이 지난 뒤 우리도 여전히 과거를 돌아보면서 다가오는 위협에 대비하고 있다. 멀지 않은 과거에 사람들은 유가가 배럴당 5달러로 떨어지면 불황이 온다고 걱정했다. 그보다 2년 전에는 바로 그 사람들이 유가가 100달러로 오르면 불황이 온다고 걱정했었다. 한때 사람들은 통화 공급이 너무 빠르게 증가한다고 두려워했다. 이제 사람들은 통화 공급이 너무 느리게 증가한다고 두려워한다. 지난번 인플레이션에 대비했을 때 우리는 불황을 맞이했고, 불황이 끝난 뒤 불황에 더 대비하자 우리는 인플레이션을 맞이했다.

언젠가 인플레이션 대신 또다시 불황이 올 것이고, 불황도 인플레이션과 마찬가지로 주식시장에 매우 나쁜 영향을 미칠 것이다. 아마도 지금과 이 책이 출간되는 시점 사이에 불황이 이미 발생했을지도 모른다. 어쩌면 1990년이나 1994년까지 불황이 없을지도 모른다. 그래도 나한테 시장이 좋은지 묻고 싶은가?

칵테일 파티 이론 _____

　경제 전문가가 경제를 예측하지 못하고, 증시 예측가가 주식시장을 예측하지 못한다면, 아마추어 투자자들은 도대체 어떻게 투자하라는 말인가? 당신은 이미 답을 알고 있다. 이제 내가 만든 시장 예측에 관한 '칵테일 파티' 이론을 설명하겠다. 이것은 오랫동안 내가 파티장 한가운데 놓인 칵테일 테이블 옆에서, 주변 사람들이 나누는 주식 이야기를 들으면서 개발한 이론이다.

　상승 시장의 첫 단계에서는 아무도 시장이 다시 오른다고 기대하지 않는다. 사람들은 주식 이야기를 하지 않는다. 이들은 다가와 내 직업을 묻고, 내가 "주식형 펀드를 운용합니다."라고 대답하면, 공손하게 인사한 다음 슬그머니 피해버린다. 피하지 않는 경우라면, 이들은 셀틱스의 농구 경기, 다가오는 선거, 날씨 등으로 재빨리 주제를 바꾼다. 곧 이들은 가까이 있는 치과 의사와 치태에 관해서 이야기를 나눈다.

　열이면 열 모두 펀드매니저와 주식을 논하는 대신 치과 의사와 치태에 관해 말하려 한다면, 시장은 곧 상승할 것이다.

　내 직업이 펀드매니저라고 밝혔을 때, 새로 인사한 사람이 내 주위에서 조금 더 꾸물거리다가(그는 아마도 주식시장이 무척 위험하다는 이야기 정도 할 것이다) 치과 의사에게 간다면, 이때가 상승 시장의 두 번째 단계다. 칵테일 파티에서 사람들은 여전히 주식보다 치태 이야기를 더 많이 한다. 시장은 첫 단계보다 15% 상승했지만, 관심을 기울이는 사람은 거의 없다.

첫 단계에서 시장이 30% 상승하여 세 번째 단계로 접어들면, 파티에 모인 사람들이 치과 의사를 무시하고 저녁 내내 나를 둘러싼다. 주식에 열성적인 사람들이 잇달아 나를 구석으로 끌고 가서 어느 종목을 사야 하느냐고 묻는다. 치과 의사조차 어느 주식을 사야 하는지 내게 묻는다. 파티에 참석한 사람들 모두 이 종목 저 종목에 투자했으며, 이들은 모두 지금까지 일어난 사건을 놓고 토론한다.

네 번째 단계에서도 사람들이 내 주위를 둘러싼다. 그러나 이번에는 이들이 내게 매수하라고 종목을 가르쳐준다. 치과 의사조차 서너 가지 최신 정보를 갖고 있으며, 며칠 뒤 그가 추천한 종목을 신문에서 찾아보니 모두 상승했다. 이웃들이 내게 종목을 가르쳐주고, 내가 이들의 조언을 듣지 않았다고 후회한다면, 이것은 시장이 정점에 도달해서 곧 추락한다는 확실한 신호다.

이 이론을 믿고 말고는 당신 마음이다. 하지만 나는 칵테일 파티 이론을 놓고 내기할 생각은 없다. 시장 예측을 믿지 않기 때문이다. 나는 훌륭한 기업의 주식, 특히 저평가되었거나 소외된 주식을 사야 한다고 믿는 사람이다. 오늘 다우지수가 1,000이든, 2,000이든, 3,000이든, 지난 10년 동안 에이번 프로덕츠^{Avon Products}, 베들레헴 철강, 제록스를 보유한 경우보다 메리어트^{Marriott}, 머크, 맥도날드를 보유했을 때 더 많이 벌었을 것이다. 그리고 같은 기간에 채권이나 MMF에 투자한 경우보다 메리어트, 머크, 맥도날드를 보유했을 때 더 많이 벌었을 것이다.

과거 1925년에 위대한 기업의 주식을 매수해서 폭락과 대공황 속에서도 계속 보유했다면(분명히 쉽지 않은 일이었다), 1936년에는 그 결과에 매우 만족했을 것이다.

시장은 상관 마라 _____

시장은 투자와 아무 상관이 없다. 이 한 가지만 당신에게 이해시키더라도, 이 책은 제값을 다한 셈이다. 내 말을 믿지 못하겠다면, 워런 버핏의 말을 믿어라. 그는 이렇게 썼다. "내가 아는 한, 주식시장은 존재하지 않는다. 누군가 바보 같은 제안을 하고 있는지 참고삼아 살펴보는 장소에 불과하다."

버핏은 버크셔 해서웨이^{Berkshire Hathaway}를 엄청나게 수익성 높은 회사로 바꿔놓았다. 1960년대 초 이 위대한 회사의 주가는 7달러였지만, 오늘날에는 4,900달러가 되었다. 당시 버크셔 해서웨이에 2,000달러를 투자했다면, 지금은 700루타가 되어 140만 달러로 늘어났을 것이다. 이 실적으로 버핏은 놀라운 투자가가 되었다. 그가 역사상 가장 위대한 투자가가 된 이유는, 그가 보기에 주가가 역겨울 정도로 고평가된 기간에 주식을 모두 팔아, 엄청난 이익을 덧붙여 돈을 모두 파트너들에게 돌려주었기 때문이다. 투자자들이 기꺼이 비용을 지불하며 계속 운용을 맡기는데도 자발적으로 돈을 돌려준 사례는, 내가 알기로 금융 역사상 유례없는 사건이다.

나도 시장을 예측해서 불황에 대비할 수 있으면 무척이나 좋겠지만, 이것은 불가능한 일이다. 그래서 나도 버핏처럼 수익성 높은 기업을 찾는 것으로 만족한다. 나는 끔찍한 시장에서도 돈을 벌어보았고, 좋은 시장에서도 돈을 잃어보았다. 내가 좋아하는 10루타 종목 여럿은 약세장 동안 가장 큰 폭으로 상승했다. 타코벨은 지난 두 번의 불황 기간에 줄곧 상승했다. 1980년대에 주식시장이 하락했던 유일한 해가 1981년이었는데, 이때가 드레퓌스Dreyfus를 매수하기에 가장 좋은 시점이었다. 이로부터 드레퓌스는 2달러에서 40달러로 환상적인 상승행진을 지속하여 20루타 종목이 되었다.

토론의 소재로 삼기 위해서, 당신이 다음번 호황을 정확하게 예측할 수 있으며, 이러한 선견지명을 이용해서 주식투자로 돈을 벌고자 한다고 가정하자. 그래도 당신은 선견지명이 없을 때와 마찬가지로 여전히 올바른 종목을 선택해야만 한다.

플로리다에 부동산 붐이 일어난다는 사실을 알고 당신이 대충 뽑은 종목이 래디스Radice였다면, 투자액의 95%가 날아갔을 것이다. 컴퓨터 붐이 일어난다는 사실을 알고 당신이 조사도 하지 않고 포춘 시스템Fortune System을 골랐다면, 주가가 1983년 22달러에서 1984년 1.88달러로 폭락했을 것이다. 1980년대 초가 항공 산업의 호황기라는 사실을 당신이 알았더라도, 피플 익스프레스People Express(즉시 파산함)나 팬암Pan Am(경영 부실로 1983년 9달러에서 1984년 4달러로 하락)에 투자했다면 무슨 소용이 있겠는가?

철강 산업이 회복된다는 사실을 알고, 철강 주식의 목록을 뽑아

과녁판에 붙여놓고 화살을 던졌는데 LTV가 나왔다고 가정하자. 1981~1986년 동안 LTV는 26.50달러에서 1.13달러로 하락했고, 비슷한 기간 누코Nucor는 10달러에서 50달러로 상승했다(나는 둘 다 투자했었는데, 왜 누코를 팔고 LTV를 보유했던가? 나도 차라리 화살을 던지는 편이 나았다).

당신은 종목을 잘못 골랐기 때문에 시장을 정확하게 골랐더라도 결국 번번이 재산을 날리고 말았다. 만일 시장이 당신 종목을 끌어올릴 것이라고 기대한다면, 차라리 버스를 타고 애틀랜틱 시티로 가서 룰렛에 돈을 거는 편이 낫다. 어느 날 아침에 일어나 "올해 시장이 오를 것 같으니 주식을 사야겠어."라는 생각이 든다면, 전화기 코드를 뽑아버리고 증권사로부터 가급적 멀찍이 떨어져 지내는 편이 낫다. 당신은 시장이 자신을 구제해주리라 믿지만, 그 가능성은 희박하다.

뭔가 걱정을 하고 싶다면, 웨스트포인트 페퍼렐West Point-Pepperell의 시트 사업에 대해서 걱정하든지, 타코벨의 신제품 부리토 슈프림 사업이 잘되는지 걱정하라. 종목만 잘 고르면 시장은 알아서 굴러간다.

그렇다고 시장이 절대 고평가되지 않는다는 뜻은 아니지만, 이런 경우에는 걱정해도 아무 소용이 없다. 가격이 합리적인 기업이나 당신의 투자 기준을 충족하는 기업을 하나도 찾을 수 없을 때는 시장이 고평가되었다고 보면 된다. 버핏은 파트너에게 돈을 돌려준 이유에 대해 보유할 가치가 있는 종목을 전혀 찾을 수 없었기 때문이라고 말했다. 그는 수백 개 회사를 뒤져보았지만, 기본적인 장점을 보고 매수할 만한 기업을 하나도 찾지 못했다.

내게 필요한 유일한 매수 신호는 내가 좋아하는 회사를 찾는 것이다. 이런 회사를 찾을 때는 너무 이르거나 너무 늦다고 매수를 고민할 필요가 전혀 없다.

- 전문가의 기술이나 지혜를 과대평가하지 말라.

- 이미 알고 있는 지식을 이용하라.

- 월스트리트에서 아직 발견하고 확인하지 못한 기회, 즉 '레이더 밖'에 있는 기업을 찾아라.

- 주식에 투자하기 전에 집에 투자하라.

- 주식시장이 아니라 기업에 투자하라.

- 주식의 단기 등락을 무시하라.

- 주식에서 큰 이익을 얻을 수 있다.

- 주식에서 큰 손실을 볼 수도 있다.

- 경제를 예측해도 소용없다.

- 주식시장의 단기 방향을 예측해도 소용없다.

- 주식투자의 장기 수익률은 비교적 예측하기 쉬우며, 채권투자의 장기 수익률보다 훨씬 높다.

- 투자한 종목을 관리하는 것은 스터드 포커 게임을 계속 진행하는 것과 같다.

- 주식투자는 모든 사람이 할 성격이 아니며, 인생의 모든 단계에서 할 성격도 아니다.

- 일반인은 투자 전문가보다 훨씬 먼저 흥미로운 기업이나 제품과 접촉한다.

- 강점을 보유하면 주식투자에 유리하다.

- 주식시장에서는 손 안의 새 한 마리가 숲속의 새 열 마리보다 낫다.

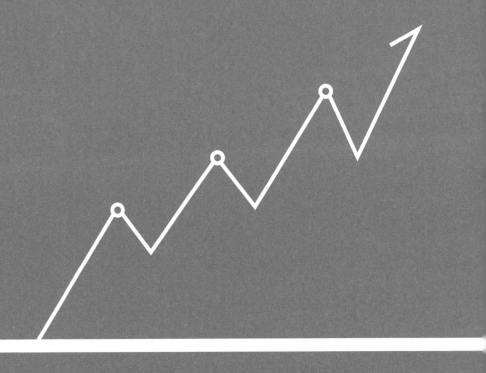

종목 선정

ONE UP ON WALL STREET

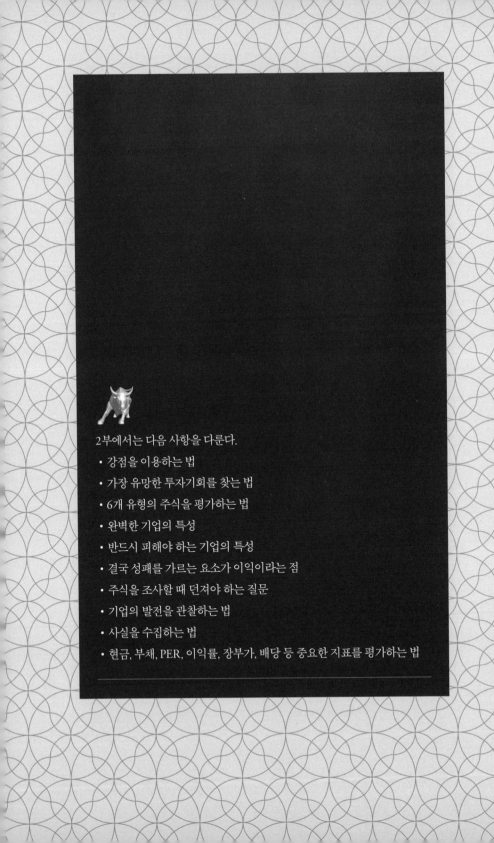

2부에서는 다음 사항을 다룬다.

• 강점을 이용하는 법
• 가장 유망한 투자기회를 찾는 법
• 6개 유형의 주식을 평가하는 법
• 완벽한 기업의 특성
• 반드시 피해야 하는 기업의 특성
• 결국 성패를 가르는 요소가 이익이라는 점
• 주식을 조사할 때 던져야 하는 질문
• 기업의 발전을 관찰하는 법
• 사실을 수집하는 법
• 현금, 부채, PER, 이익률, 장부가, 배당 등 중요한 지표를 평가하는 법

6장

10루타 종목을 찾아라

10루타 종목을 찾아보기에 가장 좋은 장소는 집 근처다. 집 근처에 없으면 쇼핑몰을 살펴보고, 특히 당신이 근무하는 직장 주변을 뒤져보라. 던킨 도너츠, 리미티드, 스바루, 드레퓌스, 맥도날드, 탐브랜즈, 펩 보이즈 등 이미 언급한 10루타 종목 대부분은 전국에 걸쳐 수많은 장소에서 성공의 조짐이 분명하게 드러났다. 뉴잉글랜드의 소방관, KFC가 처음 문을 연 중부 오하이오의 고객들, 픽 앤 세이브에 몰린 손님들 모두 월스트리트가 실마리를 얻기 오래전에 "대단하군. 이 회사 주식을 사면 어떨까?"라고 생각할 기회가 있었다.

평범한 사람도 유망한 기업을 1년에 두세 번 이상 마주치게 된다. 펩 보이즈의 임원, 직원, 법률가와 회계사, 공급업체, 광고대행사, 간판 제작자, 신규매장의 건물주, 심지어 사무실 청소원까지 모두 펩 보이즈가 성공하는 모습을 틀림없이 지켜보았다. 고객 수십만 명을 계산에 넣지 않더라도, 잠재 투자자 수천 명이 이 '정보'를 얻었다.

그리고 회사의 보험계약을 담당하는 펩 보이즈 직원은 보험료가 상승하는 사실을 알아챌 수 있었으므로(보험료 상승은 보험 업종이 회복되고 있다는 좋은 신호다), 보험회사에 대한 투자도 고려할 만했다. 또는 펩 보이즈의 건물 계약자들은 시멘트 가격의 상승을 알 수 있었는데, 이것은 시멘트 공급업체에 호재였다.

도매와 소매 유통망을 망라해서 제조, 판매, 정리, 분석을 담당하는 사람들은 종목 선정 기회와 수없이 마주친다. 내가 속한 펀드 업종에서는 영업직원, 사무직원, 비서, 애널리스트, 회계사, 전화상담사, 컴퓨터 설치자 모두 펀드 주가가 치솟았던 1980년대 초의 대호황을 모르고 지나칠 수가 없었다.

엑손의 부사장이 아니더라도 회사가 번창하거나 유가가 반등하는 조짐을 감지할 수 있다. 부두노동자, 지질학자, 굴착업자, 공급자, 주유소 소유주, 정비사, 심지어 주유하는 고객도 알 수 있었다.

코닥 본사에 근무하지 않더라도, 저렴하고 사용이 간편한 고급 35밀리 차세대 일제 카메라 덕에 사진 산업이 다시 살아나고 있으며, 필름 매출이 증가하는 것을 알 수 있다. 필름 영업직원, 카메라 매장 소유주와 직원도 안다. 사진사는 멋진 결혼식 사진을 찍으려 하지만, 신랑 신부의 친척 대여섯 사람이 돌아다니며 멋대로 사진을 찍는 바람에 자꾸 방해를 받는다.

스티븐 스필버그Steven Spielberg가 아니어도, 줄줄이 이어지는 대 히

트작 덕분에 파라마운트Paramount나 오리온 픽처스Orion Pictures의 이익이 크게 올라간다는 사실을 알 수 있다. 영화배우, 엑스트라, 감독, 스턴트맨, 법률가, 조명기사, 분장사, 6주 연속 매진을 확인한 변두리 영화관 안내원도 오리온 주식 매수에 대한 찬반 논쟁을 둘러볼 만하다.

교사들의 출석 확인 시간을 대폭 절약하기 위해서 교육위원회가 출석 체크기를 당신 학교에 시험설치 한다면, 나는 가장 먼저 "출석 체크기 만드는 회사가 어딥니까?"라고 물을 것이다.

18만 중소기업을 대신해서 매주 900만 명의 급여를 처리하는 오토매틱 데이터 프로세싱Automatic Data Processing(ADP)은 또 어떤가? 이 회사는 역사상 최고 종목 중 하나였다. 1961년에 기업을 공개한 이래 단 한 해도 빠짐없이 매년 이익이 증가했다. 이 회사가 기록한 최악의 실적이 전년 대비 이익 11% 증가였으며, 이것은 많은 회사가 적자를 기록한 1982~1983년 불황기에 올린 실적이었다. ADP는 얼핏 내가 회피하는 첨단기업처럼 보이지만, 실제로는 컴퓨터 회사가 아니다. 단지 컴퓨터를 이용해서 급여를 처리하는 회사로서, 첨단기술의 혜택을 가장 크게 보는 회사다. 경쟁 때문에 컴퓨터 가격이 내려가면, ADP 같은 회사는 더 싼 가격으로 장비를 구입할 수 있으므로 비용이 계속해서 내려간다. 그래서 이익이 늘어나기만 한다.

이 세속적인 회사는 아무 광고도 없이 6센트(주식분할 반영)에 기업을 공개했으나, 지금은 40달러에 거래된다. 결국 장기적으로 600루타가 되었다. 10월 폭락 전에는 54달러까지 올라갔다. 이 회사는 부채보다 현금이 두 배 많고, 성장 둔화 조짐도 보이지 않는다.

18만 고객 회사의 임직원들은 분명히 ADP의 성공을 알 수 있었으며, ADP의 주요 고객이 대형 증권사들이었으므로, 월스트리트의 절반도 알 수 있었다.

따라서 우리는 성공 주식을 고르려고 애쓰지만, 바로 그동안 성공 주식도 우리를 고르려고 애쓰고 있다.

궤양과 10루타

당신의 생활 속에서는 도무지 이런 기회를 찾을 수가 없는가? 반경 $10km$ 내에 신호등도 없는 곳에서 먹을거리를 손수 재배하면서 TV도 없이 사는 은퇴자라면? 하지만 이런 사람도 병원에 가는 날이 있을 것이다. 전원생활을 하면서 궤양에 걸렸다면, 이것은 스미스클라인 베크만SmithKline Beckman을 알게 되는 좋은 계기다.

의사 수백 명, 환자 수천 명, 환자의 친지 수백만 명이 1976년에 출시된 특효약 타가메트Tagamet에 대해 들어보았다. 이 약을 조제한 약사와 이 약을 배달하며 한나절을 보낸 배달 소년도 알고 있었다. 타가메트는 환자에게는 선물이었고, 투자자에게는 노다지였다.

환자에게 좋은 약은 병을 완치해주는 약이지만, 투자자에게 좋은 약은 환자가 계속 사야 하는 약이다. 타가메트는 계속 사야 하는 약이었다. 이 약은 궤양의 고통을 환상적으로 제거했으므로, 직접 수

혜자인 환자는 계속 복용해야 했고, 간접 수혜자인 제조회사 스미스클라인 베크만 주주들은 계속 돈을 벌었다. 타가메트 덕분에 주가는 1977년 7.50달러에서 1987년 고가 72달러까지 상승했다.

환자와 약사들은 월스트리트의 인재들보다 훨씬 빨리 이 약을 알 수 있었다. 증권은 근심이 많은 사업이므로 월스트리트의 똑똑한 바보들도 궤양을 앓았겠지만, 당시 스미스클라인은 이들의 추천 종목에 포함되었을 리가 없다. 1년이 지나서야 주가가 오르기 시작했기 때문이다. 이 약의 시험 기간이었던 1974~1976년에 주가는 4달러에서 7달러로 올랐고, 1977년 정부에서 타가메트를 승인하자 주가는 11달러에 거래되었다. 여기서부터 주가가 72달러로 가파르게 치솟았다(차트 참조).*

만일 타가메트를 놓쳤다면, 궤양 특효약 잔탁^{Zantac}을 개발한 글락소^{Glaxo}로 두 번째 기회를 잡을 수 있었다. 잔탁은 1980년대 초에 시험을 거친 뒤 1983년에 정부 승인을 받았다. 잔탁은 타가메트만큼 반응이 좋았고, 그만큼 글락소에 수익을 안겨주었다. 1983년 중반

---

* 온종일 나는 계속 주식 차트를 참조한다. 중요한 사건과 사소한 사건을 되새기기 위해서, 나는 장기 차트 책을 사무실과 집에 한 권씩 바로 곁에 비치해 두었다.
사람들이 가족의 사진첩을 보며 추억을 떠올리듯이, 나는 이 훌륭한 차트 책을 보며 과거를 회상한다. 내 인생이 눈앞에서 순간의 장면으로 지나간다면, 틀림없이 내 첫 10루타 종목인 플라잉 타이거의 차트를 보게 될 것이고, 가족 덕분에 다시 발견하게 된 애플컴퓨터의 차트, 신혼여행에서 아내와 사진을 찍었던 새로운 카메라 폴라로이드의 차트를 보게 될 것이다. 당시에는 사진 기술이 원시적이었기 때문에 60초 동안 현상한 뒤에야 사진을 볼 수 있었다. 우리 둘 다 시계가 없었으므로, 캐럴린은 생리학 지식을 이용해서 맥박을 짚어 60초를 쟀다.

7.50달러였던 글락소 주가는 1987년 30달러로 올랐다.

타가메트와 잔탁을 처방한 의사들이 스미스클라인과 글락소 주식을 매수했을까? 암만해도 매수한 의사가 많을 것 같지 않다. 의사들은 석유주에 몽땅 투자하는 경향이 있다. 어쩌면 이들은 유니언 오일 오브 캘리포니아Union Oil of California가 인수 후보라는 소문을 들었을지 모른다. 그러는 동안 유니언 오일의 임원들은 십중팔구 제약주를 샀을 것이고, 특히 1982년 18.50달러였다가 5센트로 폭락한 아메리칸 서저리 센터American Surgery Centers 같은 인기 주식에 투자했을 것이다.

만일 모든 의사를 대상으로 조사해보면, 장담컨대 제약주에 투자한 사람은 소수에 불과하고, 대부분 의사가 석유주에 투자했을 것이다. 제화점 소유주를 대상으로 조사한다면, 제화주에 투자한 사람보다 항공우주 주식에 투자한 사람이 더 많지만, 항공우주 엔지니어 중에는 제화주에 손댄 사람이 더 많을 것이다. 남의 떡이 커 보이듯, 주식도 항상 남의 주식이 좋아 보이는 이유를 나는 도무지 모르겠다.

아마도 사람들은 투자에서 성공하기가 아주 힘들다고 생각하는 듯하다. 완벽한 행위가 지상이 아니라 하늘에서 일어난다고 상상하듯이, 투자 성공은 저승만큼이나 먼 곳에서 일어난다고 상상하는 것이리라. 따라서 전문의약품 사업을 속속들이 알고 있는 의사는 자신이 전혀 모르는 석유 서비스 회사인 슐룸베르거Schlumberger에 투자할 때 더 마음이 편하다. 반면에 슐룸베르거 관리자들은 존슨 앤드 존슨Johnson & Johnson이나 아메리칸 홈 프로덕츠American Home Products를 보유하려 한다.

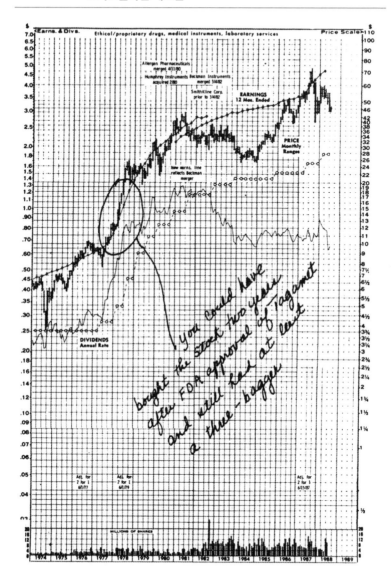

* 식약청FDA으로부터 타가메트 승인을 받은 2년 뒤에 매수했어도 최소한 3루타가 될 수 있었다

정말 그렇다. 우리가 회사에 대해서 전혀 몰라도, 올라갈 주식은 올라간다. 그러나 중요한 점은 대개 의사보다는 석유 전문가들이 슐룸베르거를 언제 사거나 팔아야 할지 판단하기가 유리하고, 대개 석유 전문가보다는 의사들이 제약회사에 언제 투자해야 좋은지 더 잘 안다. 강점이 있는 사람이 없는 사람보다 앞서나가기에 유리한 법이다. 강점이 없는 사람은 산업에서 일어나는 중요한 변화를 뒤늦게야 깨닫기 때문이다.

주식중개인의 말만 듣고 스미스클라인에 투자한 석유 전문가는 악재가 충분히 '반영'되어 주가가 40% 폭락한 뒤에야, 환자들이 타가메트를 버리고 경쟁 약품으로 옮겨갔다는 사실을 파악한다. '반영 discounting'이란, 그 일이 일어날 줄 알았다는 듯이 행세할 때 월스트리트가 사용하는 완곡한 표현이다.

반면에 석유 전문가는 슐룸베르거의 주가를 되돌려놓을 석유 사업의 회복 조짐을 가장 먼저 파악할 수 있다.

전혀 모르는 주식에 투자하는 사람도 운이 좋으면 커다란 보상을 얻을 수 있지만, 이는 마라톤 선수가 봅슬레이 경기에 참가해서 명성을 위태롭게 하는 것처럼 불필요한 핸디캡을 안고 경쟁하는 셈이다.

일반 투자자가 지닌 이중 강점 _____

지금까지 우리는 석유회사 임원의 지식을 펩 보이즈 계산대 앞에

늘어선 고객들의 지식과 한데 묶어 설명했다. 물론 석유회사 임원의 지식과 일반 고객의 지식이 같다고 말한다면, 이는 터무니없는 주장이다. 전자는 전문가가 산업의 흐름을 이해하는 것이고, 후자는 소비자가 그럴듯한 제품이라고 인식하는 것이다. 둘 다 종목 선정에는 유용하지만, 그 방식은 다르다.

전문가의 강점은 특히 이른바 경기순환 업종에 속하는 기업의 주식을 언제 사야 하는지 안다는 데 있다. 만일 화학 업종에 종사하는 사람이라면, 폴리염화비닐^{PVC}의 수요가 증가하고 있고, 가격이 상승 중이며, 과잉재고가 감소한다는 사실을 가장 먼저 알게 된다. 또한 새로운 경쟁자가 아무도 시장에 진입하지 않았고, 새로 건설 중인 공장도 없으며, 공장 건설에 2~3년이 걸린다는 사실도 알고 있다. 이 모든 사실은 이 제품을 생산하는 기존 회사들의 이익이 증가한다는 뜻이다.

굿이어 타이어 매장 소유주가 3년 동안 매출 침체를 겪다가 갑자기 신규 주문을 소화하지 못할 지경이 된다면, 이는 굿이어 주식이 상승한다는 강력한 신호다. 매장 소유주는 굿이어의 신제품 고성능 타이어가 최고라는 사실을 이미 알고 있다. 주식중개인이 전화를 걸어와 왕 연구소$^{Wang \ Laboratories}$를 추천하기 전에, 그가 주식중개인에게 전화를 걸어 타이어회사에 관한 최신 정보를 요청할 수 있다.

당신이 컴퓨터 관련 업무에 종사하지 않는다면, 왕 연구소에 관한 정보가 무슨 소용이 있겠는가? 다른 사람들보다 당신이 왕 연구소에 대해서 훨씬 잘 알 수 있는 정보가 무엇인가? 만일 그런 정보가

'전혀 없다'면, 당신은 왕에 대해 강점이 없는 것이다. 하지만 당신이 타이어를 판매하거나, 만들거나, 유통한다면, 굿이어에 강점이 있다. 제조 산업의 공급망 전반에 걸쳐서, 제품을 만들고 판매하는 사람들은 종목 선정의 기회와 수없이 마주친다.

서비스 업종, 손해보험 업종, 심지어 출판 업종에서도 경기 변화를 감지할 수 있다. 어떤 제품을 사고파는 사람이든지 재고 부족과 공급과잉, 가격 변동과 수요 변화를 파악할 수 있다. 그런데 자동차 업종에서는 이러한 정보가 그다지 가치가 없다. 자동차 매출은 열흘마다 발표되기 때문이다. 월스트리트는 자동차에 대해서는 강박관념이 있다. 하지만 대부분 나머지 분야에서는 대중이 애널리스트들보다 6~12개월 먼저 경기 변화를 감지할 수 있다. 따라서 대중은 이익 개선을 예측하는 작업에서 놀라울 정도로 유리하게 출발할 수 있다. 뒤에서 다루겠지만, 이익이 주가를 밀어 올린다.

꼭 매출액 변화에만 관심을 기울여야 하는 것은 아니다. 당신이 아는 회사에 재무상태표에는 나타나지 않는 엄청난 자산이 숨겨져 있을지도 모른다. 당신이 부동산업에 종사한다면, 어떤 백화점 체인이 애틀랜타 시내에 토지 4개 블록을 보유하고 있으며, 그 장부가가 남북전쟁 이전 가격이라는 사실을 알 수도 있다. 이것은 분명히 숨겨진 자산이고, 금, 석유, 삼림지, TV 방송국에서도 이와 비슷한 기회를 발견할 수 있다.

우리는 주당순자산가치가 주당 장부가보다 높은 경우를 찾는다. 이렇게 유쾌한 사례를 발견한다면, 정말이지 막대한 가치가 있는 종목을 거저 얻을 수 있다. 나도 이런 종목을 수없이 발굴했다.

스토러 커뮤니케이션Storer Communication 및 자회사의 직원 수천 명과, 케이블TV나 네트워크TV의 수많은 직원도 스토러 커뮤니케이션의 부동산 가치가 주당 100달러였는데도 주가가 30달러였던 사실을 알아챌 수 있었다. 임원들은 이 사실을 이미 알고 있었고, 프로그래머와 카메라맨들도 알 수 있었으며, 심지어 가정에 케이블을 설치해주는 직원들도 알 수 있었다. 이들은 단지 스토러 커뮤니케이션을 30달러나 35달러나 40달러나 45달러에 사놓고 월스트리트 전문가들이 내용을 파악할 때까지 기다리기만 하면 되었다. 아니나 다를까, 스토러 커뮤니케이션은 1985년 말 주당 93.50달러에 인수되어 비공개회사가 되었다. 게다가 1988년이 되자 이 가격도 헐값이었던 것으로 드러났다.

나는 일반 투자자들이 사업 활동에서 얻게 되는 강점을 얼마든지 열거할 수 있다. 게다가 일반 투자자들은 특히 소매업 분야에서 고속 성장하는 신생 소기업을 소비자 관점에서 발굴해낼 수 있는 강점도 있다. 어떤 강점을 활용하든지, 항상 뒷북치는 월스트리트의 정규 채널을 벗어나서, 당신은 독자적으로 주식 감지 시스템을 구축할 수 있다.

나의 놀라운 강점

금융 서비스와 펀드가 붐을 이루는 동안 피델리티 사무실에 앉아 있던 나만큼 유리했던 사람이 어디 있겠는가? 이때가 페블비치를 놓친 실수를 만회할 기회였다. 어쩌면 엄청난 자산주를 놓친 데 대해 용서받을 수 있을 것이다. 골프와 요트 타기는 나의 여름철 취미지만, 펀드는 내 본업이다.

나는 거의 20년째 펀드 업무를 하고 있다. 나는 주요 금융 서비스 회사의 간부 절반을 알고 있고, 시장의 일별 등락을 추적하며, 월스트리트의 애널리스트들보다 몇 달 앞서서 주요 추세를 파악할 수 있다. 1980년대 초에 노다지를 쓸어 모으기에 전략적으로 이보다 더 유리한 위치는 없었을 것이다.

투자설명서를 인쇄하는 사람들도 틀림없이 이 사실을 파악했을 것이다. 이들은 새로운 펀드 투자자들 때문에 눈코 뜰 새 없이 바빴다. 전국을 동분서주하면서 신규 자산 수십억 달러를 모으고 돌아온 영업직원들도 틀림없이 알았을 것이다. 설비관리 서비스 직원들도 페더레이티드^{Federated}, 프랭클린^{Franklin}, 드레퓌스, 피델리티의 사무실이 확장되는 모습을 틀림없이 지켜보았을 것이다. 펀드 판매회사들은 역사상 유례없는 호황을 맞이했다. 광란의 질주가 시작되었다.

피델리티는 공개기업이 아니므로 주식을 매수할 수 없었다. 하지만 드레퓌스는 어땠을까? 멈출 줄 모르는 그래프를 구경하고 싶은가? 이 주식은 1977년 40센트에 거래되다가 1986년에는 거의 40달러로 올라 9년 만에 100루타가 되었는데, 그것도 시장이 끔찍할 때 대부분 상승했다. 프랭클린은 138루타였고, 페더레이티드는 애트나^{Aetna}에 인수되기 전까지 50배로 뛰었다. 나는 이 회사들에 통달해 있

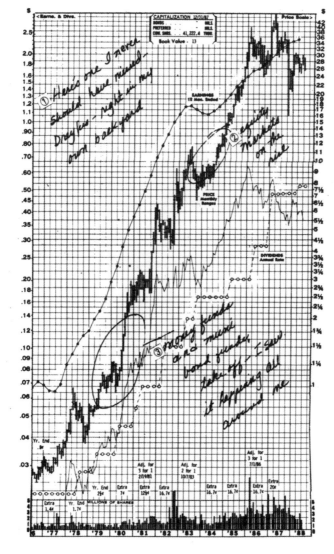

- 드레퓌스는 바로 내 텃밭에 있었던 종목으로 절대 놓치지 말았어야 하는 종목이다
- 주식시장 상승
- MMF와 지방채 펀드 상승. 내 주변에서 온통 이런 모습이 벌어지고 있다

었다. 드레퓌스, 프랭클린, 페더레이티드에 관련된 이야기를 처음부터 끝까지 꿰고 있었다. 만사가 잘 풀려나갔고, 이익이 증가했으며, 탄력도 뛰어났다(차트 참조).

나는 여기에 투자해서 얼마나 벌었는가? 한 푼도 못 벌었다. 나는 금융 서비스 회사 주식을 단 한 주도 사지 않았다. 드레퓌스도, 페더레이티드도, 프랭클린도 말이다. 나는 이 엄청난 기회를 놓쳤고, 내가 깨달았을 때는 이미 너무 늦었다. 아마도 의사들처럼 유니언 오일 오브 캘리포니아를 생각하느라 너무 바빴던 모양이다.

드레퓌스의 차트를 볼 때마다, 아는 주식에 투자하라고 내가 줄곧 권유했던 사실이 떠오른다. 우리는 이런 기회를 두 번 다시 놓쳐서는 안 되며, 나는 놓치지 않았다. 1987년 대폭락이 내가 드레퓌스를 매수할 두 번째 기회가 되었다(17장 참조).

다음 목록은 내가 마젤란 펀드를 운용하는 동안 매수 기회를 놓치거나 너무 일찍 매도한 10루타 종목들 가운데 일부만 열거한 것이다. 이들 가운데 일부 종목에서는 이익을 조금 보았지만, 일부 종목에서는 생각이 흐트러지고 시점 선택에 실패한 탓에 손실을 보았다. 보다시피 목록은 'M'까지만 이어지는데, 이는 내가 목록을 적어나가다가 질렸기 때문이다. 실패한 목록 일부가 이 정도니, 기회가 얼마나 많이 존재하는지 상상해보기 바란다.

내가 놓친 엄청난 기회들

AAR

애덤스-밀리스 Adams-Millis

어필리에이티드 퍼블리케이션스 Affiliated Publications

앨버트슨스 Albertson's

알렉산더 앤드 볼드윈 Alexander & Baldwin

알렉산더스 Alexander's

앨러게니 코프 Alleghany Corp.

알자 Alza

아메리칸 패밀리 American Family

아메리칸 그리팅스 American Greetings

아메리칸 인터내셔널 American International

에임즈 백화점 Ames Department Stores

앤하이저-부시 Anheuser-Busch

오토매틱 데이터 프로세싱 Automatic Data Processing

아이딘 Aydin

볼 Ball

바드 Bard(CR)

비미스 Bemis

베르겐 브룬스비히 Bergen Brunswig

베츠 랩스 Betz Labs

브런즈윅 Brunswick

캐피털 시티스 Capital Cities

캐롤라이나 프레이트 Carolina Freight

카슨 피리 스코트 Carson Pirie Scott

카터 월리스 Carter Wallace

시카고 밀워키 Chicago Milwaukee

크리스-크라프트 Chris-Craft

커머셜 메탈스 Commercial Metals

커뮤니티 사이키애트릭 Community Psychiatric

크레이 리서치 Cray Research

딘 푸즈 Dean Foods

디럭스 체크 프린터스 Deluxe Check Printers

딜라즈 Dillards

다우 존스 Dow Jones

던 앤드 브래드스트리트 Dun & Bradstreet

이지 앤드 지 EG&G

에머슨 라디오 Emerson Radio

에틸 Ethyl

피기 인터내셔널 Figgie International

퍼스트 보스턴 First Boston

플라이트세이프티 인터내셔널 Flightsafety Intl.

플라워즈 Flowers

포리스트 랩스 Forest Labs

푸쿠아 인더스트리즈 Fuqua Industries

갭 The Gap

가이코 Geico

제너럴 시네마 General Cinema

자이언트 푸드 Giant Food

핸들맨 Handleman

할랜드 Harland(John)

헬렌 커티스 Helene Curtis

허시 푸즈 Hershey Foods

힐렌브랜드 Hillenbrand

호스피털 코프 오브 아메리카 Hospital Corp. Amer.

호튼 미플린 Houghton Mifflin

휴매나 Humana

조스텐스 Jostens

리미티드 Limited(The)

리즈 클레이본 Liz Claiborne

록히드 Lockheed

로우스 Loews

매너 케어 Manor Care

메리어트 Marriott

맥그로-힐 McGraw-Hill

미디어 제너럴 Media General

멜빌 Melville

메러디스 Meredith

몰렉스 Molex

밀란 Mylan

7장

주식을 샀다, 샀어.
그런데 어떤 유형인가?

어떤 경로를 통해서 종목을 발굴하든지, 발굴하자마자 주식을 매수해서는 안 된다. 사무실에서 들었든, 쇼핑몰에서 보았든, 당신이 먹어본 음식이든, 구입한 상품이든, 주식중개인에게 들은 종목이든, 장모가 말해준 종목이든, 심지어 이반 보스키Ivan Boesky(기업 인수합병 관련 내부정보를 이용한 불법 거래로 체포된 거물)의 보호 관찰관에게 들었든 말이다. 던킨 도너츠에 항상 손님이 붐비거나 레이놀드 메탈Reynolds Metals이 주체 못 할 정도로 알루미늄 주문을 받는다고, 당신이 그 주식을 사야 하는 것은 아니다. 아직은 아니다. 아직은 확인해보아야 할 이야기를 들은 것에 불과하다.

사실 이런 초기 정보는 흥미진진한 최신 정보가 담긴 출처 불명의 이메일을 받은 것처럼 취급해야 한다. 그래야만 당신이 좋아하는 무엇을 발견했다고 덜컥 주식을 사버리는 불상사를 막을 수 있다. 정보 제공자의 평판만 믿고, "해리 아저씨가 매수한 종목이야. 그분은 부자니까 틀림없이 전문가일 거야."라고 생각하거나, "해리 아저씨가 매수해서 나도 매수했어. 지난번에는 아저씨가 고른 종목이 두 배로 뛰었거든."이라고 말한다면 더 불행한 일이다.

스토리를 확인하는 일은 절대 어렵지 않다. 기껏해야 두어 시간 걸릴 뿐이다. 다음 몇 장에서 내가 쓰는 방법을 설명할 텐데, 이 작업을 하면 아주 유용한 정보 출처를 발견할 수 있다.

이런 조사 작업은 주식시장의 단기 소용돌이를 무시하겠다는 맹세만큼이나 투자 성공에 중요한 요소다. 내가 설명하는 방식으로 조사를 하지 않고도 주식에서 돈을 버는 사람이 일부 있겠지만, 왜 쓸데없이 위험을 떠안으려 하는가? 조사 없이 하는 투자는 패를 보지 않고 벌이는 포커와 같다.

어떤 이유에서인지 주식을 분석하는 일이 매우 난해하고 기술적인 작업처럼 되어버려서, 조심스러운 정상인들조차 평생 모은 돈을 일시적인 기분에 따라 투자한다. 런던행 항공권을 한 푼이라도 싸게 사려고 주말을 바친 바로 그 부부가, 회사를 조사하는 데 단 5분도 쓰지 않고 KLM 주식 500주를 매수한다.

하운드투스의 이야기로 돌아가 보자. 하운드투스 부부는 스스로 현명한 소비자라고 생각하면서, 베개에 달린 꼬리표까지 샅샅이 훑어본다. 이들은 물건을 가장 싸게 사려고 세탁비누의 무게와 가격도 비교하고, 심지어 전구 경쟁제품의 루멘 당 와트까지 비교한다. 그러나 이들이 절약하는 금액은 하운드투스가 주식투자에서 입는 손실에 비하면 새 발의 피다.

하운드투스는 의자에 기대앉아 인기 브랜드 화장지 다섯 가지의 두께와 흡수성을 비교하는 〈컨슈머 리포트Consumer Report〉를 읽던 사람이다. 그는 화장지를 샤민Charmin으로 바꿀까 생각 중이었다. 하지만 샤민의 제조회사인 프록터 앤드 갬블Procter & Gamble(P&G)에 5,000달러를 투자하기 전에, 똑같은 시간을 들여 이 회사의 연차보고서를 읽을까? 먼저 주식부터 산 다음, 연차보고서는 쓰레기통에 던져 넣을 것이다.

샤민 증후군은 흔히 나타나는 재앙이지만, 쉽게 고칠 수 있다. 단지 식료품을 사는 만큼만 종목 선정에 노력을 들이면 된다. 이미 주식을 보유하고 있어도, 이러한 과정을 거치는 편이 유용하다. 조사하다 보면 일부 종목은 우리의 기대를 저버리기 때문이다. 바로 이런 이유로 주식도 가지각색이고, 각 주식의 실적도 가지각색인 것이다. 주식을 조사할 때 우리는 첫 단계에 확인할 사항이 있다.

이익이 얼마나 되는가? _____

이제부터 내가 설명하는 P&G가 훌륭한 사례다. 레그스가 1970년대에 가장 수익성 좋은 제품 둘 가운데 하나였다고 내가 언급했었다. 나머지 하나가 팸퍼스Pampers(1회용 기저귀)였다. 아기를 둔 부모나 친지들은 팸퍼스의 인기를 실감할 수 있었으며, 포장 박스에는 팸퍼스가 P&G 제품이라고 분명히 쓰여 있었다.

하지만 팸퍼스가 잘 팔린다는 이유만으로, 우리는 서둘러 주식을 사야 했는가? 회사를 조사했다면 사지 않았을 것이다. 조사를 시작하고 약 5분 만에, P&G는 거대한 회사이며, 팸퍼스가 전체 이익에서 차지하는 비중은 얼마 안 된다는 사실을 파악했을 것이다. 팸퍼스가 P&G 실적에 일부 기여하기는 했지만, 레그스가 헤인즈처럼 작은 회사에 기여한 만큼 절대적인 수준은 아니었다.

특정 제품이 잘 팔리는 것을 보고 그 회사 주식 매수를 고려한다면, 우선 그 제품이 성공할 경우 회사 이익이 얼마나 증가할 것인지 확인해보아야 한다. 돌이켜보면 1988년 2월, 투자자들은 존슨 앤드 존슨이 만드는 피부용 크림 레틴-A Retin-A에 열광했다. 1971년부터 이 크림은 여드름 치료제로 판매되고 있지만, 최근 의사들의 연구에 따르면 햇빛 때문에 발생하는 기미와 주근깨도 막아주는 것으로 밝혀졌다. 신문들은 이 이야기를 앞다투어 실었고, 신문 헤드라인에는 노화 방지 크림, '주름 제거' 크림이라고 쓰였다. 사람들은 존슨 앤드 존슨이 청춘의 샘이라도 발견한 것처럼 생각했을 것이다.

그래서 어떻게 되었는가? 존슨 앤드 존슨의 주가는 이틀(1988년 1월 21~22일) 만에 8달러가 올라 시가총액이 14억 달러나 증가했다. 그러나 사람들은 과대선전에 속아서, 레틴-A의 전년도 매출이 3,000만 달러에 불과했으며, 새로운 약효에 대해서는 식약청으로부터 추가 검토를 받아야 한다는 사실을 간과했던 것이다.

비슷한 시기에 일어났던 다른 사례에 대해서는 투자자들이 조사를 더 잘했다. 새로운 의학연구에 따르면, 하루걸러 한 번씩 아스피린을 복용하면 심장마비에 걸리는 위험이 줄어드는 것으로 밝혀졌다. 이 연구에서는 브리스톨-마이어스Bristol-Myers의 버퍼린Bufferin 브랜드를 사용했으나, 주가는 거의 움직이지 않아서, 겨우 50센트 상승하여 42.88달러가 되었다. 버퍼린의 작년 미국 매출이 7,500만 달러로서, 브리스톨-마이어스의 총매출액 53억 달러 중 1.5%에도 못 미쳤다는 사실을 사람들이 깨달았기 때문이다.

아스피린을 보고 투자한다면, 이스트만 코닥에 인수되기 전에 바이엘Bayer 아스피린 제조회사인 스털링 드러그Sterling Drug를 매수하는 편이 나았다. 스털링의 아스피린 매출은 총매출액의 6.5%였지만, 회사 총이익에서 거의 15%를 차지했다. 아스피린은 스털링에서 가장 수익성 높은 제품이었다.

대기업은 움직임이 둔하다 ─────────────

기업의 규모는 투자수익률과 밀접한 관계가 있다. 당신이 흥미를 느끼는 회사의 규모는 얼마나 되는가? 특정 제품을 제외하면, 대기업 주식은 크게 오를 일이 없다. 시장에 따라서는 대형주도 높은 수익을 내지만, 가장 높은 수익은 소형주에서 나온다. 코카콜라와 같은 대형주를 매수한다면, 2년 안에 4배 수익을 기대해서는 안 된다. 코카콜라를 좋은 가격에 매수한다면, 6년 동안 3배 수익을 기대할 수는 있지만 2년 안에 대박을 터뜨리지는 못할 것이다.

그렇다고 P&G나 코카콜라에 어떤 문제가 있다는 뜻은 아니며, 최근 두 회사 모두 훌륭한 실적을 내고 있다. 단지 이들은 대기업이므로 잘못된 희망을 안거나 비현실적인 기대를 해서는 안 된다는 말이다.

때로는 대기업이 잇달아 불운을 맞이하여 절박한 곤경에 처하기도 하며, 이 상황에서 회복하면 주가가 큰 폭으로 상승한다. 크라이슬러가 크게 상승했고, 포드와 베들레헴 철강도 그랬다. 벌링턴 노던Burlington Northern이 부진했을 때 주가가 12달러에서 6달러로 하락한 뒤, 다시 70달러로 반등했다. 그러나 이것은 이례적인 상황으로서, 기업회생 유형으로 분류된다. 정상적인 사업상황이라면 크라이슬러, 벌링턴 노던, 듀퐁, 다우 케미컬, P&G, 코카콜라 등은 10루타가 될 정도로 빨리 성장할 수가 없다.

GE가 가까운 장래에 두 배나 세 배가 되는 일은 수학적으로 불가능하다. GE는 이미 워낙 커져서 미국 GNP의 거의 1%를 차지한다. 우리가 1달러를 지출할 때마다, GE는 거의 1센트를 벌어들인다. 한번 생각해보라. 미국 소비자들이 매년 수조 달러를 지출하는데, 1달러 중 거의 1센트를 GE가 제공하는 제품이나 서비스(전구, 가전제품, 보험, NBC방송 등)에 지불한다는 뜻이다.

이 회사는 모든 일을 제대로 하고 있다. 합리적으로 기업을 인수했고, 비용을 절감했으며, 성공적으로 신제품을 개발했고, 무능한 자회사를 처분했으며, 하니웰Honeywell에 매각함으로써 골칫거리 컴퓨터 사업에서 빠져나왔다. 그런데도 이 주식은 도무지 오를 줄을 모른다. 이것은 GE의 잘못이 아니다. 회사가 워낙 거대하므로 주식이 굼뜰 수밖에 없다.

GE는 상장주식수가 9억 주고, 시가총액이 390억 달러다. 30억 달러가 넘는 연간 이익만으로도 포춘 500대 기업에 들어갈 수 있다. 세계를 인수하지 않고서는 GE가 성장할 방법이 도무지 없다. 주가를 밀어 올리는 것은 고성장이므로, 라 킨타가 솟아올라도 GE의 움직임이 굼뜬 것은 당연하다.

다른 조건이 같다면, 소형주에 투자해야 유리하다. 똑같은 소매 체인이지만 지난 10년 동안 시어스보다 픽 앤 세이브에 투자했을 때 더 많이 벌었다. 이제 웨이스트 매니지먼트^{Waste Management}는 수십억 달러 규모의 복합기업이 되었으므로, 쓰레기 처리 분야에 진입하는 민첩한 신생기업보다 실적이 뒤처질 것이다. 최근 부활한 철강 산업에서도, 소기업인 누코의 주주들이 US스틸^{U. S. Steel}(지금은 USX) 주주들보다 높은 실적을 거두었다. 이전에 제약 업종이 회복될 때도, 덩치가 더 작은 스미스클라인 베크만이 덩치가 큰 아메리칸홈프로덕츠보다 높은 실적을 올렸다.

6가지 유형

일단 특정 업종에서 다른 기업과 비교해서 기업의 규모를 구분한 다음, 나는 이 기업을 6가지 일반 유형으로 분류한다. 그것은 저성장주, 대형우량주, 고성장주, 경기순환주, 자산주, 회생주다. 주식중개인마다 주식을 분류하는 방법이 가지각색이지만, 이 여섯 가지 유형이면 어느 투자자든지 온갖 유용한 구분을 할 수 있다.

나라에 성장률GNP이 있고, 산업에 성장률이 있는 것처럼 개별 기업에도 성장률이 있다. 실체가 무엇이든 '성장'이란 지난해보다 올해에 (자동차를 만들든, 구두를 닦든, 햄버거를 팔든) 더 많이 해낸다는 뜻이다. 아이젠하워 대통령은 "일이란 과거보다 지금 더 잘 되는 법이다."라고 말한 적이 있다. 이 말은 경제성장에 대한 훌륭한 정의다.

산업의 성장률을 계속 추적한 것이 바로 산업 그 자체다. 산업에는 수많은 차트, 테이블, 비교가 있다. 개별 기업의 경우에는 조금 더 복잡하다. 성장률은 매출 성장, 이익 성장, 생산 성장 등 다양한 방법으로 측정할 수 있기 때문이다. 그러나 '성장 기업'이라고 부를 때는 확장하는 기업이라고 보면 된다. 이 회사는 매년 계속해서 매출, 이익, 생산이 증가한다.

개별 기업의 성장률은 경제 전체의 성장률과 대비해서 측정된다. 저성장 기업은 짐작하듯이 매우 느리게 성장한다. 최근 연평균 3% 수준인 GNP 성장률과 비슷하다. 고성장 기업은 매우 빠르게 성장하는데, 때로는 연 20~30% 성장하기도 한다. 이러한 회사의 주가가 가장 폭발적으로 상승한다.

6개 유형 가운데 3개 유형이 성장과 관련되어 있다. 나는 성장 주식을 저성장주(느린 성장), 대형우량주(중간 성장), 고성장주(슈퍼 고성장)로 구분한다.

저성장주

저성장주는 성숙한 대기업 주식으로서, 대체로 GNP보다 약간 빠른 속도로 성장한다. 저성장주가 처음부터 저성장주였던 것은 아니다. 처음에는 고성장주였으나, 성장할 만큼 모두 성장했거나, 너무 지쳐서 기회를 활용할 수 없게 되면서 결국 주저앉은 것이다. 어떤 업종이 전반적으로 침체하면, 이 업종에 속한 기업들도 대부분 탄력을 상실한다.

전기설비업체가 오늘날 가장 대표적인 저성장주지만, 1950년대 전체와 1960년대 초만 해도 GNP보다 두 배 빠르게 성장하던 고성장주였다. 이들은 성공적인 기업이었고 훌륭한 주식이었다. 사람들은 중앙 냉난방 장치를 설치했고, 대형 냉장고와 냉동고를 구입했으며, 값비싼 전기료를 지불했으므로, 전기 소비는 고성장 업종이 되었다. 특히 선벨트(Sunbelt: 미국 남부의 동서로 뻗은 온난 지대) 지역의 주요 전기설비 기업들은 두 자릿수 성장률로 확장했다. 1970년대에 전력 요금이 가파르게 상승하자, 소비자들이 전기를 절약하게 되었고, 설비 기업들도 탄력을 상실했다.

머지않아 모든 고성장 업종이 저성장 업종으로 바뀌고, 수많은 애널리스트와 예언자들이 바보 취급을 당한다. 사람들은 세상만사가 절대 바뀌지 않는다고 믿는 경향이 있지만, 세상일은 필연적으로 바뀌는 법이다. 알루미늄도 고성장 업종이었으므로 알코아Alcoa도 한때 오늘날의 애플 컴퓨터처럼 잘나가던 시절이 있었다. 20세기에는 철도가 위대한 성장 산업이었으므로, 월터 크라이슬러Walter Chrysler

가 철도 산업을 떠나 자동차 공장을 경영하게 될 때 급여를 삭감당했다. "크라이슬러 씨, 여기는 철도기업이 아니라서 급여를 많이 못 드립니다." 당시 그가 회사로부터 들은 말이었다.

이어서 자동차가 고성장 산업이 되었고, 한동안 철강이 고성장 산업이었으며, 그다음에 화학, 이어 전기설비, 그 뒤 컴퓨터가 자리를 차지했다. 지금은 적어도 메인프레임과 미니컴퓨터 부문에서 컴퓨터마저 저성장 산업으로 접어들고 있다. IBM과 디지털Digital은 장차 저성장주가 될 것이다.

동네 도서관이나 주식중개인으로부터 얻은 책의 주식 차트를 보고 저성장주를 찾는 일은 아주 쉽다. 휴스턴 인더스트리Houston Industries 같은 저성장주의 차트는 델라웨어 주의 지형도를 닮아서, 언덕이 없다. 이 차트를 치솟는 로켓처럼 생긴 월마트 차트와 비교해보면, 월마트는 분명히 저성장주가 아니라는 점을 알 수 있다(차트 참조).

저성장주의 뚜렷한 특징 또 한 가지는 정기적으로 푸짐한 배당을 지급한다는 점이다. 13장에서 더 자세히 설명하겠지만, 기업들은 사업 확장에 자금을 투입할 방법을 찾아내지 못할 때 푸짐한 배당을 지급한다. 기업 경영자들은 배당 지급보다 사업 확장을 훨씬 선호한다. 사업 확장은 항상 자신의 명성을 높여주지만, 배당 지급은 기계적이며 아무런 상상력도 필요 없기 때문이다.

그렇다고 배당을 지급하는 행위가 기업 경영자의 잘못이라는 뜻은 아니다. 배당 지급이 회사에서 이익을 사용하는 최고의 방법일 때도 많다(13장 참조).

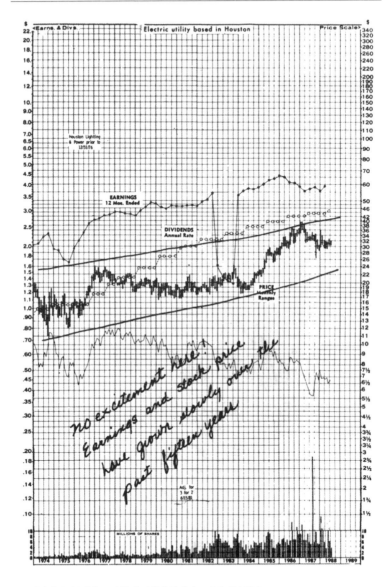

* 따분한 종목! 지난 15년 동안 이익과 주가가 느리게 상승했다

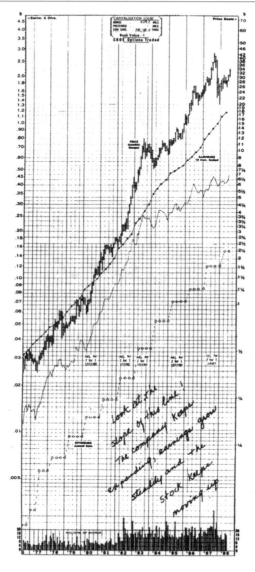

- 선의 기울기를 보라! 이 회사는 계속 확장 중이고 이익이 꾸준히 성장하므로, 주가도 계속 상승하고 있다

내 포트폴리오에는 2~4% 성장하는 저성장주가 많지 않다. 빨리 성장하는 회사가 아니라면, 주가도 빨리 오르지 않기 때문이다. 이익 성장이 회사를 부유하게 만들어 준다면, 게으름뱅이에게 시간을 낭비할 이유가 어디 있는가?

대형우량주

대형우량주stalwarts의 예를 들자면 코카콜라, 브리스톨–마이어스, P&G, 벨 시스템Bell System, 허쉬Hershey's, 랠스턴 퓨리나Ralston Purina, 콜게이트–파몰리브Colgate-Palmolive 등이 있다. 이 수십억 달러 규모의 거구들은 민첩하게 상승하지는 못하지만, 저성장주보다는 빠르게 상승한다. P&G의 차트를 보면 알 수 있듯이, 대형우량주는 델라웨어 지도처럼 평평하지도 않지만, 에베레스트산처럼 가파르지도 않다. 대형우량주에 투자하면 구릉지 같은 실적인 연 10~12%의 이익 성장을 얻게 된다.

언제 어떤 가격에 매수하느냐에 따라, 대형우량주에서도 상당한 이익을 낼 수 있다. P&G 차트에 나오듯이, 이 종목은 1980년대 내내 좋은 실적을 올렸다. 그러나 1963년에 매수했다면, 투자금액의 4배가 되었을 뿐이다. 25년 동안 보유해서 그 정도 수익이라면 그다지 신통한 실적이 아니다. 채권이나 MMF에 투자해서 얻는 수익보다 나을 바가 없기 때문이다.

실제로 누군가 대형우량주에 투자해서 두 배나 세 배 벌었다고 자랑한다면, "보유 기간이 얼마였소?"라고 물어보아야 한다. 위험을

프록터 앤드 갬블 Procter & Gamble(P&G)

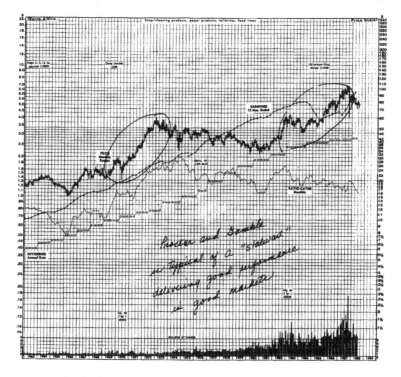

• P&G는 전형적인 '대형우량주'로서, 시장이 좋을 때 좋은 실적이 나온다

무릅쓰고 보유해도 아무 이득을 얻지 못할 때가 많으므로, 이런 경우에는 쓸데없이 모험을 한 셈이다.

1980년대 이후 시장에서 대형우량주는 계속 실적이 좋았지만, 그렇다고 스타가 될 수준은 아니었다. 이들 대부분은 거대기업이며, 브리스톨-마이어스나 코카콜라가 10루타 종목이 된다면 이례적인 일이기 때문이다. 따라서 브리스톨-마이어스 같은 대형우량주를 보

브리스톨-마이어스 Bristol-Myers(BMY)

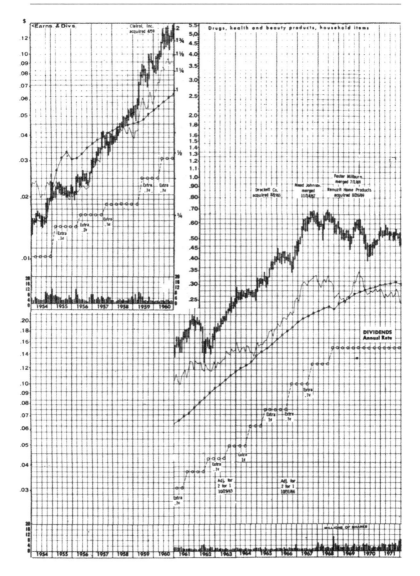

- 브리스톨-마이어스 같은 대형우량주는 포드 같은 경기순환주와 비슷하게 보일 수도 있지만,
  꾸준하게 이어지는 성장세를 보라. 환상적인 수준은 아니지만, 양호하고 견고하다

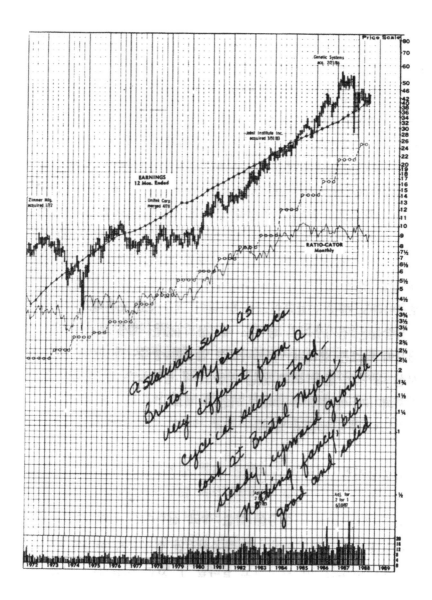

유해서 1~2년 동안 주가가 50% 상승했다면, 충분히 오른 것이 아닌지 검토하고 매도를 생각해보아야 한다. 콜게이트-파몰리브는 이익을 얼마나 기대할 수 있는가? 이 회사에 놀라운 일이 새로 진행된다는 소식이 들리지 않는 한, 스바루에 투자했을 때처럼 당신이 백만장자가 될 수는 없을 것이다.

2년 동안 50% 수익이면, 정상적인 상황에서 콜게이트-파몰리브에 대해 만족해야 하는 수준이다. 대형우량주에 대해서는 쇼니즈Shoney's나 서비스 코퍼레이션 인터내셔널보다 더 민첩하게 이익 실현을 생각해야 한다. 대형우량주는 내가 대개 30~50% 이익을 바라보고 매수하는 종목이며, 매도한 뒤에는 주가가 오르지 않은 비슷한 종목에 대해 이런 투자 과정을 되풀이한다.

나는 대형우량주 일부를 항상 내 포트폴리오에 보유한다. 경기침체나 곤경을 맞이했을 때 포트폴리오를 잘 지켜주기 때문이다. 차트를 보면, 1981~1982년 나라가 붕괴되고 주식시장도 산산조각이 나는 것처럼 보이던 기간에, 브리스톨-마이어스는 옆으로 기었을 뿐이다(차트 참조). 1973~1974년 폭락 기간에는 실적이 좋지 않았으나, 폭락을 피한 종목은 없었으며, 게다가 이 종목이 당시에는 지나치게 고평가되어 있었다. 일반적으로 말해서 브리스톨-마이어스, 켈로그, 코카콜라, 쓰리엠Minnesota Mining and Manufacturing(3M), 랠스턴 퓨리나, P&G는 위기 상황에서 좋은 친구가 된다. 알다시피 이들은 망하지 않는 기업이며, 얼마 안 가서 다시 평가 받아 주가가 회복된다.

브리스톨-마이어스는 20년 동안 실적이 악화한 분기가 딱 한 번 있었고, 켈로그는 30년 동안 악화한 분기가 한 번도 없었다. 켈로그가 불황에서도 살아남는 것은 우연이 아니다. 아무리 상황이 악화해도, 사람들은 여전히 콘플레이크를 먹는다. 사람들은 여행을 줄이고, 자동차 구입을 연기하며, 옷과 값비싼 장식품 구입도 줄이고, 식당에서 바닷가재 요리 주문도 줄일 수 있지만, 콘플레이크만은 평소처럼 먹는다. 어쩌면 바닷가재 요리를 덜 먹는 만큼 콘플레이크를 더 먹을지도 모른다.

사람들은 불황이라고 애완견 사료 구입을 줄이지는 않으므로, 랠스턴 퓨리나는 상대적으로 안전한 주식이 된다. 사실 내가 이 책을 쓰는 동안, 내 동료들은 지금 불황을 두려워하고 있으므로, 떼를 지어 켈로그와 랠스턴 퓨리나를 매수하고 있다.

고성장주

고성장주는 내가 가장 좋아하는 종목군으로서, 연 20~25% 성장하는 작고 적극적인 신생기업이다. 현명하게 선택하면 고성장주는 10~40루타가 될 수 있으며, 심지어 200루타가 되는 예도 있다. 포트폴리오 규모가 작을 때는 고성장주 한두 개만 성공해도 대박을 터뜨릴 수 있다.

고성장주가 꼭 고성장 업종에 속해야 하는 것은 아니다. 8장에서 설명하겠지만, 사실 나는 고성장주를 고성장 업종에서 발굴하지 않았다. 저성장 업종에서도 확장할 여지만 있으면 얼마든지 고성장주가 될 수 있다. 맥주는 저성장 업종이지만, 앤하이저-부시는 시장점유율을 높이고 경쟁 브랜드로부터 고객을 끌어오는 방법으로 빠르게 성장했다. 호텔 사업의 성장률은 연 2%에 불과하지만, 메리어트는 지난 10년 동안 시장에서 큼직한 부분을 차지하는 방법으로 연 20%씩 성장할 수 있었다.

패스트푸드 업종의 타코벨, 할인점 사업의 월마트, 의류 소매 사업의 갭 모두 이런 방법으로 빠르게 성장했다. 이렇게 벼락 성공한 기업들은 한 곳에서 성공 요령을 터득한 다음, 이 성공 공식을 이 몰에서 저 몰로, 이 도시에서 저 도시로 복제해서 확산시켜 나아갔다. 신규시장으로 확대해 들어가면서 이익이 경이적으로 증가하므로, 주가가 어지러울 정도로 치솟는다.

고성장주는 위험이 크며, 특히 의욕이 지나치면서 자금이 부족한 신생기업들이 위험하다. 자금이 부족한 기업은 문제가 발생하면, 대개 파산법 11장에 따라 종말을 맞이한다. 월스트리트는 고성장주가 체력이 떨어져 저성장주로 전락하면 고운 눈으로 보지 않는데, 이런 일이 발생하면 그 주식은 쏟아지는 매물에 심하게 얻어맞는다.

전력설비회사, 특히 선벨트의 회사들이 고성장에서 저성장으로 바뀐 과정은 앞에서 이미 설명하였다. 1960년대에는 플라스틱이 고성장 업종이었다. 플라스틱은 사람들의 마음을 크게 사로잡았기 때문에, 더스틴 호프만Dustin Hoffman이 영화 〈졸업 The Graduate〉에서 '플라스틱'이라고 속삭이자, 이 단어는 유명한 대사가 되었다. 다우 케미컬은 플라스틱 사업에 진출했고, 활기찬 성장을 구가했으며, 여러 해 고성장주로 사랑받았다. 이어 성장세가 둔화하였고, 다우 케미컬은 경기순환에 영향받는 일반 화학회사가 되었다.

알루미늄은 1960년대 들어서도 대단한 성장 업종이었고 카펫 역시 그랬으나, 이들 업종이 성숙기에 접어들자 회사들은 GNP만큼 성장하게 되었고, 주식시장에서 따분한 종목으로 취급당했다.

따라서 소형 고성장주는 사라질 위험이 있지만, 대형 고성장주는 회사가 흔들리기 시작하면 주가가 가파르게 하락할 위험이 있다. 일단 고성장주가 너무 크게 성장하면, 걸리버가 소인국에서 겪었던 똑같은 딜레마에 직면하게 된다. 팔다리를 뻗을 곳이 없어지는 것이다.

하지만 성장을 지속하는 한, 고성장주는 주식시장에서 최고의 종목이 된다. 나는 재무상태표가 건전하고 커다란 이익을 내는 고성장주를 찾는다. 이런 투자의 비결은, 이들이 성장을 멈추는 시점과 성장에 대해 지불할 대가를 파악하는 것이다.

경기순환주

경기순환주는 회사의 매출과 이익이 어느 정도 예측 가능한 방식으로 규칙적으로 오르내린다. 성장 업종에서는 사업이 계속 확장하지만, 경기순환 업종에서는 사업이 확장과 수축을 되풀이한다.

자동차와 항공기회사, 타이어회사, 철강회사, 화학회사가 모두 경기순환주다. 방위산업체도 경기순환주처럼 움직이는데, 회사의 이익이 정부의 정책에 따라 증가하고 감소하기 때문이다.

차트에 나타나듯이, 아메리칸 항공American Airlines의 모회사인 AMR 코퍼레이션은 경기순환주고, 포드자동차 역시 경기순환주다. 경기

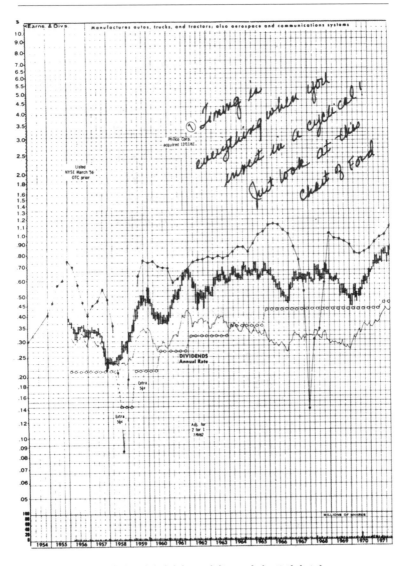

- 경기순환주에 투자할 때는 시점 선택이 중요하다! 포드의 차트를 한번 보라
- 순환주기의 바닥 시점에 회사는 손실을 본다
- 순환주기의 정점에 회사 이익이 급증한다

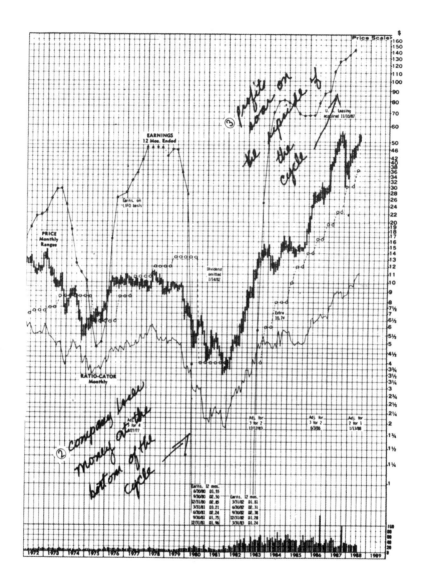

순환주의 차트는 평평한 델라웨어주 지도를 닮은 저성장주와는 달리, 거짓말탐지 그래프나 알프스산맥의 지도처럼 보인다.

경기가 침체에서 벗어나 활력을 되찾게 되면 경기순환기업이 번창하며, 주가가 대형우량주보다 훨씬 빠르게 상승한다. 이것은 당연하다. 호황기에는 사람들이 새 자동차를 사고 항공편을 더 자주 이용하며, 철강, 화학제품 등에 대한 수요가 증가하기 때문이다. 그러나 경기가 반대 방향으로 진행되면 경기순환주는 더 고전하고, 주주들의 지갑도 더 얇팍해진다. 순환주기의 잘못된 시점에 경기순환주에 투자하면, 투자액의 절반 이상을 순식간에 날릴 수도 있으며, 주가가 다시 상승하려면 몇 년이 걸릴 수도 있다.

경기순환주는 주식의 모든 유형 가운데 사람들이 가장 많이 오해하는 유형이다. 경솔한 투자자들이 안전하다고 생각하여 매수했다가 손쉽게 돈을 날리게 되는 대표적인 주식 유형이다. 주요 경기순환주는 대기업이며 유명한 회사들이므로, 믿음직한 대형우량주와 혼동하기 쉽다. 사람들은 포드가 우량주라는 이유로, 다른 우량주인 브리스톨-마이어스처럼 주가가 움직인다고 추측하기 쉽다(차트 참조).

그러나 이는 완전히 잘못된 생각이다. 포드의 주가는 회사가 불황기에 수십억 달러를 잃고 호황기에 수십억 달러를 버는 데 따라 가파르게 오르내린다. 약세장이나 국가 경제 침체기에 브리스톨-마이어스 같은 대형우량주가 50% 하락한다면, 포드 같은 경기순환주는 80% 하락할 수 있다. 포드를 보유하는 것과 브리스톨-마이어스를 보유하는 것은 엄연히 다르다는 사실을 알고 있어야 한다.

경기순환주에 투자할 때는 시점 선택이 중요하므로, 우리는 경기 하강이나 상승을 알려주는 초기 신호를 감지할 수 있어야만 한다. 당신이 철강, 알루미늄, 항공, 자동차 등 관련 업종에 종사한다면 강점을 보유한 셈이며, 이 강점은 바로 이런 유형의 투자에 가장 중요하다.

회생주

회생回生주turnarounds가 될 만한 후보 기업은 망가지고 짓눌려 파산법 11장에 따라 간신히 연명하는 기업들이다. 이들은 저성장주가 아니라 무성장주다. 이들은 주기적으로 반등하는 경기순환주가 아니라, 크라이슬러처럼 망할 수 있는 기업이다. 실제로 크라이슬러도 한때 경기순환주였지만, 순환주기에 너무 심하게 하락했기 때문에 사람들은 회사가 절대 회복하지 못한다고 생각했다. 경영이 부실한 경기순환주는, 크라이슬러나 (조금 나은 경우) 포드가 겪었던 극심한 고통을 언제든지 겪을 수 있는 기업들이다.

펜 센트럴Penn Central의 파산은 월스트리트에서 겪었던 가장 충격적인 사건의 하나였다. 이런 우량주, 이렇게 위대하고 유서 깊은 기업, 이렇게 튼튼한 기업이 무너질 수 있다는 사실은 조지 워싱턴 대교가 무너지는 것만큼이나 놀랍고도 예기치 않은 사건이었다. 모든 세대 투자자들의 믿음이 흔들렸다. 그런데 이 위기 속에 또다시 기회가 들어있었다. 펜 센트럴은 놀라운 회생주였다.

크라이슬러, 포드, 펜 센트럴, 제너럴 퍼블릭 유틸리티, 기타 수많은 기업이 입증했듯이, 회생주는 잃었던 기반을 매우 빠르게 회복한다. 성공적인 회생주에 투자할 때 가장 좋은 점은, 다른 어떤 주식 유형보다도 주가의 등락이 전반적인 시장흐름에 좌우되지 않는다는 사실이다.

나는 크라이슬러에 투자해서 주주들에게 많은 돈을 벌어주었다. 1982년 초 6달러(주식분할 반영 전)에 매수를 시작해서 2년이 지나기 전에 5배가 되었고, 5년 만에 15배로 뛰었다. 한때 펀드 자금의 5%를 크라이슬러에 투자한 적도 있다. 펀드에 보유한 주식 가운데 더 오른 종목도 있었지만, 이만큼 펀드 실적에 영향을 미친 종목은 없었다. 주가가 상승하는 동안 크라이슬러만큼 투자 비중이 높았던 종목이 없었기 때문이다. 게다가 크라이슬러를 바닥 시세에 매수한 것도 아닌데 말이다!

더 대담한 크라이슬러 팬은 1.50달러에 매수해서 32루타를 만들어내기도 했다. 어쨌든 크라이슬러는 행복한 사건이었다. 록히드도 마찬가지였다. 1973년에 1달러였던 이 주식은 정부의 구제 금융 후인 1977년에도 4달러에 매수할 수 있었는데, 1986년에는 60달러에 거래되었다. 록히드는 내가 놓친 종목이다.

절대 금액 기준으로 나는 크라이슬러와 펜 센트럴의 회생으로부터 가장 큰 이익을 얻었다. 회사의 규모가 큰 덕에, 펀드 실적에 큰 영향을 미칠 만큼 충분한 물량을 확보할 수 있었기 때문이다.

기억에 의지하는 방법 말고는 회생에 실패한 기업의 목록을 작성하기가 어렵다. 이런 회사의 이름은 S&P 책, 차트 책, 주식중개인의 기록 등에서 모두 삭제되었고, 이후 아무도 다시 언급하지 않기 때문이다. 내가 사지 않았더라면 좋았을 이런 회사들의 긴 목록을 마음만 먹으면 다시 작성할 수도 있겠지만, 생각만 해도 골치가 아파진다.

이렇게 골치 아픈 투자이지만, 때때로 큼직한 성공을 거두는 것으로도 회생주 투자는 짜릿한 기쁨을 안겨주며, 전체적으로 그 보상도 아주 푸짐하다.

회생주에도 여러 종류가 있으며, 나는 이 모든 종류에 한두 번씩은 투자해보았다. 크라이슬러나 록히드처럼 구제 금융을 요청하는 회생주가 있는데, 이런 회사는 정부의 대출 보증에 만사가 걸려 있다. 컨솔리데이티드 에디슨Consolidated Edison처럼 누구도 생각하기 힘들었던 회생주도 있다. 10달러였던 주가가 1974년에는 3달러까지 떨어졌으니, 공익기업에 투자해서 이런 거금을 잃으리라고 누가 상상이나 했겠는가? 그리고 3달러로 내려간 주가가 1987년에는 52달러까지 반등했으니, 이런 거금을 벌 수 있다고 누가 상상이나 했겠는가?

스리마일섬Three Mile Island 원자력발전소처럼 예상 가능한 모든 문제를 끌어안은 회생주도 있다. 사람들은 이 회사의 사소한 비극을 실제보다 과장해서 받아들였으므로, 사소한 비극 속에 커다란 기회가 들어있었다. 나는 스리마일섬 원자력발전소의 모회사 제너럴 퍼블릭 유틸리티GPU에 투자해서 큰돈을 벌었다. 누구든지 벌 수 있었다. 단지 인내심을 발휘하고, 계속 뉴스를 추적하며, 냉정하게 뉴스를 읽는 것으로 충분했다.

1979년 원자로가 용해되었던 상황은 결국 안정되었다. 1985년 GPU는 위기 발생 후 아무 영향을 받지 않았지만, 장기간 정지되었던 자매 원자로를 다시 가동한다고 발표했다. 자매 원자로를 다시 가동한다는 사실은 주식에 좋은 신호였고, 다른 공익기업들이 스리마일섬 원자력발전소 오염정화 비용을 분담하기로 동의한 것은 더욱 좋은 신호였다. 사고지역이 정리되고 온갖 호재가 발표된 뒤에도, 주식을 매수할 기회가 거의 7년이나 있었다. 1980년에 저가 3.38까지 떨어졌지만, 1985년 말에 15달러에 매수했더라도 1988년 10월에는 주가가 38달러까지 올라갔다.

유니언 카바이드Union Carbide의 인도 보팔 공장 참사처럼, 그 결과를 측정할 수 없을 때는 나도 비극적 사건을 회피한다. 이것은 수천 명이 사망한 끔찍한 가스누출 사고였으며, 유가족들이 유니언 카바이드로부터 보상금을 얼마나 받을지는 미결 문제였다. 나는 석면제조업체 존즈 맨빌Johns Manville에도 투자했으나, 기업의 배상책임을 측정할 방법이 없다는 점을 깨닫고서 다소 손해를 보고 매도했다.

토이저러스처럼 파산기업 안에 완벽한 기업이 들어있는 회생기업도 있다. 토이저러스는 신통치 않은 모기업 인터스테이트 백화점Interstate Department Stores으로부터 기업분할 되자, 57루타 종목이 되었다.

펜 센트럴처럼 구조조정을 통해 주주가치를 극대화하는 회생기업도 있다. 월스트리트는 요즘 구조조정을 좋아해서, 주주들은 구조조정을 언급하는 사람이라면 어느 경영자에게든 따뜻한 박수갈채를 보낸다. 구조조정은 애초에 절대 인수하지 말았어야 하는 무수익 자회사를 기업이 처분하는 방식이다. 처음에는 이 불운한 자회사를 인수할 때도 따뜻한 박수갈채를 받았었는데, 당시에는 이것을 사업다각화라고 불렀다. 나는 이것을 사업다악화事業多惡化, diworsification라고 부른다.

사업다악화에 대해서는 나중에 더 설명하겠다. 대부분은 듣기 좋은 소리가 아니다. 사업다악화의 유일한 장점은 일부 기업이 계속 악화하다가 장차 회생기업이 될 수 있다는 점이다. 굿이어가 막 회생하고 있다. 굿이어는 부진한 자회사들을 매각하고 석유 사업에서 빠져나와, 자신이 가장 잘하는 타이어 제조에 다시 전념했다. 머크는 폐기물처리기업 클래건Clagon 등 몇몇 자회사들을 정리하고, 다시 전문의약품에 집중하고 있다. 머크는 임상연구 중인 약품이 넷이고 식약청 승인을 통과한 약품이 둘이며, 이익이 증가하고 있다.

자산주

자산주란 월스트리트 사람들은 모르지만 당신은 알고 있는, 값어치 있는 자산을 보유한 기업을 말한다. 수많은 애널리스트와 기업사냥꾼이 기웃거리며 돌아다니는데, 월스트리트가 파악하지 못한 자산 따위가 있을 성싶지가 않다. 그러나 장담하는데 그런 자산이 분명히 있다. 자산주는 현장에 대한 강점이 가장 큰 힘을 발휘할 수 있는 주식이다.

자산은 현금 무더기처럼 아주 단순할 수도 있다. 때로는 부동산이 되기도 한다. 나는 페블비치가 대단한 자산주라고 앞에서 이미 언급했다. 이유는 이렇다. 1976년 말 주가가 14.50달러였는데, 유통 주식수 170만 주를 반영하면 회사 전체의 가치가 겨우 2,500만 달러였다. 3년도 지나지 않아 1979년 5월 21세기폭스가 7,200만 달러, 즉 주당 42.50달러에 페블비치를 인수했다. 게다가 회사를 인수한 다음 날, 21세기폭스는 페블비치의 부속 자산 중 하나였던 자갈 채취장을 3,000만 달러에 팔았다. 다시 말해서, 자갈 채취장 하나의 가치만 해도 1976년에 투자자들이 회사 전체를 매수할 때 지불할 가치보다 높았다. 당시에 페블비치를 통째로 매수했다면, 투자자들은 모든 인접 토지, 델 몬테 숲과 몬테레이 반도의 토지 1,100만 제곱미터, 300년 묵은 나무들, 호텔, 골프장 2개를 거저 얻을 수 있었다.

페블비치는 장외거래 종목이었지만, 뉴홀 랜드 앤드 파밍Newhall Land and Farming은 뉴욕증권거래소 상장종목이었으므로, 20배 넘게 상승하는 모습을 분명히 볼 수 있었다. 이 회사는 주목할 만한 자산 두 가지를 갖고 있었다. 샌프란시스코만灣 지역에 있는 카우웰 농장과 로스앤젤레스 시내에서 북쪽으로 50킬로 지점에 있는 훨씬 크고 값진 뉴홀 농장Newhall Ranch이었다. 뉴홀 농장은 놀이공원과 대규모 사무실 단지가 완비되어 있으며, 대규모 쇼핑몰이 개발되고 있는 종합개발지역이었다.

캘리포니아 통근자 수십만 명이 매일 뉴홀 농장 곁을 지나간다. 다양한 뉴홀 거래에 관련된 보험사정인, 주택담보대출은행 직원, 부동산 중개인들은 뉴홀이 막대한 부동산을 보유했고 캘리포니아 부동산 가격이 전반적으로 상승한 사실을 틀림없이 알고 있었다. 뉴홀 농장 인근에 집을 가진 사람들은 월스트리트 애널리스트들 보다 몇 년 앞서서 부동산 가격 급등을 목격했다. 1970년대 초에 20루타가 되고 1980년부터 4루타가 된 이 주식을 조사해보겠다고 생각한 사람이 이들 가운데 얼마나 있겠는가? 내가 캘리포니아에 살았다면, 나는 이 기회를 절대로 놓치지 않았을 것이다. 적어도 기회를 놓치지 않았으리라 희망한다.

나는 알리코Alico라는 작고 평범한 육우 회사에 방문한 적이 있다. 이 회사는 에버글레이즈Everglades 가장자리에 있는 소도시 라 벨La Belle 근처에 있었다. 눈에 띄는 것이라고는 왜소한 소나무와 야자나무, 주변에서 풀을 뜯는 소 몇 마리, 바쁜 척하느라 애쓰는 알리코 직원 스물 남짓이었다. 전혀 흥미로운 회사가 아니었다. 그러나 당시에는 이 회사를 주당 20달러 미만에 살 수 있었으며, 10년 뒤에는 토지 가격만 해도 주당 200달러가 넘는 것으로 밝혀졌다. 벤 힐 그리핀 2세라는 괴팍하지만 똑똑한 노인이 계속 주식을 사 모으면서, 월스트리트가 알리코를 알아볼 때까지 기다리고 있었다. 그는 지금쯤 틀림없이 거부가 되었을 것이다.

벌링턴 노던Burlington Northern, 유니언 퍼시픽Union Pacific, 산타페 서던 퍼시픽Santa Fe Southern Pacific 등 상장 철도회사들은 토지가 많은데, 이 토지 중에는 19세기에 정부가 철도 거물들을 회유하려고 나라의 토지 절반을 나누어 줄 때 받은 것도 있다. 이러한 회사들은 석유와 가스 시추권, 채굴권, 벌채권도 보유하고 있다.

광물과 석유, 신문과 TV 방송국, 특허 약품과 심지어 손실을 보유한 회사까지도 자산주가 될 수 있다. 펜 센트럴이 바로 이런 사례다. 펜 센트럴에는 막대한 이월결손금이 있었는데, 이는 수익이 발생하기 시작하면 세금을 낼 필요가 없다는 뜻이었다. 당시에는 법인 세율이 50%였으므로, 펜 센트럴은 수익 50%를 선불로 받고 다시 태어난 셈이다.

실제로 펜 센트럴은 궁극적인 자산주가 될 만했다. 이월결손금, 현금, 플로리다에 보유한 광대한 토지, 다른 지역의 토지, 웨스트버지니아주의 석탄광, 맨해튼의 공중권 등 온갖 자산을 보유하고 있었다. 펜 센트럴과 관계가 있는 사람은 누구든지 이 주식이 매수할 가치가 있다는 점을 파악할 수 있었다. 이 주식은 8배 상승했다.

지금 나는 리버티 코프^{Liberty Corp.}라는 보험사 주식을 보유하고 있는데, 이 회사 TV 방송권의 가치만 해도 내가 주식을 매수한 가격보다 높다. TV 방송권이 주당 30달러고, 주가가 주당 30달러이니, 계산기를 꺼내 30달러에서 30달러를 빼보라. 그 계산 결과가 값진 보험사를 매수하는 데 들어간 비용, 즉 공짜였다.

나는 케이블TV 회사인 텔레커뮤니케이션^{Telecommunications, Inc.} 주식을 더 사두지 못한 점이 후회스럽다. 이 주식은 1977년 주당 12센트에 거래되다가 10년 뒤 31달러로 올라 250배가 뛰었다. 나는 미국 최대의 케이블TV 회사인 이 주식을 아주 소량만 보유했는데, 내가 자산 가치를 제대로 이해하지 못했기 때문이다. 이익도 부실하고 부채도 걱정스러웠으므로, 전통적인 기준으로 볼 때 케이블TV는 매력적인 사업이 아니었다. 그러나 가입자라는 형태의 자산이 이러한 부정적 요소를 상쇄하고도 남았다. 케이블TV 사업에 강점이 있는 사람들은 이 사실을 알 수 있었고, 나 역시 알 수 있었다.

안타깝게도, 나는 케이블TV 업종에 푼돈밖에 투자하지 않았다. 피델리티의 모리스 스미스가 주기적으로 나를 찾아와서, 물량을 더 확보하라고 책상을 두드리며 설득했는데도 말이다. 다음과 같은 이유에서 그의 말이 절대적으로 옳았다.

케이블TV 영업권 인수자의 관점에서 보면, 케이블TV 가입자 한 사람의 가치가 15년 전에는 약 200달러였으나, 10년 전에는 400달러가 되었고, 5년 전에는 1,000달러가 되었으며, 지금은 무려 2,200달러로 올라갔다. 이 업종에 종사하는 사람들은 이 숫자를 계속 보고 있으므로, 이것은 결코 난해한 정보가 아니다. 텔레커뮤니케이션의 수백만 가입자가 거대한 자산이 된 셈이다.

나는 이 좋은 기회를 모두 놓쳤다. 케이블TV가 1986년이 되어서야 우리 집 인근 지역까지 들어왔고, 1987년이 되어서야 우리 집까지 연결되었기 때문이다. 그래서 나는 이 업종의 전반적인 가치를 직접 평가할 수가 없었다. 누군가가 나에게 케이블TV에 관해 설명해줄 수 있지만, 마치 소개팅에 관한 이야기를 들어도 직접 체험하지 않으면 알 수 없듯이, 설명만 들어서는 아무 효과가 없다.

막내딸 베스가 디즈니 채널을 그토록 좋아하는 모습을 보았다면, 둘째 딸 애니가 니켈로디언Nickelodeon을 그토록 고대하는 모습을 보았다면, 큰딸 메리가 MTV를 그토록 즐기는 모습을 보았다면, 아내가 베티 데이비스Bette Davis의 오래된 영화에 푹 빠지고 내가 CNN 뉴스와 케이블 스포츠에 맛들일 줄 알았다면, 나는 케이블TV가 수도나 전기처럼 필수적인 붙박이, 즉 비디오 설비라는 사실을 깨달았을 것이다. 이런 까닭에 기업과 추세를 분석할 때는 개인의 경험이 매우 소중하다는 점을 거듭 강조하는 바이다.

자산주 투자기회는 어디에나 널려있다. 물론 자산을 보유한 회사에 대해 실용적인 지식이 있어야 하지만, 일단 내용을 이해한 다음에는 오로지 인내심만 있으면 된다.

나는 주에서 기는 주로 _____

주식은 한번 유형이 정해지면 그것으로 고정되는 것이 아니다. 나는 주식 운용 업무를 하는 동안, 한 유형으로 시작해서 다른 유형으로 바뀌는 주식을 수없이 보았다. 고성장주는 한때 멋지게 잘나가지만, 나중에는 사람과 마찬가지로 탈진한다. 고성장주는 두 자릿수 성장률을 영원히 지속할 수가 없으므로, 조만간 지쳐서 성장률이 한 자릿수인 저성장주나 대형우량주로 편안하게 자리 잡는다. 나는 이런 현상이 일어나는 모습을 카펫 사업과 플라스틱, 계산기와 디스크 드라이브, 건강관리와 컴퓨터에서 이미 보았다. 다우 케미컬에서 탬파 일렉트릭Tampa Electric에 이르기까지, 한동안 하늘을 날던 주식이 다음에는 땅을 긴다. 스톱 앤드 숍은 저성장주에서 고성장주로 바뀌었는데, 이것은 이례적인 반전이다.

어드밴스트 마이크로 디바이시스Advanced Micro Devices(AMD)와 텍사스 인스트루먼츠Texas Instrument는 한때 일류 고성장주였으나, 지금은 경기순환주로 간주된다. 심각한 자금문제를 겪는 경기순환주는 주저앉았다가 회생주가 되어 다시 일어선다. 전통적인 경기순환주였던 크라이슬러는 거의 파산까지 갔다가 회생주가 되었고, 다시 회복하여 경기순환주가 되었다. LTV는 경기순환 철강주였으나, 지금은 회생주다.

번영을 제대로 유지하지 못하는 고성장주는 어리석게도 사업을 다악화多惡化하여(무리해서 사업을 다양하게 벌여) 인기를 상실하며, 결국 회생주로 전락한다. 홀리데이 인Holiday Inn 같은 고성장주도 필연적으로 성장이 둔화되어 주가가 하락하며, 현명한 투자자가 나타나 엄청난 부동산을 보유한 자산주임을 깨닫고 매수한 다음에야 주가가 반등한다. 페더레이티드 앤드 얼라이드 스토어Federated and Allied Stores 같은 소매기업에 발생한 일을 살펴보자. 이 회사는 요지에 백화점을 지었고 여러 쇼핑센터를 보유했으므로, 이 자산 때문에 다른 회사에 인수되었다. 맥도날드는 전형적인 고성장주이나, 보유하고 있는 수천 개 매장 덕분에 장래에 엄청난 부동산 자산주가 될 수 있다.

펜 센트럴 같은 회사는 동시에 두 가지 유형에 포함되며, 디즈니는 전 생애를 통해서 주요 유형을 두루 거쳤다. 오래전에는 탄력이 넘치는 고성장주였고, 규모가 성장하고 자금력이 강해지면서 대형우량주가 되었으며, 다음에는 부동산, 오래된 영화, 만화영화 등 엄청난 자산을 보유하게 되었다. 뒤이어 1980년대 중반 슬럼프에 빠졌을 때, 사람들은 디즈니를 회생주로 보아 매수할 수도 있었다.

인터내셔널 니켈International Nickel(1976년에 인코Inco가 됨)은 처음에는 고성장주, 다음에는 경기순환주, 그다음에는 회생주가 되었다. 이 회사는 다우지수에 포함되었던 전통 있는 기업으로서, 내가 피델리티에서 애널리스트로 활동할 때 첫 성공을 안겨주기도 했다. 1970년 12월 47.88달러에 도달했을 때, 나는 인코를 매도하라고 추천했다. 회사의 펀더멘털이 어두워 보였기 때문이다. 나의 주장(니켈 소비량 감소, 경쟁자들의 생산능력 확대, 인코의 고임금)을 듣고 피델리티는 보유 중이던 막대한 물량을 매도하기로 했다. 게다가 대량 매수자를 찾기 위해서 가격을 약간 낮추기까지 했다.

주가는 4월까지 횡보했지만, 여전히 44.50에 거래되었다. 나는 내 분석이 틀리지 않았을까 걱정했다. 부드럽게 말하면, 주위의 펀드매니저들도 내 걱정을 함께 나누었다. 이윽고 냉혹한 현실이 시장에 반영되었고, 주가는 1971년 25달러로 떨어진 뒤, 1978년에는 14달러가 되었고, 1982년에는 8달러로 내려갔다. 젊은 애널리스트 시절 인코에 대해 매도 추천을 내고 17년 뒤, 나는 고참 펀드매니저가 되어 마젤란 펀드에 회생주로 대량 매수했다.

디지털과 월마트를 구분하라 _____

검토 중인 주식이 어느 유형에 해당하는지 알 수 없다면, 주식중
개인에게 물어보라. 주식중개인이 먼저 그 주식을 추천했다면, 반드
시 물어보아야 한다. 그래야 당신이 찾는 주식인지 알 수 있기 때문
이다. 당신은 저성장주, 고성장주, 대형우량주, 회생주, 경기순환주
가운데 무엇을 원하는가?

"두 배가 되었을 때 팔아라.", "2년 뒤 매도하라.", "10% 하락하면
손절매하라." 같은 일반적인 격언에 따라 전략을 세운다면, 이는 절
대적으로 어리석은 짓이다. 온갖 유형의 주식에 고루 적용되는 보편
적인 공식을 찾아내기는 불가능하기 때문이다.

우리는 P&G(대형우량주)와 베들레헴 철강(경기순환주)을 구분해야
하고, 디지털 이큅먼트Digital Equipment(경기순환주)와 알리코(자산주)도
구분해야 한다. 회생주가 아니라면, 공익기업을 보유하면서 필립 모
리스Philip Morris(대형우량주) 같은 실적을 기대해봤자 소용이 없다. 월마
트(고성장주) 같은 잠재력을 보유한 고성장 신생기업에 투자했으므
로 1,000% 수익의 가능성이 있는데도, 50% 수익 후 매도한다면 이
역시 어리석은 일이다. 반면에 랠스턴 퓨리나(대형우량주)가 이미 두
배로 뛰었고 전망이 밝지 않은데도 또다시 두 배 상승을 기대하며
계속 보유한다면, 이것도 미친 짓이다.

브리스톨-마이어스(대형우량주)를 좋은 가격에 매수했다면, 이 종
목을 치워놓고 20년 동안 잊고 지내도 상관없지만, 텍사스 항공Texas

^{Air}(경기순환주)을 매수했다면 잊고 지내서는 안 된다. 허약한 경기순환주를 보유한 채 경기침체기를 지내서는 곤란하다.

　주식의 유형을 분류하는 일이 투자 논리를 개발하는 첫 단계다. 이제 당신은 적어도 어떤 논리가 될 것인지는 알 수 있다. 다음 단계에서는 투자 논리를 구성하는 더 구체적인 요소들을 살펴보기로 하자.

8장

정말 멋진 완벽한 종목들!

사업의 기본을 이해하면, 그 회사의 내용을 파악하기가 한결 쉬워진다. 바로 이런 이유로 나는 통신위성 대신 팬티스타킹 회사에 투자하고, 광섬유 대신 모텔 체인에 투자한다. 나는 사업이 단순할수록 그 회사를 더 좋아한다. 누군가 "이런 회사는 어떤 바보라도 경영할 수 있어."라고 말한다면, 이는 회사의 장점이 된다. 조만간 어떤 바보가 이 회사를 경영하게 될 것이기 때문이다.

경쟁이 치열하고 복잡한 업종에서 탁월한 경영진이 운영하는 훌륭한 회사와, 경쟁이 없는 소박한 업종에서 평범한 경영진이 운영하는 평범한 회사 가운데 하나에 투자해야 한다면, 나는 평범한 회사에 투자하겠다. 우선 이해하기 쉽기 때문이다. 나는 평생 도넛을 먹고 타이어를 구입했기 때문에 도넛이나 타이어 같은 제품에 대해서는 감이 있지만, 레이저 광선이나 마이크로프로세서에 대해서는 절대 감을 잡지 못할 것이다.

'어떤 바보라도 이 사업을 운영할 수 있다'라는 것은, 내가 꿈꾸는 완벽한 기업의 속성 가운데 하나다. 완벽한 기업이 도무지 보이지 않는다고 하더라도, 우리가 상상력을 발휘한다면 완벽한 기업이 보유한 속성을 찾아낼 수 있다. 가장 중요한 속성 13가지는 다음과 같다.

(1) 회사 이름이 따분하다. 우스꽝스러운 이름이면 더 좋다 __

완벽한 종목은 완벽하게 단순한 사업을 하는 회사이며, 이름이 완벽하게 따분한 회사여야 한다. 회사 이름은 따분할수록 더 좋다. 오토매틱 데이터 프로세싱이 훌륭한 첫 번째 사례다.

그러나 오토매틱 데이터 프로세싱도 밥 에번스 팜즈Bob Evans Farms 만큼 따분하지는 않다. 밥 에번스 팜즈보다 더 따분한 종목명이 어디 있겠는가? 그 이름만 들어도 졸음이 쏟아지는데, 그래서 이 종목은 전망이 매우 밝다. 그러나 밥 에번스 팜즈는 가장 따분한 종목명으로 선정될 수 없으며, 쇼니즈나 크라운 코크 앤드 실Crown, Cork, and Seal도 마찬가지다. 이들 가운데 어떤 이름도 펩 보이즈-매니 모 앤드 잭Pep Boys-Manny, Moe, and Jack과는 상대가 되지 않는다.

펩 보이즈-매니 모 앤드 잭이 지금까지 내가 들어본 중 가장 유망한 종목명이다. 따분한 수준을 넘어서서 우스꽝스러운 이름이기 때문이다. 〈바보 삼총사Three Stooges〉처럼 들리는 회사에 누가 투자하려 하겠는가? 월스트리트 애널리스트나 펀드매니저가 제정신이라면, 누가 펩 보이즈-매니 모 앤드 잭 같은 이름을 추천하겠는가? 물론 주가가 10배로 뛴 다음, 월스트리트 애널리스트들이 회사의 뛰어난 수익성을 깨달은 뒤라면 모르겠지만 말이다.

칵테일 파티에서 당신이 펩 보이즈를 갖고 있다고 불쑥 말하면 귀를 기울이는 사람이 별로 없겠지만, '진스플라이스 인터내셔널GeneSplice International'이라고 속삭이면 모두가 귀를 기울일 것이다. 그 사이에도 진스플라이스 주가는 아래를 향해 계속 고꾸라질 것이고, 펩 보이즈-매니 모 앤드 잭은 계속해서 상승할 것이다.

기회를 일찌감치 발견하면, 우리는 종목명이 따분하거나 이상하다는 이유만으로 주식을 몇 달러 싸게 살 수가 있다. 그래서 나는 항상 펩 보이즈, 밥 에번스, 컨솔리데이티드 록Consolidated Rock 같은 종목을 찾는다. 이렇게 훌륭한 회사가 이름을 콘록Conrock으로 바꾼 뒤, 더 유행에 맞게 캘맷Calmat으로 바꾼 점은 유감이다. 회사명이 컨솔리데이티드 록인 동안에는 아무도 거들떠보지 않았는데 말이다.

(2) 따분한 사업을 한다 _____

이름이 따분한 회사가 사업도 따분하면, 나는 더 흥분한다. 크라운 코크 앤드 실은 캔과 병뚜껑을 만든다. 이보다 더 따분한 일이 어디 있겠는가? 〈타임Time〉에 리 아이아코카Lee Iacocca의 인터뷰는 실려도, 크라운 코크 앤드 실 CEO의 인터뷰는 실릴 이유가 없는데, 바로 이것이 유리한 점이다. 그래서 크라운 코크 앤드 실의 주가는 결코 지루한 적이 없었다.

사람들이 슈퍼마켓에 내는 쿠폰을 결제하는 회사 세븐 옥스 인터내셔널에 대해서는 이미 설명하였다. 이 회사 주가가 4달러에서 33달러로 소리소문없이 올랐다는 점을, 사람들은 틀림없이 애써 외면할 것이다. 세븐 옥스 인터내셔널이나 크라운 코크 앤드 실에 비하면, IBM은 라스베이거스 쇼만큼이나 화려하다. 에이전시 렌터카Agency Rent-A-Car는 또 어떤가? 차를 수리하는 동안 보험사가 제공하는 차가 바로 이 멋진 회사의 차다. 에이전시 렌터카는 4달러에 기업을 공개했으며, 월스트리트에서는 거의 눈치채지 못했다. 차를 수리하는 동안 사람들이 몰고 다니는 차가 어느 회사 것인지는 자존심 강한 거물들이 신경 쓸 일이 아니었다. 에이전시 렌터카의 투자설명서가 무척이나 따분했겠지만, 지난번에 확인했을 때 이 회사의 주가는 16달러였다.

따분한 사업을 하는 회사는 이름이 따분한 회사만큼이나 훌륭하며, 둘이 겹칠 때는 굉장한 회사가 된다. 그런 회사에는 월스트리트의 똑똑한 바보들이 절대로 접근하는 법이 없으며, 마침내 회사의 뛰어난 내용이 알려져서 이들이 어쩔 수 없이 매수하게 되면, 주가가 더욱 높이 뛰어오른다. 만일 어떤 회사가 이익도 많이 나고 재무상태표도 건전하며 따분한 사업을 벌이고 있다면, 이런 회사 주식은 헐값에 살 수 있는 시간이 넉넉하다. 이후 이 회사가 유행을 타고 고평가되면, 유행을 좇는 투자자들에게 매도하면 된다.

(3) 혐오스러운 사업을 한다 _____

따분한 사업을 하는 회사보다 나은 회사가, 따분하면서도 혐오스러운 사업을 하는 회사다. 사람들이 무시하고 구역질하며 외면하는 사업이 이상적이다. 예를 들어 세이프티-클린Safety-Kleen을 보자. 우선 회사 이름부터가 유망하다. 회사명에 'C'를 써야할 곳에 'K'를 쓰는 회사는 어느 회사든지 투자할 가치가 있다. 세이프티-클린이 시카고 로하이드Chicago Rawhide(생가죽)에서 기업분할 된 회사라는 점도 돋보인다.

세이프티-클린은 모든 주유소에 돌아다니면서, 기름투성이 자동차 부품을 세척하는 기계를 판매한다. 자동차 수리공들은 손으로 부품을 닦는 시간과 수고를 덜 수 있으므로, 주유소는 이 서비스에 대해 기꺼이 비용을 지불한다. 세이프티-클린 직원들은 주유소를 정기적으로 방문하여 기계에서 나오는 폐기물과 폐유를 수거하고, 정유공장으로 가져가 재활용한다. 이런 작업이 계속 되풀이되지만, 이런 사업은 케이블TV의 미니시리즈에 나오는 법이 절대 없다.

세이프티-클린은 기름 묻은 자동차 부품에만 매달리지 않았다.

이후 음식점의 유지 차단장치와 다른 기름 폐기물을 처리하는 분야로 업무를 확장했다. 세이프티-클린 같은 회사에 대해서 보고서를 쓰려는 애널리스트가 어디 있을 것이며, 포트폴리오에 편입하려는 펀드매니저가 어디 있겠는가? 절대 많지 않을 것이다. 바로 그 이유로 세이프티-클린에 마음이 끌린다. 오토매틱 데이터 프로세싱과 마찬가지로, 이 회사 역시 한 번도 빠짐없이 이익이 증가하였다. 분기마다 이익이 증가했고, 분기마다 주가도 상승했다.

인바이러다인Envirodyne은 또 어떤가? 이 회사는 피델리티 삼림제품 애널리스트를 거쳐 지금은 공격 성장형 펀드를 운용하고 있는 토머스 스위니Thomas Sweeney가 내게 가르쳐준 종목이다. 인바이러다인은 이름이 이상하다는 면에서 일단 합격이다. 얼핏 오존층과 관계된 회사처럼 들리지만, 사실은 점심 식사와 관련된 회사다. 자회사 가운데 하나인 클리어 실드Clear Shield는 플라스틱 포크와 빨대를 만드는데, 바보도 경영할 수 있는 단순한 사업이지만 실제로는 커다란 지분을 보유한 일류 경영진이 경영하고 있다.

인바이러다인은 플라스틱 나이프와 포크 분야에서 2위, 플라스틱 빨대 분야에서 3위이며, 생산원가가 가장 낮아서 이 업종에서 커다란 우위를 유지하고 있다.

1985년 인바이러다인은 특히 핫도그와 소시지의 껍데기 같은 장腸부산물을 생산하는 선도기업 비스케이스Viskase의 인수 협상을 시작했다. 이 회사는 유니언 카바이드로부터 비스케이스를 헐값에 사들였다. 이어 1986년에 이들은 남은 음식을 포장하는 데 사용하는

PVC 필름의 선도적 제조업체 필름코Filmco도 인수했다. 플라스틱 포크, 핫도그 껍데기, 플라스틱 랩을 모두 갖추었으니, 조만간 가족 피크닉을 인수해야 할 참이다.

이러한 인수의 결과로 이익이 1985년 주당 34센트에서 1987년에는 2달러로 증가했고, 1988년에는 2.50달러에 도달할 것이다. 회사는 막대한 현금흐름으로 다양한 인수에 들어간 부채를 상환했다. 나는 이 종목을 1985년 9월 3달러에 매수했다. 1988년에는 고가가 36.88에서 형성되었다.

(4) 기업분할 된 회사 _____

시카고 로하이드에서 기업분할 된 세이프티-클린이나 인터스테이트 백화점에서 기업분할 된 토이저러스처럼, 회사 일부가 떨어져 나와 독립 회사가 되면서 엄청난 투자수익을 안겨준 기업이 많다. 몇 년 전 합병한 다트 앤드 크라프트Dart & Kraft는 결국 분리되었고, 크라프트는 다시 순수한 식품회사가 되었다. 타파웨어Tupperware를 보유한 다트는 프리마크 인터내셔널Premark International로 기업분할 되었고, 그 자체로 훌륭한 투자가 되었다. 크라프트도 훌륭한 실적을 올렸으며, 1988년 필립 모리스Philip Morris에 인수되었다.

대규모 모기업들은 기업분할 된 자회사가 곤경에 처해서 모회사의 평판에 흠집 나는 것을 원치 않는다. 따라서 기업분할 되는 회사들은 대개 재무제표가 건전하고 독립된 회사로 성공할 요건을 잘 갖추고 있다. 그리고 이런 회사들이 일단 독립을 허락받으면, 능력을 마음껏 발휘하게 된 신규 경영진은 비용을 절감하고 창의적인 조치를 하면서 장단기 수익성을 개선한다. 다음은 최근 기업분할 된 실적이 우수한 기업들과 일부 실적이 부진한 기업들의 목록이다.

실적이 우수한 기업

모회사 기업분할 된 회사	시초가	저가	고가	1988.10.31
텔레다인 Teledyne 아르고노트 Argonaut ＊1	18	15	52.13	43.25
텔레다인 Teledyne 아메리칸 이콜로지 American Ecology	4	2.75	50.25	12.75
US 집섬 US Gypsum AP 그린 AP Green	11	11	26	26.75
IU 인터내셔널 Intl. 고타스 라센 Gotaas Larsen	6	2.63	36.25	47.75
매스코 코프 Masco Corp 매스코 인더스트리 Masco Ind.	2	1.50	18.75	11.38
크라프트 Kraft 프리마크 인터내셔널 Premark Intl.	19	17.50	36.25	29.88
탠디 Tandy 인터탠 Intertan	10	10	31.25	35.25
싱어 Singer SSMC	13	11.50	31.38	23
나토머스 Natomas 아메리칸 프레지던트 Amer. President	16	13.88	51	32.38
인터레이크 Interlake 애크미 철강 Acme Steel	8	7.63	24.50	23.50
트랜스아메리칸 Transamer 이모 드라발 Imo Delaval	8	6.75	23	18.50

트랜스유니언 Transunion 인터내셔널 쉽홀드 Intl. Shiphold	2	2.38	20	17
제너럴 밀즈 Gen. Mills 케너 파커 Kenner Parker	16	13.88	51.50	-*2
보그 워너 Borg Warner 요크 인터내셔널 York Int.	14	13.50	59.75	51.63
타임 Time Inc. 템플 인랜드 Temple Inland	34	20.50	68.50	50.75

실적이 부진한 기업

모회사 기업분할 된 회사	시초가	저가	고가	1988.10.31
펜 센트럴 Penn Central 스프레이그 테크 Sprague Tech	15	7.13	20	12.13
존 블레어 John Blair 애드보 시스템즈 Advo Systems	6	4	12.75	3.88
데이터 포인트 Datapoint 인터로직 트레이스 Intelogic Trace *3	8	2.50	18.13	3.75
코카콜라 Coca-Cola 코카콜라 엔터프라이지스 Coca-Cola Ent.	15.50	10.50	21.25	14.50

*1 아르고노트와 아메리칸 이콜로지 둘 다 텔레다인에서 기업분할 되었으며, 아르고노트는 혼자 힘으로 역사상 최고의 기업 중 하나가 되었다
*2 1987년 10월 주당 49.50달러에 통카Tonka에 인수되었다
*3 기업분할 과정에서 문제가 발생한 기업이다

주주들에게 발송되는 기업분할 설명 자료는 대개 서둘러 작성되며, 무관심한 태도로 축소되어 표현되지만, 오히려 정기 연차보고서보다 가치가 높다. 월스트리트는 기업분할 된 기업들에 대해 무관심하거나 잘못 이해할 때가 많다. 투자자들은 모회사 주식을 보유한 대가로 신규설립회사 주식을 무상주나 배당으로 받는 경우가 많으며, 특히 기관투자자들은 이렇게 받은 주식을 잔돈이나 공돈 정도로

생각하고 정리해버리는 경향이 있다. 이런 현상은 기업분할 된 기업에 길조다.

기업분할은 인수와 합병의 열풍이 부는 요즘 아마추어 투자자들이 이익을 거둘 수 있는 비옥한 토양이다. 적대적 인수합병의 표적이 되는 회사들은 흔히 핵심부서를 매각하거나 기업분할 하는 방법으로 기업 사냥꾼들에게 대항하는데, 이때 핵심부서는 자체적으로 상장종목이 된다. 기업이 인수될 때도 현금 확보를 위해서 흔히 기업 일부가 매각되는데, 매각된 부분도 투자 가능한 별도의 회사가 된다. 당신이 기업분할에 대해서 듣거나, 신규설립회사 주식을 받는다면, 추가 매수를 검토하는 조사를 즉시 시작하라. 기업분할이 완료되고 1~2개월 뒤, 신임 관리자와 임원들이 대량으로 매수했는지 확인하라. 만일 매수했다면, 이는 임직원들도 회사의 전망을 밝게 보고 있다는 증거다.

역사상 최대의 기업분할은 AT&T가 분할되어 탄생한 '베이비 벨Baby Bell' 기업들로서, 아메리테크Ameritech, 벨 애틀랜틱Bell Atlantic, 벨 사우스Bell South, 나이넥스Nynex, 퍼시픽 텔레시스Pacific Telesis, 사우스웨스턴 벨Southwestern Bell, US 웨스트US West 등이다. 모회사의 실적은 신통치 않았지만, 새로 탄생한 일곱 자회사의 투자수익은 1983년 11월부터 1988년 10월까지 114%였다. 배당을 포함하면 총수익은 170%가 넘었다. 이것은 시장의 두 배가 넘는 실적이며, 내가 운용하는 펀드를 포함해서 유명한 펀드 대부분을 능가하는 실적이다.

일단 해방되자, 일곱 개 지역 회사들은 이익을 늘리고 비용을 줄이면서 높은 실적을 올릴 수 있었다. 이들은 모두 지역에서 전화사업과 직업별 전화번호부 사업을 독점했으며, AT&T가 장거리 전화사업에서 벌어들이는 1달러마다 50센트를 받았다. 이것은 엄청난틈새시장이었다. 자회사들은 현대적 장비 구입에 막대한 자금이 들어가는 초기 투자 기간을 이미 넘긴 상태였으므로, 주식을 추가로발행해서 주주 지분을 희석할 필요가 없었다. 그리고 인간의 본성이그렇듯이, 일곱 개 자회사들은 회사 내부적으로도 건전하게 경쟁했고, 자회사들 사이에도 경쟁했으며, 자존심 높은 모회사와도 경쟁했다. 반면 모회사는 매우 수익성 높은 장비임대 사업에서 완전지배권을 상실하고 있었고, 스프린트Sprint와 MCI같은 새로운 경쟁자를 맞이했으며, 컴퓨터 사업에서 막대한 손실을 보고 있었다.

기업분할 전에 AT&T 주식을 보유한 투자자들에게는 선택할 기간이 18개월 있었다. AT&T를 매도해서 복잡한 일을 모두 정리해버릴 수도 있었고, AT&T와 추가로 받은 신규 베이비 벨 주식을 모두 보유할 수도 있었으며, 모회사 주식을 매도하고 베이비 벨을 보유할 수도 있었다. 투자자들이 제대로 조사를 했다면, AT&T를 매도하고 베이비 벨을 보유했을 것이며, 베이비 벨 보유량을 최대한추가했을 것이다.

베이비 벨의 사업계획을 설명하는 두툼한 자료가 296만 AT&T주주들에게 배부되었다. 신규 회사들은 자신이 하려는 사업에 대해정확하게 계획을 수립했다. AT&T의 100만 직원과 수많은 공급업체가 진행 상황을 지켜볼 수 있었다. 이번에도 소수의 행운아만이 아마추어의 강점을 유지했다는 말을 더는 하지 않겠다. 전화를 보유한 사람은 누구든지 커다란 변화가 진행되고 있다는 사실을 알았다. 나도 이 급등장에 참여했지만, 소규모로만 투자했다. 나는 그토록 보수적인 회사들이 그토록 빨리 그렇게 잘 해낼 줄은 꿈에도 생각하지 못했다.

(5) 기관투자자가 보유하지 않고, 애널리스트들이 조사하지 않는 회사 _____

기관투자자들이 거의 보유하지 않는 주식을 발견한다면, 이 주식은 성공할 가능성이 있다. 게다가 이 회사를 애널리스트가 방문한 적이 없거나 아무 애널리스트도 알지 못한다면, 이 주식이 성공할 가능성은 두 배로 높아진다. 내가 물어보았을 때 3년 동안 애널리스트가 방문한 적이 없다는 대답을 회사로부터 들으면, 나는 열정을 억누르기가 힘들어진다. 은행, 저축대부조합, 보험회사에 이런 사례가 자주 발생하는데, 이들의 숫자는 수천이나 되는데도 월스트리트에서는 50~100개만 조사하기 때문이다.

나는 전문가들이 포기한 왕년의 인기 주식에 대해서도 마찬가지로 열정적이다. 많은 전문가가 바닥 시세에 크라이슬러를 포기했고 헐값에 엑손을 포기했는데, 직후에 둘 다 반등을 시작했기 때문이다.

기관투자자의 보유현황 데이터는 다음 출처에서 얻을 수 있다.

〈비커스 인스티튜셔널 홀딩스 가이드Vicker's Institutional Holdings Guide〉, 〈넬슨스 디렉토리 오브 인베스트먼트 리서치Nelson's Directory of Investment Research〉, CDA 인베스트먼트 테크놀로지CDA Investment Technologies에서 발간한 〈스펙트럼 서베이즈Spectrum Surveys〉. 이러한 책자는 찾기가 쉽지 않지만, 〈밸류라인 인베스트먼트 서베이Value Line Investment Survey〉와 오려낸 페이지라고도 하는 S&P 주식시세에서도 비슷한 정보를 얻을 수 있다. 둘 다 일반 증권회사에서 일상적으로 제공하는 자료다.

(6) 유독 폐기물이나 마피아와 관련됐다고 소문난 회사 ___

유독 폐기물처리 업종처럼 완벽한 업종은 생각해내기 힘들다. 동물의 창자나 폐유보다 더 혐오스러운 것이 있다면, 오물과 유독 쓰레기 처리가 될 것이다. 그래서 어느 날 고형 폐기물 회사의 임원들이 내 사무실을 방문했을 때, 나는 무척이나 흥분했었다. 이들은 고형 폐기물 회의에 참석하려고 부스와 슬라이드를 완비하고 시내에 와 있었다. 이들이 얼마나 매력적으로 보였을지 상상해보라. 어쨌든 이들은 내가 매일 보는 틀에 박힌 복장이 아니라 '솔리드 웨이스트 Solid Waste(고형 폐기물)'라고 쓰인 폴로셔츠를 입고 있었다. 솔리드 웨이스트 볼링팀이 아니라면, 누가 이런 셔츠를 입겠는가? 이런 사람들이야말로 우리가 꿈꾸는 이상적인 임원들이었다.

이미 알고 있는 바와 같이, 운 좋게 웨이스트 매니지먼트Waste

Management Inc.를 매수했다면 약 100배가 올랐다.

웨이스트 매니지먼트는 상상하기 힘든 두 요소 때문에 세이프티-클린보다도 전망이 밝았는데, 그것은 유독 폐기물과 마피아였다. 마피아가 모든 이탈리아 음식점, 신문가판대, 세탁소, 건설현장, 올리브 기름집 등을 관리한다고 상상하는 사람들은 대개 마피아가 쓰레기 사업도 관리한다고 생각한다. 이런 환상적인 주장이 웨이스트 매니지먼트 주식을 초기에 매수한 사람들에게는 커다란 이득이 되었는데, 이 주식이 실제 가치보다 저평가되었기 때문이다.

아마도 마피아가 쓰레기 업종에 손을 댄다는 소문 때문에, 마피아가 호텔과 카지노 경영에 개입한다고 걱정했던 부류의 투자자들이 접근하지 않았다. 공포의 대상이었던 카지노 주식들이 이제는 모든 사람의 매수 종목이 되었다는 사실을 기억하는가? 카지노는 모두 마피아의 사업이므로, 덕망 있는 투자자는 건드리면 안 되는 종목이라고들 생각했었다. 곧이어 카지노는 매출이 폭발하고 이익이 폭발했으며, 마피아는 무대 뒤로 서서히 사라졌다. 홀리데이 인과 힐튼이 카지노 사업에 진출하자, 카지노 주식을 소유해도 이제 아무 문제가 없어졌다.

(7) 음울한 사업을 하는 회사

이런 유형에 속하는 회사로 내가 항상 좋아하는 서비스 코퍼레이션 인터내셔널^{SCI}이 있는데, 이 회사는 이름 역시 따분하다. 한때 피델리티 전자 업종 애널리스트였으며 피델리티 데스티니 펀드^{Fidelity Destiny Fund}를 탁월하게 운영한 조지 밴더하이든^{George Vanderheiden}이 이 종목을 내게 추천해주었다.

월스트리트가 유독 폐기물 말고 무시하려는 대상이 또 있다면, 그것은 사망이다. SCI는 장의사다.

휴스턴에 기반을 둔 이 회사는, 미디어 지주회사 개닛^{Gannitt}이 소도시 신문사들을 사들인 것처럼, 전국을 돌며 영세 자영업자들로부터 지방의 장의사들을 사들였다. SCI는 일종의 맥도날드 같은 장의사 체인이 되었다. 회사는 주당 1~2건 규모의 소규모 장의사는 무시하고, 주당 10건 이상 장례를 치르는 활동적인 장의사를 인수했다.

마지막으로 확인했을 때, 이 회사는 장의사 461개, 묘지 121개, 꽃집 76개, 장례용품 제조 및 공급센터 21개, 관 유통센터 3개를 보유했으므로, 사실상 수직적으로 통합되어 있었다. 이 회사는 하워드 휴즈^{Howard Hughes}의 장례를 맡으면서 전성기를 맞이했다.

이들은 장례보험도 처음으로 개발하였는데, 이 상품은 선풍적인 인기를 끌었다. 장례보험에 가입하면 장례 서비스와 관 비용을 경제 능력이 있는 현재 지불하므로, 유가족이 나중에 부담할 필요가 없다. 장례를 치르는 시점에 장례비용이 세 배로 뛰더라도, 부담 비용은 기존 가격으로 고정된다. 이것은 유가족에게 아주 유리한 조건이며, 회사에는 더욱 유리한 조건이다.

SCI는 장례보험 판매로 즉시 현금 수입이 발생하며, 이 자금은 계속 복리로 증식된다. 회사가 매년 5,000만 달러 상당의 보험을 판매하면, 장례를 치르는 시점에는 수십억 달러로 불어난다. 최근 회사는 자체 장례보험 판매를 넘어서서, 다른 장례업체에도 장례보험을 판매하고 있다. 지난 5년 동안 '사전 준비 장례 서비스' 매출은 연 40%씩 증가해왔다.

때로는 뜻밖의 값진 카드가 넘겨지면서 이례적인 사건이 발생하여 호재가 되기도 한다. SCI는 다른 장례업체 아메리칸 제너럴 American General과 매우 수지맞는 거래를 하게 되었다. 아메리칸 제너럴은 SCI가 휴스턴에 보유한 부동산을 매입하기로 했고, 그 대가로 자신이 보유하고 있던 SCI 주식 20%를 모두 SCI에 돌려주었다. SCI는 무상으로 자사주 20%를 받았을 뿐 아니라, 휴스턴의 다른 지역에 새로운 장례회관을 개설할 때까지 기존 영업장에서 2년 동안 영업을 계속하도록 허락받았다.

이 회사의 최대 장점은 투자전문가들 대부분이 장기간 기피했다는 점이다. 놀라운 실적에도 불구하고, SCI 임원들은 회사에 관해서 설명하려면 계속해서 사람들을 찾아다녀야만 했다. 이는 사정을 잘 아는 아마추어 투자자들이, 이익이 견고하게 성장하는 검증된 주식을 인기 업종의 인기 주식보다도 훨씬 싼 가격에 살 수 있었다는 뜻이다. 이 회사는 완벽한 기회였다. 만사가 잘 돌아가고 있었고, 눈으로 확인할 수 있었으며, 이익이 계속 증가하였고, 사업이 빠르게 성장했으며, 부채가 거의 없었다. 그러나 월스트리트는 거들떠보지도 않았다.

1986년이 되어서야 기관들이 SCI에 본격적으로 따라붙기 시작해서 이제 50%가 넘는 주식을 보유하고 있으며, 더 많은 애널리스트가 이 회사를 조사하기 시작했다. 충분히 예상한 대로, 이 종목은 월스트리트의 관심을 끌기 전에 20루타가 되었지만, 이후에는 시장보다 크게 뒤처졌다. 이 종목에 대한 기관투자자의 보유 비중이 높고 조사하는 애널리스트들이 많은 데다가, 지난 몇 년 동안 두 회사를 인수하여 관 사업에 진출했지만 이익이 발생하지 않았다. 또한 우수한 장의사와 묘지의 매입가격이 가파르게 상승했고, 장례보험 판매 증가율이 예상보다 저조했다.

(8) 성장 정체 업종이다 ─────────────

사람들은 고성장 업종에 투자하려 하지만, 고성장 업종은 소음과 격노만 가득할 뿐이다. 나는 아니다. 나는 플라스틱 나이프와 포크 같은 저성장 업종에 투자하는 편을 더 좋아한다. 그것도 장의사 같은 성장 정체 업종을 찾을 수 없는 경우에만 말이다. 성장 정체 업종이야말로 대박 종목이 탄생하는 곳이다.

스릴 넘치는 고성장 업종에는 주가 하락을 지켜보는 일 말고는 스릴 넘치는 일이 없다. 1950년대의 카펫 업종, 1960년대의 전자 업종, 1980년대의 컴퓨터 업종 모두 흥분되는 고성장 업종이었지만, 크고 작은 수많은 회사가 결코 오래가지 못했다. 인기 업종에서 제품이 하나 나올 때마다, MIT 졸업생 수천 명이 달라붙어 대만에서 더 싸게 만드는 방법을 찾아냈기 때문이다. 한 컴퓨터 회사가 세계 최고의 워드프로세서를 만들어내면, 다른 경쟁회사 10개가 1억 달러를 들여 더 나은 제품을 설계하고, 8개월 후에는 시장에 내놓는다. 이런 현상은 병뚜껑, 쿠폰 결제 서비스, 드럼통 재생, 모텔 체인에서는 일어나지 않는다.

SCI는 장의 업종이 거의 성장하지 않는다는 사실로부터 덕을 보았다. 미국의 장의 사업은 성장률이 겨우 연 1% 남짓이라서, 부지런히 움직이는 경쟁자들이 모두 컴퓨터 업종으로 가버렸다. 그러나 장의 사업은 고객 기반을 가장 신뢰할 수 있는 안정적인 업종이다.

특히 지루하고 혐오스러운 성장 정체 업종은 경쟁이라는 문제가 없다. 관심을 두는 사람이 아무도 없으므로, 잠재 경쟁자로부터 측면을 방어할 필요도 없다. 따라서 SCI처럼 계속 성장하고 시장점유율을 올릴 여지가 있다. SCI는 이미 미국 전체 장의사의 5%를 보유하고 있으며, 10%나 15%를 보유해도 아무도 막지 못할 것이다. 와튼 졸업생들이 SCI의 사업에 도전할 리도 없고, 주유소 폐유처리 사업을 시작한다고 증권사 친구들에게 떠벌릴 사람도 없기 때문이다.

(9) 틈새를 확보한 회사 _____

나는 20세기폭스를 보유하느니 인근 채석장을 보유하겠다. 영화

사는 다른 영화사들과 경쟁하지만, 채석장은 틈새를 확보하고 있기 때문이다. 20세기폭스는 페블비치를 인수할 때 채석장이 딸려 있다는 사실을 알고 있었다.

채석장 사업은 보석 사업보다도 확실히 안전하다. 보석 사업을 하면 시내의 다른 보석상, 전국의 보석상, 심지어 해외의 보석상과도 경쟁해야 한다. 휴가를 떠나는 사람들이 어느 곳에서든 보석을 사 올 수 있기 때문이다. 그러나 브루클린에 하나뿐인 채석장을 보유한다면 사실상 독점하는 셈이며, 채석장은 인기가 없어서 더욱 보호받게 된다.

내부자들은 이것을 '골재骨材' 사업이라고 부르지만, 아무리 고상한 이름을 붙여도 바위, 모래, 자갈이 본질적으로 가치가 거의 없다는 사실은 바뀌지 않는다. 이들을 섞어서 팔면 톤당 3달러를 받는다는 점이 역설적이다. 오렌지주스 한 잔 값이면 골재 반 톤을 살 수 있으며, 트럭이 있는 사람이라면 집으로 가져다가 잔디밭에 쏟을 수도 있다.

채석장이 가치 있는 이유는 아무도 경쟁을 걸어오지 않기 때문이다. 다소 거리가 떨어져 있으면 경쟁자가 바위를 당신의 영업 지역으로 운반해오지 않는다. 운송비용을 빼면 이익이 남지 않기 때문이다. 시카고의 바위가 아무리 품질이 좋아도, 시카고 채석장 주인은 브루클린의 당신 영역이나 디트로이트를 절대 침범할 수가 없다. 바위의 무게 때문에 골재는 독점 판매권이 된다. 게다가 독점권을 보호하려고 여러 변호사에게 비용을 지불할 필요도 없다.

독점 판매권이 회사나 주주에게 주는 가치는 몇 번이고 강조해도 지나침이 없다. 인코는 오늘날 세계적인 니켈 생산기업이며, 50년 후에도 여전히 세계적인 생산기업일 것이다. 한번은 유타주 빙엄 구리광산Bingham Pit 가장자리에 서서 인상적인 굴을 내려다보면서, 일본이나 한국의 누구도 빙엄 같은 구리광산을 만들어낼 수 없겠다는 생각이 들었다.

어떤 상품이든 독점 판매권을 얻게 되면, 가격을 올릴 수 있다. 채석장이라면, 인근 경쟁자가 경쟁을 고려하기 직전 수준까지 가격을 올릴 수 있다. 그 경쟁자도 같은 방식으로 가격을 정한다.

또한 불도저와 암석분쇄기 감가상각비로부터 큼직한 조세감면을 받을 수 있으며, 엑손과 애틀랜틱 리치필드Atlantic Richfield가 유전과 가스전에 대해 받는 것처럼, 광물 감모減耗공제도 받을 수 있다. 채석장을 운영하다가 파산하는 일은 도무지 상상할 수 없다. 따라서 스스로 채석장을 보유할 수 없다면, 차선책은 벌컨 머티리얼Vulcan Materials, 캘맷Calmat, 보스턴 샌드 앤드 그래벌Boston Sand & Gravel, 드래보Dravo, 플로리다 록Florida Rock 같은 골재 생산기업의 주식을 보유하는 방법이다. 마틴-마리에타Martin-Marietta, 제너럴 다이내믹스General Dynamics, 애시랜드Ashland 같은 대기업들이 다양한 사업을 매각해도, 채석장은 반드시 남겨둔다.

나는 항상 틈새를 찾는다. 완벽한 회사는 반드시 틈새를 보유해야 한다. 워런 버핏은 매사추세츠주 뉴베드퍼드New Bedford의 직물공장을 인수하면서 사업을 시작했는데, 그는 이것이 틈새 사업이 아님을 곧 깨달았다. 그는 직물 사업에서는 부진했지만, 틈새 사업에 투자해서 주주들에게 수십억 달러를 벌어주었다. 버핏은 〈워싱턴 포스트 Washington Post〉에서 시작해서 주요 시장을 지배하는 신문과 TV 방송국의 가치를 처음으로 발견한 인물이다. 같은 맥락에서 나도 지방 신문 〈보스턴 글로브 Boston Globe〉를 보유한 어필리에이티드 퍼블리케이션 Affiliated Publications 주식을 최대한 매수했다. 글로브는 보스턴의 인쇄 광고 매출 90% 이상을 차지하고 있는데, 어떻게 손실이 날 수 있겠는가?

글로브는 틈새를 확보했고, 타임스 미러 컴퍼니 Times Mirror Company는 〈로스앤젤레스 타임스 Los Angeles Times〉, 〈뉴스데이 Newsday〉, 〈하트퍼드 쿠란트 Hartford Courant〉, 〈볼티모어 선 Baltimore Sun〉 등 틈새를 여러 개 확보했다. 가네트는 일간신문 90개를 보유하고 있으며, 대부분이 그 도시의 유일한 주요 일간지였다. 1970년대 초에 독점 신문과 케이블 네트워크의 이점을 발견한 투자자들은, 월스트리트에서 케이블 주식과 미디어 주식이 인기를 얻게 되면서 10루타 종목을 맛보게 되었다.

〈워싱턴 포스트〉에서 근무한 기자, 광고 담당자, 편집자는 누구든지 이익과 매출이 증가하는 모습을 보면서 틈새의 가치를 이해했다. 신문은 이 밖에도 다양한 이유로 훌륭한 사업이다.

제약회사와 화학회사 역시 틈새를 보유하고 있다. 다른 기업들은 해당 제품을 만들 수 없다. 스미스클라인이 타가메트의 특허를 획득하는 데는 여러 해가 걸렸다. 일단 특허가 승인되면, 연구개발에 수십억 달러를 들였더라도 경쟁사들은 그 영역에 침범할 수 없다. 이들은 다른 약을 개발하고, 다른 방식으로 입증해야 하며, 3년 동안 임상시험을 거친 뒤에야 정부로부터 판매 허가를 받을 수 있다. 이들은 독성 실험에서 쥐가 죽지 않는다고 입증해야 하지만, 대부분은 쥐가 죽는 것 같다.

어쩌면 쥐가 전보다 허약해졌는지도 모른다. 그러고 보니 전에 쥐 관련 주식 찰스 리버 브리딩 랩스Charles River Breeding Labs에 투자해서 돈을 번 적이 있다. 확실히 사람들이 싫어하는 곳에 돈 되는 사업이 있다.

화학회사들은 살충제와 제초제에 틈새가 있다. 독물에 대해 승인을 받는 일도 치료제에 대해 승인을 받는 일만큼이나 어렵다. 살충제와 제초제에 대해 특허와 승인을 받았다면, 돈 버는 기계를 확보한 셈이다. 몬산토Monsanto는 현재 특허와 승인을 여러 건 갖고 있다.

감기약 로비투신Robitussin이나 타이레놀Tylenol, 코카콜라나 말보로Malboro 같은 브랜드도 틈새 못지않게 훌륭한 자산이다. 청량음료나 기침약이 대중의 신뢰를 얻으려면 엄청난 비용이 들어가기 때문이다. 이 또한 전체 과정에 여러 해가 걸린다.

(10) 사람들이 계속 제품을 구입한다 _____

나는 장난감 만드는 회사보다는 약품, 청량음료, 면도날, 담배를 만드는 회사에 투자하겠다. 장난감 업종에서 모든 어린이가 꼭 갖고 싶어 하는 멋진 인형을 만들 수 있지만, 어린이마다 하나씩만 구입할 뿐이다. 8개월 뒤 그 제품은 진열대에서 치워지고, 대신 다른 회사가 만든 최신 인형이 자리를 차지한다. 꾸준한 사업이 주변에 널려있는데, 변덕 심한 사업에 매달릴 이유가 어디 있는가?

(11) 기술을 사용하는 회사 _____

끝없는 가격전쟁 속에서 생존을 위해 몸부림치는 컴퓨터 회사에 투자하는 대신, 오토매틱 데이터 프로세싱처럼 가격전쟁에서 오히려 혜택을 보는 회사에 투자하라. 컴퓨터가 싸질수록 오토매틱 데이터는 더 싸게 일할 수 있으므로 이익이 증가한다. 아니면 자동 스캐너 제조회사에 투자하는 대신 스캐너를 설치하는 슈퍼마켓에 투자하는 편이 어떤가? 스캐너가 슈퍼마켓 회사의 비용을 3% 절감해준다면, 이것만으로도 회사의 이익이 두 배로 늘어날 것이다.

(12) 내부자가 주식을 매수하는 회사 _____

회사 내부자가 자기 돈으로 주식을 매수하는 경우처럼 성공 가능성이 큰 비밀 정보는 없다. 일반적으로 회사 내부자는 주식을 순매도하는 처지라서, 보통 누군가 1주를 매수할 때마다 2.3주를 매도한다. 1987년 8월 1,000포인트 폭락 후 전반적으로 내부자들이 1주를 매도할 때마다 투자자들이 4주를 매수하는 모습을 발견하자, 나는 마음이 놓였다. 적어도 이들은 회사에 대한 믿음을 잃지 않았던 것이다.

내부자들이 미친 듯이 주식을 사들인다면, 적어도 이 회사는 6개월 동안 파산하지 않는다고 확신해도 좋다. 내부자들이 주식을 매수하는데도 단기간에 파산한 회사는 역사적으로 3개도 안 된다고 나는 장담한다.

장기적으로 보면 또 다른 중요한 혜택이 있다. 경영진이 단순한 월급쟁이라면 급여 인상이 이들의 최우선 과제가 되지만, 경영진이 자사주를 보유하고 있다면 주주에 대한 보상이 최우선 과제가 된다. 대개 대기업일수록 임원들에게 높은 급여를 지급하므로, 월급만 받는 임원들은 어떻게 해서든 사업을 확장하려는 경향이 있는데, 이는 주주들에게 해로운 경우가 많다. 경영진이 자사주를 많이 보유했을 때는 이런 일이 훨씬 적게 발생한다.

연봉 100만 달러 받는 CEO가 자사주 몇천 주를 매수하는 것도 좋은 신호가 되지만, 하위 직원들이 자사주 보유량을 늘린다면 더욱 중요한 의미가 있다. 연봉 4만 5,000달러인 직원이 자사주를 1만 달러 매수한다면, 이는 회사에 대한 신뢰를 뜻한다고 믿어도 좋다. 그래서 나는 CEO가 5,000주를 사는 것보다 부사장 일곱 명이 각각 1,000주씩 사는 것을 더 높이 평가한다.

내부자가 주식을 매수한 뒤 주가가 내린다면, 우리는 내부자보다도 더 싸게 주식을 매수할 수 있으므로 그만큼 더 유리하다.

내부자의 주식매수를 추적하는 일은 간단하다. 회사의 관리자나 임원들은 주식을 매매할 때마다 4번 양식을 작성해서 증권거래위원회에 신고해야 한다. 〈비커스 위클리 Vicker's Weekly〉, 〈인사이더 리포트 Insider Report〉, 〈더 인사이더 The Insiders〉를 포함한 여러 뉴스레터 서비스에서 이러한 신고서를 분석한다. 〈배런스 Barron's〉, 〈월스트리트 저널 The Wall Street Journal〉, 〈인베스터스 데일리 Investor's Daily〉 역시 이런 정보를 전달한다. 지역 경제신문들도 지역 회사의 내부자 거래에 대해 보도한다. 내가 알기로 〈보스턴 비즈니스 저널 Boston Business Journal〉에 그런 칼럼이 있다. 거래 증권사에서도 이런 정보를 얻을 수 있으며, 지역 도서관에서도 이런 뉴스레터를 찾을 수 있다. 〈밸류 라인 Value Line〉에도 내부자 매매현황표가 실린다.

(내부자의 매도는 대개 아무 의미가 없으므로, 여기에 반응한다면 어리석은 짓이다. 주가가 3달러에서 12달러로 올랐고 관리자 9명이 주식을 매도했는데, 특히 이들이 보유주식 대부분을 처분했다면 나도 주목할 것이다. 그러나 정상적인 상황에서는 내부자의 매도가 반드시 회사에 문제가 있다는 신호는 아니다. 관리자가 주식을 파는 데는 여러 가지 이유가 있다. 자녀 학비를 대거나, 새집을 사거나, 부채를 상환할 돈이 필요할지 모른다. 혹은 다른 종목에 분산투자하기로 했을지도 모른다. 그러나 내부자가 주식을 매수할 때는 오로지 한 가지 이유뿐이다. 주가가 저평가되어서 결국 상승한다고 생각하는 것이다)

(13) 자사주를 매입하는 회사 _____

자사주 매입은 투자자들에게 보상하는 가장 단순하면서도 가장 좋은 방법이다. 회사가 자신의 미래를 확신한다면, 주주들이 회사에 투자하듯이 자신에게 투자 못 할 이유가 없다. 1987년 10월 20일 주가가 폭락한 뒤, 기업들이 자사주 대량매입을 발표하자 공포가 극에 달했던 시장이 안정되었다. 장기적으로 이러한 자사주 매입은 투자자들에게 보상이 될 수밖에 없었다.

회사가 자사주를 매입하면, 매입된 주식은 유통시장에서 사라지며, 따라서 유통주식수가 줄어든다. 자사주 매입은 주당순이익에 마술적인 효과를 발휘하며, 따라서 주가에도 마술적인 영향을 미친다. 회사가 자사주의 절반을 매입하면, 회사의 전체 이익이 변함없어도 주당순이익은 두 배가 된다. 비용을 절감하거나 제품을 더 팔아서 이런 실적을 올릴 수 있는 회사는 거의 없다.

엑손은 석유를 시추하는 것보다 자사주 매입이 더 싸게 먹히기 때문에 자사주를 매입하고 있다. 엑손이 새로 석유를 시추하는 데는 배럴당 6달러가 들어가지만, 주가에 반영된 석유 자산 배럴당 가치가 3달러라면, 주식을 매입소각할 경우 뉴욕증권거래소 입회장에서 배럴당 3달러에 석유를 시추하는 효과를 얻는다.

이렇게 합리적인 관행이 최근까지도 시행된 사례가 거의 없었다. 1960년대 당시 인터내셔널 데어리 퀸International Dairy Queen이 선구자가 되어 자사주 매입을 시행했지만, 뒤를 따르는 회사가 거의 없었다. 멋진 회사 크라운 코크 앤드 실은 지난 20년 동안 매년 자사주를 매입했다. 이 회사는 절대로 배당도 하지 않고 수익성 없는 기업 인수도 하지 않았지만, 주식 수를 줄이는 방법으로 이익에 최대한 영향을 미쳤다. 이렇게 자사주를 계속 매입한다면, 언젠가 주식 수가 1,000주에 불과할 것이고, 주가가 1,000만 달러가 될 것이다.

텔레다인의 회장 헨리 싱글턴Henry E. Singleton은 시가보다 훨씬 높은 가격으로 주식을 정기적으로 공개 매수한다. 텔레다인이 5달러에 거래될 때 그는 7달러를 지불하고, 10달러에 거래되면 14달러를 지불하는 식이었다. 그는 주주들에게 환상적인 웃돈을 받고 빠져나갈 기회를 줄곧 제공한 셈이다. 텔레다인은 이렇게 자신에 대한 믿음을 실제로 보여주었으며, 이는 연차보고서에 담긴 화려한 수식어보다 더 설득력 있다.

자사주 매입 대신 흔히 쓰이는 방법으로는 (1) 배당 인상 (2) 신제품 개발 (3) 신규 사업 진출 (4) 기업 인수가 있다. 질레트Gillette는 네 가지 모두 시도하였으며, 특히 뒤의 세 가지 방법에 비중을 두었다. 질레트의 면도기 사업은 눈부시게 수익성이 높았지만, 수익성이 떨어지는 기업을 계속 인수하면서 면도기 사업의 비중은 점차 줄어들었다. 회사가 화장품, 화장 용구, 볼펜, 라이터, 컬 클립curler, 믹서, 사무용품, 칫솔, 모발 보호제, 전자시계, 그 밖의 다양한 사업에 자본을 전용하는 대신 정기적으로 자사주를 매입하고 배당을 올렸다면, 주가는 지금처럼 35달러가 아니라 100달러를 훌쩍 넘어갔을 것이다. 지난 5년 동안 질레트는 적자 사업을 매각하고 시장을 지배하는

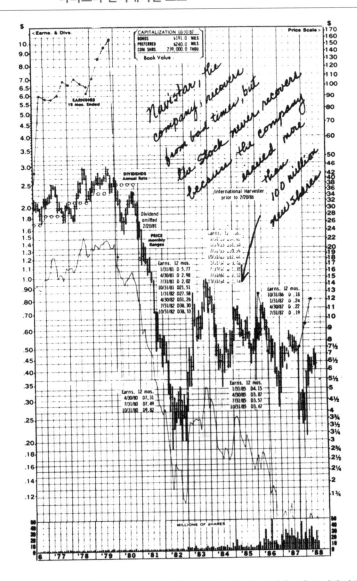

* 나비스타 회사는 곤경에서 회복되었지만, 주가는 결코 회복되지 못했다. 1억 주 넘게 신주를
  발행했기 때문이다

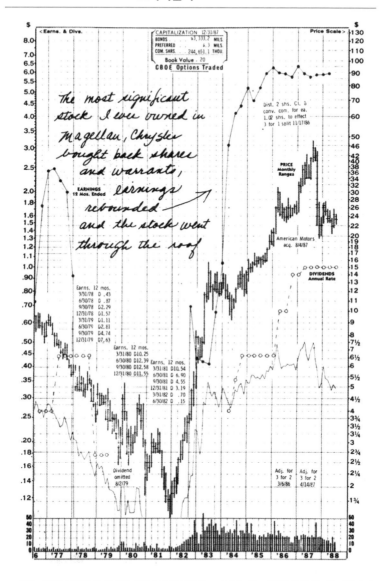

• 내가 마젤란 펀드에 보유했던 가장 중요한 종목인 크라이슬러는 자사주와 워런트를 매입하여 이익이 반등하였으며, 주가가 지붕을 뚫고 올라갔다

면도 사업에 집중하면서 다시 궤도에 올랐다.

자사주 매입의 반대는 주식 추가발행이며, 희석이라고도 부른다. 지금은 나비스타Navistar가 된 인터내셔널 하비스터International Harvester는 농기구 사업 붕괴로 인한 재정위기를 타개하기 위해서 추가로 수백만 주를 발행했다(차트 참조). 크라이슬러는 정반대 작업을 했다. 사업이 개선되자 자사주와 주식 워런트를 매입했으며, 유통주식수를 줄였다(차트 참조). 나비스타는 다시 수익성 있는 회사가 되었지만, 주식이 심하게 희석되었기 때문에 주주들은 아직 수익성 회복으로부터 실질적인 혜택을 받지 못하고 있다.

단연 최고의 기업 _____

웨이스트 매니지먼트, 펩 보이즈, 세이프티-클린, 채석장, 병뚜껑이 지닌 최악의 요소들을 모두 결합한 정말 멋진 기업 하나를 생각해낸다면, 그것은 케이전 클렌저스Cajun Cleansers가 되어야 한다. 케이전 클렌저스는 가구, 희귀서적, 휘장에 아열대성 습기 때문에 발생하는 곰팡이를 제거하는 따분한 사업을 하고 있다. 이 회사는 최근 루이지애나 바이유피드백Louisiana BayouFeedback으로부터 기업분할 되었다. 본사가 루이지애나주 강어귀에 있는데, 이곳에 가려면 비행기를 두 번 갈아타고, 픽업트럭을 세내서 공항에 마중 나오게 해야 한다. 뉴욕이나 보스턴에서 케이전 클렌저스를 방문한 애널리스트는 단한 사람도 없었고, 주식을 한 주라도 매수한 기관도 전혀 없었다.

칵테일 파티에서 케이전 클렌저스를 언급하는 사람이 있다면, 곧 혼자 중얼거리는 꼴이 될 것이다. 주위의 모든 사람에게 우스꽝스럽게 들릴 것이기 때문이다.

강어귀와 오자크Ozarks를 관통해 빠르게 확장하면서, 케이전 클렌저스는 매출이 놀랍게 증가했다. 회사가 옷, 가구, 카펫, 화장실 타일, 심지어 알루미늄 미닫이문의 얼룩도 모두 제거하는 새로운 겔에 대해 막 특허를 받았기 때문에, 매출이 곧 가속할 것이다. 이 특허 덕에 케이전은 고대하던 틈새를 확보하게 되었다.

이 회사는 미국인 수백만 명에게 평생 얼룩보험도 판매할 계획인데, 보험료를 선납하면 미래에 얼룩 사고가 발생할 때 모든 얼룩을 제거해주기로 보장한다. 부외簿外 매출이 곧 폭발적으로 증가할 것이다.

엘비스Elvis가 살아있다고 생각하는 잡지를 제외하면, 인기 잡지 가운데 케이전과 새로운 특허를 언급한 잡지는 하나도 없다. 이 회사는 7년 전 8달러에 기업을 공개했고 곧 10달러로 상승했다. 이 가격에 회사의 주요 임원들이 주식을 최대한 매수했다.

축축한 옷장에 너무 오래 두어 가죽 재킷에 곰팡이가 피었다면, 이를 제거하는 유일한 방법이 케이전 클렌저스라는 말을 먼 친척에게서 들었다. 내가 조사해보니 케이전은 지난 5년 동안 연 20%씩 매출이 성장했고, 매출이 감소한 분기가 한 번도 없었으며, 재무상태표에 부채가 없고, 지난 경기침체에도 실적이 좋았다. 나는 회사를 방문해서 어떤 바보라도 훈련만 받으면 겔 제조공정을 감독할 수 있음을 알았다.

내가 케이전 클렌저스를 매수하기 하루 전, 저명한 경제학자 헨리 코프먼Henry Kaufman이 금리가 상승한다고 예측했고, 연방준비위원회 의장이 볼링장에서 미끄러져 허리를 다쳤으며, 두 가지 사건이 결합하여 주식시장이 15% 하락했고, 케이전 클렌저스도 함께 하락했다. 나는 7.50달러에 매수했는데, 이는 임원들이 매수한 가격보다도 2.50달러 낮은 가격이다.

이것이 케이전 클렌저스에 벌어진 상황이다. 나를 꼬집지 마라. 나는 지금 꿈을 꾸고 있다.

9장

내가 피하는 주식

내가 한 종목을 피할 수 있다면, 그것은 가장 인기 있는 업종에 속한 가장 주목받는 주식으로서, 가장 좋은 평판을 얻고 있으며, 카풀이나 통근 열차에서 모든 투자자가 이야기 듣다가 주위의 압력에 굴복하여 흔히 매수하게 되는 종목이다.

인기 주식은 대개 잘 알려진 가치 기준을 벗어나서 빠르게 상승하지만, 높은 주가를 지탱해주는 것이 희망과 허공밖에 없으므로 상승할 때처럼 빠르게 떨어진다. 당신이 인기 주식을 기민하게 처분하지 못한다면(이 주식을 매수한 것을 보면, 당신은 기민한 사람이 아니다), 이익은 손실로 둔갑한다. 이 주식은 떨어질 때 천천히 떨어지는 것도 아니고, 당신이 매수한 가격에서 멈추지도 않기 때문이다.

최근 통신판매 업종의 인기 주식인 홈 쇼핑 네트워크^{Home Shopping}

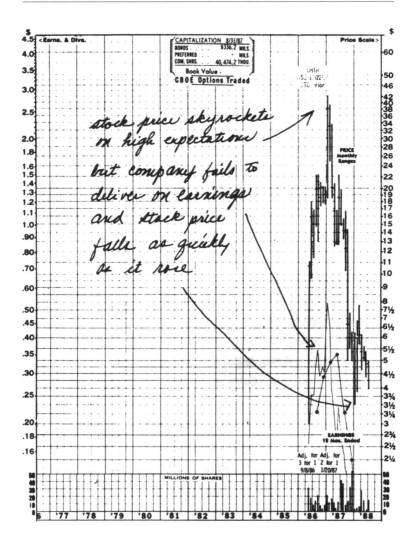

- 높은 기대 때문에 주가가 치솟았지만, 회사가 이익을 내지 못하자 주가는 오를 때만큼이나 빠르게 떨어졌다

Network의 차트를 보라. 이 주식은 16개월 동안 3달러에서 47달러로 상승했다가 다시 3.50달러(주식분할 반영 후)로 하락했다. 47달러에 팔아버린 사람에게는 멋진 투자였지만, 주가가 절정에 달했던 47달러에 매수한 사람은 어찌 되었나? 매출, 이익, 전망은 다 어디로 갔는가? 이 투자는 결국 룰렛만큼 위험한 도박이었다.

재무상태표는 빠른 속도로 악화하고 있었고 (부채를 일으켜서 TV 방송국을 인수했다), 전화시스템에 문제가 있었으며, 경쟁자들도 나타나기 시작했다. 사람들이 지르코늄 목걸이를 몇 개나 두를 수 있겠는가?

나는 활기차게 시작해서 거품으로 사라진 다양한 인기 업종에 대해 이미 설명했다. 이동주택, 디지털 시계, 건강관리회사 모두 지나친 기대 때문에 계산이 흐려졌다. 애널리스트들이 두 자리 성장이 영원히 계속된다고 예측하는 순간, 산업은 기울기 시작한다.

인기 업종의 인기 주식에 투자해서 얻는 수익으로 살아가려 한다면, 당신은 곧 생활보조금을 받는 처지가 될 것이다.

카펫만큼 열광적인 업종도 없었을 것이다. 내가 어렸을 때, 미국의 모든 주부는 바닥 전면에 카펫을 깔고 싶어 했다. 누군가 새로운 터프팅tufting 공정을 개발하여 카펫에 들어가는 섬유의 양을 획기적으로 줄였고, 또 다른 사람이 직조기를 자동화하자, 카펫 가격이 미터당 28달러에서 4달러로 떨어졌다. 사람들은 저렴해진 카펫을 학교, 사무실, 공항, 전국 교외의 모든 주택에 깔았다.

전에는 마룻바닥이 카펫보다 쌌지만, 이제는 카펫이 더 싸졌다. 그래서 상류층은 카펫을 마룻바닥으로 바꿨고, 대중은 마룻바닥을 카펫으로 바꿨다. 카펫 매출이 극적으로 증가했고, 5~6개 주요 제조업체들은 주체할 수 없을 만큼 돈을 벌었으며, 경이적인 속도로 성장했다. 바로 이 시점에 애널리스트들은 주식중개인들에게 카펫 붐이 영원히 계속될 거라고 말하기 시작했고, 이어 주식중개인들은 고객들에게 이야기를 전했으며, 고객들은 카펫 주식을 매수했다. 같은 시기에 새로운 카펫 제조업체 수백 개가 시장에 진입해서 5~6개 주요 업체와 경쟁을 벌였는데, 이들 모두 고객을 확보하려고 가격을 낮추는 바람에 이제는 카펫 업종에서 아무도 돈을 벌지 못했다.

고성장 인기 업종에는 아주 똑똑한 인재들이 구름처럼 몰려든다. 기업가들과 벤처자본가들은 밤을 지새우며 최대한 빨리 사업을 시작하는 방법을 모색한다. 만일 당신에게 기막힌 아이디어가 있더라도 특허나 틈새로 보호할 방법이 없다면, 성공하자마자 모방자들이 몰려들 것이다. 사업에서는 모방이 가장 심각한 공격이다.

디스크 드라이브에는 어떤 일이 일어났는지 기억하는가? 전문가들은 이 흥분되는 업종이 연 52% 성장할 것이라고 말했고, 과연 이들의 말대로 빠르게 성장했다. 그러나 30~35개 경쟁업체들이 쟁탈전을 벌이는 바람에 이익이 전혀 없었다.

오일 서비스를 기억하는가? 오일 서비스를 받아본 일이라고는 엔진 점검밖에 없으면서도, 사람들은 투자설명서에 '오일'이라는 글자만 보고 주식을 샀다.

1981년 나는 콜로라도에서 열린 에너지 회의 만찬에 참석했는데, 톰 브라운Tom Brown이 기조연설을 했다. 톰 브라운은 당시 주당 50 달러에 거래되던 인기 오일 서비스회사 톰브라운Tom Brown, Inc.의 최대주주 겸 CEO였다. 브라운은 한 친구가 그의 회사 주식을 공매도 한 사실을 자랑했다고 말했다. 이어 그는 다음과 같이 말하고 청중의 심리를 관찰했다. "돈이 싫은 분들은 제 회사 주식을 공매도하십시오. 여러분은 자동차와 집을 잃고, 벌거벗은 채 크리스마스 파티에 가야 할 것입니다." 브라운은 이 말을 되풀이하며 청중으로부터 웃음을 끌어냈다. 그러나 4년 뒤 그 주식은 50달러에서 1달러로 떨어졌다. 주식을 공매도했던 그의 친구는 틀림없이 막대한 재산을 끌어안고 흐뭇해했을 것이다. 크리스마스 파티에 벌거벗고 가야 하는 사람은 주식을 계속 보유했던 일반 주주들이었다. 인기 업종의 인기 주식을 무시했다면, 아니면 회사에 대해 어느 정도 조사라도 했다면, 이들은 이런 운명을 피할 수 있었다. 이 회사에는 쓸모없는 장비, 의심스러운 석유 및 가스전, 엄청난 부채, 부실한 재무상태표밖에 없었다.

1960년대에 제록스Xerox보다 인기 높은 주식은 없었다. 복사는 엄청난 업종이었고, 제록스는 공정 전체를 지배하고 있었다. '제록스하다'가 '복사하다'라는 뜻의 동사가 되었으며, 이렇게 상황은 긍정적으로 전개되었다. 많은 애널리스트도 그렇게 생각했다. 1972년 주가가 170달러일 때, 이들은 제록스가 무한히 계속 성장한다고 가정했다. 그러나 이때 일본 기업들이 진입했고, IBM이 가세했으며, 이스트먼 코닥도 뛰어들었다. 제록스는 습식 복사기를 만들고 있었으나, 이보다 근사한 건식 복사기를 만드는 회사가 20개나 등장했다. 제록스는 겁에 질려 운영할 줄도 모르는 비관련 사업들을 인수했고, 주가가 84%나 하락했다. 다른 경쟁자들도 어렵기는 마찬가지였다.

복사는 지난 20년 동안 훌륭한 업종이었고 수요가 감소한 적도 전혀 없었지만, 복사기 회사들은 여전히 먹고살기가 힘들다.

제록스의 유감스러운 실적과, 미국의 마이너스 성장 업종인 담배 회사 필립 모리스의 실적을 비교해보자. 지난 15년 동안 제록스 주가는 160달러에서 60달러로 떨어진 반면, 필립 모리스는 14달러에서 90달러로 올랐다. 매년 필립 모리스는 해외 시장점유율을 높이고, 가격을 올리며, 비용을 절감하면서 이익을 증가시켰다. 말보로Marlboro, 버지니아 슬림Virginia Slims, 벤슨 앤드 헤지스Benson & Hedges, 메리트Merit 등 유명 브랜드 덕에 필립 모리스는 틈새를 확보했다. 마이너스 성장 업종에는 경쟁자들이 몰리지 않는 법이다.

'제2의 아무개'를 조심하라

내가 피하는 또 다른 주식은 제2의 IBM, 제2의 맥도날드, 제2의 인텔, 제2의 디즈니라고 성가시게 권유하는 주식이다. 내 경험으로는 '제2의 아무개'는 결코 아무개가 되는 법이 없다. 브로드웨이, 베스트셀러, 전미농구협회, 월스트리트 어디에서나 말이다. 어떤 야구선수가 제2의 윌리 메이스^{Willie Mays}가 된다느니, 어떤 소설이 제2의 《모비딕^{Moby Dick}》이 된다느니 말은 많지만, 선수는 팀에서 쫓겨나고 소설은 헐값에 재고 정리되는 사례가 얼마나 많았는가? 주식에도 마찬가지 저주가 있다.

실제로 누군가 어떤 주식을 제2의 아무개라고 추천하면, 모방 주식뿐 아니라 원래의 주식마저 전성기가 끝나는 사례가 많다. 어떤 컴퓨터 회사가 '제2의 IBM'으로 불린다면, 사람들은 IBM의 앞날이 어둡다고 생각했다는 말이며, 실제로 IBM이 어려워진다. 오늘날 대부분 컴퓨터 회사들은 제2의 IBM이 되지 않으려고 노력하는데, 그래야 앞날이 밝기 때문이다.

전에 워즈^{Wards}였던 서킷 시티 스토어^{Circuit City Stores}가 전자제품 소매점으로 성공하자, 퍼스트 패밀리^{First Family}, 굿 가이즈^{Good Guys}, 하이랜드 슈퍼스토어즈^{Highland Superstores}, 크레이지 에디^{Crazy Eddie}, 프레터즈^{Fretters} 등이 줄줄이 제2의 서킷 시티가 되었다. 서킷 시티는 뉴욕증권거래소에 상장된 1984년부터 4배가 올라 IBM의 저주를 그럭저럭 피했지만, 나머지 제2의 아무개들은 모두 주가가 59~96% 하락했다.

제2의 토이저러스로 불린 차일드 월드^{Child World}도 고꾸라졌다. 그리고 제2의 프라이스 클럽^{Price Club}이었던 웨어하우스 클럽^{Warehouse Club} 역시 다르지 않았다.

사업다악화事業多惡化 기업을 피하라 _____

수익성 높은 기업들은 자사주 매입이나 배당 인상 대신 터무니없는 기업을 인수하며 돈을 날리고 싶어 한다. 사업을 다악화하기로 작정한 기업들은 (1) 가격이 턱없이 비싸고 (2) 사업을 전혀 이해할 수 없는 기업 매물을 찾는다. 이 방법으로 손실이 확실하게 극대화된다.

20년 주기로 기업들은 맹렬하게 사업다악화와 구조조정을 되풀이하는 듯하다. 흥미로운 기업들을 인수하며 수십억 달러를 쓴 뒤, 흥미 잃은 기업들을 손해 보고 처분한다. 사람과 요트에 대해서도 같은 일이 벌어진다.

기업을 인수한 뒤 후회하며 매각하고, 다시 인수하여 또다시 후회하는 현상은, 보상의 이전이라는 관점에서는 찬사를 받을 만하다. 대기업은 늘 과도한 보상을 하는 경향이 있는데, 현금이 풍부한 대기업의 주주로부터, 인수되는 소기업의 주주에게로 보상이 이전되는 것이기 때문이다. 나는 이런 일이 왜 일어나는지 도무지 이해하지 못하는데, 이 회사의 경영진은 아마도 상상력을 발휘할 필요가 없는 자사주 매입이나 배당 인상보다는, 아무리 비싸더라도 소기업을 인수하는 편이 훨씬 재미있다고 생각하는 모양이다.

어쩌면 심리학자들이 이런 현상을 분석해야 할지 모르겠다. 일부 개인들처럼, 일부 기업들도 번영을 지겨워하는 것 같다.

개인투자자의 관점에서 보면, 사업다악화에는 딱 두 가지 장점이 있다. 하나는 인수되는 회사의 주식을 보유하면 돈을 번다는 점이고, 또 하나는 사업다악화로 망해가는 회사가 구조조정을 결정하면 회생주에 투자할 기회가 된다는 점이다.

사업다악화의 사례는 너무 많아서, 어디서부터 시작해야 할지 모르겠다. 모빌 오일Mobil Oil은 마르코Marcor Inc.를 인수해서 사업을 다악화했다. 마르코의 사업 가운데 하나가 생소한 소매업이라서 모빌은 오랫동안 골치를 썩이고 있었다. 마르코의 다른 주력 사업은 컨테이너 코퍼레이션Container Corporation이었는데, 모빌은 나중에 헐값에 매각했다. 또한 모빌은 슈피리어 오일Superior Oil을 너무 비싸게 인수해서 수백만 달러를 날렸다.

1980년 유가가 절정에 달한 이후, 엑손은 주가가 두 배로 뛰었지만 모빌은 겨우 10% 상승했다. 릴라이언스 일렉트릭Reliance Electric과 팔자 사나운 벤처캐피털 자회사 같은 비교적 작고 불운한 인수 몇 건을 제외하면, 엑손은 사업다악화의 유혹을 뿌리치고 고유 사업에 충실했다. 회사의 잉여현금은 자사주를 매입하는 데 투입되었다. 새로운 경영진이 모빌을 회생시키고 있지만, 엑손의 주주들이 모빌 주주들보다 훨씬 나은 실적을 올렸다. 모빌은 1988년 몽고메리 워드Montgomery Ward를 매각했다.

질레트의 어리석은 결정에 대해서는 이미 설명했다. 이 회사는 약상자 업체를 인수했을 뿐 아니라 디지털 시계로 사업을 다악화한 뒤, 엄청난 손실을 모두 상각한다고 발표했다. 내 기억으로 이것은 대기업이 적자 사업을 정리한다고 발표한 뒤에야 애초에 사업을 잘

못 시작했다고 깨달은 유일한 사례다. 질레트 역시 대규모 개혁을 거쳐 최근 방향을 수정했다.

제너럴 밀스General Mills는 중국 음식점, 이탈리아 음식점, 스테이크 하우스, 파커 브라더Parker Brothers 장난감, 아이조드Izod 셔츠, 동전회사, 우표회사, 여행사, 에디 바우어Eddie Bauer 아울렛, 풋조이Footjoy 제품을 보유했는데, 주로 1960년대에 인수했다.

1960년대는 로마제국이 유럽과 북아프리카 전역으로 다악화한 이래 다악화가 가장 활발했던 위대한 10년이었다. 훌륭한 회사치고 1960년대에 다악화하지 않은 회사를 찾기가 힘들었는데, 이는 가장 총명한 최고의 인재들이 자신은 어느 사업이나 운영할 수 있다고 믿었기 때문이다.

얼라이드 케미컬Allied Chemical은 주방 싱크대 회사를 제외하고 모든 기업을 인수했는데, 십중팔구 이들 가운데 하나가 주방 싱크대 회사를 인수했을 것이다. 타임스 미러Times Mirror도 다악화했고 머크Merck도 다악화했지만, 둘 다 잘못을 깨닫고 출판업과 제약업에 다시 전념했다.

미국 기업들은 단 한 해에 300개 기업을 인수했다. 하루에 하나씩 인수한 셈이다. 비어트리스 푸즈Beatrice Foods는 식용품으로부터 비식용품으로 확장했는데, 이후로는 어떤 기업이든 인수할 수 있었다.

이렇게 위대한 인수의 시대가 1973~1974년 시장 붕괴로 막을 내리자, 월스트리트 식구들은 가장 총명한 최고의 인재들도 기대만큼 재주 있는 것은 아니며, 가장 매력적인 임원들조차 인수한 두꺼

비들을 모두 왕자로 바꿀 수 없다는 사실을 깨달았다.

그렇다고 기업 인수가 항상 어리석은 짓이라는 말은 아니다. 기본 사업이 형편없는 상황에서는 매우 훌륭한 전략이다. 만일 워런 버핏이 직물 사업에만 전념했다면, 우리는 버핏이나 버크셔 해서웨이를 절대로 들어보지 못했을 것이다. 티쉬Tisch 형제(로런스 티쉬 Laurence Tisch와 로버트 티쉬Robert Tisch)에 대해서도 똑같이 말할 수 있다. 이들은 영화관 체인(로우스Loew's)으로 시작해서 번 자금으로 담배회사(로릴러드Lorillard)를 인수했고, 여기서 번 돈으로 보험사CNA를 인수했으며, 이로부터 CBS의 지분을 대량 보유하게 되었다. 비결은 제대로 인수하는 법을 알아야 하며, 성공적으로 경영해야 한다는 점이다.

두 신발 제조회사 멜빌Melville과 제네스코Genesco의 스토리를 살펴보자. 하나는 다각화에 성공했고, 다른 하나는 다악화했다(차트 참조). 30년 전 멜빌은 남성용 신발을 제조해서 계열 신발 매장 톰 매캔Thom McAn에만 거의 독점적으로 공급하고 있었다. 그러다가 회사가 K마트 체인점을 비롯한 다른 매장에 신발 코너를 임차하기 시작하면서, 매출이 증가했다. 1962년 K마트가 대폭으로 점포 확장을 시작하자 멜빌의 이익도 폭발적으로 증가했다. 할인매장에서 신발 소매를 몇 년 경험한 뒤, 회사는 잇달아 기업을 인수하였는데, 항상 피인수 기업을 성공적으로 정착시킨 다음 추가 인수 작업을 진행했다. 1969년 할인약국 운영업체인 CVS를 인수했고, 1976년 할인 의류 체인 마샬Marshall's을 인수했으며, 1981년 KB 토이즈KB Toys를 인수했다. 같은 기간에 멜빌은 신발제조공장의 수를 1965년 22개에서 1982년 단 한 개로 줄였다. 느리지만 효율적으로 신발제조업체가 다각화된 소매업체로 변신했다.

멜빌과는 달리 제네스코는 미친 듯이 확장했다. 1956년에 시작해서 본위트 텔러Bonwit Teller, 헨리 벤델Henri Bendel, 티파니Tiffany, 크레스Kress를 인수했고, 이어 증권 컨설팅, 남성과 여성용 보석, 뜨개질 재료, 직물, 청바지, 그리고 수많은 도소매 사업을 벌였으며, 이 동안에도 여전히 신발을 제조했다. 1956~1973년 동안 제네스코는 150개 기업을 인수했다. 이러한 인수로 회사의 매출이 대폭 증가했으며 제네스코도 서류상으로는 성장했지만, 회사의 기초는 악화하였다.

멜빌과 제네스코의 전략 차이는 결국 이익과 주가 흐름으로 나타났다. 1973~1974년 약세시장에서는 두 주식 모두 고전했다. 그러나 멜빌은 이익이 꾸준히 증가하여 주가가 반등하였고, 1987년에는 30루타 종목이 되었다. 제네스코는 1974년 이후 재무상태가 계속 악화하였고, 주가는 영영 회복되지 못했다.

왜 멜빌은 성공하고 제네스코는 실패했는가? 그 답은 시너지라는 개념과 관계가 깊다. '시너지synergy'는 둘에 둘을 더하면 다섯이 된다는 환상적인 이론으로서, 관련된 사업을 결합해서 전체가 함께 효과를 본다는 뜻이다.

시너지 이론의 예를 들면, 메리어트는 이미 호텔과 음식점을 운영하고 있으므로, 빅 보이Big Boy 식당 체인을 인수하는 것이 사리에 맞았으며, 교도소와 대학에 급식 서비스를 제공하는 자회사를 인수

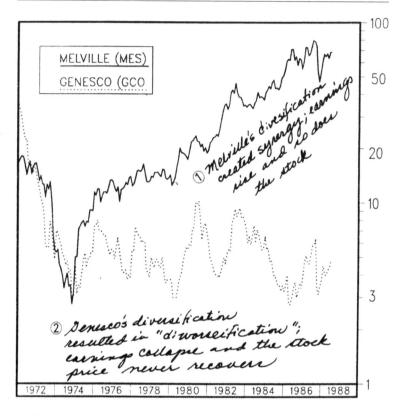

- 멜빌은 다각화를 통해서 시너지를 창출했다. 이익이 증가했고 주가도 상승했다
- 제네스코의 다각화는 결국 '다악화'가 되었다. 이익이 폭락했고 주가도 회복되지 못했다

해도 이치에 맞았다(대학생들은 교도소 음식과 대학 음식 사이에 많은 시너

지가 발생한다고 말할 것이다). 하지만 메리어트가 자동차 부품이나 비

디오게임에 대해서는 얼마나 알까?

실제로, 기업 인수에 시너지가 발생할 때도 있고, 발생하지 않을

때도 있다. 면도날 제조 분야의 선도기업 질레트는 포미^{Foamy} 면도크림 라인을 인수할 때 시너지가 일부 발생했다. 하지만 샴푸, 로션, 기타 화장품들을 인수할 때는 시너지가 발생하지 않았다. 버핏의 버크셔 해서웨이는 과자가게에서 가구점과 신문사에 이르기까지 온갖 기업을 인수했지만 놀라운 성과를 거두었다. 버핏의 회사는 또다시 인수에 전념하고 있다.

나는 어떤 회사가 다른 기업을 인수해야만 한다면 관련 기업을 인수하기 바라지만, 인수는 늘 걱정이 된다. 현금과 자신감이 넘치는 기업들은 인수기업에 과다한 값을 치르고 지나친 기대를 하며 잘못 경영하는 경향이 뚜렷이 나타난다. 차라리 가장 순수한 시너지가 발생하는 자사주 매입을 활발하게 해주면 좋겠다.

소문주를 조심하라 _____

사람들은 항상 내게 전화를 걸어 마젤란 펀드에 건실한 회사를 편입하라고 추천한다. 이어서 이들은 대개 비밀스러운 이야기를 털어놓듯이 목소리를 낮추어 말한다. "대단한 종목을 말씀드리려고 합니다. 펀드에 편입하기는 너무 작은 종목이지만, 개인 계좌에라도 넣어야 합니다. 아이디어가 환상적이에요. 대박이 날 겁니다."

이런 종목은 무모한 도박이며, 소문주 또는 폭탄이라고도 부른다. 이런 이야기는 내 귀에 들어올 무렵 십중팔구 온 동네 사람들에게도 전달된다. 예컨대 파파야 주스 추출물로 디스크 진통제를 만드는 회사(스미스 랩스Smith Labs), 정글 치료제, 첨단기술, 소에서 추출한 모노클로널 항체(바이오리스폰스Bioresponse), 다양한 기적의 첨가물, 물리법칙을 거스르는 에너지 문제 해결책 등이 있다. 어떤 소문주들은 예컨대 석유 부족, 마약 중독, 에이즈와 같은 최근의 국가적 과제를 해결하기 직전이라고 주장한다. 이들이 제시하는 해결책은 (1) 매우 상상력이 풍부하거나 (2) 인상적일 정도로 복잡하다.

내가 좋아하는 회사는 KMS 인더스트리즈KMS Industries다. 1980~1982년 연차보고서에 따르면, 이 회사는 '비정질 실리콘 광전 변환 소자amorphous silicon photovoltaics'를 개발했고, 1984년에는 '영상 다중송신기video multiplexer'와 '광학 핀optical pins'에 집중했으며, 1985년에는 '화학적으로 유도된 구형내파spherical implosions를 사용하는 물질 처리'를 개발했고, 1986년에는 '관성 제한식 핵융합inertial confinement fusion 프로그램', '레이저 유도 충격 압착', '시각적 면역 진단법visual immunodiagnostic assays' 개발에 노력했다. 이 기간에 주가는 40달러에서 2.50달러로 떨어졌다. 이 회사는 8대1 액면병합을 통해서만 투기적 저가주 신세를 모면할 수 있었다. 스미스 랩스는 고가 25달러에서 1달러로 하락했다.

바이오리스폰스가 보스턴 사무실로 먼저 나를 방문한 뒤, 나도 샌프란시스코에 있는 바이오리스폰스 본사에 방문했다. 샌프란시스코의 초라한 구역에 있는 2층 사무실(이것은 좋은 신호다)의 홀 한쪽에는 임원들이 있었고, 다른 쪽에는 소가 여러 마리 있었다. 내가 사장 및 회계직원과 이야기하는 동안, 실험 가운을 입은 기술자들이 바쁘게 소에서 림프를 뽑고 있었다. 일반적인 절차는 쥐에서 림프를 뽑는 것이지만, 이것은 저비용 대체기법이었다. 소 두 마리면 나라 전체에 필요한 인슐린을 만들 수 있고, 소 림프 1g이면 100만 명의 진단검사를 할 수 있다.

여러 증권사에서 바이오리스폰스를 심층적으로 조사하고 있었으며, 딘 위터Dean Witter, 몽고메리 증권Montgomery Securities, 퍼먼 셀즈 Furman Selz, JC브래드퍼드J. C. Bradford 등이 이 회사를 추천했다. 나는 1983년 2월 2차 공모에서 9.25달러에 매수했다. 한때 고가 16달러 까지 올랐지만, 지금은 사라진 주식이다. 다행히 나는 손실을 조금 만 보고 빠져나왔다.

소문주는 최면 효과가 있으며, 대개 그 스토리가 사람들의 마음 을 사로잡는다. 유쾌한 스토리에 빠져서 사람들은 회사에 실체가 없 다는 사실을 간과한다. 당신이나 나나 이런 주식에 투자한다면, 우 리 둘 다 손실을 메우기 위해서 부업이라도 해야 한다. 이런 종목들 은 내리기 전에 오르기도 하지만, 장기적으로 보유했을 때 나는 투 자했던 모든 종목에서 손실을 보았다. 예를 들면 다음과 같다.

월드 오브 원더Worlds of Wonder, 피자 타임 시어터Pizza Time Theater(척 치 즈Chuck E. Cheese가 농장을 매입했다), 원 포테이토 투One Potato, Two(종목코드 SPUD), 내셔널 헬스 케어National Health Care(14달러에서 50센트로 하락), 선 월드 항공Sun World Airways(8달러에서 50센트로 하락), 알람브라 마인Alhambra Mines(유감스럽게도 근사한 광산을 하나도 발견하지 못했다), MFG 오일(지 금은 투기적 저가주), 아메리칸 서저리 센터American Surgery Centers(환자가 없다!), 애스비텍 인더스트리즈Asbetec Industries(현재 13센트에 거래), 아메리칸 솔라 킹American Solar King(장외주식 시세표에 나오는 잊힌 주식), 텔레비디오Televideo(중도하차), 프라이엄Priam(디스크 드라이브 근처에 가지 말았어야 했다), 벡터 그래픽스 마이크로컴퓨터Vector Graphics Microcomputer(마이크로컴퓨터 근처에도 가지 말았어야 했다), GD 리치스GD Ritzys(패스트푸드지만 맥도날드와는 비교가 안 됐다), 인티그레이티드 서킷Integrated Circuits, 컴다이얼 코프Comdial Corp, 보마르Bowmar.

이 모든 무모한 도박의 공통점은 돈을 날렸다는 점 외에 화려한 스토리 속에 실체가 없었다는 사실이다. 이것이 바로 소문주의 본질이다.

이 종목에 투자하는 사람은 이익 등을 확인하느라 수고할 필요가 없다. 대개 이익이 전혀 없기 때문이다. PER도 없으므로, PER을 계산하느라 애쓸 필요도 없다. 하지만 현미경, 박사들, 높은 기대, 주식 발행으로 확보한 현금 등은 부족한 법이 없다.

나는 회사 전망이 그토록 대단하다면 내년이나 내후년에 투자해도 충분하다고 생각하며 자신을 억제하려고 노력한다(물론 항상 억제할 수 있는 것은 아니다). 회사가 실적을 보여줄 때까지 매수를 왜 연기하지 못하는가? 이익이 나올 때까지 기다려라. 실적이 입증된 회사에 투자해도 10루타를 만들어낼 수 있다. 의심이 들 때는 기다려라.

흥분되는 종목의 경우, 사람들은 기업공개 시점에 사지 못하면 영영 놓쳐버린다는 압박을 받기도 한다. 간혹 초기 매수세가 몰려서 단 하루 만에 환상적인 이익이 발생하기도 하지만, 이런 사례는 드물다.

1980년 10월 4일 제넨테크Genentech가 35달러에 기업공개를 했을 때, 같은 날 오후 89달러까지 올라갔다가 71.25달러로 내려갔다. 마젤란 펀드에도 소량이 배정되었다(인기 높은 공모주는 항상 확보할 수 있는 것이 아니다). 애플 컴퓨터Apple Computer는 내가 원하는 만큼 물량을 확보할 수 있었으므로, 첫날에 20% 수익을 남기고 팔았다. 공모 전날 매사추세츠주에서 애플 컴퓨터는 일반 대중에게는 너무 투기성이 강하므로 전문 투자자들만 매수할 수 있다고 원칙을 정했기 때문이다. 나는 애플이 폭락해서 회생주가 된 다음에야 다시 매수했다.

신생기업들은 확인할 사업실적이 거의 없으므로 이런 기업의 공개에 참여하면 매우 위험하다. 내가 투자한 회사 중에 일정 기간 성과가 좋은 예도 있었지만(Federal Express는 처음으로 25배 상승했다), 네 건 중 세 건은 장기적으로 성과가 실망스러웠다.

다른 회사로부터 기업분할 된 기업이나 실제로 실적이 있는 신생기업의 기업공개에서 나는 더 좋은 실적을 올렸다. 토이저러스가 그런 기업이었고, 에이전시 렌터카와 세이프티-클린 역시 그런 사례였다. 이들은 이미 기반이 확립된 기업이었으므로, 누구나 포드나 코카콜라와 같은 방식으로 조사할 수 있었다.

고객에게 휘둘리는 회사 _____

제품의 25~50%를 한 고객에게 판매하는 회사는 안정성이 떨어진다. SCI 시스템스(장의사가 아니다)는 잘 운영되는 회사로서 IBM에 컴퓨터 부품을 공급하는 주요 납품업체이지만, 언제 IBM이 부품을 자체 생산하기로 할지, 아니면 부품이 필요 없게 되어서 계약을 취소할지 알 수 없는 노릇이다. 고객 하나를 잃어서 파국을 맞이할 공급업체라면, 나는 그런 회사에 대해서는 투자를 재고하겠다. 탠던 Tandon 같은 디스크 드라이브 회사는 몇몇 고객에게 지나치게 의존하였으므로, 항상 재난의 위험을 안고 있었다.

계약취소가 아니라도, 거대 고객은 엄청난 힘을 발휘하여 가격인하나 다른 양보를 얻어내므로, 공급업체의 이익이 줄어든다. 이런 회사에 투자해서 좋은 실적을 얻는 사례는 드물다.

이름이 멋진 주식을 조심하라 _____

제록스의 이름이 데이비즈 드라이 카피즈David's Dry Copies처럼 촌스러웠으면 좋을 뻔했다. 그랬으면 이 회사를 회의적으로 보는 사람들이 더 많았을 것이다. 좋은 회사라도 이름이 따분하면 초기 투자자들이 회피하지만, 평범한 회사라도 이름이 근사하면 사람들이 몰리며, 이들은 안전한 곳에 투자했다고 착각한다. 회사 이름에 '어드밴스트^{advanced}(진보)', '리딩^{leading}(선도)', '마이크로^{micro}(극소)', 기타 'x'로 시작하는 단어나 신비로운 약어가 들어가면, 사람들은 이런 회사에 홀딱 빠진다. UAL은 사람들의 현대적 유행 감각에 호소하려고 이름을 앨리지스^{Allegis}로 변경했다. 크라운 코크 앤드 실이 이름을 그대로 둔 것은 다행이다. 이 회사에서 기업 이미지 컨설턴트의 말에 귀를 기울였다면 이름을 크로코시^{CroCorSea}로 바꿨을 것이고, 그랬다면 틀림없이 처음부터 기관투자자들이 몰려들었을 것이기 때문이다.

10장

이익이 가장 중요하다

당신이 센서매틱^{Sensormatic}이라는 회사를 발견했다고 가정하자. 이 회사는 상품 절도를 방지하는 지능형 가격표와 버저 시스템을 발명하였으며, 1979~1983년 동안 사업이 확장되면서 주가가 2달러에서 42달러로 상승했다. 주식중개인은 이 회사가 고속 성장하는 소기업이라고 말한다. 포트폴리오를 점검해보니 대형우량주 두 종목과 경기순환주 세 종목이 있었다. 센서매틱이나 포트폴리오에 들어있는 종목의 주가가 오른다는 보장이 있는가? 만일 주식을 산다면 얼마를 지불해야 하는가?

지금 던지는 질문은 회사의 가치를 결정하는 요소가 무엇이며 오늘보다 내일 가치가 올라가는 이유가 무엇이냐는 것이다. 이론은 여러 가지 있지만, 결론은 항상 이익과 자산으로 귀결된다. 때로는 주가가 회사의 가치를 따라가는 데 몇 년이 걸리기도 하고, 때로는 하락 기간이 너무 길어서 투자자들이 회의에 빠지기도 한다. 그러나 가치는 항상 승리한다. 아니면 적어도 승리하는 사례가 매우 많으므로, 이 말을 믿어도 좋다.

이익과 자산을 기초로 주식을 분석하는 작업은 동네 빨래방, 약국, 아파트를 사려고 분석하는 것과 다를 바가 없다. 때때로 잊기 쉽지만, 주식은 복권이 아니라 회사 일부에 대한 소유권이다.

이익과 자산을 다른 방식으로 생각할 수도 있다. 당신이 주식이라면, 당신의 이익과 자산에 따라 사람들이 지불하려는 금액이 달라진다. GM을 평가하듯이 당신 자신을 평가해보면 유익한 연습이 되며, 주식에 대한 조사 요령을 배울 수 있다.

자산에는 부동산, 자동차, 가구, 옷, 카펫, 보트, 도구, 보석, 골프채, 그밖에 재산을 정리하고 사업을 그만두기로 했을 때 중고품 염가판매를 할 수 있는 모든 물건이 포함된다. 물론 남아 있는 주택담보대출, 저당권, 자동차 할부금, 은행이나 친지에게 빌린 돈, 각종 청구서, 차용증, 도박 빚 등을 여기서 차감해야 한다. 그 결과 나오는 것이 유형자산의 장부가액, 즉 순자산가치다(만일 결과가 마이너스로 나온다면, 당신은 파산법 11장의 파산 후보가 된다).

청산해서 채권자에게 자신을 팔아넘기지 않는 한, 당신에게는 소득 창출 능력이라는 또 다른 유형의 가치가 있다. 직장 생활을 하는 동안 당신은 근무 강도와 급여 수준에 따라 수천 달러, 수십만 달러, 수백만 달러를 벌어올 수 있다. 역시 누적 결과는 엄청나게 달라진다.

이제 당신 자신을 앞에서 살펴본 여섯 가지 주식 유형으로 분류해보자. 이것은 어느 정도 근사한 파티 게임이 될 수 있다.

급여가 낮고 급여 인상도 적은 안전한 직업에 종사하는 사람들은 저성장주이며, 아메리칸 일렉트릭 파워^{American Electric Power} 같은 전기설비업체에 해당한다. 도서관 사서, 교사, 경찰 등이 저성장주다.

기업의 중간 관리자처럼 급여가 높고 정기적으로 인상되는 사람은 대형우량주다. 코카콜라와 랠스턴 퓨리나에 해당하는 사람이다.

농부, 호텔과 휴양지 종업원, 하이알라이(스쿼시 비슷한 경기) 선수, 여름 캠프 운영자, 크리스마스트리 매장 운영자 등 단기간에 집중적으로 돈을 벌어 장기간 어렵게 생활을 이어가는 사람은 경기순환주다. 작가와 배우 역시 경기순환주이지만, 갑자기 재산이 늘어날 가능성이 있으므로 잠재적 고성장주다.

건달, 신탁자금 수익자, 대지주, 미식가 등 가족재산으로 생활하지만 자신은 아무 일도 하지 않는 사람은 금광주나 철도주 같은 자산주다. 자산주의 변함없는 관심사는 부채를 청산하고 주류가게와 여행사에 외상을 갚고 나면 얼마가 남느냐는 것이다.

불량배, 부랑자, 빈털터리, 파산자, 해고노동자, 실업자 등은 힘과 근로 의지가 남아 있는 한 모두 잠재적 회생주다.

배우, 발명가, 부동산 개발업자, 소기업 경영자, 운동선수, 음악가, 범죄자 등은 모두 잠재적 고성장주다. 고성장주에 속하는 사람들은 대형우량주 사람들보다 실패율이 높지만, 성공하면 하룻밤 새 수입이 10배, 20배, 심지어 100배까지 늘어나므로 타코벨이나 스톱 앤드 숍에 해당하는 사람이 된다.

고성장주에 투자하는 사람은 미래에 큰돈을 벌 가능성에 승부를 거는 셈이다. 기업 고문변호사 같은 코카콜라 대신 영화배우 해리슨 포드Harrison Ford 같은 던킨 도너츠에 투자한다고 가정하자. 해리슨 포드가 로스앤젤레스에서 뜨내기 목수로 일하는 동안은 코카콜라에 투자하는 편이 합리적이지만, 그가 스타워즈Star Wars 같은 대박 영화에서 스타가 되면 수입이 어떻게 되는지 생각해보라.

개업 변호사는 거액이 걸린 이혼소송에서 이기지 않는 한 하룻밤새 10루타가 되기 힘들지만, 배 바닥을 청소하는 사람은 소설을 써서 제2의 헤밍웨이가 될 수도 있다(이 사람에게 투자하려면 먼저 그의 소설책을 읽어보라!). 이런 이유로 투자자들은 유망한 고성장주를 찾아 비싼 가격에 매수한다. 지금 당장 이익이 없거나 주가에 비해 이익 수준이 하찮을지라도 말이다.

어느 차트를 보더라도 이익 곡선이 주가 곡선과 함께 다닌다는 점에서, 우리는 이익의 중요성을 알 수 있다. 주가 차트 책은 대부분 증권사에서 구할 수 있으며, 책을 훑어보면 도움이 된다. 어느 차트든지 두 곡선은 나란히 움직이며, 주가 곡선이 이익 곡선에서 벗어나면 머지않아 다시 이익 곡선 쪽으로 돌아온다. 사람들은 일본인과 한국인이 하는 일을 궁금해할지도 모르지만, 결국 이익이 주식의 운명을 결정한다. 사람들은 시장의 매시간 움직임에 돈을 걸기도 하지만, 장기적으로 이런 움직임을 좌우하는 것은 이익이다. 때때로 예외가 발생하기도 하지만, 보유종목들의 차트를 조사하면 내가 설명하는 이익과 주가의 관계를 이해할 것이다.

지난 10년 동안 우리는 불황과 인플레이션을 겪었고, 유가가 올랐다가 내렸으며, 주식은 줄곧 이익을 따라갔다. 다우 케미컬 차트를 보라. 이익이 올라가면 주가도 올라갔다. 1971~1975년과 1985~1988년 동안 이런 현상이 나타났다. 그 사이 1975~1985년 동안은 이익이 변덕을 부렸고, 주가 역시 변덕을 부렸다.

에이번 프로덕츠를 보면, 이익이 계속 증가하면서 1958년 3달러였던 주가가 1972년 140달러로 뛰어올랐다. 낙관론이 넘쳐났고, 그래서 이익에 비해 주가가 부풀어 올랐다. 이어 1973년 환상이 깨졌다. 이익이 무너졌으므로 주가도 무너졌는데, 우리는 이런 붕괴가 오는 모습을 미리 볼 수 있었다. 〈포브스〉지는 붕괴가 시작되기 10개월 전에 특집기사에서 우리 모두에게 경고했다.

매스코 코퍼레이션Masco Corporation은 어땠는가? 이 회사는 구형 편수 수도꼭지를 개발하였고, 그 결과 전쟁과 평화, 인플레이션과 불황 속에서도 30년 연속 이익을 냈으며, 1958~1987년 동안 이익은 800배 증가했고 주가는 1,300배 상승했다. 이것은 십중팔구 자본주의 역사상 가장 위대한 주식이다. 매스코 스크루 프로덕츠Masco Screw Products라는 기막히게 우스꽝스러운 이름으로 출발한 회사에 대해서 사람들이 무엇을 기대했겠는가? 그러나 이익이 계속 증가하는 한, 아무도 이 회사를 막을 수는 없다.

116개 분기(29년) 연속으로 매출이 증가한 쇼니즈Shoney's라는 식당 체인을 살펴보자. 이런 기록을 세운 회사는 거의 없다. 아니나 다

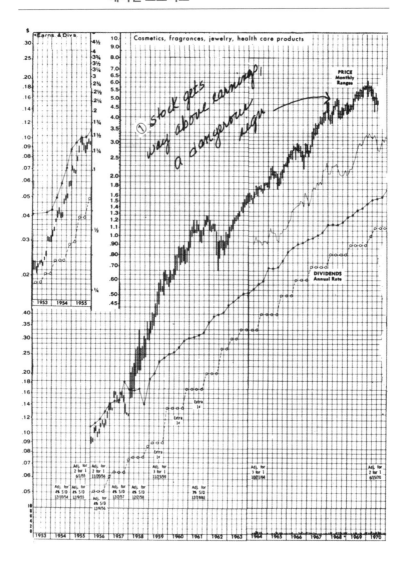

- 주가가 이익보다 훨씬 앞서서 올라갔다. 이것은 위험한 징조다
- 그러자 올 것이 왔다! 1년 만에 주가가 86%나 하락했다

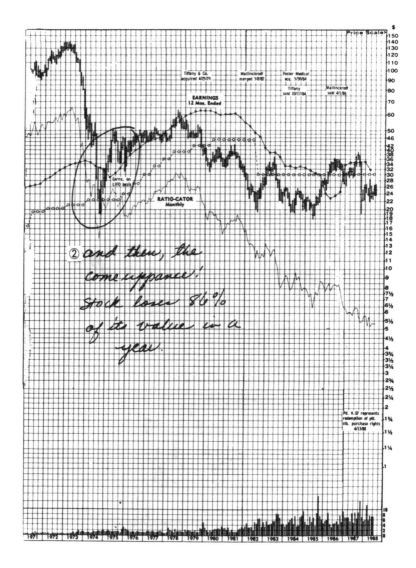

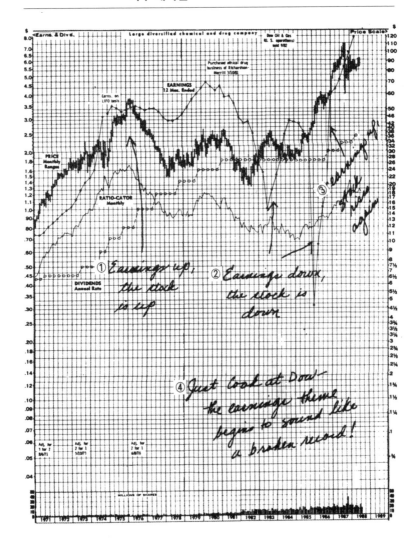

- 이익이 올라가자 주가도 올라갔다
- 이익이 내려가자 주가도 내려갔다
- 이익이 올라가자 주가도 다시 올라갔다
- 다우를 보라. 이익과 주가의 관계가 튀는 레코드처럼 되풀이된다

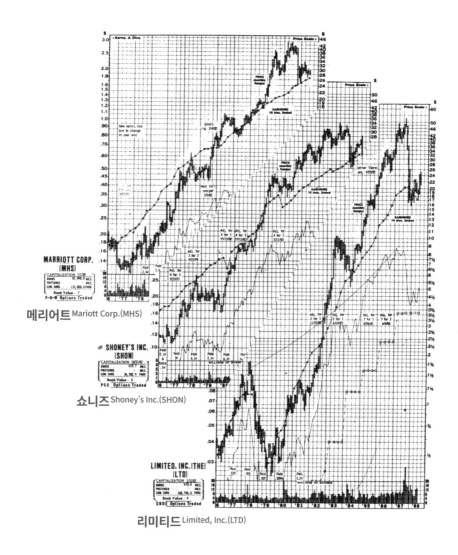

메리어트 Mariott Corp.(MHS)

쇼니즈 Shoney's Inc.(SHON)

리미티드 Limited, Inc.(LTD)

를까 주가도 꾸준히 상승했다. 주가가 이익보다 앞서갔던 몇몇 지점
이 있었지만, 차트에 나타나듯이 주가는 곧바로 현실로 돌아왔다.

또 다른 위대한 성장주 메리어트의 차트도 똑같은 이야기를 들려준다. 그리고 리미티드를 보라. 70년대 말 이익이 휘청거릴 때, 주가도 역시 휘청거렸다. 이어 이익이 치솟았고, 주가도 따라서 치솟았다. 1983년과 1987년처럼 주가가 이익보다 앞서나갔을 때, 그 결과 단기 재앙이 찾아왔다(차트 참조). 1987년 10월 대폭락 때 수많은 다른 종목도 마찬가지였다.

(주가가 고평가되었는지 즉시 판단하는 방법은 주가 곡선과 이익 곡선을 비교하는 것이다. 만일 당신이 쇼니즈, 리미티드, 메리어트 같은 친숙한 성장주를 주가 곡선이 이익 곡선보다 내려가면 매수하고, 주가 곡선이 이익 곡선보다 현저하게 올라갈 때 매도한다면, 뛰어난 실적을 올릴 가능성이 있다. 에이번에도 같은 방법이 통했을 것이다! 이 방법을 지지하는 것은 아니지만, 나쁜 방법은 아니다)

유명한 PER

이익에 대해서 진지하게 논의하다 보면 으레 PER* 이야기가 등장한다. PER은 주가수익배수, 간단히 배수라고도 부른다. 이 배수는 해당 기업의 주가와 이익의 관계를 숫자로 요약한 것이다. 각 종목의 PER은 대부분 주요 일간지의 주식시세표에 다음과 같이 나온다.

---

* 우리나라에서 흔히 사용하는 '주가수익배수'라는 표현은 오역으로 보아야 한다. Price-Earnings Ratio(PER)의 Earnings는 일반적으로 이익을 뜻하므로 '주가이익배수'가 정확한 표현이다. 수익收益은 Revenue로서, 보통 매출을 뜻하므로 이익(利益: Profit)과는 성격이 전혀 다르다. 그러나 주가수익배수가 이미 널리 사용되고 있으므로, 이 용어를 따르기로 한다. (옮긴이)

52주										
고가	저가	종목	배당	%	PER	매출	고가	저가	종가	등락
43.25	21.63	K마트	1.32	3.8	10	4696	35.13	34.50	35	+0.38

이익 곡선과 마찬가지로, PER도 회사의 수익 잠재력에 비해 주가가 고평가되었는지, 적절하게 평가되었는지, 저평가되었는지를 판단하는 유용한 척도다.

(간혹 신문에 게재된 PER이 비정상적으로 높을 때가 있는데, 대개 이때는 회사가 장기손실을 단기이익에서 상각하여 이익이 과도하게 줄었기 때문이다. PER이 터무니없어 보인다면, 주식중개인에게 이유를 설명해달라고 부탁하라)

예를 들어 〈월스트리트 저널〉에서 보면 K마트는 PER이 10배다. 이것은 현재 주가(35달러)를 지난 12개월이나 회계연도의 이익(주당 3.50달러)으로 나누어 구한 숫자다. 35달러를 3.5달러로 나누면 PER은 10배가 나온다.

PER은 투자자의 초기 투자금액을 회사가 다시 벌어들이는 데 걸리는 햇수로 생각할 수도 있다. 물론 회사의 이익은 매년 일정하다고 가정한다. K마트 주식 100주를 3,500달러에 매수한다고 가정하자. 현재 이익은 주당 3.50달러이므로, 100주면 1년에 350달러를 벌게 되며, 초기 투자금액 3,500달러를 버는 데는 10년이 걸린다. 그러나 우리는 수고스럽게 이런 계산을 할 필요가 없다. PER이 10배이므로 10년 걸린다는 점을 알 수 있다.

이익의 두 배에 거래되는 주식을 매수하면(PER=2), 초기 투자금액을 2년 만에 회수할 수 있지만, 이익의 40배에 거래되는 주식을 매수하면(PER=40), 회수하는 데 40년이 걸린다. 인기가수 셰어^{Cher}는 그때쯤이면 증조할머니가 되어있을 것이다. PER 낮은 종목들이 주위에 널려있는데, 사람들은 왜 PER 높은 종목을 매수할까? 이들은 목재 하치장에서 일하는 해리슨 포드를 찾고 있는 것이다. 사람의 수입과 마찬가지로, 기업의 이익도 변하기 때문이다.

갑 주식은 PER이 40배이고 을 주식은 PER이 3배라는 사실은, 투자자들이 갑회사는 미래에 이익이 개선된다고 기꺼이 믿지만, 을 주식의 미래에 대해서는 매우 회의적이라는 뜻이다. 신문을 들여다보면 PER 값의 범위가 넓은 데 놀랄 것이다.

또한 저성장주가 PER 수준이 가장 낮고 고성장주가 PER 수준이 가장 높으며, 경기순환주는 그 사이에서 오락가락하는 모습을 볼 것이다. 앞에서 설명한 논리에 따르면 이는 당연하다. 공익기업의 평균 PER(요즘 7~9배)보다 대형우량주의 평균 PER(10~14배)이 높고, 이보다는 고성장주의 평균 PER(14~20배)이 높기 때문이다. 일부 염가주식을 찾는 투자자는 PER이 낮은 주식을 사야 한다고 믿지만, 내가 보기에 이런 전략은 아무 의미가 없다. 사과를 오렌지와 비교해서는 곤란하다. 월마트 기준으로 낮은 PER이 다우 케미컬 기준으로도 똑같이 낮다고 볼 수는 없다.

PER을 좀 더 알아보면

다양한 업종과 기업 유형별로 PER을 자세히 논의하려면 이 책을 다 채워야 하며, 아무도 읽으려 하지 않을 것이다. PER의 수렁에 빠진다면 어리석은 일이지만, 그래도 PER을 무시해서는 안 된다. 다시 말하지만, 거래 주식중개인이 PER 분석에 가장 유용한 자료를 제공해 줄 수 있다. 먼저 당신이 보유한 다양한 종목의 PER이 업종 평균에 비해 높은지, 낮은지, 같은 수준인지 물어볼 수 있다. "이 회사는 업종에 비해 할인되어 거래되고 있다."라는 말이 들린다면, 이 회사의 PER이 낮은 수준이라는 뜻이다.

주식중개인은 어떤 회사 PER의 과거 기록도 제공할 수 있다. 역시 증권회사에서 구할 수 있는 S&P 보고서에서도 같은 정보를 찾을 수 있다. 주식을 매수하기 전에, 정상적인 PER 수준을 가늠하기 위해서 과거 몇 년 동안의 PER을 추적할 수도 있다(물론 신생기업은 과거 PER 기록이 없다).

예를 들어 코카콜라를 매수한다면, 우리가 이익에 대해서 지불하는 가격이 과거에 다른 사람들이 이익에 대해 지불했던 가격에 비해 적정한지 알아보면 좋을 것이다. PER을 보면 이것을 알 수 있다.

(《밸류라인 인베스트먼트 서베이Value Line Investment Survey》에도 PER의 과거 기록이 나오는데, 이 책은 대부분 대형 도서관과 증권사에 있다. 실제로 〈밸류라인〉은 아마추어 투자자들이 알아야 하는 적절한 데이터를 모두 제공해준다. 별도로 애널리스트를 고용하지 않는다면 이 서비스를 이용하는 것이 차선책이라 하겠다)

당신이 PER에 대해서 단 한 가지만 기억해야 한다면, PER이 지나치게 높은 종목을 피해야 한다는 점이다. 이렇게 하면 엄청난 돈을 날리거나 비탄에 잠기는 일을 피할 수 있다. 무거운 안장이 경주마에게 부담이 되듯이, 지나치게 높은 PER은 주식에 부담이 되며, 여기에는 예외가 거의 없다.

PER이 높은 기업은 이익 증가율이 엄청나게 높아야만 높은 주가를 지탱할 수 있다. 1972년 맥도날드는 전과 다름없이 훌륭한 회사였지만, 주가가 75달러가 되면서 PER이 50배로 올라갔다. 맥도날드는 이러한 기대를 충족시킬 방도가 없었으므로, 주가가 75달러에서 25달러로 내려가면서 PER도 더 현실적인 수준인 13배로 떨어졌다. 맥도날드 회사에는 전혀 문제가 없었다. 단지 1972년에 75달러로 고평가되었을 뿐이다.

맥도날드가 고평가되었다면, 이번에는 1960년대 말 인기주였던 로스 페로Ross Perot의 회사 일렉트로닉 데이터 시스템스Electronic Data Systems(EDS)에 어떤 일이 있었는지 살펴보자. 이 회사에 대한 증권사의 보고서를 읽고 나는 도무지 믿을 수가 없었다. 이 회사의 PER이 무려 500배였다! 이익이 일정하다면, EDS에 투자해서 초기 투자금액을 회수하기까지 5세기가 걸린다. 게다가 애널리스트는 EDS의 PER이 1,000배가 되어야 마땅하므로, PER 500배는 보수적인 수준이라고 썼다.

아서 왕이 영국을 지배할 때 우리가 PER 1,000배인 이 회사에 투자했고 회사의 이익이 그동안 일정했다면, 오늘에 와서야 겨우 본전

이 되었을 것이다.

이 보고서를 잘 보관했더라면 좋았을 뻔했다. 다른 증권사에서 온 "최근 이 회사가 파산하였으므로, 이 주식을 추천종목에서 제외합니다."라는 보고서와 나란히 내 사무실 벽 액자에 넣어 걸어두었을 것이기 때문이다.

이후 오랫동안 EDS 회사는 영업실적이 매우 좋았다. 이익과 매출이 극적으로 증가했고, 벌이는 사업마다 대단한 성공을 거두었다. 그러나 EDS 주식은 이야기가 달랐다. 주가가 1974년에 40달러에서 3달러로 폭락했는데, 회사에 어떤 문제가 있어서가 아니라, 주가가 전무후무하게 고평가되었기 때문이다. 우리는 어떤 회사의 미래 실적이 그 주가에 '반영'되었다는 말을 종종 듣는다. 만일 그런 경우라면, EDS에 투자한 사람들은 내세까지 반영한 셈이다. EDS에 대해서는 나중에 더 설명하겠다.

에이번 프로덕츠가 140달러에 거래될 때, 이 회사의 PER은 무려 64배나 되었다. 물론 EDS에는 비할 바가 못 되지만 말이다. 여기서 중요한 점은 에이번이 거대기업이라는 사실이다. 소기업조차 PER 64배를 지탱할 정도로 성장한다면, 이것은 기적이다. 그러나 매출이 이미 10억 달러를 넘어선 에이번 규모의 회사라면, 화장품과 로션을 수십억 달러 팔아야 했다. 누군가의 계산에 따르면, 에이번이 PER 64배를 지탱하려면 철강 산업, 석유 산업, 캘리포니아주 전체의 이익보다 더 많은 이익을 내야만 했다. 이것이 최상의 시나리오였다. 하지만 로션과 향수를 몇 개나 팔 수 있겠는가? 현실이 그렇지 못했으므로 에이번의 이익은 전혀 증가하지 않았다. 이익이 감소하자, 주가는 1974년 18.63달러로 즉시 추락했다.

폴라로이드에도 같은 일이 발생했다. 이 회사도 32년 동안 번창해온 건실한 회사였지만, 18개월 동안 회사 가치의 89%가 날아갔다. 1973년 주가가 143달러였으나 1974년 14.13달러로 떨어졌고, 1978년 60달러로 반등했으나 1981년 다시 19달러로 주저앉았다. 1973년 장중 고가를 형성했을 때 폴라로이드의 PER은 50배였다. 투자자들이 신제품 SX-70 카메라가 놀라운 성장세를 보여주리라 기대했기 때문에 그렇게 올라갔지만, 카메라와 필름은 너무 비쌌고, 조작에 문제가 있었기에 사람들은 곧 흥미를 잃었다.

이번에도 기대가 지나치게 비현실적이어서, 설사 SX-70이 성공을 거두더라도, 높은 PER을 지탱할 정도로 돈을 벌려면 미국의 모든 가정에 4대씩 팔아야 했다. 이 카메라가 엄청난 성공을 거두었더라도 주가에는 큰 도움이 되지 않았을 것이다. 그러나 이 카메라는 적당한 성공에 그쳤고, 이 사실이 온 주위에 악재가 되었다.

시장의 PER

기업의 PER은 홀로 존재하지 않는다. 주식시장 자체에도 집단적 PER이 있으며, 이것은 시장이 전반적으로 고평가되었는지 저평가되었는지를 알려주는 좋은 지표다. 나는 이미 시장을 무시하라고 충고한 바 있다. 그러나 몇몇 종목이 이익에 비해 부풀린 가격으로 거래되면, 대부분 종목도 이익에 비해 부풀린 가격에 거래되는 경향이 있다. 바로 이런 일이 1973~1974년 폭락 전에 발생했고, 1987년 폭락 전에도 일어났다.

1982~1987년 사이 최근 5년 동안의 강세장에서, 시장 전체 PER이 8배에서 16배로 슬금슬금 올라갔다. 이는 투자자들이 똑같은 기업 이익에 대해서 1987년에는 1982년에 지불했던 가격보다 두 배를 지불했다는 뜻인데, 대부분 주식이 고평가되었다는 경고로 받아들였어야 했다.

금리는 현재의 PER에 커다란 영향을 미친다. 금리가 낮으면 채권의 매력도가 떨어지므로, 투자자들이 주식에 더 높은 가격을 지불하기 때문이다. 그러나 금리를 제쳐두더라도, 강세장에 나타나는 지나친 낙관주의 때문에 EDS와 에이번의 사례처럼 PER이 터무니없는 수준까지 올라가기도 한다. 이 기간에 고성장주는 동화의 나라에나 있을 법한 PER에 거래되었고, 저성장주는 평소에 고성장주가 거래되던 PER 수준에서 거래되었으며, 시장 자체의 PER은 1971년에 20배에서 정점을 형성했다.

PER을 공부한 사람이라면 이것이 미친 짓임을 알 수 있었으니, 누구든 내게 말해주었다면 좋았을 뻔했다. 1973~1974년 동안 시장은 1930년대 이래 가장 잔인한 조정을 받았다.

미래 이익

미래 이익. 바로 이것이 문제다. 이것을 어떻게 예측해야 할까? 최고의 방법은 현재 이익을 바탕으로 주식이 적절하게 평가되었는 지 경험을 살려 추측하는 정도다. 이 정도만 하더라도, 우리는 절대로 폴라로이드나 에이번을 PER 40배에 사지 않을 것이며, 브리스톨-마이어스, 코카콜라, 맥도날드를 비싸게 사지도 않을 것이다. 하지만 우리가 진정으로 알고 싶은 것은 다음 달이나, 다음 해나, 10년 뒤 이익이 어떻게 되느냐이다.

결국 이익은 증가하게 되어있으며, 모든 주가에는 이익이 증가한다는 가정이 들어가 있다.

수많은 애널리스트와 통계전문가가 미래 성장과 이익을 예측하지만, 아무 금융 잡지나 뒤져보면 이들의 예측이 얼마나 자주 틀리는지 알 수 있다('이익'이란 단어와 함께 가장 자주 등장하는 단어가 '예상 밖 surprise'이다). 그렇다고 우리가 직접 시도하면 이익이나 이익 성장을 더 정확하게 예측할 수 있다는 말은 아니다.

일단 본격적으로 예측하려고 덤벼든다면, 우리는 주식의 이해할 수 없는 움직임에 크게 당황할 것이다. 이익이 증가해도 주가가 내리는데, 이는 애널리스트와 기관투자자들이 더 높은 이익을 기대했기 때문이다. 이익이 줄었는데도 주가가 오르는데, 이는 같은 사람들이 이익을 더 낮게 예상했기 때문이다. 이런 주가 움직임은 단기간의 이상 현상이지만, 그래도 이런 모습을 지켜보는 주주들은 좌절감을 느낀다.

우리가 미래 이익을 예측할 수는 없어도, 회사가 세운 이익 증대 계획은 알아낼 수 있다. 따라서 계획이 제대로 진행되는지 주기적으로 점검할 수 있다.

회사가 이익을 증대시키는 방법은 기본적으로 다섯 가지가 있다.* 1) 비용을 절감한다. 2) 가격을 인상한다. 3) 신규시장에 진출한다. 4) 기존 시장에서 매출을 늘린다. 5) 적자 사업을 재활성화하거나, 중단하거나, 매각한다. 이것이 우리가 조사할 요소들이다. 만일 우리에게 강점이 있다면, 그 강점이 가장 요긴한 분야가 바로 여기다.

---

* 이익과 배당을 혼동하는 사람들이 있다. 기업의 이익이란 모든 비용과 세금을 공제한 뒤회사가 매년 벌어들이는 돈을 말한다. 배당이란 회사가 이익을 나누어 주기 위해서 정기적으로 주주들에게 지급하는 돈을 말한다. 회사는 엄청난 이익을 벌어들이더라도 배당을 전혀 지급하지 않을 수도 있다.

11장

2분 연습

우리는 투자하는 주식이 저성장주, 대형우량주, 고성장주, 회생주, 자산주, 경기순환주 가운데 어디에 해당하는지 이미 확인하였다. 그리고 PER을 통해서, 현재 가격에서 주식이 전망에 비해 저평가되었는지 아니면 고평가되었는지 대강 감도 잡았다. 다음 단계는 회사가 번영을 북돋우고 성장을 가속하기 위해서 무슨 일을 하고 있으며, 회사에 어떤 좋은 일이 기대되는지 최대한 파악하는 작업이다. 이것이 바로 '스토리' 파악이다.

자산주는 예외가 되겠지만(자산주는 부동산, 석유 매장량, 방송국의 가치를 남들이 알아줄 때까지 느긋하게 기다리면 된다), 이익이 계속 증가하려면 무엇인가 역동적인 활동이 일어나야 한다. 그 무엇인가 대해서 더 확신할 수 있다면, 그만큼 스토리를 파악하기 쉬워진다.

해당 회사에 대한 애널리스트의 보고서나 〈밸류라인〉의 짧은 논평에도 전문가 관점의 스토리가 담겨있지만, 회사나 업종에 대해 강점을 보유하고 있다면 우리가 직접 스토리를 자세히 만들어낼 수도 있다.

주식을 매수하기 전에 나는 주식에 흥미를 느끼는 이유, 회사가 성공하려면 무엇이 필요한가, 앞길에 놓인 함정은 무엇인가에 대해 2분 동안 혼잣말하기를 좋아한다. 2분 독백은 소곤거려도 좋고, 근처에 있는 동료에게 들릴 정도로 크게 떠들어도 좋다. 일단 주식의 스토리를 가족, 친구('시저스 월드Caesars World가 인수된다고 버스에서 떠드는 친구'를 가리키는 것은 아니다), 개에게 어린애도 이해할 정도로 쉽게 설명할 수 있다면, 당신은 상황을 적절하게 파악한 셈이다.

다음은 2분 독백에 포함될 만한 주제들이다.

저성장주에 대한 투자를 생각한다면, 아마도 배당을 기대하기 때문이다(그렇지 않다면 이런 주식을 왜 보유하는가?). 따라서 독백의 주요 요소는 이렇게 된다. "이 회사는 지난 10년 동안 매년 이익이 증가했고, 배당수익률도 매력적이다. 배당이 감소하거나 연기된 적이 한 번도 없다. 실제로 지난 세 번의 불황을 포함해서 경기가 좋을 때나 나쁠 때나 배당을 늘려왔다. 이 회사는 전화 설비회사이며, 새로운 이동전화 사업을 시작하면 성장률이 대폭 높아질 것이다."

경기순환주에 대한 투자를 생각한다면, 독백은 사업 환경, 재고, 물가가 중심이 되어야 한다. "자동차 업종은 3년 동안 침체를 겪었지만, 올해부터 상황이 바뀌었다. 근래에 들어 처음으로 자동차 매출이 전반적으로 증가했기 때문이다. GM의 새 모델이 잘 팔리고 있음을 내가 확인했고, 지난 18개월 동안 회사는 비효율적인 공장 5개를 폐쇄했으며, 임금을 20% 절감했고, 이제 곧 이익이 가파르게 상승할 것이다."

만일 자산주라면, 자산이 무엇이며 그 가치가 얼마나 되는가? "주식은 8달러에 거래되지만, 비디오카세트 사업부 하나만 해도 가치가 주당 4달러이며 부동산의 가치가 7달러다. 이것만으로도 헐값인데, 회사의 나머지 부분을 마이너스 3달러에, 즉 3달러를 받으면서 얻게 되는 셈이다. 회사 내부자들이 주식을 매수하고 있으며, 회사가 꾸준히 이익을 내고 있고, 이렇다 할 부채도 없다."

회생주라면, 회사는 운명을 개선하기 위한 작업에 착수했으며, 그 계획이 지금까지 효과를 보고 있는가? "제너럴 밀스의 사업다악화에 대한 개선 작업이 커다란 진전을 보이고 있다. 11개였던 기본 사업을 2개로 감축했다. 에디 바우어Eddie Bauer, 탤벗Talbot's, 케너 앤드 파커 브라더스Kenner, and Parker Brothers를 매각하여 최고금액을 받았고, 가장 잘하는 본연의 업무인 식당업과 포장 식품 사업에 전념하고 있다. 제너럴 밀스는 자사주를 수백만 주 매입하고 있다. 해산물 자회사 고튼스Gortons의 해산물 시장점유율이 7%에서 25%로 상승하였다. 회사는 저칼로리 요구르트, 콜레스테롤 없는 비스퀵Bisquick, 전자레인지용 초콜릿 과자 등을 출시하고 있다. 이익이 가파르게 증가하고 있다."

대형우량주라면, 핵심 주제는 PER이 얼마인지, 최근 몇 달 동안 주가가 급속히 상승했는지, 성장률을 높이기 위해서 어떤 작업이 진행되고 있는지 등이다. 이런 식의 혼잣말이 될 것이다. "코카콜라는 PER이 바닥권에 도달했다. 지난 2년 동안 주가가 꼼짝도 하지 않았다. 회사는 여러 가지 면에서 개선되었는데 말이다. 컬럼비아 픽처스Columbia Pictures 지분의 절반을 일반에게 공개 매각했다. 다이어트 음료의 성장률이 극적으로 높아졌다. 작년에 일본 사람들은 전년보다 콜라를 36% 더 마셨고, 스페인 사람들은 소비량이 26% 증가했다. 경이적인 향상이다. 해외 매출이 전반적으로 뛰어나다. 코카콜라 엔터프라이즈Coca-Cola Enterprises 주식을 별도로 공모해서, 회사는 독립된 지방 유통업체들을 많이 사들이고 있다. 이제 회사는 유통과 국내 매출을 더 잘 통제하고 있다. 이런 요소들 때문에 코카콜라는 사람들 생각보다 더 좋은 실적을 올릴 것이다."

고성장주라면, 어디에서 어떤 방법으로 고속 성장을 지속할 수 있는가? "라 킨타는 텍사스에서 사업을 시작한 모텔 체인이다. 이 회사는 텍사스에서 수익성이 아주 높았다. 회사는 아칸소와 루이지애나에서 성공적인 영업방식을 되풀이하였다. 작년에는 전년보다 모텔 체인을 20% 확대했다. 이익이 분기마다 증가했다. 회사는 장래에도 신속하게 확장할 계획이다. 부채는 과도하지 않다. 모텔 사업은 저성장 업종이며 경쟁이 매우 치열하지만, 라 킨타는 일종의 틈새를 찾아냈다. 이 회사는 아직 확장해나갈 시장이 매우 많다."

이상은 스토리의 기본 주제이며, 자세한 내용을 얼마든지 채울 수 있다. 스토리는 더 많이 알수록 더 좋다. 항상 필요한 것은 아니지만, 나는 몇 시간을 들여서 이야깃거리를 만들어낸다. 두 가지 사례를 소개하겠다. 한 사례에서는 내가 제대로 점검하였고, 다른 사례에서는 중요한 질문을 빠뜨렸다. 첫째 사례는 라 킨타로서 15루타 종목이 되었고, 둘째 사례는 빌드너스로서 거꾸로 15루타, 즉 투자 원금이 15분의 1로 줄어들었다.

라 킨타에 대한 점검 ———————————————

한때 나는 모텔 업종이 경기순환적 회생주가 될 운명이라고 생각했었다. 나는 홀리데이 인의 최대 가맹점주인 유나이티드 인United Inns에 이미 투자한 상태였으며, 다른 기회가 또 있는지 귀를 기울이고 있었다. 유나이티드 인의 부사장과 전화 인터뷰를 하는 중에, 나는 홀리데이 인의 경쟁자 가운데 가장 성공적인 회사가 어디냐고 물었다.

경쟁자를 묻는 방법은 내가 유망한 신규 종목을 발굴하는 데 즐겨 사용하는 기법이다. 높은 양반들은 경쟁에 대해서 부정적으로 말하는 경우가 95%이며, 대개 특별한 의미도 없다. 하지만 한 회사의 임원이 다른 경쟁기업에 감명을 받았다고 인정한다면, 그 경쟁기업은 사업을 제대로 하고 있다고 믿어도 좋다. 경쟁자가 배 아파하며 칭찬하는 회사만큼 장래가 밝은 회사는 없기 때문이다.

"라 킨타 모터 인입니다. 이 회사는 정말 영업을 잘합니다. 이들 때문에 휴스턴과 댈러스에서 우리 체인이 망해가고 있습니다." 유나이티드 인 부사장이 힘주어 말했다. 그는 무척이나 강한 인상을 받은 목소리였으며, 나 역시 강한 인상을 받았다.

이때 나는 처음으로 라 킨타라는 이름을 들었다. 그러나 이 흥분되는 새로운 정보를 얻고 수화기를 내려놓자마자, 나는 스토리를 찾아내려고 샌안토니오^{San Antonio}에 있는 라 킨타 본점의 월터 비글러^{Walter Biegler}에게 곧바로 전화를 걸었다. 비글러는 이틀 후 하버드에서 열리는 기업인 회의 참석차 보스턴에 오므로, 이때 직접 스토리를 설명하겠다고 말했다.

유나이티드 인 사람이 정보를 흘리고 5분 뒤 라 킨타 사람이 우연히 보스턴을 방문하게 되었다고 언급하자, 이 모든 일이 나에게 수백만 주를 떠넘기려는 작전처럼 들렸다. 그러나 비글의 설명을 듣자마자 나는 이것이 작전이 아니란 사실을 알았고, 오히려 이 훌륭한 주식을 사지 않으면 낭패를 보리라 생각했다.

개념은 간단했다. 라 킨타는 홀리데이 인 수준의 객실을 제공하되, 더 낮은 가격에 판매했다. 객실 크기가 홀리데이 인과 같았고, 침대도 마찬가지로 견고했으며(모텔 업종에는 이런 일을 담당하는 침대 컨설턴트가 있다), 화장실도 똑같이 훌륭했고, 수영장도 같은 수준이었는데, 요금은 30% 낮았다. 어떻게 이런 일이 가능했을까? 나는 알고 싶었다. 비글러가 계속 설명했다.

라 킨타는 결혼식장, 회의실, 대규모 리셉션 장소, 주방 면적, 식당을 없앴다. 이들은 모두 이익에는 도움이 되지 않으면서 비용만 잔뜩 올려놓는 공간이었다. 라 킨타의 아이디어는 데니스^{Denny's}나 비슷한 24시간 음식점을 모든 모텔의 바로 곁에 여는 것이었다. 라 킨타는 데니스를 소유할 필요도 없었다. 음식 걱정은 다른 사람의 몫이었다. 홀리데이 인은 요리로 이름 있는 체인이 아니므로, 라 킨타는 주요 장점을 포기하는 것이 아니었다. 바로 이 방법으로 라 킨타는 막대한 자본투자를 회피하고 커다란 골칫거리를 비껴갈 수 있었다. 대부분 호텔과 모텔들은 식당에서 손실이 발생하고 있으며, 고객 불만의 95%도 식당에서 일어난다.

나는 투자에 관해 대화를 나눌 때마다 뭔가 새로운 것을 배우려고 항상 노력한다. 나는 비글러로부터 호텔과 모텔의 고객들이 하룻밤 묵을 때마다 관행적으로 객실 가치의 1,000분의 1씩 지불한다는 사실을 배웠다. 뉴욕 프라자 호텔의 객실 하나의 가치가 40만 달러라면, 하룻밤에 400달러를 지불해야 하며, 노텔 모텔^{No-Tell Motel}의 객실 가치가 2만 달러라면, 하룻밤에 20달러를 내야 한다. 라 킨타는 홀리데이 인보다 건축비가 30% 적게 들어가므로, 라 킨타가 객실을 30% 싸게 제공하면서도 여전히 홀리데이 인과 동일한 이익을 낸다는 사실을 나는 이해할 수 있었다.

틈새는 어디에 있는가? 나는 알고 싶었다. 도로의 분기점마다 이미 모텔 객실이 수백 개씩이나 있었다. 비글러는 회사에 구체적인 표적 고객이 있다고 말했다. 싸구려 모텔은 싫고, 가능하면 홀리데이 인 수준의 호사를 더 싼 가격에 즐기려는 소기업 경영자였다. 라 킨타는 동일한 수준의 호사를 제공했고, 입지는 사업가들이 여행하기에 더 편리한 경우가 많았다.

홀리데이 인은 온갖 종류의 여행자들을 대상으로 모든 사업을 하려 했으므로, 주요 유료도로의 진입로 근처에 많았다. 라 킨타는 고객들이 주로 업무를 보는 장소인 상업지역, 관청, 병원, 공단 근처에 자리를 잡았다. 이들은 휴가 여행자가 아니라 사업 여행자였으므로 객실을 예약하는 비율이 높았고, 따라서 라 킨타에 더 안정적이고 예측 가능한 고객이라는 이점이 있었다.

위로는 힐튼 호텔과 아래로는 싸구려 모텔 사이에 있는 중간 시장을 차지한 회사가 라 킨타 말고는 없었다. 게다가 새로운 경쟁자는 월스트리트가 눈치채지 못하게 라 킨타의 시장에 몰래 다가갈 방법도 없었다. 바로 이것이 내가 기술주보다 호텔주와 음식점주를 좋아하는 이유다. 우리가 흥미진진한 신기술에 투자하는 순간, 더 흥미진진하고 새로운 기술이 다른 연구소에서 튀어나온다. 그러나 호텔이나 식당 체인의 기본 모델은 어딘가에 나타날 수밖에 없다. 하룻밤 새 호텔이나 식당을 100개씩 지을 수는 없기 때문이다. 만일 동떨어진 곳에 짓는다면, 영업에 아무 영향이 없을 것이므로 걱정할 필요도 없다.

비용 문제는 어떤가? 소규모 신설기업이 호텔 건설처럼 고비용 프로젝트를 수행한다면, 부채의 부담이 몇 년 동안 회사를 짓누를 것이다. 이 문제에 대해서도 비글러의 설명을 들으니 안심되었다. 라 킨타는 틀에 박힌 청사진에 따라 회사가 직접 모텔 건설을 감독하면서, 250실 모텔 대신 120실 모텔을 짓는 방법으로 비용을 낮게 유지하고 있었다. 게다가 120실 규모 모텔은 은퇴한 부부가 입주해서 운영할 수 있었으므로 간접비용이 절감되었다. 라 킨타는 회사 이익의 일부를 제공하는 대가로, 유리한 조건으로 모든 금융지원을 받기로 주요 보험사들과 계약을 체결했다.

보험사들은 이제 라 킨타의 파트너가 되었으므로, 자금이 부족할 때 대출금 상환을 강요하여 라 킨타를 파산으로 몰고 갈 것 같지는 않았다. 실제로 라 킨타는 보험사의 자금 지원이 있었기 때문에 무서운 은행 부채를 떠안지 않고서도 자본 집약적인 사업에서 빠르게 성장할 수 있었다(13장 참조).

곧 나는 비글러와 직원들이 모든 일에 대해 충분히 검토했다고 믿게 되었다. 라 킨타는 훌륭한 스토리였으며, '하겠다', '할 수 있다', '할 수도 있다', '곧 할 것이다' 부류의 허황된 스토리가 아니었다. 만일 사업을 실행하고 있지 않다면, 투자해서는 안 된다.

비글러가 내 사무실을 방문했을 때 라 킨타는 이미 4~5년째 영업을 하고 있었다. 라 킨타는 다양한 지역에서 여러 번 성공적인 영업 방식을 복제했다. 회사가 무려 연 50%로 성장하고 있었으므로, 주식이 이익의 10배에 거래되고 있었지만 이 정도면 엄청난 헐값이었다. 나는 라 킨타가 새 모텔을 몇 개나 지으려는지 계획을 알았으므로, 장차 진행 상황을 추적할 수 있었다.

그리고 기쁘게도, 1978년에 라 킨타를 조사한 증권회사가 3개뿐이었고, 대형 기관이 보유한 주식 비중도 20% 미만이었다. 라 킨타의 유일한 단점은 이 회사가 따분하지 않다는 점이었다.

나는 다른 회사에 방문하려고 여행하는 동안 서로 다른 라 킨타 모텔 세 곳에서 세 번 숙박하면서, 이 대화 내용을 확인했다. 나는 침대 위에서 뛰어올라 보기도 했고, 수영장 얕은 곳에 발가락을 담가 보기도 했으며(나는 수영을 못한다), 커튼을 당겨보기도 했고, 수건을 짜기도 했는데, 모두 만족스러웠으므로 라 킨타가 홀리데이 인과 동급이라고 결론지었다.

라 킨타 스토리를 아주 자세하게 점검하고서도, 나는 하마터면 주식 매수를 포기할 뻔했다. 주가가 전년도에 두 배로 뛰었다는 점은 문제가 아니었다. PER을 성장률과 비교하면 여전히 헐값이었기 때문이다. 고민스러웠던 점은 중요한 내부자가 주식을 시세의 절반 가격에 매도했다는 사실이었다(나중에 알게 되었지만, 라 킨타 창업자 가족인 이 내부자는 단지 포트폴리오를 분산투자하고 싶었다).

다행히 내부자의 주식 매도가 주식을 피할 이유가 되지 않는다는 생각이 떠올랐고, 그래서 나는 라 킨타를 마젤란 펀드에 최대한 편입했다. 에너지 생산 주州들의 경기침체로 라 킨타 주가가 하락세로 돌아서기 전까지, 나는 10년 동안 11배를 벌었다. 최근 이 회사는 자산주 겸 회생주라는 흥미로운 속성을 지니게 되었다.

애석한 빌드너스 _____

나는 라 킨타에서 저지르지 않았던 실수를 빌드너 앤드 선J. Bildner

and Sons(이하 빌드너스)에서 저지르고야 말았다. 나의 빌드너스 투자는 기업에 도취했을 때 어떤 일이 벌어지는지를 보여주는 완벽한 사례다. 나는 온갖 질문을 다 던지고도 아주 중요한 질문 하나를 빠트렸는데, 알고 보니 바로 이것이 회사의 치명적인 결함이었다.

빌드너스는 보스턴시 데번셔Devonshire의 내 사무실 길 건너편에 있는 전문 음식점이다. 지금은 없어졌지만 내가 살던 동네 근처에도 빌드너스가 있었다. 무엇보다도 빌드너스는 미식가용 샌드위치와 더운 음식을 판매하는데, 편의점과 3성급 요리점의 장점을 기막히게 절충한 음식점이었다. 나는 그 샌드위치를 몇 년째 점심으로 먹고 있으므로, 그 샌드위치를 잘 안다. 이것이 빌드너스에 대한 내 강점이다. 나는 빌드너스의 빵과 샌드위치가 보스턴에서 최고라는 체험적 정보를 갖고 있다.

빌드너스가 다른 도시로 확장할 계획이며, 자금을 조달하기 위해서 기업을 공개한다는 이야기가 들렸다. 내게는 반가운 소식이었다. 이 회사에는 완벽한 틈새, 즉 비닐 포장에 싸인 전자레인지용 샌드위치는 질색이지만, 그렇다고 직접 요리할 생각도 없는 수백만 화이트칼라가 있었다.

빌드너스의 포장판매 음식은 이미 맞벌이 부부들에게는 구원이 되었다. 이들은 너무 피곤해서 직접 요리를 할 수는 없지만, 정성껏 직접 만든 것 같은 음식을 먹고 싶었기 때문이다. 이들은 교외에 있는 집으로 돌아가기 전에 빌드너스에 들러서, 자신이 직접 만든 것처럼 강낭콩, 베어네이즈 소스, 아몬드 등을 넣은 고급 음식을 살 수 있었다.

나는 길 건너 이 음식점에 들어가 돌아다니며 운영상황을 충분히 조사했다. 원조 빌드너스의 하나였던 이 음식점은 깨끗하고 효율적이었으며, 단골 여피 세븐일레븐 스타일 고객들이 붐볐다. 돈도 엄청나게 벌고 있었다. 빌드너스가 주식을 팔아 조달하는 자금으로 매장을 더 열 계획이라는 소리에 내가 흥분한 것도 당연하다.

기업공개 관련 투자설명서를 보니, 이 회사는 과도하게 은행 부채를 일으키면서 무리할 생각이 없었다. 이것은 긍정 요소였다. 그리고 새로운 매장 공간은 부동산을 구입하는 대신 임차할 예정이었다. 이것 역시 긍정 요소였다. 더 조사하지 않고 나는 1986년 9월 공모가 13달러에 빌드너스를 매수했다.

주식 공모 직후 빌드너스는 보스턴의 백화점 두 곳에 새 매장을 두 개 열었으나 완전히 실패했다. 이어 맨해튼 중심가에 새 매장 세 개를 열었지만, 이들도 조제 식품 때문에 망했다. 빌드너스는 애틀랜타를 포함해서 더 먼 도시로 확장했다. 그러나 주식 공모로 확보한 자금이 바닥날 정도로 빠르게 확장하다 보니 자금 압박을 받게 되었다. 한두 번의 실수로는 큰 피해가 없었겠지만, 빌드너스는 확장에 신중하지 못해서 여러 가지 잘못을 동시에 저지르고 말았다. 회사는 틀림없이 이러한 실수로부터 배웠을 것이고, 짐 빌드너스는 똑똑하고 부지런하며 헌신적인 사람이었지만, 돈이 바닥난 다음에는 두 번째 기회가 없었다. 너무도 안타까운 일이었다. 나는 빌드너스가 제2의 타코벨이 될 수 있다고 생각했기 때문이다(내가 정말 '제2의 타코벨'이라고 말했는가? 그렇다면 처음부터 망할 운명이었다).

이 주식은 결국 0.13달러에 바닥을 쳤고, 경영진은 길 건너 매장을 포함해서 원래의 매장으로 후퇴했다. 빌드너스의 낙관적인 새 목표는 파산을 면하는 것이었으나, 최근 파산하고 말았다. 나는 50~95%의 손실을 보면서 주식을 점진적으로 처분했다.

나는 여전히 빌드너스에서 샌드위치를 사 먹고 있는데, 한 입 베어 먹을 때마다 나의 잘못을 떠올리게 된다. 나는 이웃에서 발견한 이 훌륭한 아이디어가 다른 곳에서도 실제로 성공할 수 있는지 기다리며 지켜보지 못했던 것이다. 성공적인 복제 덕에 변두리의 타코 가게가 타코벨이 되었고, 지방의 옷가게가 리미티드가 되었다. 그러나 회사가 복제 능력을 입증하지 못한다면 주식을 매수해도 아무 소용이 없다.

원조 매장이 텍사스주에 있다면, 일리노이주나 마인주에서 돈을 벌 때까지는 매수를 보류하는 편이 현명하다. 나는 빌드너스에 대해 "이 아이디어가 다른 곳에서도 통하는가?"라는 질문을 빠뜨렸다. 나는 숙달된 매장 관리자 부족 현상, 한정된 자금력, 초기에 실수해도 생존하는 능력에 대해 짚어보았어야 했다.

검증되지 않은 기업에는 아무리 투자를 미뤄도 괜찮다. 내가 빌드너스 매수를 연기했다면, 한 주도 사지 않았을 것이다. 그리고 더 빨리 처분했어야 했다. 백화점 두 곳과 뉴욕에서 완전히 망한 것을 보면 빌드너스에 분명히 문제가 있었다. 이 시점이 패가 더 나빠지기 전에 카드를 접을 기회였다. 나는 포커 테이블에서 졸고 있었나 보다.

그래도 샌드위치 하나는 기막혔다.

12장

사실을 확인하라

펀드매니저는 불리한 점도 많지만, 기업들이 제공해주는 이점도 많다. 많은 회사에서 내게 자기 회사 주식을 100만 주 정도 사주기 바랄 때는, 내 인기가 하늘로 치솟는 기분이다. 나는 나라의 끝에서 끝까지 여행하면서 회사들을 잇달아 방문한다. 회장, 사장, 부사장, 애널리스트들이 내게 자본지출, 확장계획, 비용 절감 방안, 그 밖에 미래 실적에 관련된 온갖 정보를 알려준다. 동료 펀드매니저들은 자기가 들은 이야기를 전해준다. 그리고 내가 회사를 방문할 수 없으면, 회사에서 나를 찾아온다.

그런데 내가 입수하는 유용한 정보는 모두 아마추어 투자자도 얻을 수 있는 정보다. 투자에 관련된 온갖 사실들이 투자자들의 손길을 애타게 기다리고 있다. 전에는 이런 상황이 아니었으나, 지금은 이렇게 되어있다. 요즘은 기업들이 거의 모든 정보를 투자설명서, 분기보고서, 연차보고서에 의무적으로 공개해야 한다. 산업협회도 협회지를 통해 전반적인 산업전망을 발표한다. (기업들도 아마추어 투자자에게 기꺼이 회사 뉴스레터를 보내준다. 때로는 이 수다스러운 자료에서 유용한 정보를 발견할 수도 있다)

물론 공개된 정보보다는 소문이 훨씬 더 흥미롭다. 그래서 사람들은 굿이어의 공식 발표보다, "굿이어에 뭔가가 진행되고 있다더라."라는 식당에서 주위들은 토막 대화에 더 무게를 둔다. "조언은 출처가 신비로울수록 설득력이 강해진다."라는 옛 현인의 말은 지금도 통한다. 투자자들은 임박한 재앙의 조짐을 찾아내려고 끊임없이 벽에다 귀를 기울인다. 아마도 연차보고서와 분기보고서에 '비밀'이라고 스탬프를 찍거나 갈색 포장지에 싸서 보내면, 읽어보는 사람이 더 많을 것이다.

연차보고서에서 찾을 수 없는 정보는 주식중개인에게 묻거나, 회사에 전화하거나, 회사를 방문하거나, 기초 조사를 하면 된다.

주식중개인을 최대한 활용하라 _____

할인증권사가 아니라 종합증권사를 통해서 주식을 거래한다면 십중팔구 수수료를 주당 30센트 더 지불해야 한다. 이것이 큰돈은 아니지만, 증권사로부터 크리스마스 카드나 최신 정보를 얻는 것 말고도 그만한 가치가 있어야 한다. 주식중개인이 매수나 매도 주문 서를 작성하는 데 겨우 4초가 걸리고, 주문창구에 접수하는 데 불과 15초가 걸린다는 점을 명심하라. 때로는 주문 접수를 다른 사람에게 맡기기도 한다.

사람들은 주유할 때마다 주유소에서 오일도 점검하고 차 유리창도 닦으면서, 종합증권사에는 왜 아무것도 요구하지 않는가? 아마도 일주일에 한두 번 전화해서 "내 주식이 요즘 어떤가요?" 또는 "지금 시장이 어때요?"라고 물을지 모르겠다. 그러나 포트폴리오의 현재 가치를 파악하는 일보다는 투자 조사가 더 중요하다. 물론 주식중개인은 보호자의 역할도 하고, 시장 예측도 하며, 주가가 무섭게 요동칠 때는 투자자의 마음을 진정시켜주기도 한다. 그러나 이런 역할은 좋은 회사를 선택하는 데는 전혀 도움이 되지 않는다.

19세기 초까지 돌이켜보아도, 시인 셸리Shelley는 주식중개인이 고객을 적극적으로 돕는다고 생각했다. "내가 알고 지낸 유일하게 관대한 부자가 주식중개인이었던 점이 전혀 이상하지 않다." 요즘 주식중개인들은 고객에게 자청해서 거액을 기부하지는 않겠지만, 정보를 수집하는 사람이므로 투자자에게 최상의 친구가 될 수 있다. 주식중개인들은 S&P 보고서, 투자 뉴스레터, 연차보고서, 분기보고서, 투자설명서, 위임장, 〈밸류라인〉, 증권사 애널리스트의 보고서 등을 제공할 수 있다. 이들에게 PER과 성장률 데이터, 내부자 거래와 기관의 보유량 등을 요청하라. 당신이 진심으로 원한다는 사실을 알면, 이들은 기꺼이 제공할 것이다.

당신이 주식중개인의 조언을 듣는다면(일반적으로 터무니없는 행동이지만, 가끔은 가치가 있다), 주식중개인에게 추천 종목에 대해 2분 정도 설명을 부탁하라. 아마도 내가 전에 열거한 질문들로 주식중개인을 이끌어야 할 것이다. 대화는 대체로 다음과 같이 진행된다.

주식중개인: 우리는 제이어Zayre를 추천합니다. 특별한 상황이 진행되고 있습니다.

당신: 그 종목이 정말 좋은가요?

주식중개인: 우리는 정말 좋다고 생각합니다.

당신: 좋아요. 사겠습니다.

전에는 이런 식이었던 대화가 다음과 같이 바뀐다.

주식중개인: 우리는 라 킨타 모터 인을 추천합니다. 방금 매수 종목 리스트에 올라왔습니다.

당신: 이 주식은 어떤 유형에 들어가나요? 경기순환주, 저성장주, 고성장주, 어떤 거죠?

주식중개인: 분명히 고성장주입니다.

당신: 얼마나 빠르게 성장하나요? 최근 이익성장률이 어떻게 되지요?

주식중개인: 지금 당장은 모르지만, 확인할 수 있습니다.

당신: 부탁드리겠습니다. 확인하시는 김에 과거 수준과 비교해서 PER도 뽑아주시겠습니까?

주식중개인: 알겠습니다.

당신: 라 킨타가 지금 매수하기에 좋은 이유가 뭔가요? 지금 시장 분위기는 어떻죠? 기존 라 킨타 체인이 이익을 내고 있습니까? 어느 지역에서 확장할 계획이죠? 부채 현황은요? 신주를 대량 발행해서 이익을 희석하지 않고서도 성장자금을 조달할 방법이 있나요? 내부자가 매수하고 있습니까?

주식중개인: 우리 애널리스트의 보고서에 그 내용 대부분이 들어가 있을 겁니다.

당신: 한 부 보내주세요. 읽어보고 전화 드리겠습니다. 그리고 지난 5년 동안 주가와 이익을 비교한 차트가 있으면 좋겠어요. 배당이 있는지, 그리고 항상 지급되었는지도 알고 싶습니다. 조사하실 때, 기관 보유 비중이 얼마인지도 알아봐주세요. 당신 회사 애널리스트가 이 주식에 대한 조사를 언제부터 하고 있었나요?

주식중개인: 더 궁금하신 사항은 없습니까?

당신: 보고서를 읽어본 다음 말씀드릴게요. 그다음에는 회사에 전화해야 할지도 모르겠네요.

주식중개인: 너무 오래 끌지는 마십시오. 지금이 매수 적기입니다.

당신: 바로 지금 10월이 적기란 말인가요? 마크 트웨인이 한 말 아시죠? "10월은 주식투자에 특별히 위험한 달이다. 나머지 위험한 달은 7월, 1월, 9월, 4월, 11월, 5월, 3월, 6월, 12월, 8월, 2월이다."

회사에 전화하라 _____

전문가들은 늘 회사에 전화하지만, 아마추어들은 전화할 생각을 도무지 하지 않는다. 당신에게 구체적인 질문이 있다면, IR ^{Investor} ^{Relations}팀에 전화하면 적절한 답을 얻을 수 있다. 회사 IR팀 전화번호를 알아내는 일도 주식중개인이 도와줄 수 있다. 회사들은 지방에 사는 100주를 보유한 주주와 기꺼이 견해를 나누고자 할 것이다. 소기업이라면 사장과 직접 통화할 수도 있다.

만일 IR팀에서 푸대접한다면, 당신이 2만 주를 보유하고 있으며, 보유량을 두 배로 늘려야 할지 검토 중이라고 말하라. 이어서 주식은 '증권사 명의'로 보유하고 있다고 무심코 말하면 된다. 그러면 분위기가 확 달라질 것이다. 사실 내가 이 방법을 권하는 것은 아니지만, 이런 사소한 거짓말은 누구든 쉽게 생각해낼 수 있으며, 발각될 가능성도 전혀 없다. 회사는 당신이 2만 주 보유하고 있다는 말을 믿을 수밖에 없다. 증권사 명의로 보관 중인 주식은 한 덩어리로 섞여 있어서 구분할 수 없기 때문이다.

회사에 전화하기 전에 질문을 미리 준비하는 편이 좋다. 그래야 첫마디부터 "주가가 왜 내려갑니까?" 같은 질문을 던지는 일이 없다. 주가가 내려가는 이유를 묻자마자 당신이 초보자라는 사실이 드러나므로, 회사는 당신에게 진지한 답변을 들려주지 않는다. 그리고 대개 회사도 주가가 내려가는 이유를 전혀 알지 못한다.

이익도 좋은 주제가 되지만, 회사에 "이익을 얼마나 낼 예정입니까?"라고 묻는다면, 이는 낯선 사람에게 연봉을 묻는 것만큼이나 무례한 질문이 될 수 있다. 질문은 미묘하고도 간접적인 형식이 되어야 한다. "회사의 내년 이익에 대한 월스트리트의 추정치는 얼마입니까?"

이제는 당신도 알고 있겠지만, 미래 이익은 예측하기가 어렵다. 애널리스트들조차 추정치가 천차만별이며, 회사들도 이익이 얼마가 될지 확신할 수 없다. P&G 같으면 꽤 정확하게 알 수 있다. 이 회사는 82가지 제품을 만들어 100개의 서로 다른 브랜드로 107개 국가에 판매하므로, 대체로 이익 오차가 모두 상쇄되기 때문이다. 그러나 레이놀드 메탈은 이익이 모두 알루미늄 가격에 좌우되므로, 이익을 예측할 수 없다. 만일 펠프스 닷지에 내년도 이익을 묻는다면, 회사는 동銅 가격이 어떻게 될 것 같으냐고 되물을 것이다.

이제 빈틈없이 준비한 질문 목록에 대한 IR팀의 반응을 보고 판단해야 한다. 답변이 이치에 맞는가? 실제로 도움이 되는가? 당신이 타가메트라는 약품이 스미스클라인의 실적에 중대한 영향을 미칠지 궁금해한다면, 회사는 이에 대해 말해줄 수 있다. 회사는 타가메트의 최근 매출실적까지도 제공할 수 있다.

굿이어 타이어의 주문이 실제로 두 달이나 밀려있으며, 당신이 동네에서 발견한 증거로 판단했듯이 타이어 가격이 실제로 올랐는가? 올해 타코벨 신설점포가 몇 개나 개설되는가? 버드와이저의 시장점유율이 얼마나 올랐는가? 베들레헴 철강은 공장을 전면 가동하고 있는가? 회사는 케이블TV 부동산의 시가를 얼마로 추산하는가?

질문의 줄거리를 잘 정의해 놓았다면, 점검 포인트가 무엇인지 알수 있다.

다음과 같이, 당신이 직접 조사했음을 보여주는 질문부터 시작하는 편이 낫다. "지난 연차보고서를 보니까, 부채가 5억 달러 감소했더군요. 추가 부채감축 계획은 무엇입니까?" 이렇게 질문하면, 단지 "부채 문제는 어떻게 하고 있나요?"라고 묻는 것보다 더 진지한 답변을 얻어낼 수 있다.

미리 준비한 목록이 없더라도, 일반적인 질문 두 가지로 뭔가를 파악할 수도 있다. "올해 회사에 긍정적인 요소들은 무엇입니까?"와 "올해 회사에 부정적인 요소들은 무엇입니까?"라는 질문이다. 회사는 작년 조지아 공장에서 1,000만 달러 손실이 발생했지만 지금은 폐쇄되었다고 말해주거나, 비효율적인 사업부를 매각하여 현금을 확보했다고 알려줄지도 모른다. 어쩌면 성장률을 높이기 위한 신제품이 도입되었다고 이야기할 수도 있다. 1987년 당시 스털링 드러그의 IR팀이었다면 아스피린에 대한 최근 의료 보도로 매출이 증가했는지 말해줄 수 있었을 것이다.

부정적 요소의 예를 들자면, 노무비가 증가했다거나, 주요 제품에 대한 수요가 감소했다거나, 업계에 새로운 경쟁자가 출현했다거나, 달러 약세(혹은 강세)로 이익이 감소한다는 말을 들을 수 있다. 회사가 의류업체라면, 올해 제품이 잘 팔리지 않아서 재고가 쌓이고 있다는 사실을 발견할 수도 있다.

끝으로 당신은 대화 내용을 부정적 요소 세 가지, 긍정적 요소 네

가지 식으로 요약할 수 있다. 특히 사업을 이해한다면, 답변을 통해서 궁금했던 사항들을 대부분 확인할 수 있다. 때로는 예상 밖의 사실, 즉 겉으로 나타나는 것보다 더 좋거나 더 나쁜 상황을 파악하기도 한다. 예상 밖의 사실은 주식을 거래할 때 커다란 이익을 안겨줄 수 있다.

나는 조사 과정에서 전화 열 통화에 한 번 정도 뜻밖의 사실을 발견한다. 침체한 기업에 전화하면, 아홉 번은 구체적인 상황을 들었을 때 회사가 침체한 이유를 확인하게 되지만, 열 번째 전화에서는 아직 드러나지 않았지만 회사에 대해 낙관할 만한 새로운 이유를 찾아내게 된다. 이 비율은 겉보기에 잘 운영되는 회사에 대해서는 반대 방향으로 성립한다. 내가 전화를 100번 걸면 놀라운 사실을 10번 발견하게 되고, 1,000번 걸면 100번 발견하게 된다.

그렇다고 걱정할 필요는 없다. 당신이 종목을 1,000개 보유하지 않았다면, 전화를 1,000번 걸 필요가 없다.

회사의 말을 믿어도 되는가?

흔히 회사는 투자자에게 직설적으로 솔직하게 말한다. 진실은 조만간 다음 분기보고서에 드러나므로, 워싱턴의 정치가들처럼 진상을 숨겨도 얻을 것이 없기 때문이다. 나는 평생 수천이나 되는 기업 대표들의 말에 귀를 기울였지만 (정말로 끔찍하게 힘든 일이었다), 이들이 의도적으로 나를 속인 사례는 몇 건에 불과할 정도다.

따라서 당신이 IR팀에 전화를 건다면, 그들이 하는 말이 정확하다고 전적으로 믿어도 좋다. 다만 이들이 사용하는 수식어는 천차만별이다. 같은 현상을 놓고도 회사마다 표현하는 방식이 제각각이기 때문이다.

예를 들어 섬유 업종을 보자. 섬유회사는 19세기부터 활동하고 있다. JP스티븐스Stevens는 1899년에 설립되었고, 웨스트포인트 페퍼렐은 1866년에 창업했다. 이들은 미국 애국 여성회Daughters of the American Revolution(혁명기 미국인의 자손으로 구성된 애국적 여성 단체로, 1890년에 조직되었다)에 비유할 수 있는 기업들이다. 이들처럼 전쟁 6회, 호황 10회, 불황 15회, 경기침체 30회를 치르고 나면, 어떤 일이 일어나도 흥분하지 않게 된다. 그리고 어떤 역경이 닥쳐도 꿈쩍하지 않을 정도로 회사가 매우 튼튼하다.

섬유업계 IR팀 직원들은 이렇게 극단적으로 보수적인 태도를 지니고 있어서, 사업이 기막히게 잘되어도 심드렁한 소리를 하고, 사업이 양호한 수준이라도 우울한 표정을 짓는다. 사업이 부진한 경우에는 이들의 기질로 보아, 임원들이 직물로 목을 매고 사무실 창문 밖으로 뛰어내리기라도 할 것 같다.

당신이 전화를 걸어 양모 소모사 사업에 관해 묻는다고 가정하자. 이들은 "그저 그래요."라고 대답한다. 이어서 폴리에스터 혼방 셔츠에 관해 물으면, 이들은 "대단치는 않아요."라고 말한다. 데님은 어떤지 물으면, "아, 그건 좀 나아졌어요."라고 답한다. 하지만 회사에서 내놓는 실제 숫자를 보면, 엄청난 실적에 감탄하게 된다.

이것이 섬유업종의 전형적인 태도이며, 성숙 업종들이 전반적으로 보이는 태도다. 똑같은 구름을 바라보아도, 성숙 업종 사람들은 어두운 면을 보는 반면, 미성숙 업종 사람들은 밝은 면을 본다.

섬유로 완제품을 만드는 의류회사의 예를 보자. 의류회사들은 생존력이 미약해서 문 닫는 회사들이 끊임없이 나타난다. 파산법 11장을 따르는 의류회사들이 너무 많아서, 사람들이 파산법을 미국 헌법의 수정조항으로 착각할 정도다. 매출이 끔찍한 상황에서도 의류업계 사람들은 '보통'이라는 표현조차 쓰지 않는다. 심지어 소매업계에 흑사병이 돌아 회사가 무더기로 쓰러져도 의류업계 사람들이 쓰는 최악의 표현은 "기본적으로 괜찮다."이다. 그리고 상황이 기본적으로 괜찮은 수준이면, 이들은 "환상적", "믿기지 않는다.", "엄청나다", "이 세상 것이 아니다."라고 표현한다.

기술 업종과 소프트웨어 업종 사람들도 마찬가지로 극단적으로 낙관적이다. 사업에서 생존하기가 어려울수록, 더 낙관적인 미사여구를 늘어놓는다고 보면 된다. 소프트웨어업계 사람들 이야기를 듣다 보면, 마치 소프트웨어의 역사에 매출 감소가 한 번도 없었다고 생각될 정도다. 물론 낙관적으로 되지 말란 법은 없다. 소프트웨어업계에는 경쟁자들이 매우 많으므로, 낙관적인 모습을 보여야 한다. 만일 신념이 부족해 보이면, 다른 경쟁자가 나타나 감언이설로 계약을 모두 가로챌 것이기 때문이다.

하지만 투자자는 회사에서 쓰는 어휘를 해독하느라 시간을 낭비할 필요가 없다. 화려한 수식어만 무시하면 간단히 해결된다.

본사 방문 _____

주주가 누리는 커다란 기쁨 중 하나가 투자한 회사의 본사를 방문하는 일이다. 만일 본사가 근처에 있다면, 간단히 예약만 하면 된다. 회사에서는 2만 주를 보유한 주주에게 기꺼이 회사 시찰을 안내할 것이다. 본사가 동떨어진 곳에 있다면, 여름휴가 일정에 슬그머니 끼워 넣을 수도 있다. "저런, 얘들아. 여기서 겨우 $100km$ 떨어진 곳에 퍼시픽 가스 앤드 일렉트릭Pacific Gas and Electric의 본사가 있다는구나. 내가 잠깐 들러서 재무상태표를 보는 동안, 너희들은 방문자 주차장 잔디밭에 앉아 기다릴래?" 그냥 해본 소리니 잊기 바란다.

본사를 방문할 때 내가 진정으로 원하는 것은 회사의 분위기를 느끼는 일이다. 정확하고 상세한 정보는 전화로도 얻을 수 있다. 나는 타코벨 본사가 볼링장 뒤편에 붙어있는 모습을 보고 좋은 느낌을 받았다. 나는 회사 임원들이 불쾌할 정도로 좁은 집무실에서 일하는 모습을 보았을 때 전율까지 느꼈다. 이들은 분명 집무실을 넓히느라 돈을 낭비하지 않았다.

(내가 처음으로 던지는 질문은 "펀드매니저나 애널리스트가 마지막으로 여기를 방문한 때가 언제입니까?"이다. "아마 2년쯤 됐지요."라는 대답을 들으면, 나는 황홀경에 빠진다. 머리디언 은행Meridian Bank이 그런 경우였다. 22년 동안 이익이

증가하고 배당이 올라가는 엄청난 기록을 세웠는데도, 이들은 애널리스트가 어떻게 생긴 사람인지도 잊어버렸다)

본사가 혹시라도 볼링장 뒤편에 붙어있는지 찾아보고, 아니면 애널리스트들이 얼씬거리기도 싫어하는 허름한 주택가에 있는지 살펴보라. 내가 여름방학 인턴 한 사람을 펩 보이즈-매니 모 앤드 잭에 출장 보냈을 때, 처음에는 필라델피아의 택시 운전사가 가려고 하지 않았다고 한다. 이 사실은 인턴사원이 발견한 어떤 내용보다도 내게 인상적이었다.

크라운 코크 앤드 실에 방문했을 때, 사장 집무실에서는 캔 공정이 한눈에 내려다보였고, 바닥에는 색이 바랜 리놀륨이 깔려있었으며, 사무실 가구는 내가 군대에서 쓰던 것보다도 초라했다. 이 회사는 우선순위가 분명했다. 이 회사 주식이 어떻게 되었는지 아는가? 지난 30년 동안 280배 상승했다. 풍부한 이익과 검소한 본사는 훌륭한 단짝이다.

코네티컷 언덕 비탈에 환상적인 사립 고등학교처럼 자리 잡은 유니로열Uniroyal은 어땠을까? 나는 이것을 나쁜 징조라고 보았는데, 아니나 다를까 이 회사는 언덕 아래로 굴러떨어졌다. 고급 골동품 가구, 트롱프뢰유(속임수 그림)풍 휘장, 우아한 호두나무 벽도 나쁜 징조라 하겠다. 회사가 고무나무를 사무실에 들여놓을 때는 이익에 대해 두려워해야 하는 시점이다.

대표자를 직접 만나보라

본사를 방문하면 일선 영업 대표자를 한두 명 만날 기회도 생긴다. 회사의 주주총회에 참석해도 만날 수 있는데, 이때는 공식적인 행사라기보다는 비공식적인 모임이다. 투자자가 얼마나 진지한 태도로 접근하느냐에 따라 달라지겠지만, 주주총회는 주요 인물들을 만날 좋은 기회가 된다.

늘 그런 것은 아니지만, 나는 때때로 회사 대표를 만나보고 회사의 전망을 감지하기도 한다. 탠덤은 인기 높은 플로피디스크 업종에 속해 있어서 내가 일찌감치 제쳐놓은 회사였지만, 이 회사의 주주총회에서 만난 홍보 담당자는 흥미로운 사람이었다. 그는 여느 홍보 담당자처럼 공손하고 세련되었으며 달변가였다. 그러나 탠덤의 위임장(위임장에는 회사의 임원과 관리자들이 보유한 주식 현황과 보수가 나온다)에서 그를 찾아보았더니, 근무 기간이 길지 않은데도 스톡옵션과 직접 매수를 통해서 2,000만 달러를 벌어놓고 있었다.

이 평범한 사람이 회사 덕에 그렇게 부자가 되었다는 사실이 암만해도 믿어지지 않았다. 이 주식은 이미 8배나 올라서 고PER 도취 상태에 빠져있었다. 잠시 생각해보니, 탠덤 주가가 다시 두 배 오른다면, 홍보 담당자는 4,000만 달러를 벌 터였다. 내가 투자해서 돈을 벌려면 그는 지금보다도 두 배나 부자가 되어야 하는데, 내 눈에는 그가 지금도 분수보다 몇 곱절이나 넘치는 부자로 보였다. 전체 그

림이 도무지 현실감이 없었다. 내가 투자를 거부한 데에는 다른 이유도 있었지만, 그와 만남이 최후의 일격이 되었다. 주가는 주식분할을 반영했을 때 35.25달러에서 1.38달러로 떨어졌다.

나는 보스턴에서 단체 오찬 때 만난 텔레비디오의 설립자 겸 최대주주에 대해서도 똑같은 인상을 받았다. 그는 이미 시가 1억 달러에 달하는 주식을 보유하고 있었지만, 이 회사는 PER도 높았고 컴퓨터 주변기기 업종은 경쟁도 매우 치열했다. 가만 생각해보니, 내가 텔레비디오에 투자해서 돈을 번다면, 이 친구는 2억 달러를 벌게된다. 이것도 도무지 현실감이 없었다. 나는 투자를 거절했고, 이 주식은 1983년 40.50달러에서 1987년 1달러로 떨어졌다.

과학적으로 증명할 성질은 못되지만, 회사 대표가 그토록 큰 부자가 되는 모습이 도무지 상상되지 않는다면, 우리 느낌이 맞을 가능성이 크다.

현장 점검 _____

캐럴린이 슈퍼마켓에서 레그스를 발견하고, 내가 부리토를 먹어보고 타코벨을 발견한 이후로, 나는 상점을 돌아다니며 제품을 체험하는 일이 기본적인 투자전략이라고 줄곧 믿고 있다. 물론 빌드너스의 사례가 말해주듯이, 이것으로 핵심 질문을 대신할 수는 없다. 그러나 스토리를 개발할 때는 제품의 실용성을 확인할 수 있다는 사실에 마음이 놓인다.

나는 친구 피터 데로스로부터 토이저러스에 대해 이미 들었지만, 가까운 매장에 한 번 방문한 뒤 이 회사가 장난감 판매의 전문가라고 확신하게 되었다. 고객들에게 매장이 마음에 드는지 물어보면, 사람들은 모두 또 오겠다는 반응이었다.

나는 라 킨타를 매수하기 전에 이 모텔에서 사흘 밤을 보냈다. 픽 앤 세이브를 매수하기 전에도 캘리포니아 매장 한 곳을 방문했고, 엄청난 할인판매에 감명받았다. 픽 앤 세이브의 전략은 생산이 중단된 제품을 정규 유통경로로부터 사들여서 폭탄세일 가격으로 판매하는 것이었다.

나는 이런 정보를 투자설명회에서 얻을 수도 있었지만, 유명 브랜드 향수가 한 병에 79센트에 팔리며, 고객들이 싼 가격에 놀라는 모습을 내가 직접 보는 것과 같을 수는 없었다. 캠벨 수프Campbell Soup가 애완견 사료 사업에서 철수할 때 픽 앤 세이브가 수백만 달러짜리 래시 도그 푸드Lassie Dog Food를 인수하였으며, 즉시 재매각하여 막대한 이익을 남겼다는 이야기를 애널리스트로부터 들을 수도 있었다. 그러나 카트에 애완견 사료를 잔뜩 담은 채 줄지어 선 사람들을 지켜보면서, 나는 이 전략이 효과가 있다는 증거를 확인했다.

캘리포니아의 펩 보이즈 새 매장에 방문했을 때, 나는 하마터면 타이어를 살 뻔했다. 나는 단지 매장을 둘러볼 생각이었지만, 판매원이 너무도 열성적이어서 자칫 타이어 네 개를 비행기에 싣고 돌아올 상황이었다. 그 판매원이 좀 특이한 직원이었을지도 모르지만,

그런 직원이 있는 한 펩 보이즈는 어떤 제품이든 다 팔 수 있을 듯했다. 아니나 다를까 펩 보이즈는 무섭게 팔았다.

애플 컴퓨터가 붕괴되어 주가가 60달러에서 15달러로 폭락한 뒤, 나는 이 회사가 역경을 극복할지, 그래서 회생주로 간주해야 할지 고심했다. 애플은 수익성 좋은 기업시장을 겨냥해서 신제품 리사^{Lisa}를 출시했지만 완전히 실패했다. 그러나 아내가 아이와 함께 집에서 쓸 두 번째 애플이 필요하다고 내게 말하고, 피델리티 시스템 관리자가 사무용으로 매킨토시를 60대 새로 구입한다고 내게 말하자, 나는 (1) 애플이 가정 시장에서 여전히 인기가 있고, (2) 기업시장에 새로 진입하고 있다는 사실을 깨달았다. 나는 100만 주를 매수했고 이에 대해 후회한 적이 없다.

크라이슬러에 대한 나의 믿음은 리 아이아코카와 대화를 나눈 뒤 상당히 강해졌다. 그는 자동차 산업의 부활, 크라이슬러의 성공적인 원가절감, 자동차 제품군 개선을 매우 강력하게 주장했다. 본사 밖을 내다보니 임원 주차장의 절반이 비어 있었는데, 이것도 개선을 보여주는 신호였다. 하지만 나는 전시장에 방문해서 신차 레이저^{Lasers}, 뉴요커^{New Yorker}, 레바론 컨버터블^{LeBaron convertible}을 타보고 나서 진정으로 열정을 느끼게 되었다.

그동안 크라이슬러는 구닥다리 차라는 평판을 유지했으나, 내가 보니 회사는 분명히 최신 모델에 비중을 두고 있었으며, 특히 컨버터블이 그러했다(컨버터블은 일반 레바론 하드톱의 지붕을 잘라내어 만들었다).

어찌 된 일인지 나는 미니밴을 간과했는데, 이 차가 곧 크라이슬러의 가장 성공적인 자동차가 되었고, 1980년대의 레그스가 되었다. 아무튼 나는 적어도 크라이슬러가 제대로 굴러가고 있다는 감을 잡을 수 있었다. 최근 크라이슬러는 미니밴의 좌석을 확장하고 고객이 원하는 대로 더 큰 엔진을 탑재했으며, 지금은 크라이슬러 미니밴 홀로 미국의 자동차 및 트럭 전체 판매에서 3%를 차지하고 있다. 나는 11년째 타고 있는 AMC 콩코드가 완전히 녹슬어버리면 즉시 이 차를 살지도 모르겠다.

스키장, 쇼핑센터, 볼링장, 교회 등의 주차장에서 우리는 자동차 산업을 놀라우리만큼 많이 분석할 수 있다. 나는 주차한 크라이슬러 미니밴이나 포드(포드는 지금도 내 주력 종목 가운데 하나다) 토러스^{Taurus}에 운전자가 타고 있으면 어슬렁거리며 다가가 질문을 던진다. "차가 마음에 드시나요?", "보유 기간이 얼마나 되시나요?", "다른 사람에게 권하시겠습니까?" 지금까지 들은 대답은 100% 긍정적이었는데, 이는 포드와 크라이슬러에 좋은 징조다. 그 사이에 캐럴린은 매장 안에서 리미티드, 피어 원 임포츠, 맥도날드의 새로운 샐러드를 분석하느라 바쁘다.

나라가 점점 더 동질화할수록, 한 쇼핑센터에서 인기 있는 품목이 다른 모든 쇼핑센터에서도 인기를 얻을 가능성이 커진다. 성공과 실패에 대한 당신의 예측이 맞아떨어졌던 모든 브랜드를 생각해 보라.

우리 아이들이 그 훌륭한 오시코시^{OshKosh} 턱받이를 하고 자랐는데도, 나는 왜 오시코시 비고시(OshKosh B'gosh)를 사지 않았던가? 아내의 친구가 리복(Reebok)을 신으면 발이 아프다고 불평했다는 말을 듣고, 나는 왜 리복에 대한 투자를 단념했던가? 이웃이 운동화를 나쁘게 평가했기 때문에 5루타 종목을 놓쳤다고 상상해보라. 투자에는 쉬운 일이 없는 법이다.

보고서 읽는 법

수많은 연차보고서가 쓰레기통으로 들어가는 것도 당연하다. 광택 나는 페이지는 이해하기 쉽지만 쓸모가 없고, 검은색 숫자들은 중요해 보이지만 이해할 수가 없기 때문이다. 하지만 연차보고서에서 단 몇 분 만에 내용을 파악하는 방법이 있다. 실은 나도 몇 분 이상은 소비하지 않는다.

포드의 1987년도 연차보고서를 살펴보자. 표지에는 톰 워즈노프스키(Tom Wojnowski)가 찍은 링컨 콘티넨털(Lincoln Continental)의 뒷모습 사진이 멋지게 실려 있고, 안에는 헨리 포드 2세(Henry Ford Ⅱ)를 기리는 찬사와, 그가 아버지 헨리 포드 1세의 초상화 앞에 서 있는 사진이 나온다. 이어 주주들에게 보내는 인사말, 기업문화에 대한 보고서, 포드가 피터 래빗(Peter Rabbit) 이야기의 작가 베아트릭스 포터(Beartrix Potter)의 작품 전시회에 후원한 사실 등이 나온다.

나는 이런 내용을 모두 건너뛰어 보고서의 27쪽 싼 종이에 인쇄

된 연결재무제표로 직행한다(연차보고서와 아마도 출판물 전반에 적용되는 법칙은 값싼 종이일수록 값진 정보가 담겨있다는 점이다). 재무상태표에는 자산과 부채가 열거되어 있다. 이것이 내게 중요하다.

유동자산이라고 쓰인 꼭대기 칸에, 회사의 현금 및 현금성 자산이 56억 7,200만 달러, 유가증권이 44억 2,400만 달러라고 나온다.

연결재무상태표

1986 및 1987. 12. 31 (단위: 백만 달러) / 포드자동차와 연결 자회사

자산	1987	1986
유동자산		
현금 및 현금성 자산	$5,672.9	$3,459.4
유가증권(취득원가), 경과이자	4,424.1	5,093.7
매출채권(기타 자회사의 $1,554.9 및 $733.3 포함)	4,401.6	3,487.8
재고자산(주1)	6,321.3	5,792.6
기타 유동자산(주4)	1,161.6	624.5
총 유동자산	21,981.5	18,458.0
기타 자회사 및 관계회사의 순자산에 대한 지분(주6)	7,573.9	5,088.4
부동산		
토지, 공장, 장비(취득원가)(주7)	25,079.4	22,991.8
감가상각 누계액 차감	14,567.4	13,187.2
순토지, 공장, 장비	10,512.0	9,804.6
미상각자산	3,521.5	3,396.1
순부동산	14,033.5	13,200.7
기타 자산(주10)	1,366.8	1,185.9
총 자산	$44,955.7	$37,933.0

부채 및 주주지분

유동부채

매입채무

매출	$6,564.0	$5,752.3
기타	2,624.1	2,546.1
총 매입채무	9,188.1	8,298.4
소득세	647.6	737.5
단기부채	1,803.3	1,230.1
1년 이내 장기부채	79.4	73.9
미지급부채(주8)	6,075.0	5,285.7
총 유동부채	17,793.4	15,625.6
장기부채(주9)	1,751.9	2,137.1
기타 부채(주8)	4,426.5	3,877.0
이연소득세(주4)	2,354.7	1,328.1
연결자회사 순자산의 소수지분	136.5	105.7
보증 및 약정(주14)		
주주지분		
수권자본(주10, 주11)		
우선주, 주당 액면가 $1.00		
보통주, 주당 액면가 $1.00 및 $2.00 (각 469.8주 및 249.1주 발행)	469.8	498.2
클래스 B 주식, 주당 액면가 $1.00 및 $2.00 (각 37.7주 및 19.3주 발행)	37.7	38.6
주식발행 초과금	595.1	605.5
외화환산조정(주1)	672.6	(450.0)
이익잉여금	16,717.5	14,167.2
총 주주지분	18,492.7	14,859.5
총부채 및 주주지분	$44,955.7	$37,933.0
적요: 주당 주주지분*	$36.44	$27.68

표시된 '주'도 재무제표의 일부다

* 1987. 12. 10 실행된 2대1 주식분할을 반영하였다

이 두 항목을 더하면 회사의 현금성 자산 총액이 나오는데, 반올림하면 101억 달러가 된다. 1987년의 현금성 자산을 오른쪽 칸에 있는 1986년의 현금성 자산과 비교하면, 시간이 갈수록 포드에 현금이 늘어나는 모습이 나타난다. 이것은 회사의 번영을 나타내는 확실한 신호다.

다음에는 재무상태표의 나머지 절반으로 넘어가서 '장기부채' 항목을 보자. 1987년 장기부채는 17억 5,000만 달러로 나오는데, 이는 전년도 장기부채보다 대폭 감소한 숫자다. 부채 감소도 번영을 나타내는 신호다. 부채보다 현금이 늘어나면, 재무제표가 개선된다. 그 반대일 때는 재무제표가 악화한다.

현금성 자산 총액에서 장기부채를 빼면 83억 5,000만 달러가 나오는데, 이것이 포드의 '순현금' 보유량이다. 현금 및 현금성 자산만 해도 장기부채보다 39억 2,000만 달러가 많다. 현금이 부채보다 많으면 매우 바람직하다. 어떤 일이 발생해도, 포드는 금방 망하지 않는다.

(포드의 단기부채가 18억 달러로 나오지만, 나는 계산할 때 단기부채를 무시한다. 완벽주의자들은 이런 숫자에 조바심을 낼 수도 있지만, 쓸데없이 문제를 복잡하게 만들 이유가 어디 있는가? 나는 단순히 회사의 재고 등 다른 자산으로 단기부채를 충분히 감당할 수 있다고 간주하고, 이 정도로 넘어간다)

종종 장기부채가 현금을 초과하고, 현금이 계속 감소하면서 부채가 증가하여 회사의 재무구조가 악화하는 때도 있다. 이런 간단한 연습에서는 재무제표가 강한지 약한지만 알면 된다.

다음에는 보고서의 38쪽에 있는 10년 재무요약으로 넘어가서, 10년 동안의 큰 흐름을 살펴보자.

유통주식수는 5억 1,100만 주로 나온다. 지난 2년 동안 매년 유통주식수가 감소했다. 순현금 83억 5,000만 달러를 유통주식수 5억 1,100만 주로 나누면, 포드 주식 한 주당 순현금 16.30달러가 돌아간다. 이 숫자가 중요한 이유는 다음 장에서 분명하게 드러난다.

다음에 살펴볼 곳은……. 이 정도만 해도 복잡하다. 이제 이런 연습을 중단하고 차라리 헨리 포드에 대해서 읽고 싶다면, 주식중개인에게 포드가 자사주를 매입하고 있는지, 현금이 장기부채보다 많은지, 주당 현금이 얼마인지 물어보라!

이제 현실로 돌아오자. 나는 부질없는 회계 분석에 당신을 끌어들일 생각이 없다. 회사를 분석하는 데 도움이 되는 중요한 숫자가 따로 있으며, 이 숫자를 연차보고서에서 얻을 수 있으면 그것으로 충분하다. 이 숫자를 연차보고서에서 얻을 수 없다면 S&P 보고서나, 주식중개인, 〈밸류라인〉에서 얻으면 된다.

〈밸류라인〉은 재무상태표보다 읽기 쉬우므로, 재무상태표를 본 적이 없다면 〈밸류라인〉에서 시작하라. 여기에는 현금과 부채, 장기 실적 요약이 나오기 때문에 지난 경기침체 기간에 발생한 일, 이익이 증가하는지 여부, 배당이 항상 지급되었는지 등을 알 수 있다. 끝으로 회사의 재무건전성을 1~5등급으로 단순하게 평가하므로, 회사가 역경을 버텨내는 능력을 대충 파악할 수 있다(주식의 '매매 시점'을 평가하는 시스템도 있지만, 나는 관심을 두지 않는다).

10년 재무 요약 (단위: 백만 달러)
포드자동차와 연결 자회사

사업요약	1987	1986	1985	
매출	$71,643.4	62,715.8	52,774.4	
총 매출원가	65,442.2	58,659.3	50,044.7	
영업이익	6,201.2	4,056.5	2,729.7	
이자소득	866.0	678.8	749.1	
이자비용	440.6	482.9	446.6	
기타 자회사 및 관계회사의 순이익에 대한 지분	753.4	816.9	598.1	
법인세 차감 전 이익	7,380.0	5,069.3	3,630.3	
법인세 산정	2,726.0	1,774.2	1,103.1	
소수지분	28.8	10.0	11.8	
순이익	4,625.2	3,285.1	2,515.4	
현금배당	805.0	591.2	42.7	
유보이익	$3,820.2	2,693.9	2,072.7	
세후 매출이익률	6.5%	5.3%	4.8%	
연말 주주지분	$18,492.7	14,859.5	12,268.6	
연말자산	$44,955.7	37,933.0	31,603.6	
연말 장기부채	$1,751.9	2,137.1	2,157.2	
평균 유통주식수 (단위: 백만 주)	511.0	533.1	553.6	
주당순이익 (단위: 달러)	$9.05	6.16	4.54	
희석주당순이익	$8.92	6.05	4.40	
현금배당	$1.58	1.11	0.80	
연말 주주지분	$36.44	27.68	21.97	

1984	1983	1982	1981	1980	1979	1978
52,366.4	44,454.6	37,067.2	38,247.1	37,085.5	45,513.7	42,784.1
48,944.2	42,650.9	37,550.8	39,502.9	39,363.8	42,596.7	40,425.6
3,422.3	1,803.7	(483.6)	(1,255.8)	(2,278.3)	917.0	2,358.5
917.5	569.2	562.7	624.6	543.1	693.0	456.0
536.0	567.2	745.5	674.7	432.5	246.8	194.8
479.1	360.6	258.5	167.8	187.0	146.2	159.0
4,282.8	2,166.3	(407.9)	(1,138.1)	(1,980.7)	1,509.4	2,778.7
1,328.9	27.02	256.6	(68.3)	(435.4)	330.1	1,175.0
47.1	29.2	(6.7)	(9.7)	(2.0)	10.0	14.8
2,906.8	1,866.9	(657.8)	(1,060.1)	(1,543.3)	1,169.3	1,588.9
369.1	90.9	-	144.4	312.7	467.6	416.6
2,537.7	1,776.0	(657.8)	(1,204.5)	(1,856.0)	701.7	1,172.3
5.6%	4.3%	*	*	*	2.7%	3.7%
9,837.7	7,545.3	6,077.5	7,362.2	8,567.5	10,420.7	9,686.3
27,485.6	23,868.9	21,961.7	23,021.4	24,347.6	23,524.6	22,101.4
2,110.9	2,712.9	2,353.3	2,709.7	2,058.8	1,274.6	1,144.5
552.4	544.2	541.8	541.2	541.2	539.8	535.6
5.26	3.43	(1.21)	(1.96)	(2.85)	2.17	2.97
4.97	3.21	-	-	-	2.03	2.76
0.67	0.17	0	0.27	0.58	0.87	0.78
17.62	13.74	11.20	13.57	15.79	19.21	17.95

보통주 가격 범위(뉴욕증권거래소)	$56.375	31.75	19.75
	$28.5	18	13.375
설비 및 장치 데이터			
설비에 대한 자본지출(특수장비 제외)	$2,268.7	2,068.0	2,319.8
감가상각	$1,814.2	1,666.4	1,444.4
특수 장비에 대한 지출	$1,343.3	1,284.6	1,417.3
특수 장비에 대한 감모상각	$1,353.2	1,293.2	948.4
종업원 데이터-세계[1]			
급여	$11,669.6	11,289.7	10,175.1
총 노무비	$16,567.1	15,610.4	14,033.4
평균 종업원 수	350,320	382,274	369,314
종업원 데이터-미국[1]			
급여	$7,761.6	7,703.6	7,212.9
평균 종업원 수	180,838	181,476	172,165
평균 시간당 노무비[2]			
이익	$16.05	16.12	15.70
복리후생	$12.38	11.01	10.75
총계	**$28.88**	**27.13**	**26.45**

주식 데이터에는 주식배당과 주식분할이 반영되어 있다

* 1982, 1981, 1980년 실적은 적자다

(1) 기타 금융, 보험, 부동산 자회사 포함

(2) 근무 시간당 (단위: 달러). 자회사 데이터 제외

17.125	15.5	9.25	5.75	8	10.125	11.5
11	7.625	3.75	3.5	4	6.5	8.625
2,292.1	1,358.6	1,605.8	1,257.4	1,583.8	2,152.3	1,571.5
1,328.6	1,262.8	1,200.8	1,168.7	1,057.2	895.9	735.5
1,223.1	974.4	1,361.6	970.0	1,184.7	1,288.0	970.2
979.2	1,029.3	955.6	1,010.7	912.1	708.5	578.2
10.018.1	9,284.0	9,020.7	9,536.0	9,663.4	10,293.8	9,884.0
13,802.9	12,558.3	11,957.0	12,428.5	12,598.1	13,386.3	12,631.7
389,917	386,342	385,487	411,202	432,987	500,464	512,088
6,875.3	6,024.6	5,489.3	5,614.3	5,370.0	6,368.4	6,674.2
178,758	168,507	161,129	176,146	185,116	244,297	261,132
15.06	13.93	13.38	12.75	11.45	10.35	9.73
9.40	8.54	9.79	8.93	8.54	5.59	4.36
24.46	**22.47**	**23.17**	**21.68**	**19.99**	**15.94**	**14.09**

나는 지금은 연차보고서를 모으고 있다. 이제 연차보고서와의 씨름은 그만하고, 대신 자체적으로 중요한 숫자를 하나씩 살펴보기로 하자.

13장

중요한 숫자들

다음은 우리가 관심을 기울여야 하는 중요한 숫자들이다(열거 순서는 중요성과 관계없다).

매출액에서 차지하는 비중 _____

레그스(팬티스타킹), 팸퍼스(일회용 기저귀), 버퍼린(아스피린), 렉산 Lexan(플라스틱) 등 특정 제품 때문에 어떤 회사에 관심을 두게 될 때, 나는 가장 먼저 이 제품이 그 회사에서 차지하는 비중부터 알아본다. 이 제품이 그 회사 매출액에서 차지하는 비중은 얼마나 되는가? 레그스 덕분에 헤인즈 주가가 치솟은 것은, 헤인즈가 비교적 작은 회사였기 때문이다. 팸퍼스는 레그스보다 더 많은 이익을 벌어들였지만, 거대 기업인 P&G에서 차지하는 비중이 그만큼 높지 않았다.

우리가 렉산 플라스틱에 열광하게 되었고, 렉산이 GE 제품이라는 사실을 발견했다고 가정하자. 이어서 주식중개인에게 물어보니, 플라스틱 사업부는 소재사업부에 속해있으며, 소재사업부의 매출이 GE 전체 매출에서 차지하는 비중은 6.8%에 불과한 것으로 드러났다. 따라서 렉산이 제2의 팸퍼스라면 어찌 되는가? GE 주주들에게는 큰 의미가 없다는 뜻이다. 이 사실을 발견했다면, 렉산을 만드는 다른 회사를 찾아보든가, 아니면 렉산을 잊어버려야 한다.

PER

앞에서 이미 다루었지만, 여기서는 쓸모 있게 다듬어 본다. 공정하게 평가된 회사의 PER은 회사의 성장률과 같다. 여기서 성장률이란 '이익'성장률 말한다. 이익성장률은 어떻게 구하는가? PER과 대비해서 이익성장률을 구해달라고 주식중개인에게 부탁하라.

코카콜라의 PER이 15배라면, 회사가 연 15%로 성장하리라 기대된다는 뜻이다. 그러나 PER이 성장률보다 낮다면, 그 주식은 헐값인 셈이다. 예컨대 연 성장률이 12%인 회사가 PER이 6배라면, 이 주식은 아주 매력적이다. 반면 성장률이 연 6%인 회사가 PER이 12배라면, 이 주식은 매력이 없어서 주가 하락이 예상된다.

일반적으로 PER이 성장률의 절반이라면 매우 유망하며, 성장률의 두 배라면 매우 불리하다. 나는 펀드에 편입할 종목을 분석할 때 항상 이 기준을 사용한다.

주식중개인으로부터 회사의 성장률을 구할 수 없다면, 스스로 계산할 수도 있다. 〈밸류라인〉이나 S&P 보고서에서 연간 이익을 찾은 뒤, 연간 이익 증가율을 계산하면 된다. 이렇게 하면 주식이 싼지 비싼지 판단할 수 있다. 가장 중요한 요소인 미래 성장률의 경우에는 당신 예측이나 내 예측이나 부정확하기는 마찬가지다.

조금 더 복잡한 공식을 사용하면 배당까지 고려해서 이익성장률을 구할 수 있다. 장기 성장률(12%)을 구하고, 배당수익률(3%)을 더한 뒤, PER(10)로 나누면 된다. 즉, (12 + 3) / 10 = 1.5

1보다 작으면 부실하고, 1.5면 양호하지만, 우리가 진정으로 찾는 것은 2 이상인 주식이다. 성장률이 15%고, 배당수익률이 3%며, PER이 6배인 회사는 무려 3이 나온다.

현금 보유량

우리는 방금 포드의 현금이 장기부채보다 83억 5,000만 달러 많다는 사실을 확인했다. 회사가 현금 수십억 달러를 보유하고 있다면, 이는 분명히 우리가 알아야 하는 중요한 정보다. 이유는 다음과 같다.

포드 주식은 1982년 4달러에서 1988년 초 38달러로 올라갔다(주식분할 반영). 그동안 나는 500만 주를 사 모았다. 주당 38달러로도 나는 포드에서 이미 막대한 이익을 남겼고, 월스트리트는 거의 2년째 포드가 고평가되었다고 합창을 하고 있었다. 수많은 전문가가 이 경기순환 자동차 회사가 상투를 쳤으며, 이제 내려갈 일만 남았다고 말했다. 나는 여러 차례 매도할 뻔했다.

그러나 연차보고서를 살펴보니, 포드는 부채를 차감하고서도 쌓아놓은 현금이 주당 16.30달러나 되었다(12장에서 설명했다). 내가 보유한 포드 주식 모두에 대해서, 주당 16.30달러의 보너스가 마치 환급금처럼 숨어 있었다.

이 보너스 16.30달러가 상황을 송두리째 바꿔놓았다. 나는 이 자동차 회사를 당시 시가인 주당 38달러가 아니라, 주당 21.70달러($38-현금 $16.30)에 사는 셈이었다. 애널리스트들은 포드가 자동차 사업에서 주당 7달러 이익을 낸다고 예상했는데, 주가 38달러로 계산하면 PER이 5.4배였지만, 주가 21.70달러로 계산하면 PER이 3.1배였다.

경기순환주든 아니든, PER 3.1배는 애간장을 태우는 숫자다. 만일 포드가 엉망인 회사였거나 사람들이 포드의 최신 모델을 외면했다면, 나도 보유에 관심이 없었을 것이다. 그러나 포드는 훌륭한 회사이고, 사람들은 포드의 최신형 자동차와 트럭을 좋아했다.

포드의 현금 보유량을 보고 나는 주식을 계속 보유하기로 했고, 그 후 주가는 40% 넘게 상승했다.

포드의 금융 서비스 그룹인 포드 크레디트Ford Credit, 퍼스트 네이션와이드First Nationwide, US리싱U. S. Leasing 등도 1987년에 스스로 주당 1.66달러의 이익을 냈다(연차보고서 5쪽에 나온다. 이해하기 쉬운 광택 나는 페이지다). 포드 크레디트는 홀로 주당 1.33달러를 기여했는데, 이 회사는 13년 연속으로 이익이 증가하고 있었다.

포드의 금융 사업에 PER 10배를 부여한다면(금융회사들은 일반적으로 PER이 10배다), 자회사들의 가치는 1.66달러의 10배인 주당 16.60달러가 된다.

따라서 포드의 시가가 38달러이고, 순현금의 가치가 주당 16.30달러이며 금융회사의 가치가 주당 16.60달러이므로, 자동차 사업의 가격은 통틀어 주당 5.10달러인 셈이다. 그런데 바로 이 자동차 사업의 기대 이익이 주당 7달러다. 포드가 위험한 종목인가? 1982년 이후 주가가 거의 열 배나 올랐어도, 주당 5.10달러라면 공짜나 마찬가지다.

보잉 역시 현금이 풍부한 주식이다. 1987년 초 보잉은 저가 40달러까지 내려간 적이 있지만, 주당 현금이 27달러였으므로 15달러에 사는 셈이었다. 나는 1988년 초 보잉을 소량 편입한 후, 보유량을 계속 늘려 주력 종목으로 키웠다. 현금 보유량이 풍부한 데다, 기록적인 주문 적체를 해소하지 못하고 있었기 때문이다.

물론 현금이 항상 중요한 것은 아니다. 생각보다 현금이 충분치 않은 사례가 많다. 슐룸베르거는 현금이 풍부하지만, 주당 현금 기준으로는 대단한 수준이 아니다. 브리스톨-마이어스는 현금이 16

억 달러이고 장기부채는 2억 달러에 불과하지만, 유통주식수가 2억 8,000만이나 되므로, (부채를 차감한)순현금 14억 달러로도 주당 현금은 5달러에 그친다. 40달러 넘게 거래되는 주식에 주당 현금 5달러는 큰 규모가 아니다. 만일 주가가 15달러로 내려간다면, 중요한 수준이 될 것이다.

그래도 조사할 때는 항상 현금 보유량(그리고 관련 사업의 가치)을 확인하는 편이 낫다. 언제 포드와 같은 횡재 종목을 만날지 아무도 모르기 때문이다.

그런데 포드는 이 많은 현금을 어디에 사용할 것인가? 회사에 현금이 쌓여가면서, 이 현금이 어떻게 될 것인지에 따라 주가가 움직일 수 있다. 포드는 무서운 속도로 배당을 높이고 자사주를 매입해왔지만, 여전히 수십억 달러 넘게 현금을 쌓아가고 있다. 일부 투자자들은 포드가 또다시 기업을 인수하면서 돈을 날려버리지 않을까 걱정하지만, 아직은 기업 인수에 신중한 모습을 보이고 있다.

포드는 이미 신용카드회사와 저축대부조합을 보유하고 있고, 제휴를 통해 허츠 렌터카를 지배하고 있다. 휴즈 항공우주Hughes Aerospace에 저가 입찰을 시도했으나 실패했다. TRW라면 합리적인 시너지가 나올 수 있다. 이 회사는 자동차 부품을 생산하는 세계적인 기업이며, 일부 자동차 전자제품 시장에서도 활동하고 있다. 게다가 TRW는 자동차용 에어백의 주요 공급업체가 될 수도 있다. 그러나 포드가 소문대로 메릴린치나 록히드를 인수한다면, 사업다악화 기업의 긴 명단에 올라가게 되지 않을까?

부채 요소 _____

회사의 부채는 얼마나 되고, 채권은 얼마나 되는가? 이것은 부채와 지분의 문제다. 금융회사의 대출담당자가 개인의 신용상태를 평가할 때 알고자 하는 내용이기도 하다.

일반적으로 기업의 재무상태표에는 두 면이 있다. 왼쪽 면은 자산이다(재고, 매출채권, 공장 및 설비 등). 오른쪽 면은 자산을 조달한 방법을 보여준다. 회사의 재무건전성을 신속하게 판단하는 방법은 재무상태표 오른쪽에 있는 지분과 부채를 비교하는 것이다.

이 부채비율은 계산하기 쉽다. 포드의 1987년 연차보고서에 나오는 재무상태표를 보면, 총주주지분이 184억 9,200만 달러다. 그 몇 줄 위를 보면, 장기부채가 17억 달러다(단기부채도 있지만, 이런 간단한 평가에서는 무시한다. 두 번째 줄에 보이듯이 단기부채에 비해 현금이 충분하다면, 단기부채는 걱정할 필요가 없다).

정상적인 기업의 재무상태표라면 주주 지분 75%와 부채 25%로 구성된다. 포드의 지분 대 부채는 무려 180억 달러 대 17억 달러로서, 주주 지분이 91%고, 부채는 10%도 안 된다. 따라서 재무상태표가 매우 건전하다. 이보다 훨씬 건전한 재무상태표라면 부채 1%와 주주 지분 99%가 될 수도 있겠다. 반면 부채 80%와 주주 지분 20%로 구성된다면 이는 취약한 재무상태표다.

회생주나 문제기업이라면, 나는 부채에 특별히 관심을 기울인다. 기업이 위기를 맞이했을 때 생존과 파산을 결정하는 요소는 무엇보다도 부채이기 때문이다. 따라서 부채가 많은 신생기업은 항상 위험하다.

나는 한때 침체한 기술주 두 종목 GCA와 어플라이드 머티리얼즈Applied Materials를 주시했었다. 두 회사 모두 컴퓨터 칩 제조 기계인 전자 자본 장비를 만들었다. 이 시장은 첨단기술 분야라서 피하는 편이 상책이었지만, 두 회사는 절벽에서 추락하면서 이 사실을 입증하고야 말았다. 1985년 말 GCA 주식은 20달러에서 12달러로 떨어졌고, 어플라이드 머티리얼즈는 이보다 더 심해서 16달러에서 8달러로 떨어졌다.

두 회사의 차이점은, GCA가 곤경에 처했을 때 부채가 1억 1,400만 달러였는데, 거의 모두 은행 대출이었다는 사실이다. 여기에 대해서는 나중에 설명하겠다. 회사가 보유한 현금은 겨우 300만 달러였고, 주요 자산이라고는 7,300만 달러 상당의 재고뿐이었다. 그러나 전자 산업에서는 상황이 매우 빠르게 바뀌므로, 7,300만 달러짜리 재고가 다음 해에는 2,000만 달러짜리 재고로 둔갑할 수도 있다. 이 재고로 폭탄세일을 해서 얼마나 건질지 누가 알겠는가?

반면 어플라이드 머티리얼즈는 부채가 겨우 1,700만 달러였고, 현금이 3,600만 달러나 되었다.

전자부품 사업이 회복되자, 어플라이드 머티리얼즈는 8달러에서 16달러로 반등했지만, GCA는 이 회복국면에 동참하지 못했다. 한 회사는 끝장이 나서 주당 10센트에 팔려버렸고, 한 회사는 네 배 넘게 상승했다. 부채 부담이 그 차이였다.

위기를 맞이했을 때 승자와 패자를 가르는 요소로써, 부채의 종류도 부채의 규모만큼이나 중요하다. 부채에는 은행대출금과 장기차입금이 있다.

은행대출금은 은행이 요구하면 갚아야 한다(가장 나쁜 종류로서, GCA가 보유한 부채였다). 은행에서 빌린 자금만 위험한 것은 아니다. 상업어음의 형태도 있는데, 이는 한 회사가 다른 회사에 단기간 자금을 빌려주는 것이다. 중요한 점은 상업어음이 만기가 매우 짧으며, 때로는 '요구 즉시 상환'해야 한다는 사실이다. 이는 회사에 문제의 조짐이 보이자마자 대출자가 자금을 돌려달라고 요구할 수 있다는 뜻이다. 자금을 빌린 회사는 갚지 못하면 파산법 11장에 따라 법정관리에 들어갈 수밖에 없다. 채권자가 회사 재산을 털어가므로, 주주들에게는 돌아가는 몫이 없다.

장기차입금은 채무자가 이자만 계속 지급하면, 상황이 아무리 암울해도 조기상환을 요구할 수 없다(주주에게는 가장 유리한 종류다). 원금은 정해진 대로 15년, 20년, 30년 뒤에 갚으면 된다. 장기차입금은 대개 장기회사채의 형태를 띤다. 장기회사채 등급은 회사의 재무건전성에 따라 신용평가회사에서 올리거나 내릴 수 있지만, 어떤 경우든 채권 보유자는 은행과는 달리 원금에 대해 조기상환을 요구할 수가 없다. 때로는 이자 지급마저 연기할 수도 있다. 장기차입금은 회사가 곤경에서 빠져나올 시간을 벌어준다(일반적으로 연차보고서 주석 사항에는 회사의 장기부채가 구분되어 있으며, 지급 이자와 만기도 나와 있다).

나는 크라이슬러와 같은 회생주를 평가할 때는 부채의 규모는 물론 부채구조에도 특별히 관심을 기울인다. 크라이슬러에 부채 문제가 있다는 사실은 누구나 안다. 그 유명한 구제 금융의 핵심 요소는 정부가 스톡옵션(주식매입선택권)을 갖는 대가로 대출금 14억 달러에 대해 보증을 제공한 것이다. 나중에 정부는 이 스톡옵션을 매각하여 이 거래에서 실제로 막대한 이익을 냈지만, 당시에는 아무도 이런 결과를 예측할 수가 없었다. 하지만 이 거래로 크라이슬러의 숨통이 트인다는 점은 우리도 알 수 있었다.

나는 크라이슬러가 현금 10억 달러를 보유했으며, 최근 탱크사업부를 제너럴다이내믹스에 매각하여 현금 3억 3,600만 달러를 추가로 확보한 사실도 알고 있었다. 사실 크라이슬러는 당시 소폭 적자를 보고 있었지만, 현금 보유량과 정부의 지원을 받은 부채구조로 볼 때, 은행들이 적어도 1~2년 동안은 크라이슬러가 문을 닫게 하지 않는다고 생각했다.

따라서 당신도 나처럼 자동차 산업이 회복된다고 믿었고, 크라이슬러가 크게 개선되어 생산원가가 낮아졌다는 사실을 알았다면, 크라이슬러가 생존한다고 확신할 수 있었을 것이다. 이 회사는 신문에 보도되는 것처럼 위험하지 않았다.

마이크론 테크놀로지Micron Technology 역시 버려진 회사였으나, 부채구조를 보고 피델리티가 낚아채서 대량으로 보유한 종목이다. 이 회사는 아이다호주에 기반을 둔 훌륭한 회사였으나, 쓰러지기 직전에 우리 사무실을 방문했는데, 컴퓨터 메모리칩 산업이 침체한 데다가 일본 기업들이 디램DRAM 메모리칩을 시장에 '덤핑'하는 터에 사경을 헤매고 있었다. 마이크론은 소송을 제기하여, 일본 기업들이 자사보다 더 낮은 원가로 칩을 생산할 수가 없으며, 따라서 일본 기업들은 경쟁기업을 몰아내기 위해서 손실을 보면서 제품을 판매하고 있다고 주장했다. 결국 마이크론이 소송에서 승리했다.

그동안 텍사스 인더스트리Texas Industries 와 마이크론을 제외하고 주요 미국 제조업체들이 모두 사업을 접었다. 마이크론은 그동안 쌓아올린 은행 부채 때문에 생존이 위협받아서, 주가가 40달러에서 4달러로 폭락했다. 회사의 마지막 희망은 전환사채(매입자의 선택에 따라 주식으로 전환 가능한 채권)를 대규모로 판매하는 방법이었다. 전환사채의 원금은 여러 해 동안 갚을 필요가 없으므로, 회사는 이렇게 조달한 자금으로 은행 부채를 상환하고 단기적 난관을 극복할 수 있기 때문이다.

피델리티는 전환사채를 대량으로 매입했다. 메모리칩 사업이 회생하여 마이크론이 수익성을 회복하자, 주가는 4달러에서 24달러로 상승했고, 피델리티는 멋지게 이익을 냈다.

배당 _____

"나의 유일한 기쁨이 무엇인지 아는가? 배당을 받는 일이라네."

- **존 록펠러**John D. Rockefeller, **1901년**

추가 수입을 원하는 투자자들은 대개 배당이 없는 주식보다 배당을 지급하는 주식을 좋아한다. 여기에는 아무 문제가 없다. 배당 수입은 항상 도움이 되며, 심지어 존 록펠러에게도 도움이 된다. 그러나 진정한 쟁점은 배당이 회사의 가치와 주가에 장기적으로 어떤 영향을 미치느냐이다.

회사 경영진과 주주들이 배당을 놓고 벌이는 갈등은, 부모와 자녀가 신탁기금을 놓고 벌이는 갈등과 흡사하다. 자녀들은 빨리 분배받는 쪽을 원하지만, 부모는 자녀들에게 더 큰 혜택이 돌아가도록 자금을 관리하려고 한다.

회사의 배당 지급을 지지하는 사람들은, 배당을 지급하지 않는 회사들이 과거에 어리석은 사업다악화에 매달려 잇달아 돈을 날렸다고 강하게 주장한다. 나는 이런 일을 수없이 보았으므로, 펜조일 Pennzoil의 휴 리트키Hugh Liedtke가 제시한 기업금융의 방광 이론을 믿는다. 이는 기업에 자금이 쌓이면 쌓일수록 방광에 압력이 높아져서 오줌을 누듯이 아무 곳에나 돈을 써버린다는 이론이다. 리트키는 소규모 석유회사 펜조일을 설립하여 강력한 경쟁자로 키워냄으로써 첫 번째 명성을 얻었다. 그는 누구나 다윗 펜조일이 진다고 말하는 30억 달러짜리 법정 분쟁에서, 골리앗 텍사코Texaco를 물리침으로써 두 번째 명성을 얻었다.

(앞에서 설명한 1960년대 말은 방광의 시대Bladder Years로 기억돼야 마땅하다. 오늘날에도 기업 경영자 가운데는 망할 운명인 벤처에 돈을 쏟아붓는 사람들이 있다. 그러나 1960년대 말에 비하면 훨씬 적다)

배당 지급을 지지하는 사람들은, 배당이 주가 폭락도 막아준다고 주장한다. 1987년 시장 폭락 때 고배당주는 무배당주보다 선방해서, 그 하락폭이 시장 하락폭의 절반에도 미치지 않았다. 이런 이유로 나는 일부 대형우량주와 심지어 저성장주까지 내 포트폴리오에 편입한다. 주가가 20달러일 때 배당이 2달러이면 배당수익률이 10%가 되지만, 주가가 10달러로 떨어지면 배당수익률이 갑자기 20%로 뛰어오른다. 투자자들이 이렇게 높은 배당이 유지된다고 확신하면, 이들은 배당을 바라보고 그 주식을 매수한다. 따라서 주가가 어느 수준 밑으로는 떨어지지 않는다. 오랫동안 배당을 지급하고 증가시킨 우량주들은 위기가 닥치면 사람들이 몰려드는 종목이 된다.

반면 배당을 지급하지 않는 소기업은 그래서 훨씬 빨리 성장한다. 이들은 배당에 쓸 돈을 사업 확장에 투입하기 때문이다. 기업이 주식을 발행하는 첫 번째 이유는 은행 부채를 지지 않으면서 확장 자금을 조달하려는 데 있다. 어쨌든 나는 고리타분하고 오래된 배당주 대신 공격적인 성장주를 선택하겠다.

전기설비회사와 전화회사들은 대표적인 배당주다. 이들은 저성장 기간에 접어들어 공장을 지을 필요도 없고 장비를 확보할 필요도 없으므로 현금이 쌓인다. 고성장 기간에는 배당이 공장 건설에 필요한 대규모 자본을 끌어들이는 미끼가 된다.

컨솔리데이티드 에디슨은 캐나다에서 잉여 전력을 구입할 수 있다는 사실을 알았다. 따라서 값비싼 발전기를 새로 구입하고 승인을 받아 건설하느라, 온갖 비용을 지출할 이유가 없어졌다. 이 회사는 요즘 비용에 큰돈을 쓸 일이 없으므로, 현금을 수억 달러씩 쌓아가고 있으며, 자사주를 평균 시가보다 높은 가격으로 매수하고 있고, 배당도 계속 높이고 있다.

컨솔리데이티드 에디슨 Consolidated Edison Co. of N. Y., Inc.(ED)

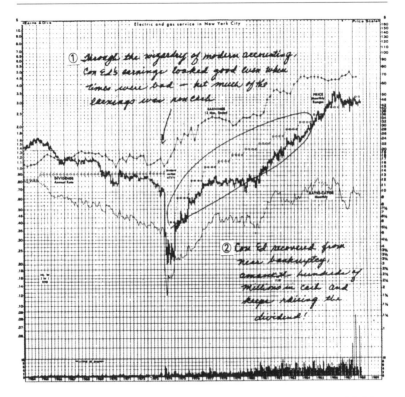

- 현대회계의 신통력에 힘입어 컨솔리데이티드 에디슨의 이익은 불경기에도 좋게 나타났다. 그러나 이익 대부분은 비(非)현금이었다
- 컨솔리데이티드 에디슨은 파산 직전에 회복하였고, 수억 달러를 현금으로 쌓아가면서 배당을 높이고 있다!

이제 스리마일섬 원자력발전소 사고에서 회복한 제너럴 퍼블릭 유틸리티도, 10년 전 컨솔리데이티드 에디슨이 경험했던 국면에 도달했다. 이 회사 역시 현재 자사주를 매입하고 배당을 높이는 중이다.

배당을 빠짐없이 주는가?

배당을 바라보고 주식을 매수할 생각이라면, 경기침체와 난관을 맞이해도 배당을 지급할 회사인지 확인하라. 1791년 이후 한 번도 빠짐없이 배당을 지급한 플리트 노스타Fleet-Norstar(이전의 인더스트리얼 내셔널 뱅크Industrial National Bank)가 어떻겠는가?

저성장주가 배당마저 빠트린다면, 투자자는 곤경에 빠진다. 저성장 기업의 장점마저 사라진 셈이기 때문이다.

20~30년 동안 배당을 규칙적으로 증가시킨 회사가 최상의 선택이다. 켈로그와 랠스턴 퓨리나는 전쟁 세 번과 경기침체 여덟 번을 거치는 동안에도, 배당을 빠뜨리기는커녕 줄여본 적도 없다. 따라서 배당의 가치를 믿는다면, 바로 이런 회사들이 보유할 만한 종목이다. 사우스마크Southmark처럼 부채가 많은 기업은, 부채가 거의 없는 브리스톨-마이어스처럼 안정적으로 배당을 지급할 도리가 없다(실제로 사우스마크는 최근 부동산 사업에서 손실을 보아 배당 지급을 중단했고, 주가는 11달러에서 3달러로 추락했다). 경기순환주는 항상 안정적으로 배

당을 지급하는 종목이 아니다. 포드는 1982년 배당을 누락하자 주가가 4달러(주식분할 반영) 아래로 떨어졌는데, 이것은 25년 만의 저가였다. 오늘날에는 포드가 현금을 모두 소진하지 않는 한, 아무도 배당 누락을 걱정할 필요가 없다.

장부가치

요즘 장부가치에 사람들의 관심이 쏠리고 있다. 아마도 쉽게 찾을 수 있기 때문이다. 장부가치는 어디에나 드러난다. 인기 주식 프로그램을 보면 장부가 밑으로 거래되는 종목수가 즉시 조회될 정도다. 장부가가 주당 20달러인 주식이 10달러에 거래되면, 사람들은 반값에 산다고 생각하며 이런 주식에 투자한다.

문제는 발표된 장부가가 회사의 실제 가치와 거의 관계가 없다는 사실이다. 장부가는 실제 가치보다 큰 폭으로 과장되거나 축소된 경우가 많다. 펜 센트럴은 파산할 때 장부가가 주당 60달러가 넘었다!

1976년 말 앨런 우드 철강Alan Wood Steel의 장부가는 3,200만 달러로, 주당 40달러였다. 그런데도 이 회사는 6개월 뒤 법정관리를 신청했다. 장부가치 3,000만 달러에 이르는 새로운 제강설비가, 부적합한 설계와 운영상 하자 탓에 실제로 전혀 쓸모없었기 때문이다. 부채 상환을 위해서 강판공장은 루켄스 코프Lukens Corp.에 약 500만 달러에 팔렸고, 공장의 나머지 부분은 추측건대 고철로 팔렸다.

섬유공장 창고에 가득한 직물이 장부가는 미터당 4달러라도, 실제로 팔려면 10센트도 못 받을 수 있다. 여기에 또 다른 불문율이 있다. 자재가 완제품에 가까울수록 판매가격을 예측하기가 힘들어진다. 면화는 가치를 쉽게 알 수 있지만, 오렌지색 면화 셔츠라면 가치를 누가 알겠는가? 금속 한 덩이의 가치는 알 수 있지만, 금속 스탠드의 가치를 누가 알겠는가?

몇 년 전, 현명한 투자자 워런 버핏이 초창기에 인수했던 뉴베드퍼드 직물공장을 폐쇄하기로 했을 때 일어난 사건을 살펴보자. 경영진은 장부가가 86만 6,000달러였던 직조기를 팔면 얼마간 건지리라 기대했다. 그러나 공개 입찰에 부쳤을 때, 몇 년 전 대당 5,000달러에 구입한 직조기가 운송비도 안 나오는 26달러에 팔렸다. 장부가 86만 6,000달러짜리 자산이 실제로는 겨우 16만 3,000달러에 팔렸다.

만일 직조기가 버핏의 회사 버크셔 해서웨이가 보유한 자산 전부였다면, 자산주 투자자들이 눈독을 들이는 상황이 연출되었을 것이다. "해리, 이 재무상태표를 좀 보게. 직조기 가치만 해도 주당 5달러나 되는데, 이 주식은 2달러 밑에서 거래되고 있어. 이런 헐값에 사고도 손해 볼 수가 있겠어?" 그러나 분명히 손해 볼 수 있다. 직조기가 가까운 쓰레기 매립지로 실려 나가자마자 주가는 20센트로 떨어지기 때문이다.

재무상태표 왼쪽의 과대평가된 자산은, 특히 재무상태표 오른쪽에 부채가 많을 때 투자자를 배신한다. 어떤 회사의 자산이 4억 달러고, 부채가 3억 달러라고 가정하자. 따라서 장부가치는 1억 달러다. 부채는 실제 숫자다. 그러나 4억 달러짜리 자산을 파산 세일해서 2억 달러만 건진다면, 실제 장부가치는 마이너스 1억 달러가 된다. 이 회사는 무일푼 정도가 아니다.

플로리다의 부동산 개발회사 래디스 주식을 매수한 불운한 투자자들에게 바로 이런 일이 발생했다. 이 회사는 뉴욕증권거래소에 상장되어 있었는데, 자산이 주당 50달러였던 반면 주가가 10달러에 불과해서 틀림없이 매력적으로 보였을 것이다. 그러나 부동산회계의 이상한 규정에 따라 프로젝트가 완료되어 매각될 때까지 부채에 대한 경과이자가 '자산'으로 계상되었으므로, 래디스의 가치 대부분은 실체가 없었다.

프로젝트가 성공한다면 아무 문제가 없지만, 래디스는 주요 프로젝트에 대해 인수자를 찾을 수 없었고, 은행은 대출금을 상환하라고 요구했다. 이 회사는 부채가 많았는데, 일단 은행이 대출금 상환을 요구하자, 재무상태표 왼쪽의 자산은 사라졌지만 부채는 그대로 남았다. 주가가 75센트로 폭락했다. 회사의 실제 가치가 마이너스 7달러라는 사실을 아는 사람이 많다면, 이 주식은 가망이 없다. 나는 이 사실을 간과하고, 마젤란 펀드에 대량으로 보유하고 있었다.

장부가치를 보고 주식을 매수한다면, 그 자산의 실제 가치가 무엇인지 자세히 파악하고 있어야 한다. 펜 센트럴은 산맥을 관통하는 터널과 쓸모없는 철도차량도 자산으로 잡혀있다.

숨은 자산

장부가치는 실제 가치보다 부풀려질 때도 많지만, 실제 가치보다 축소될 때도 많다. 이런 때에는 엄청난 자산주를 손에 넣을 수 있다.

토지, 목재, 석유, 귀금속 등 자연자원을 보유한 기업들은, 이러한 자산의 장부가치가 실제 가치의 몇 분의 1 수준일 때도 있다. 예를 들면, 1987년 귀금속제품 제조업체 핸디 앤드 하먼 Handy and Harman의 주당 장부가는 금, 은, 백금의 막대한 재고를 포함해서 7.83달러였다. 그러나 이러한 귀금속의 장부가는 핸디 앤드 하먼의 취득원가로 기록되어 있으며, 게다가 거의 30년 전에 구입한 것이다. 현재 시가 (금은 온스당 415달러, 은은 6.40달러)로 귀금속의 가치는 주당 19달러가 넘는다.

핸디 앤드 하먼 주식은 회사가 보유한 귀금속 가치보다도 낮은 약 17달러에 거래되고 있으니, 이는 훌륭한 자산주가 아니겠는가? 우리의 버핏 역시 그렇게 생각했다. 그도 핸디 앤드 하먼 주식을 몇 년째 대량으로 보유하고 있지만, 주가가 꿈쩍도 하지 않고, 회사의 이익도 고르지 않으며, 사업다각화 계획도 그다지 성공적이지 않다 (사업다각화에 대해서는 앞에서 설명한 바 있다).

최근 버핏이 이 회사에 대한 지분을 축소 중이라고 발표하였다. 지금까지 보면, 숨은 자산에도 불구하고 핸디 앤드 하먼은 버핏의 유일한 실패 사례처럼 보인다. 하지만 금과 은 가격이 극적으로 상승하면, 이 주식 역시 극적으로 상승할 것이다.

금과 은 외에도 숨은 자산에는 여러 종류가 있다. 코카콜라나 로비투신Robitussin(감기약) 같은 브랜드도 가치가 엄청나지만, 대개 장부에 적절히 반영되지 않는다. 특허의약품, 케이블TV 독점영업권, TV 방송국과 라디오 방송국도 마찬가지다. 이들은 모두 취득원가로 기록되며, 감가상각을 통해서 재무상태표의 자산 항목에서 결국 사라진다.

부동산으로 엄청난 숨은 자산을 보유한 페블비치에 대해서는 이미 설명하였다. 나는 아직도 이 주식을 놓친 데 대해 자책하고 있다. 하지만 그런 부동산 자산주는 여기저기 널려있다. 철도주가 아마도 대표적인 예라 하겠다. 앞에서 언급했던 대로, 벌링턴 노던, 유니언 퍼시픽, 산타페 서던 퍼시픽 등은 엄청난 토지를 보유하고 있을 뿐 아니라, 그 장부가가 지극히 미미한 액수다.

산타페 서던 퍼시픽은 캘리포니아에서 땅을 가장 많이 보유한 기업으로서, 캘리포니아주의 약 40만km^2 토지 가운데 5,000km^2를 보유하고 있다. 전국적으로는 14개 주에 걸쳐 1만 2,000km^2를 보유하고 있는데, 이는 로드아일랜드주의 네 배나 된다. 또 다른 예가 남서부의 철도회사 CSX다. CSX는 130km에 대한 통행권을 플로리다주에 매각했다. 토지의 장부가는 거의 제로였고, 철도의 가치는 1,100만 달러였다. 이 거래에서 CSX는 철도에 대한 유휴시간 사용권을 그대로 유지했으므로 매출에는 영향이 없었는데도(화물은 유휴시간에 운송된다), 이 매각으로 세후 2억 6,400만 달러를 벌어들였다. '꿩 먹고 알 먹는다'는 말이 바로 이런 경우다!

어떤 석유회사나 정유회사는 석유 재고를 땅속에 40년 동안 보관하기도 하는데, 그 취득원가가 루스벨트 대통령 시절에 작성된 수치다. 석유 재고의 가치만 해도 이 회사 주식의 시가총액을 넘어간다. 정유소를 폐기하고 종업원을 모두 해고한 뒤, 석유만 내다 팔아도 주주들은 순식간에 부자가 될 수 있다. 석유를 파는 데는 전혀 문제가 없다. 석유는 의류와 달리, 아무도 올해 제품인지 작년 제품인지, 적자색赤紫色인지 심홍색深紅色인지 따지지 않는다.

몇 년 전 보스턴의 채널 파이브Channel 5가 약 4억 5,000만 달러에 팔렸다. 이것이 공정시장가격이었다. 하지만 방송국에서 처음 라이선스를 취득할 때, 아마도 관련 서류 작업에 2만 5,000달러, 방송송신탑에 100만 달러, 스튜디오에 100~200만 달러를 지출했을 것이다. 이 모든 작업이 처음에 서류상으로 250만 달러였으며, 시간을 두고 상각되었다. 이 회사가 매각되는 시점에는 십중팔구 장부가가 실제보다 300분의 1 수준으로 내려갔을 것이다.

이제 방송국의 주인이 바뀌었으므로, 새로운 장부가치는 매각가격인 4억 5,000만 달러에서 시작될 것이며, 이상 현상은 사라질 것이다. 장부가 250만 달러짜리 TV 방송국을 4억 5,000만 달러에 매입하면, 회계 실무에서는 추가 지출한 4억 4,750만 달러를 '영업권'으로 분류한다. 영업권은 새로운 장부에 자산으로 기록되며, 이것도 결국 상각된다. 따라서 이 회사 역시 잠재적 자산주가 된다.

영업권에 대한 회계 처리 방법은 1960년대 이후에 변경되었는데, 당시에는 자산을 크게 부풀리는 회사가 많았다. 지금은 그 반대다.

예를 들어 코카콜라가 병에 담는 공정을 위해 만든 신생기업 코카콜라 엔터프라이즈Coca-Cola Enterprises는 현재 영업권의 장부가가 27억 달러다. 이 27억 달러는 공장, 재고, 장비의 원가 외에 병입瓶入 사업 독점권에 대해 지불한 대가를 나타낸다. 즉, 독점사업의 무형가치를 뜻한다.

현행 회계규정에 따르면, 코카콜라 엔터프라이즈는 이 영업권을 향후 40년 동안 상각해서 제로로 만들어야 하지만, 실제로 이 독점권의 가치는 해가 갈수록 상승한다. 영업권을 상각해야 하므로 코카콜라 엔터프라이즈는 이익이 줄어든다. 1987년 이 회사가 발표한 이익은 63센트였으나, 이 숫자에는 실제로 영업권 상각에 들어간 50센트가 빠져있다. 코카콜라 엔터프라이즈는 서류상으로 나타나는 것보다 실제 실적이 훨씬 좋을 뿐 아니라, 숨은 자산도 매일 증가하고 있다.

남들이 17년 동안 만들지 못하는 약품을 보유한 회사에도 숨은 가치가 있으며, 이 회사는 약품을 조금 개선하면 특허를 또 17년 동안 보유할 수 있다. 장부에는 이 놀라운 약품에 대한 특허권의 가치가 거의 제로로 나올지 모른다. 몬산토는 설Searle을 인수했을 때 뉴트라스위트NutraSweet(인공 감미료 아스파탐aspartame의 상표명)도 획득했다. 뉴트라스위트는 4년 후 특허가 끝난 뒤에도 여전히 가치가 있지만, 몬산토는 전체 금액을 이익에서 상각한다. 4년 뒤 뉴트라스위트의 장부가는 제로가 될 것이다.

코카콜라 엔터프라이즈와 마찬가지로, 몬산토도 영업권 일부를 이익에서 상각하면 실제 이익이 과소 계상된다. 회사의 실제 이익이 주당 10달러지만 뉴트라스위트 같은 제품을 상각하느라 주당 2달러를 지출하고 있다면, 뉴트라스위트에 대한 상각이 끝나는 시점부터 이익이 주당 2달러 상승한다.

게다가 몬산토는 연구개발비도 모두 같은 방식으로 처리하고 있으므로, 언젠가 비용지출이 끝나고 신제품이 출시되면 이익이 폭발적으로 증가하게 된다. 이런 사실을 이해한다면, 당신은 커다란 강점을 보유하는 셈이다.

거대 모기업이 전부 또는 일부를 보유한 자회사에도 숨은 자산이 존재한다. 포드에 대해서는 이미 살펴보았다. UAL도 마찬가지인데, 이 회사는 유나이티드 항공의 다각화된 모회사로서, 회사명을 앨리지스Allegis(알레르기와 혼동하지 말라)로 변경하였다. 피델리티의 항공산업 애널리스트 브래드 루이스Brad Lewis가 이 종목을 발굴했다. UAL이 보유한 자산으로는 힐튼 인터내셔널 10억 달러, 허츠 렌터카 (나중에 포드의 파트너에 매각되었다) 13억 달러, 웨스틴 호텔 14억 달러, 여행 예약 시스템 10억 달러가 있었다. 부채와 세금을 차감하고 이들 자산을 모두 합하면 UAL의 시가총액보다 많았으므로, 결국 투자자는 세계 최대 규모의 항공사를 공짜로 얻는 셈이었다. 피델리티는 이 주식을 대량으로 매수하였고, 이 종목은 2루타가 되었다.

한 회사가 다른 회사의 주식을 보유한 때도 숨은 자산이 존재한다. 레이먼드 인더스트리Raymond Industries가 텔레코 오일필드 서비스Teleco Oilfield Service를 보유한 경우가 여기에 해당한다. 두 회사에 대해 잘 아는 사람들은 레이먼드가 주당 12달러에 거래되고 있지만, 텔레코의 가치만 해도 주당 18달러라는 사실을 깨달았다. 레이먼드 주식을 사면 6달러를 받으면서 텔레코 주식을 얻는 셈이었다. 제대로 조사한 투자자들은 레이먼드를 매수하여 6달러를 얹어 텔레코를 거저 받았지만, 조사하지 않은 투자자들은 18달러를 주고 텔레코를 매수했다. 이런 일은 항상 벌어진다.

지난 몇 년 동안 듀폰DuPont을 사려던 투자자들은, 듀폰 주식 25%를 보유하고 있는 시그램Seagram을 매수하면 더 싸게 살 수 있었다. 시그램은 듀폰 자산주가 되었다. 마찬가지로, 비어드 오일Beard Oil(지금은 비어드 컴퍼니Beard Company)은 8달러에 거래되었는데, 보유하고 있는 USPCI라는 회사의 가치가 주당 12달러였다. 이 주식을 사면 비어드와 석유 굴착 장치와 다른 장비들을 4달러를 받으면서 공짜로 얻는 셈이었다.

때로는 어떤 회사 지분을 보유한 해외 기업에 투자하는 것이, 그 회사 주식을 보유하는 최고의 방법이 되기도 한다. 말처럼 쉽지는 않지만, 유럽 기업에 접근할 기회가 있다면 놀라운 상황을 만날 수도 있다. 대개 유럽 기업들은 제대로 분석되지 않으며, 전혀 분석되지 않을 때도 많다. 나는 스웨덴으로 현장 조사하러 갔을 때 이 사실을 알게 되었는데, 볼보를 비롯해서 스웨덴 산업의 거대기업들에 대한 분석을 컴퓨터조차 없는 사람 혼자 담당하고 있었다.

에셀트 비즈니스 시스템Esselte Business System이 미국에서 공개되었을 때, 나는 이 주식을 매수한 뒤 회사의 기본상황을 지켜보고 있었는데, 긍정적인 모습이었다. 피델리티 오버시즈 펀드Fidelity Overseas Fund를 운용하는 조지 노블George Noble이 내게 스웨덴의 모회사를 방문해보라고 권했다. 방문해보니 미국 자회사보다 싼 값에 모회사를 살 수가 있었고, 게다가 부동산은 물론 수많은 매력적인 기업도 덤으로 얻을 수 있었다. 미국 자회사 주식은 조금 올랐을 뿐이지만, 모회사 주식은 2년 동안 두 배로 뛰었다.

푸드 라이온 슈퍼마켓Food Lion Supermarkets 스토리를 조사했다면, 벨기에의 델 하이츠Del Haize가 이 회사 주식 25%를 보유하고 있으며, 이 주식만 해도 델 하이츠의 시장가치보다 훨씬 높다는 사실을 발견했을 것이다. 이번에도 델 하이츠를 매수한다면, 값진 유럽회사를 공짜로 얻는 셈이었다. 내가 이 유럽 주식을 마젤란 펀드에 편입하자 30달러에서 120달러로 상승했는데, 그동안 푸드 라이온은 상대적으로 재미없는 50% 상승에 그쳤다.

다시 미국으로 눈을 돌려, 지금 다양한 전화회사 주식을 매수하면 이동전화 사업을 무료로 얻을 수 있다. 미국 내 모든 시장에는 이동전화 프랜차이즈가 두 개씩 주어진다. 이동전화 제비뽑기에 당첨된 행운아에게 이동전화 프랜차이즈가 부여된다는 말은 당신도 들어보았을 것이다. 실제로 당첨된 사람은 프랜차이즈를 매입해야 한다. 두 번째 프랜차이즈는 지역 전화회사에 무료로 제공된다. 이 프랜차이즈는 관심을 기울이는 투자자들에게 훌륭한 숨은 자산이 될 것이다. 내가 이 책을 쓰는 시점에, 퍼시픽 텔레시스 오브 캘리포니아Pacific Telesis of California 주식을 29달러에 사면, 적어도 주당 9달러의 가치가 있는 이동전화 사업을 얻게 된다. 아니면 콘텔^{Contel}을 35달러에 사고 15달러짜리 이동전화 사업을 가져도 된다.

이런 주식들은 PER이 10배 미만이며, 배당수익률이 6%가 넘는데, 이동전화 사업의 가치를 차감하면 PER이 더 매력적인 숫자가 된다. 이런 거대 전화회사에 투자해서 10루타를 만들 수는 없지만, 배당수익률이 높을 뿐 아니라 일이 제대로 풀리면 30~50% 수익은 어렵지 않다.

끝으로, 조세감면도 회생기업이 보유하는 훌륭한 숨은 자산이 된다. 이월결손금 덕분에, 펜 센트럴은 파산으로부터 회복하였을 때, 새로운 사업에서 벌어들이는 막대한 이익에 대해 세금을 낼 필요가 없었다. 당시에는 법인세율이 50%였으므로, 세금을 내지 않는 펜 센트럴이 기업을 인수하면, 그 기업은 하룻밤 새 이익이 두 배로 늘어나게 되었다. 펜 센트럴이 회생하자 주가는 1979년 5달러에서 1985년 29달러로 치솟았다.

베들레헴 철강은 현재 이월결손금이 10억 달러인데, 회사가 계속 회복세를 보인다면 이는 엄청나게 값진 자산이 된다. 앞으로 베들레헴이 미국에서 벌어들이는 10억 달러에 대해서 세금을 내지 않기 때문이다.

현금흐름 _____

현금흐름^{cash flow}은 사업의 결과로 회사가 벌어들이는 돈의 양이다. 회사들은 모두 돈을 벌어들이지만, 이를 위해서 지출하는 금액은 회사마다 다르다. 바로 이런 결정적인 차이 때문에 필립 모리스는 놀라울 정도로 안정적인 회사가 되지만, 철강회사는 매우 불안한 회사가 된다.

예를 들어, 피그 아이언^{Pig Iron, Inc.}이 주괴鑄塊 재고를 모두 팔아 1억 달러를 벌었다고 가정하자. 여기까지는 좋은 일이다. 그러나 한편으로 피그 아이언은 용광로를 최신 설비로 유지하기 위해서 8,000만 달러를 지출해야 한다. 이것이 문제다. 첫해에 피그 아이언이 용광로 개선에 8,000만 달러를 지출하지 않으면, 더 효율적인 경쟁자들에게 사업을 빼앗긴다. 돈을 벌기 위해서 돈을 써야 하는 상황이라면, 그런 회사는 성공하기 어렵다.

필립 모리스에는 이런 문제가 없으며, 펩 보이즈나 맥도날드 역시 이런 문제가 없다. 바로 이런 이유로 나는 자본적 지출에 매달리지 않아도 되는 회사를 더 좋아한다. 이런 회사는 자금 지출을 줄이려고 발버둥 칠 필요가 없다. 그래서 필립 모리스는 피그 아이언보다 돈 벌기가 쉽다.

현금흐름 숫자로 주식을 평가하는 사람도 많다. 예를 들어 20달러짜리 주식의 연간 현금흐름이 2달러면 10대1의 비율이며, 이것이 표준이 된다. 현금흐름이 10%라면, 주식 장기투자에 대해 사람들이 기대하는 최소 보상인 10%와도 잘 들어맞는다. 20달러짜리 주식의 주당 현금흐름이 4달러라면 현금흐름 수익률이 20%이며, 이는 훌륭한 숫자다. 만일 20달러짜리 주식의 주당 현금흐름이 계속 10달러가 유지된다면, 주택담보대출을 받아서라도 보이는 대로 그 주식을 사모아라.

이러한 현금흐름 숫자에 얽매일 필요는 없다. 그러나 현금흐름 때문에 특정 주식을 매수한다면, 그 숫자가 잉여현금흐름^{free cash flow}인지 확인하라. 잉여현금흐름이란 정상적인 자본적 지출을 차감한 뒤 남는 현금흐름을 말한다. 이 돈은 더는 지출할 필요가 없는 돈이다. 피그 아이언은 필립 모리스보다 잉여현금흐름이 훨씬 적다.

이익은 보통수준이지만 잉여현금흐름 때문에 투자가치가 뛰어난 종목도 종종 눈에 띈다. 대개 가까운 장래에 교체할 필요가 없는 노후 장비에 대해 거액을 상각하는 회사가 여기에 해당한다. 장비에 대한 감가상각은 세금공제 대상이므로, 이런 회사는 계속해서 조세감면 혜택을 받지만, 장비 현대화나 수리에는 최소한의 비용만 지출한다.

코스틸 코퍼레이션^{Coastal Corporation}이 잉여현금흐름의 덕을 보는 대표적인 사례다. 어느 모로 보나 이 회사의 공정가격은 주당 20달러였다. 회사의 이익이 주당 2.50달러여서 PER이 8배였는데, 이 정도가 당시 가스 제조업체와 다각화된 파이프라인 회사의 표준이었다. 그러나 이 평범한 회사 뒤에 놀라운 기회가 숨어있었다. 코스틸은 대형 파이프라인 회사 아메리칸 내추럴 리소시즈^{American Natural Resources}를 인수하려고 24억 5,000만 달러를 차입했다. 파이프라인 사업의 장점은 유지관리 비용이 적게 든다는 점이다. 즉, 파이프라인에는 신경 쓸 일이 많지 않다. 파이프는 그 자리에 그대로 묻혀있기 때문이다. 구멍을 때우기 위해서 땅을 파기도 하지만, 그런 일이 아니라면 땅속에 그대로 내버려 둔다. 그동안 회사에서는 파이프에 대해 감가상각한다.

코스털은 가스 사업 환경이 침체한 상황에서도 총현금흐름이 주당 10~11달러였고, 자본적 지출 차감 후에도 7달러가 남았다. 이 주당 7달러가 잉여현금흐름이었다. 장부상으로는 이 회사가 앞으로 10년 동안 한 푼도 벌지 못하지만, 주주들은 매년 주당 7달러의 현금유입 혜택을 입게 되며, 결과적으로 20달러 투자에 대해 70달러의 수익을 올리게 되어있었다. 이 주식은 현금흐름만으로도 엄청난 상승 잠재력이 있었다.

자산주에 몰두하는 투자자는 회사가 평범해서 변화가 없고, 현금흐름이 많으며, 소유주가 사업을 확장할 생각이 없는 회사를 찾는다. 이런 회사는 사용 연한 12년짜리 철도 컨테이너를 잔뜩 보유한 리스회사와 같다. 이 회사가 바라는 것은 단지 기존의 컨테이너 사업을 계속하면서 가급적 많은 현금을 뽑아내는 일뿐이다. 다가오는 10년 동안 경영진은 공장을 축소하고, 컨테이너를 단계적으로 폐기하며, 현금을 쌓아갈 것이다. 이런 방식으로 회사는 1,000만 달러짜리 사업에서 4,000만 달러를 뽑아낼 수 있다(컴퓨터 사업에서는 이런 방식이 통하지 않는다. 컴퓨터 가격이 너무 빨리 하락해서 재고의 가치가 장기간 유지되지 않으므로, 아무도 이익을 뽑아낼 수가 없다).

재고

연차보고서의 '이익에 관한 경영진 심의' 섹션에 재고에 대한 상세한 주석이 나온다. 나는 재고가 쌓이고 있는지 항상 확인한다. 제조업체든 소매업체든 재고 증가는 대개 나쁜 신호다. 재고가 매출보다 빠르게 증가한다면, 이것은 위험 신호다.

재고의 가치를 계산하는 기본적인 회계 방법에는 후입선출법LIFO과 선입선출법FIFO의 두 가지가 있다. 후입선출법이란 '나중에 들어온 재고를 먼저 판매한다'라는 뜻이고, 선입선출법이란 '먼저 들어온 재고를 먼저 판매한다'라는 뜻이다. 핸디 앤드 하먼이 30년 전 온스당 40달러에 금을 매입했고, 어제 온스당 400달러에 금을 매입했으며, 오늘 온스당 450달러에 금을 판매한다면, 이익이 얼마인가? 후입선출법으로는 이익이 50달러고($450 - $400), 선입선출법으로는 410달러다($450 - $50).

재고자산 회계에 관해서 설명을 계속할 수도 있지만, 아마도 금방 지루해질 것이다. 인기 있는 회계 방법 두 가지를 더 들자면 기고GIGO(쓰레기가 들어가면 쓰레기가 나온다)와 피시FISH(처음 들어온 재고가 아직 남아있다)가 있는데, 재고에 이런 일이 흔히 발생한다.

어떤 방법을 쓰든지, 올해와 작년의 후입선출법이나 선입선출법 가치를 비교해서 재고 규모의 증감을 판단할 수 있다.

한번은 내가 알루미늄 회사를 방문했는데, 팔리지 않은 알루미늄 자재가 건물 안에 천장까지 쌓이고도 남아서, 건물 밖에 있는 직원용 주차장까지 대부분 차지하고 있었다. 만일 직원들이 재고 때문에 다른 곳에 주차해야 한다면, 이는 재고 과잉을 알려주는 확실한 신호다.

회사가 매출이 10% 증가했다고 허풍을 떨어도, 재고가 30% 증가했다면 우리는 이렇게 생각해보아야 한다. "잠깐 보자. 가격을 내려서라도 재고를 처분했어야지. 재고를 처분하지 않았으니, 회사는 내년에 곤란을 겪어야 하고, 후년에는 더 심하게 곤란을 겪을지 몰라. 신제품이 낡은 재고와 경쟁을 벌여야 하고, 재고가 더 높이 쌓일 테니 결국 회사는 가격을 내릴 수밖에 없고, 그래서 이익이 줄어들겠지."

자동차회사라면 재고 증가가 크게 걱정되지는 않는다. 신차는 항상 나름대로 가치가 있어서, 가격을 큰 폭으로 내릴 필요가 없기 때문이다. 즉, 35,000달러짜리 재규어를 3,500달러까지 내리는 일은 발생하지 않는다. 그러나 유행이 지난 300달러짜리 자줏빛 미니스커트는 3달러에도 팔리지 않는다.

밝은 면으로는, 침체를 겪던 회사에서 재고가 감소하기 시작하면, 이는 상황이 호전되었다는 첫 번째 증거다.

아마추어나 초보자는 재고에 대해 감을 잡고 의미를 파악하기가 어렵지만, 특정 사업에 강점이 있는 투자자들은 재고 파악 요령을 안다. 5년 전만 해도 필요 없었지만, 지금은 기업들이 주주에게 보내는 분기보고서에 재무제표를 의무적으로 실어야 하므로, 투자자들은 정기적으로 재고 수치를 점검할 수 있다.

연금제도 _____

갈수록 많은 회사가 직원들에게 스톡옵션과 연금 혜택을 제공하므로, 투자자들은 그 영향을 검토할 필요가 있다. 연금제도는 회사의 의무사항은 아니지만, 일단 제도를 도입하면 회사는 연방 법규를 준수해야 한다. 연금제도는 채권과 마찬가지로 절대적인 의무가 된다(이익분배제도는 그런 의무가 없다. 이익이 없으면 분배도 없다).

회사가 파산해서 정상적인 영업이 중단돼도, 회사는 계속해서 연금제도를 지원해야 한다. 나는 회생주에 투자하기 전에, 회사가 감당할 수 없는 과도한 연금의무를 지고 있는지 반드시 확인한다. 구체적으로는 연금기금자산이 확정된 연금채무보다 많은지 확인한다. USX는 연금기금자산이 85억 달러고 확정된 연금채무가 73억 달러이므로 걱정할 필요가 없다. 반면 베들레헴 철강은 연금기금자산이 23억 달러고 확정된 연금채무가 38억 달러이므로 15억 달러가 부족하다. 베들레헴 철강의 자금문제가 심각해진다면, 이것은 크게 부정적인 요소가 된다. 따라서 투자자들은 연금문제가 해결될 때까지 이 주식을 평가 절하해야 한다는 뜻이다.

전에는 이런 연금채무 문제를 짐작할 수밖에 없었으나, 지금은 연차보고서에 발표된다.

'성장'을 '확장'과 동일시하는 관점은 월스트리트의 가장 흔한 착각이며, 이 때문에 사람들은 필립 모리스처럼 정말로 위대한 성장기업을 간과하게 된다. 미국의 담배 업종에서는 성장의 흔적도 볼 수가 없다. 미국의 담배 소비는 연 2%씩 감소하고 있기 때문이다. 물론 해외 흡연자들이 미국 흡연자들의 빈자리를 메워주고 있다. 독일인 4명 중 1명이 현재 필립 모리스에서 만든 말보로를 피우고 있으며, 말보로를 가득 채운 보잉747이 매주 일본으로 날아가고 있다. 하지만 해외 판매로도 필립 모리스의 이례적인 성장을 설명할 수가 없다. 성장의 핵심은 필립 모리스가 원가를 낮추고 특히 가격을 올려서 이익을 증가시킨다는 사실에 있다. 바로 이익이야말로 진정으로 중요한 유일한 성장률이기 때문이다.

필립 모리스는 더 효율적인 담배생산 기계를 설치하여 원가를 낮췄다. 한편, 담배업계에서는 매년 담배가격을 인상한다. 회사의 원가가 4% 증가하면 담배가격을 6% 인상하므로, 이익률이 2% 올라간다. 이 숫자가 작아 보일지 몰라도, 필립 모리스처럼 이익률이 10%일 경우 이익률이 2% 포인트 상승하면, 이익은 20% 증가한다.

(P&G는 화장지의 특성을 점진적으로 변경함으로써 제품의 이익을 '성장'시킬 수 있었다. 실제로는 화장지에 골을 만들어 촉감을 부드럽게 하면서, 한 두루마리의 매수를 500장에서 350장으로 서서히 줄여나갔다. 이들은 매수가 줄어든 화장지를 '부드럽게 눌러주는' 개선된 제품이라고 광고했다. 이것은 속임수 역사

상 가장 교묘한 술책이었다)

고객을 잃지 않으면서도 매년 가격을 올릴 수 있는 회사를 발견한다면(담배 같은 중독성 제품이 여기에 해당한다), 이 회사는 기막힌 투자기회다.

의류 업종이나 패스트푸드 업종이 필립 모리스처럼 가격을 올린다면, 얼마 안 가서 문을 닫아야 한다. 하지만 필립 모리스는 갈수록 부자가 되고 있으며, 쌓여가는 현금을 주체하지 못할 정도다. 회사는 값비싼 용광로에 투자할 필요도 없고, 돈 버는 데 큰 비용을 들이지도 않는다. 게다가 정부가 담배회사의 TV 광고를 금지한 뒤, 회사의 비용이 대폭 감소했다! 회사에 남아도는 돈이 너무 많아서, 심지어 사업다악화조차 주주들에게 손해를 입히지 않을 정도였다.

필립 모리스는 밀러 브루잉Miller Brewing을 인수하여 신통치 않은 실적을 냈고, 제너럴 푸즈를 인수해서도 실적은 마찬가지였다. 세븐업Seven-Up 역시 실망스러운 실적이었는데도, 필립 모리스 주가는 수직으로 상승했다. 1988년 10월 30일, 필립 모리스는 포장 식품회사 크라프트Kraft를 130억 달러에 인수하기로 최종 합의했다고 발표했다. 크라프트에 지불한 터무니없는 인수가격에도 불구하고(1988년 이익의 20배가 넘었다), 필립 모리스의 주가는 겨우 5% 내렸을 뿐이다. 주식시장에서는 필립 모리스의 현금흐름이 워낙 막강해서 인수에 따른 부채를 5년 안에 갚을 수 있다고 인식했기 때문이다.

필립 모리스를 무너뜨리려면, 흡연피해자 가족들이 대형 소송에서 줄줄이 승소하는 길밖에 없어 보인다.

이 회사는 40년 동안 이익이 계속해서 증가했으므로, 소송에 대한 두려움과 담배회사에 대한 부정적 평판 때문에 투자자들이 외면하지 않았다면, PER이 15배 이상 되었을 것이다. 나를 포함해서 헐값 주식을 찾는 사람들은 이렇게 감정적으로 비난받는 주식을 좋아한다. 이 회사는 실적이 더할 나위 없이 좋다. 오늘날에도 우리는 이 최고의 성장 기업을 성장률의 절반에 불과한 PER 10배에 살 수 있다.

성장률에 대해서 한 가지만 더 말하겠다. 다른 조건이 같다면, 이익의 20배에 거래되는 성장률 20% 기업(PER 20배)이, 이익의 10배에 거래되는 성장률 10% 기업(PER 10배)보다 훨씬 낫다. 이 말이 난해하게 들릴지도 모르겠지만, 고성장주는 빠른 이익 증가가 주가를 빠르게 밀어 올린다는 사실을 분명히 이해해야 한다. 20% 성장 기업과 10% 성장 기업은 둘 다 이익이 주당 1달러에서 시작해도 이익 격차가 급격히 벌어진다.

처음에 기업 A는 주당 20달러(이익 $1의 20배)에 거래되며, 마지막에는 123.80달러(이익 $6.19의 20배)에 거래된다. 기업 B는 처음에 주당 10달러(이익 $1의 10배)에 거래되다가, 마지막에는 26달러(이익 $2.60의 10배)에 거래된다.

기준연도	A 기업(이익성장률 20%)	B 기업(이익성장률 10%)
	주당 $1.00	주당 $1.00
1년차	1.20	1.10

2년차	1.44	1.21
3년차	1.73	1.33
4년차	2.07	1.46
5년차	2.49	1.61
7년차	3.58	1.95
10년차	6.19	2.59

투자자들이 고성장 지속이 어렵다고 생각하여 기업 A의 PER이 20배에서 15배로 내려가더라도, 마지막 주가는 92.85달러나 된다. 어떤 경우든 기업 A가 기업 B보다 낫다.

기업 A가 연 25%로 성장한다고 가정하면, 10년차 이익은 주당 9.31달러가 된다. PER을 보수적으로 15배만 잡아도 주가는 139달러가 된다(이익성장률을 30% 이상으로는 가정하지 않겠다. 이렇게 높은 성장률은 10년은커녕 3년도 유지하기가 힘들다).

간단히 말해서 바로 이것이 대박 종목의 열쇠이며, 특히 장기적으로 20% 성장 기업이 시장에서 엄청난 이익을 내는 비결이다. 월마트와 리미티드가 10년 동안 그토록 높이 상승한 것도 우연이 아니다. 이익이 복리로 늘어났기 때문이다.

요점

요즘은 어디서나 '요점'이라는 말을 자주 듣는다. "요점이 무엇입니까?"라는 말은 스포츠, 사업 거래, 심지어 법정에서도 반복적으로 쓰이는 표현이다. 그러면 요점이란 도대체 무엇인가? 그것은 손익 계산서 끝에 나오는 최종 숫자인 세후 이익이다.

우리 사회에는 기업의 수익성을 오해하는 사람들이 많다. 한번은 대학생과 다른 젊은이들을 대상으로 기업의 평균 이익률을 짐작하게 하는 조사가 있었다. 응답자들은 대부분 20~40%라고 짐작했다. 그러나 지난 수십 년 동안 실제 평균 이익률은 5%에 가까웠다.

세전 이익은 내가 기업 분석에 사용하는 도구다. 이것은 기업의 연간 매출에서 감가상각과 이자 비용을 포함해서 모든 비용을 차감한 뒤 남은 금액이다. 1987년 포드의 매출은 716억 달러였고 세전 이익은 73억 8,000만 달러였으므로, 세전 이익률은 10.3%였다. 소매업체는 이익률이 제조업체보다 낮다. 앨버트슨스 Albertson's 같은 탁월한 슈퍼마켓 및 약국 체인도 세전 이익률이 3.6%에 불과하다. 반면 머크처럼 매우 수익성 높은 약품을 제조하는 회사는 세전 이익률이 대개 25% 이상이다.

업종이 다르면 세전 이익률이 천차만별이므로 비교해보아도 얻을 것이 별로 없다. 따라서 같은 업종에 속한 기업들을 비교해야 도움이 된다. 이익률이 가장 높은 회사는 당연히 운영비용이 가장 낮고, 운영비용이 낮은 기업은 사업 환경이 악화하여도 생존할 가능성이 크다.

기업 A는 세전 이익률이 12%고, 기업 B는 세전 이익률이 2%라고 하자. 경기침체를 맞이해서 두 회사 모두 제품 판매가격을 10% 인하할 수밖에 없다고 가정하자. 그러면 매출액이 10% 감소한다.

기업 A는 이제 세전 이익률이 2%지만 여전히 이익을 내는 반면, 기업 B는 세전 이익률이 마이너스 8%로 떨어져 적자가 된다. 이 회사는 멸종 위기 동물 신세가 된다.

복잡한 계산을 하지 않더라도, 세전 이익률을 보면 기업이 역경을 헤쳐나가는 능력을 평가할 수 있다.

하지만 세전 이익률은 이해하기 까다로운 면도 있다. 사업 환경이 개선되어 실적이 향상되면, 세전 이익률이 가장 낮은 기업이 가장 큰 혜택을 보기 때문이다. 다음과 같이 매출이 100달러인 두 회사의 사례를 생각해보자.

기업 A

현상유지	사업개선
매출 $100	매출 $110.00 (가격 10% 상승)
원가 $88	원가 $92.40 (5% 상승)
세전이익 $12	세전이익 $17.60

기업 B

현상유지	사업개선
매출 $100	매출 $110.00 (가격 10% 상승)
원가 $98	원가 $102.90 (5% 상승)
세전이익 $2	세전이익 $7.10

경기가 회복되자 기업 A의 이익은 약 50% 증가했지만, 기업 B의 이익은 세 배 넘게 증가했다. 이것을 보면 파산 직전까지 몰린 침체 기업이 경기가 회복되면 대박을 내기도 하는 이유를 알 수 있다. 이런 현상은 자동차, 화학, 제지, 항공, 철강, 전자, 비철금속 업종에서 계속 되풀이되고 있다. 현재 침체에 빠져있는 노인요양원, 천연가스 생산, 소매업 같은 업종도 마찬가지로 회복될 가능성이 있다.

따라서 우리는 시장이 좋을 때나 나쁠 때나 장기간 보유할 주식으로는 비교적 이익률이 높은 종목을, 그리고 성공적인 회생주 중에서는 비교적 이익률이 낮은 종목을 발굴해야 한다.

14장

스토리를 재확인하라

    회사의 스토리를 몇 달에 한 번 정도는 다시 확인해야 한다. 이를 확인하기 위해서는 〈밸류라인〉이나 분기보고서를 읽는 방법도 있고, 이익이 예상대로 유지되는지 조사해도 좋을 것이다. 아니면 매장에 들러서 제품이 여전히 인기 있는지, 그리고 번영의 조짐이 보이는지 확인하는 방법도 있다. 새로운 카드가 넘겨졌는가? 특히 고성장주라면, 그 회사가 무슨 방법으로 성장을 지속할지 자신에게 질문을 던져야 한다.

    성장 기업의 생애에는 세 가지 단계가 있다. 초창기에 기업은 기본 사업에 발생하는 문제들을 풀어나간다. 고속성장기에 접어든 기업은 신규시장에 진입한다. 포화기라고도 하는 성숙기에 들어간 기업은 확장을 지속하기가 어렵다는 사실에 직면하게 된다. 각 단계는 몇 년 정도 이어진다. 첫 번째 단계가 투자자에게 가장 위험하다. 기업에 성공 기반이 아직 확립되지 않았기 때문이다. 두 번째 단계가 가장 안전하면서 수익도 가장 많이 발생하는데, 이는 회사가 단지 성공 공식을 복제하면서 성장하기 때문이다. 세 번째 단계가 가장 골칫거리다. 회사의 성장이 한계에 부딪히기 때문이다. 이익을 증대하는 다른 방법을 찾아내야만 한다.

투자자는 주식을 주기적으로 점검하면서, 회사가 한 단계에서 다음 단계로 넘어가고 있는지 판단해야 한다. 직원의 급여를 처리하는 회사인 오토매틱 데이터 프로세싱을 살펴보면, 이 회사의 시장은 아직 성숙기가 시작되지도 않았음을 알 수 있다. 따라서 이 회사는 아직 2단계에 머물러있다.

센서매틱이 상품 절도 방지 시스템을 매장마다 잇달아 설치하며 확장하는 동안(2단계), 주가가 2달러에서 40달러로 치솟았다. 그러나 회사는 결국 한계에 도달하였고, 더는 새로운 매장이 없었다. 회사는 성장 탄력을 유지할 새로운 방법을 찾아낼 수가 없었고, 주가는 1983년 42.50달러에서 1984년 저가 5.63달러까지 떨어졌다. 투자자는 이런 한계가 다가오는 것을 보면서, 회사의 새로운 계획이 무엇이며, 그 계획이 현실적으로 성공할 가능성이 있는지 판단해야 했다.

시어스가 주요 대도시 지역에 모두 진출했을 때, 달리 확장할 곳이 어디에 있었겠는가? 리미티드가 전국에서 가장 인기 있는 쇼핑몰 700개 가운데 670개에 자리 잡았을 때도, 마침내 마찬가지 상황을 맞이하였다.

그 시점에 이르자 리미티드는 기존 매장에 고객을 더 많이 끌어들여야만 성장할 수 있었으며, 스토리가 바뀌기 시작했다. 리미티드가 러너 앤드 레인 브라이언트Lerner and Lane Bryant를 인수했을 때, 투자자들은 고성장 단계가 이미 끝났고 회사가 어찌할 바를 모른다는 느낌을 받았을 것이다. 회사가 여전히 2단계에 있었다면, 자체사업 확장에 자금을 쏟아부었을 것이기 때문이다.

맥도날드 매장 옆마다 웬디스Wendy's가 생기는 시점부터, 웬디스는 성장하려면 맥도날드의 고객을 빼앗아오는 방법밖에 없다. 앤하이저-부시는 이미 맥주 시장의 40%를 차지하고 있는데, 어떻게 더 성장할 수 있겠는가? 스퍼즈 매켄지Spuds MacKenzie(버드와이저 광고에 등장한 개)조차 국민 100%가 버드와이저를 마시도록 설득할 수는 없다. 적어도 용감한 소수는 외계인에게 레이저 총을 맞거나 납치당하는 한이 있어도 버드와이저를 거부할 것이다. 조만간 앤하이저-부시는 성장이 정체될 것이고, 따라서 주가와 PER도 내려갈 것이다.

아니면 맥도날드가 그랬던 것처럼, 앤하이저-부시도 새로운 성장 방법을 찾아낼지도 모른다. 10년 전 투자자들은 맥도날드의 놀라운 확장이 과거지사가 되어버렸다고 걱정하기 시작했다. 어디를 보아도 맥도날드 프랜차이즈가 눈에 띄었고, 아니나 다를까 PER도 고성장주 수준인 30배에서 대형우량주 수준인 12배로 떨어졌다. 하지만 투자자들로부터 이렇게 불신받았는데도(주가는 1972~1982년 동안 횡보했다), 이익은 매우 양호했다. 맥도날드는 창의적인 방법으로 성장을 유지했다.

첫째, 회사는 드라이브 인drive-in 창구를 설치했는데, 현재 매출의 3분의 1이 여기서 나온다. 이어서 아침 식사를 도입해서 매출에 전혀 새로운 차원을 열어주었다. 어차피 아침은 매장이 비어있는 시간이었다. 아침 식사를 추가함으로써 아주 적은 비용으로 매장의 매출이 20% 증가했다. 다음에는 샐러드와 치킨을 추가했는데, 둘 다 이익을 높였을 뿐 아니라, 덕분에 회사는 소고기 시장에 더는 휘둘리지 않게 되었다. 사람들은 소고기 가격이 상승하면 맥도날드가 타격을 입는다고 생각했으나, 이제는 옛날이야기가 되었다.

신규매장 개점은 저조해졌지만, 맥도날드는 기존 매장만으로도 성장이 가능함을 입증하였다. 또한 회사는 해외 시장에서 빠르게 확장하고 있는데, 수십 년이 지나야 영국과 독일의 길모퉁이마다 맥도날드가 들어설 것이다. PER은 낮지만, 맥도날드의 성장은 아직 끝나지 않았다.

케이블TV 업종의 어느 회사에든 투자한 사람들은, 급성장기가 여러 번 이어지는 모습을 보았을 것이다. 첫째, 지방에 설치공사가 이어졌다. 둘째, HBO, 시네맥스Cinemax, 디즈니Disney 채널 등 유료서비스가 도입되었다. 셋째, 도시 지역에 설치가 이어졌다. 넷째, 홈 쇼핑 네트워크 같은 프로그램으로부터 로열티를 받았다(케이블TV는 판매되는 모든 제품에 대해 수수료를 받는다). 끝으로, 최근에는 유료광고를 도입했는데, 이는 장차 이익잠재력이 막대하다. 기본 스토리가 갈수록 좋아지고 있다.

텍사스 항공은 5년 동안 스토리가 나빠졌다가, 좋아진 다음, 다시 나빠진 사례다. 나는 1983년 중반 주식을 소량 매수한 뒤 지켜보았으나, 회사의 주요 자산인 콘티넨털 항공Continental Air이 악화하여 법정관리를 신청하고 말았다. 텍사스 항공의 주가는 12달러에서 4.75달러로 떨어졌고, 텍사스 항공이 최대주주였던 콘티넨털 항공 주식은 3달러로 떨어졌다. 나는 이 주식이 잠재적 회생주라고 간주하고 계속 자세히 지켜보았다. 텍사스 항공은 원가를 절감했다. 콘티넨털 항공은 고객을 되찾았고, 무덤에서 살아나왔다. 나는 두 회사가 크게 개선되는 모습을 보고, 두 주식의 보유량을 크게 늘렸다. 1986년이 되자 두 주식 모두 세 배가 되었다.

1986년 2월, 텍사스 항공은 이스턴 항공Eastern Airlines 주식을 대량으로 매수했다고 발표했다. 이것도 바람직한 진전으로 보였다. 단 1년 만에 텍사스 항공의 주가가 또다시 세 배로 뛰어 고가 51.50달러에 이르렀는데, 1983년에 문제를 해결한 이후 10루타가 된 셈이다.

이 시점에 이 회사의 전망에 대해 걱정하던 나는 불행하게도 이제 충족감을 느끼게 되었다. 게다가 이스턴 항공과 텍사스 항공의 이익잠재력이 매우 뛰어났기 때문에, 나는 조만간 닥칠 현실을 외면하고 있었다. 텍사스 항공이 나머지 콘티넨털 항공 주식을 사들였을 때, 나는 절반이 넘는 콘티넨털 항공 주식과 일부 전환사채를 매도할 수밖에 없었다. 이것은 행운이었으며, 나는 상당한 이익을 얻었다. 그러나 나머지 텍사스 항공 주식을 모두 팔고 이 상황에서 빠져나와 행복하게 매듭짓는 대신, 실제로 나는 1987년 2월 48.25달러에 주식을 추가로 매수했다. 텍사스 항공의 재무상태표가 신통치 않았으며(여러 항공사의 부채를 모두 합치면, 십중팔구 신흥국 몇 개의 국가채무보다도 많았을 것이다), 항공 업종이 불안정한 경기순환주인데도, 왜 팔지 않고 오히려 더 샀던가? 주가가 오르고 있었기 때문에 나는 현실을 보지 못했다. 회사의 기초가 무너지고 있었는데도, 나는 텍사스항공의 최신 스토리에 말려들었다.

새로 개선된 스토리는 다음과 같았다. 텍사스항공은 감량경영으로부터 혜택을 받고 있으며, 노무비를 대폭 축소했다. 이스턴 항공지분 외에, 최근 프론티어 항공Frontier Air과 피플즈 익스프레스People's Express를 인수했으며, 콘티넨털 항공을 회생시킨 것과 똑같은 방법으로 이들을 회생시킬 계획이다. 개념은 훌륭했다. 망한 항공사를 인수해서 원가를 낮추면, 막대한 이익이 자연스럽게 따라온다.

그러면 어떻게 되었는가? 돈키호테와 마찬가지로, 나는 화려한 약속에 매료되어 조랑말을 타고 있다는 사실을 망각했다. 나는 1988년 텍사스 항공의 이익이 주당 15달러가 된다는 예측에만 온통 관심을 기울였다. 그리고 신문에 매일 실리는 경고 신호, 즉 수하물 분실, 스케줄 변경, 도착 지연, 성난 고객들, 이스턴 항공 직원들의 불만 등을 무시했다.

항공업은 레스토랑만큼이나 불안정한 사업이다. 단 며칠간의 실수로도 레스토랑은 50년 걸려 쌓은 훌륭한 명성을 망쳐버릴 수 있다. 이스턴 항공과 콘티넨털 항공은 며칠간의 실수 정도가 아니었다. 회사의 여러 부분이 부드럽게 결합하지 못했다. 이스턴 항공 직원들의 불만은 경영진과 다양한 노조들이 임금과 복리후생을 놓고 쓰라린 불화를 일으킬 조짐이었다. 노조들은 거세게 저항했다.

1987년 초 텍사스 항공의 이익이 감소하기 시작했다. 이스턴 항공은 영업비용을 4억 달러 절감한다는 계획이었지만, 나는 그런 일은 일어난 적도 없고 앞으로도 영영 일어날 가망이 없다고 깨달았어야 했다. 기존 근로계약은 몇 달 뒤 만료될 예정이었고, 그동안 노사 양측이 으르렁거리고 있었다. 마침내 정신을 차린 나는 주당 17~18달러에 주식을 팔기 시작했다. 1987년 말이 되자, 주가는 9달러로 떨어졌다. 나는 아직도 주식 일부를 보유하고 있으며, 계속 주목할 생각이다.

1987년 여름 이스턴 항공의 심각한 문제들이 분명하게 드러나서 1988년까지 이어지리라는 온갖 증거가 나왔을 때, 내가 주식 보유량을 줄이지 못한 것도 잘못이었지만, 이 기본 정보를 이용해서 또 다른 승자 델타 항공Delta Airlines을 매수하지 않은 것도 실수였다. 델타 항공은 이스턴 항공의 주요 경쟁자였으므로, 이스턴 항공이 운영 문제로 회사 규모를 영구적으로 축소한다면 혜택을 가장 많이 보는 기업이었다. 나는 델타 항공을 적정량 보유하고 있었지만, 10대 보유 종목이 될 정도로 물량을 확대했어야 했다. 이 주식은 1987년 여름에 48달러에서 60달러로 상승했다. 10월에는 35달러로 떨어졌고 연말에는 겨우 37달러였다. 1988년 중반이 되자 이 주식은 55달러로 가파르게 상승했다. 이스턴 항공과 델타 항공을 타본 수많은 사람도 내가 본 것과 똑같은 모습을 볼 수 있었고 아마추어의 강점을 살릴 수 있었다.

15장

최종점검목록

내가 설명한 조사를 모두 실행하는 데는 종목 당 기껏해야 몇 시간 걸릴 뿐이다. 많이 알수록 더 좋지만, 그렇다고 회사에 전화까지 걸 필요는 없다. 그리고 사해문서를 연구하는 학자처럼 연차보고서를 집중적으로 연구할 필요도 없다. 일부 '중요한 숫자'는 특정 유형의 주식에만 적용되므로, 그 밖의 유형에 대해서는 모두 무시해도 좋다.

다음은 여섯 가지 유형의 주식에 대해서 우리가 파악해야 하는 내용을 요약한 것이다.

주식 전반

• PER. 같은 업종의 비슷한 회사에 비해서 이 회사의 PER이 높은

가 낮은가?

- 기관투자자의 보유 비중은? 보유 비중이 작을수록 좋다.
- 내부자들이 매입하고 있으며, 회사가 자사주를 매입하고 있는가? 둘 다 긍정적인 신호다.
- 지금까지 이익 성장 실적은 어떠한가? 이익은 단발성인가, 지속성인가? (이익이 중요하지 않은 유일한 유형은 자산주다)
- 회사의 재무상태표가 건전한가, 취약한가?(부채비율은?) 재무건전성 등급은?
- 현금 보유량. 포드의 주당 현금이 16달러라면, 이 주식은 16달러 밑으로는 떨어지기 힘들다. 16달러가 이 주식의 바닥이다.

저성장주

- 저성장주는 배당이 중요하므로(배당이 아니라면 보유할 이유가 없다), 배당이 항상 지급되었는지, 꾸준하게 증가했는지 확인한다.
- 가급적이면 배당이 이익에서 차지하는 비중도 확인한다. 그 비중이 작으면 이 회사는 곤경을 맞이해도 여유가 있다. 이익이 줄어도 배당을 지급할 돈이 있기 때문이다. 그 비중이 크면 배당을 지급하지 못할 위험이 더 크다.

대형우량주

- 이들은 좀처럼 망하지 않을 대기업들이다. 주요 관심사는 주가인데, PER을 보면 비싼지 아닌지를 판단할 수 있다.

- 사업다악화로 장차 이익이 감소할 가능성이 있는지 확인하라.
- 회사의 장기 성장률을 확인하고, 최근 몇 년 동안 동일한 탄력을 유지하고 있는지도 점검하라.
- 이 주식을 영원히 보유할 계획이라면, 이전 침체기와 시장 폭락 때 실적이 어떠했는지 확인하라. (맥도날드는 1977년 폭락에 잘 버텼고, 1984년 폭락에는 횡보하였다. 1987년 시장 붕괴에서는 다른 종목들과 함께 무너졌다. 전반적으로 맥도날드는 훌륭한 방어주였다. 브리스톨-마이어스는 1973~1974년 폭락 때 타격을 입었지만, 주로 주가가 고평가되었기 때문이다. 1982년, 1984년, 1987년에는 잘 버텼다. 켈로그는 1973~1974년을 제외하면 최근의 폭락에서 모두 비교적 건실하게 버텨냈다)

경기순환주

- 재고를 계속 자세히 지켜보고, 수요-공급 관계도 살펴보라. 시장에 새로 진입하는 기업이 있는지 지켜보라. 이는 대개 위험 신호다.
- 경기가 회복되면 점차 PER이 내려간다고 예상하라. 투자자들이 경기가 막바지에 이르렀다고 내다볼 때, 회사의 이익이 최대치에 이른다.
- 투자한 경기순환주를 잘 알면 경기순환을 파악하는 데 유리하다. (예를 들면, 자동차 업종에 경기순환이 있다는 사실은 누구나 안다. 3~4년 상승 기간 뒤에는 3~4년 하강 기간이 온다. 항상 그런 식이었다. 자동차는 노후화하므로 교체할 수밖에 없다. 사람들이 1~2년 교체 시점을 미룰 수도 있지만, 조만간 매장에 다시 찾아온다)

자동차 업종은 침체가 심할수록 회복도 그만큼 강력하다. 가끔 나는 자동차 매출 부진이 한 해쯤 더 이어지기를 은근히 바란다. 그러면 호황기가 더 길고 강하게 이어지기 때문이다.

최근 자동차 매출 호조가 5년 동안 이어졌으므로, 이제 경기가 상승주기의 중간을 지나 막바지 근처에 다다른 것으로 보인다. 그러나 경기순환 업종에서는 하강 시점보다는 상승 시점을 예측하는 편이 훨씬 쉽다.

고성장주

- 유망 제품이 그 회사의 사업에서 차지하는 비중이 높은지 확인하라. 레그스는 비중이 높았지만, 렉산은 높지 않았다.
- 최근 몇 년 동안 이익성장률이 얼마였는가? (나는 20~25% 성장률을 좋아한다. 성장률이 25%가 넘는 기업은 경계한다. 인기 업종에는 성장률이 50%인 회사도 있지만, 알다시피 이런 회사는 위험하다)
- 회사가 확장능력을 입증하려면, 2개 도시 이상에서 성공 공식을 복제해서 매장 운영에 성공해야 한다.
- 회사가 성장할 여지가 남아 있어야 한다. 내가 처음 방문했을 때, 픽 앤 세이브는 남부 캘리포니아에 매장을 열었고, 북부 캘리포니아 매장 설치에 대해 막 논의를 시작하고 있었다. 따라서 확장할 주가 49개나 남아 있었다. 반면 시어스는 어디에나 매장이 있었다.
- PER이 성장률과 비슷한 수준인가?

- 확장 속도가 빨라지고 있는가(신설 모텔이 작년에는 3개, 올해는 5개), 느려지고 있는가(신설 모텔이 작년에는 5개, 올해는 3개)? 면도날은 고객들이 계속 구입해야 하므로 매출이 지속되지만, 센서매틱 같은 회사는 매출이 주로 '단발성' 거래다. 따라서 성장이 정체하면 엄청난 충격을 받는다. 센서매틱은 1970년대와 1980년대 초에 놀라운 성장률을 기록했지만, 이익을 증가시키려면 해마다 새로운 시스템을 더 많이 팔아야만 했다. 기본전자감시시스템(일회성 구매)에서 나오는 매출이, 기존 고객들에 대한 백색 태그 매출보다 압도적으로 많았다. 따라서 1983년 성장률이 내려가자, 이익은 단순히 내려간 정도가 아니라 곤두박질쳤다. 주식 역시 12개월 동안 42달러에서 6달러로 폭락했다.

- 주식을 보유한 기관투자자가 소수이고, 조사하는 애널리스트도 몇 명에 불과한가? 상승하는 고성장주에는 이것이 커다란 이점이 된다.

회생주

- 채권자들이 자금을 회수해도 회사가 생존할 수 있는지가 가장 중요하다. 이 회사가 보유한 현금이 얼마인가? 부채는 얼마인가? (애플 컴퓨터는 위기를 맞이했을 때, 현금이 2억 달러였고 부채가 없었다. 따라서 사람들은 망하지 않는다고 믿었다)

- 부채구조는 어떠한가? 문제를 해결하는 동안 얼마나 오랫동안 적자 영업을 버텨낼 수 있는가? (지금은 나비스타가 된 인터내셔널 하

비스터는 잠재적 회생주였지만, 투자자들에게 실망을 안겨주었다. 신주를 수백만 주 발행해서 자금을 조달했기 때문이다. 이 희석 덕분에 회사는 회생했지만, 주식은 회생하지 못했다)

- 이미 파산했다면, 주주들에게 남은 몫은 얼마인가?
- 회사가 어떤 방법으로 회생할 계획인가? 무수익 사업을 처분했는가? 이것은 이익에 매우 중요하다. 예를 들면, 1980년 록히드는 방위사업에서 주당 8.04달러를 벌었지만, L-1011 트리스타 L-1011 TriStar 여객기 때문에 상업용 항공기 사업에서 주당 6.54달러 손실을 보았다. L-1011은 훌륭한 항공기였지만 비교적 작은 시장을 놓고 맥도널 더글러스 McDonnell Douglas의 DC10과 경쟁을 벌이느라 고전했다. 그리고 장거리 시장에서는 747에 압도당했다. 사업에서 손실이 이어졌으므로, 1981년 12월 회사는 L-1011 사업을 단계적으로 철수한다고 발표했다. 그 결과 1981년에 대규모 상각(주당 26달러)이 발생했지만, 이 손실은 일회성이었다. 1982년 록히드가 방위사업에서 주당 10.78달러를 벌었을 때, 이제는 손실을 메울 필요가 없었다. 2년 만에 이익이 주당 1.50달러에서 10.78달러로 증가했다! L-1011 중단을 발표한 시점에 투자자들은 록히드를 15달러에 살 수 있었다. 4년도 지나기 전에 주가가 60달러에 도달했고, 4루타가 되었다.

  텍사스 인스트루먼츠 역시 전형적인 회생주였다. 1983년 10월, 회사는 가정용 컴퓨터 사업(경쟁자가 너무 많이 몰려든 인기 업종의 하나)에서 철수한다고 발표했다. 회사는 1983년 한 해에 가정용 컴퓨터 사업에서 5억 달러 넘게 손실을 보았다. 물론 이 결정에 따라 대규모 상각이 이루어졌지만, 회사는 강점을 보유한 반도체와 방위 전자장비 사업에 집중할 수 있었다. 발표 다음 날 텍사스 인스트루먼츠는 주가가 101달러에서 124달러로 뛰어올랐다. 그리고 4개월 뒤에는 176달러가 되었다.

타임도 사업부를 매각해서 원가를 극적으로 절감했다. 타임은 최근의 회생주 가운데 내가 좋아하는 종목이다. 사실은 자산주이기도 하다. 케이블TV 사업은 잠재적으로 주당 60달러의 가치가 있으므로, 주식이 100달러에 거래된다면 투자자는 40달러에 회사의 나머지 부분을 사는 셈이다.

- 이 사업이 회복되는가? (이스트먼 코닥도 사업이 회복되어서, 필름 매출의 새로운 붐 덕분에 이익을 내고 있다)

- 원가가 절감되고 있는가? 그렇다면 그 효과는 어떤가? (크라이슬러는 공장을 폐쇄하여 원가를 극적으로 낮췄다. 전에는 직접 생산하던 많은 부품을 하청 주기 시작했고, 이 과정에서 비용 수억 달러를 절약했다. 크라이슬러는 원가가 최고 수준인 자동차 회사에서 원가가 최저 수준인 회사로 탈바꿈했다.

애플 컴퓨터는 회생을 예측하기가 더 힘들었다. 그러나 이 회사를 자세히 지켜보았다면 매출 급증, 원가절감, 매력적인 신제품이 모두 동시에 출현하는 모습을 보았을 것이다)

자산주

- 자산의 가치가 얼마인가? 숨은 자산이 있는가?

- 위 자산에서 차감해야 하는 부채가 얼마인가? (채권자에게 우선권이 있다)

- 회사가 새로 부채를 일으켜서 자산의 가치를 떨어뜨리는가?

- 주주들이 자산에서 이익을 얻도록 도와주는 기업사냥꾼이 대기하고 있는가?

2부에서 당신이 기억해야 할 요점은 다음과 같다

- 투자하는 주식의 속성과 구체적인 투자 이유를 파악하라. ("이 종목이 상승하니까!"는 이유가 되지 못한다)

- 투자하는 주식의 유형을 분류하면, 무엇을 기대할 수 있는지 잘 알게 된다.

- 대기업은 주가 움직임이 작고, 소기업은 주가 움직임이 크다.

- 특정 제품에서 이익을 기대한다면, 회사의 규모를 고려하라.

- 이미 이익을 내는 중이면서 사업 개념의 복제 능력을 입증한 소기업을 찾아라.

- 연 성장률이 50~60%인 기업은 경계하라.

- 인기 업종의 인기 종목을 피하라.

- 사업다각화를 믿지 마라. 대개 사업다악화로 드러난다.

- 무모한 도박은 결코 보상받지 못하는 법이다.

- 첫 번째 상승국면을 놓치더라도, 회사의 계획이 효과가 있는지 지켜보는 편이 낫다.

- 전문가들이 몇 달이나 몇 년 동안 접근하기 힘든 분야라면, 이로부터 대단히 소중한 기본 정보를 얻을 수 있다.

- 정보 제공자가 아무리 똑똑하고, 부유하며, 최근 정보가 정확했더라도, 그의 정보를 그대로 믿어서는 안 된다.

- 특히 해당 분야의 전문가가 주는 주식 정보는 가치가 매우 높을 때도 있다. 그러나 대개 제지 업종 사람들이 제약주 정보를 알려주고, 의료 업종 사람들이 제지 업종의 기업 인수에 대해 끊임없이 떠들어댄다. 따분하고 평범하며 월스트리트의 관심을 끌지 못하는 단순한 회사에 투자하라.

- 비성장 업종에서 적당한 속도(20~25%)로 성장하는 회사가 이상적인 투자대상이다.

- 틈새를 확보한 회사를 찾아라.

- 곤경에 빠진 회사의 침체한 주식을 매수하는 경우, 재무상태가 건전한 회사를 고르고, 은행 부채가 많은 회사는 피하라.

- 부채가 없는 회사는 망하지 않는다.

- 경영능력이 중요할지는 몰라도, 파악하기가 아주 힘들다. 사장의 경력이나 말솜씨가 아니라, 회사의 전망을 보고 주식을 매수하라.

- 곤경에 빠진 회사가 회생하면 많은 돈을 벌 수 있다.

- PER을 세심하게 분석하라. 주가가 지나치게 고평가되어 있다면, 만사가 잘 풀려나가도 한 푼도 벌지 못한다.

- 회사의 스토리를 바탕으로 회사의 발전을 점검하라.

- 계속해서 자사주를 매입하는 회사를 찾아라.

- 회사의 과거 배당 실적을 조사하고, 과거 침체기에 이익이 어떠했는지 확인하라.

- 기관투자자의 보유량이 적거나 없는 회사를 찾아라.

- 다른 조건이 같다면, 월급만 받는 경영진이 운영하는 회사보다 지분을 많이 보유한 경영진이 운영하는 회사가 낫다.

- 내부자가 주식을 매입한다면 좋은 신호다. 특히 여러 개인이 동시에 매입한다면 더욱 좋은 신호다.

- 주식 연구에 적어도 매주 한 시간을 투자하라. 자신의 배당과 투자 손익은 계산해봐야 연구에 도움이 되지 않는다.

- 인내심을 가져라. 서두른다고 주가가 오르는 것은 아니다.

- 장부가치만 보고 주식을 매수하는 것은 위험한 착각이다. 실제 가치가 중요하다.

- 의심스러우면 투자를 연기하라.

- 새 종목을 고를 때는 적어도 새 냉장고를 고르는 만큼 시간과 노력을 들여라.

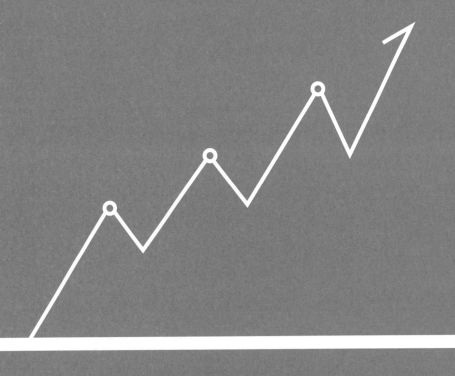

3부

장기적 관점

ONE UP ON WALL STREET

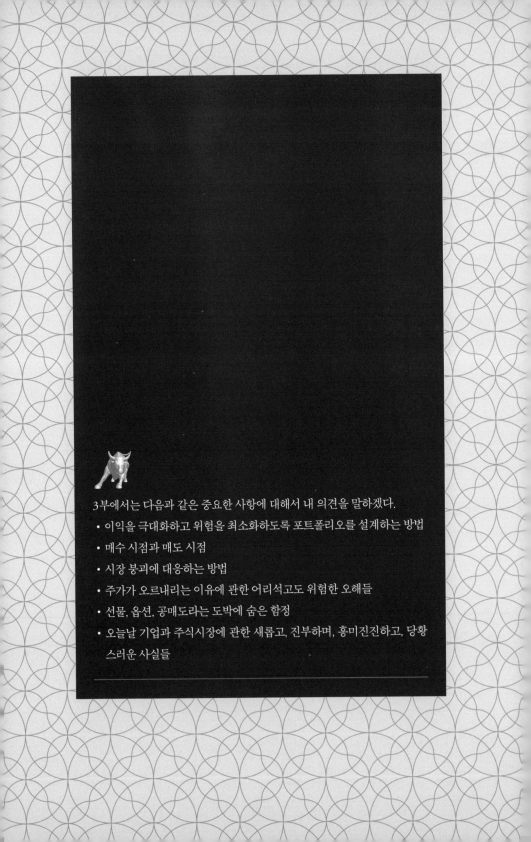

3부에서는 다음과 같은 중요한 사항에 대해서 내 의견을 말하겠다.

- 이익을 극대화하고 위험을 최소화하도록 포트폴리오를 설계하는 방법
- 매수 시점과 매도 시점
- 시장 붕괴에 대응하는 방법
- 주가가 오르내리는 이유에 관한 어리석고도 위험한 오해들
- 선물, 옵션, 공매도라는 도박에 숨은 함정
- 오늘날 기업과 주식시장에 관한 새롭고, 진부하며, 흥미진진하고, 당황
  스러운 사실들

16장

포트폴리오 설계

사람들은 흔히 주식시장에서 연 25~30% 수익을 내면 만족스럽 겠다고 말한다! 만족스럽다고? 그 정도 수익률이라면 일본인 및 베 이스 브라더스Bass Brothers와 함께 머지않아 미국의 절반을 소유하게 된다. 20세기의 거물들조차 30% 수익을 계속 유지할 수 없었으며, 월스트리트도 조작해내지 못했다.

물론 어떤 해에는 30% 수익을 올리겠지만, 어떤 해에는 2% 수익 에 그치거나, 아니면 20% 손실을 보기도 한다. 이것이 우리가 받아 들일 수밖에 없는 시장의 속성이다.

기대가 높으면 무슨 문제라도 있는가? 만일 매년 30% 수익을 기대한다면, 우리는 주식투자가 뜻대로 되지 않는다고 좌절감을 느끼기 쉬우며, 성급함을 견디지 못하고 정작 중요한 시점에 투자를 포기하게 된다. 아니면 더 나쁘게는, 현실성 없는 수익을 추구하면서 불필요한 위험을 떠안을지도 모른다. 그러나 장기적인 이익 극대화는 시장이 좋을 때나 나쁠 때나 전략을 고수하는 경우에만 가능하다.

25~30%가 현실적인 수익률이 아니라면, 얼마가 현실적인가? 주식에 투자한다면 마땅히 채권투자보다 수익률이 높아야 하므로, 장기적으로 4, 5, 6% 수익을 올린다면 이는 끔찍한 실적이다. 장기실적을 점검해보았더니 예금보다 간신히 앞서는 정도라면, 투자기법에 결함이 있다.

그런데 주식투자 실적을 평가할 때, 제반 비용을 빠뜨리지 않도록 하라. 뉴스레터와 금융 잡지 구독료, 거래수수료, 투자세미나 참가비, 주식중개인과의 통화료 등도 포함해야 한다.

연 9~10%가 주식의 일반적인 장기 수익률이며, 역사적인 시장 평균이다. S&P500 지수의 500개 종목을 보유하는 노로드(no-load: 판매 수수료 없는) 펀드는 시장 평균수익을 자동으로 복제하므로, 여기에 투자하면 장기적으로 연 10% 수익을 올릴 수 있다. 이 수익률은 조사를 하거나 추가 비용을 들이지 않고서도 올릴 수 있는 실적이므로, 자신의 투자실적을 평가하거나 마젤란 펀드 같은 주식형 펀드의 실적을 평가할 때 유용한 기준이 된다.

만일 전문 투자자가 인덱스 펀드보다 높은 실적을 올리지 못한다면, 그는 자신의 밥벌이를 하지 못하는 셈이다. 먼저 당신이 투자한 펀드의 종류를 확인하라. 금값이 하락하고 있다면, 세계 최고의 펀드매니저도 금 펀드로 좋은 실적을 올릴 수가 없다. 한 해의 실적만으로 펀드를 평가하는 것도 공정하지 않다. 그러나 3~5년 후에도 S&P500 수준의 실적만 냈다면, S&P500을 사거나 실적이 더 나은 주식형 펀드를 찾아보라. 개별종목 선정에 들어간 시간과 노력에 대해서 마땅히 추가 수익이 있어야 한다.

이렇게 편리한 온갖 대안들을 고려할 때, 직접 종목을 선택한 보람이 있으려면 복리로 연 12~15% 수익을 올려야 한다. 여기에는 모든 비용과 수수료가 차감되고, 배당과 무상주 등 수익이 모두 포함되어야 한다.

주식을 계속 보유하는 사람은 자주 거래하는 사람보다 실적이 훨씬 높게 나온다. 소액투자자는 거래에 비용이 많이 들기 때문이다. 수수료 할인과 이른바 단주 거래(100주 미만 거래)에 대한 할증료 제도 변경 덕에, 전보다는 거래비용이 내려갔다. (지금은 개장 전에 단주 주문을 내면, 다른 단주 주문들과 합쳐져 주문이 실행되므로 할증료가 면제된다) 그렇더라도 소액투자자가 주식을 사거나 팔려면 여전히 1~2% 비용이 들어간다.

따라서 소액투자자가 포트폴리오를 연 1회 회전시킨다면, 그는 무려 4%를 수수료로 잃어버린다. 즉, 시작하기도 전에 4% 손해를 본다는 뜻이다. 따라서 비용 차감 후 12~15% 수익을 올리려면, 그는 종목 선정을 통해서 16~19% 수익을 올려야만 한다. 그리고 거래를 많이 할수록 인덱스 펀드나 다른 펀드를 앞서가기가 더 힘들어진다. (새로 나온 펀드 '패밀리(우리나라의 엄브렐러 펀드에 해당)는 가입수수료

가 3~8.5%지만, 가입한 뒤에는 추가수수료 없이 주식, 채권, MMF로 마음대로 갈아탈 수 있다)

이런 모든 함정에도 불구하고, 10년 동안 시장수익률이 10%인데 어떤 개인투자자가 15% 수익을 올린다면, 그는 뛰어난 실적을 올린 것이다. 만일 1만 달러로 투자를 시작했다면, 연 10% 수익률이면 2만 5,937달러가 되지만, 연 15% 수익률이면 4만 455달러가 된다.

적절한 종목수는 몇 개인가? _____

12~15% 수익을 올리려면 포트폴리오를 어떻게 설계해야 하는 가? 주식을 몇 종목 보유해야 하는가? 나는 즉시 이렇게 말해줄 수 있다. 가능하면 1,400개 종목을 보유하지는 말라. 하지만 이것은 내 가 걱정할 문제이지, 당신의 문제가 아니다. 당신은 5% 규정과 10% 규정을 걱정할 필요도 없고, 펀드 자금 90억 달러에 대해서 고민할 필요도 없다.

투자자문 두 파벌 사이에 오랫동안 논쟁이 이어져 왔다. 제럴드 로브Gerald Loeb파는 "달걀은 모두 한 바구니에 담아야 한다."라고 주장 했고, 앤드류 토비아스Andrew Tobias파는 "모든 달걀을 한 바구니에 담 지 마라. 바구니에 구멍이 날지도 모른다."라고 응수했다.

내가 가진 바구니 하나가 월마트 주식이라면, 여기에 내 달걀을 모두 넣어두었더라면 좋았을 것이다. 반면 콘티넨털 일리노이라는 바구니라면, 달걀을 모두 넣어두었을 경우 불행을 맞이했을 것이다. 내가 쇼니즈, 리미티드, 펩 보이즈, 타코벨, 서비스 코퍼레이션 인터내셔널 등 다섯 개 바구니를 받았다면, 장담컨대 나는 달걀을 골고루 나누어 담았을 것이다. 그러나 이러한 분산투자에 에이번 프로덕츠나 존즈 맨빌 Johns Manville(석면 소송 때문에 파산하였다)이 포함되었다면, 차라리 던킨 도너츠라는 견고한 바구니 하나를 더 갈망했을 것이다. 요점은 종목의 수에 얽매이지 말고, 사례별로 종목의 내용을 조사하라는 뜻이다.

내 생각으로는 (a) 당신에게 강점이 있고, (b) 모든 조사기준을 충족하는 흥미로운 전망을 발견했다면, 해당하는 종목을 모두 보유하는 것이 최선이다. 한 종목이 될 수도 있고, 열두 종목이 될 수도 있다. 회생주나 자산주에 전문화하여 이런 종목을 여러 개 보유할 수도 있고, 아니면 단일 회생주나 자산주에 대해 특별한 무엇을 우연히 알게 될 수도 있다. 단지 분산투자를 위해서 알지도 못하는 회사에 나누어 투자해봐야 아무 소용이 없다. 어리석은 분산투자는 소액투자자들을 괴롭힐 뿐이다.

그렇더라도 단 한 종목만 보유하는 것은 안전하지 않다. 최선의 노력을 기울였더라도, 당신이 선택한 종목이 예기치 못한 상황에 희생될지도 모르기 때문이다. 소규모 포트폴리오라면, 나는 3~10개 보유하면 마음이 편할 것이다. 이렇게 하면 몇 가지 이점이 있다.

(1) 10루타 종목을 찾는다면, 보유종목이 많아질수록 그 안에서 10루타 종목이 나올 가능성도 커진다. 유망한 속성을 지닌 여러 고

성장주 가운데, 실제로 가장 많이 오르는 주식은 뜻밖의 종목일지도 모른다.

스톱 앤드 숍은 대박 종목이 되었지만, 나는 이 종목이 30~40% 이상 수익을 내리라고는 생각해본 적이 없다. 회사도 신통치 않고 주가도 내려가고 있었지만, 나는 배당수익률이 마음에 들어서 1979 년에 매수하기 시작했다. 이후 슈퍼마켓과 브래들리^{Bradlee} 할인점 사업부 모두에서 스토리가 갈수록 좋아졌다. 내가 4달러에 매수하기 시작한 이 주식은 1988년 비공개회사에 인수되기 전까지 44달러로 올랐다. 매리어트 역시 내가 성공을 예상하지 못한 회사의 예다. 나는 이 호텔에 수없이 숙박했기 때문에 좋은 호텔이라는 사실은 알고 있었지만, 주가가 얼마나 오를지는 전혀 감을 잡지 못했다. 나는 객실용 비누 수천 개를 가져오는 대신, 매리어트 수천 주를 사두지 않은 점이 아쉽다.

그런데 요즘 기업 인수 루머가 온통 신문지면을 채우고 있지만, 내가 인수를 기대하고 매수한 종목 가운데 실제로 인수가 일어난 사례는 단 하나도 없었다. 대개 기본 가치가 좋아서 내가 보유하고 있는 종목 가운데서 인수되는 종목이 나왔다. 게다가 이것도 전혀 뜻밖의 종목이었다.

뜻밖의 호재가 어느 종목에서 터질지 예측할 방법이 없으므로, 보유종목을 늘리면 그런 호재를 잡을 가능성도 커진다.

(2) 보유종목이 늘어날수록, 종목별 자금 배분에 유연성이 높아진다. 이것은 내 전략에 중요한 부분이다.

어떤 사람들은 내가 성공한 원인이 성장주에 전문화했기 때문이라고 말한다. 그러나 이는 부분적으로만 옳은 말이다. 나는 성장주에 펀드 자금을 30~40% 이상 배분해본 적이 전혀 없다. 나머지는 이 책에서 설명한 다른 유형에 분산투자했다. 보통 나는 약 10~20%를 대형우량주에 배분하고, 약 10~20%를 경기순환주에 배분하며, 나머지를 회생주에 배분한다. 비록 나는 모두 1,400개 종목을 보유하고 있지만, 펀드 자금의 절반은 100개 종목에 들어가 있고, 자금의 3분의 2는 200개 종목에 배분되어 있다. 자금의 1%는 후보 종목 500개에 골고루 분산되어 있으며, 나중에 들어갈 기회를 바라보면서 주기적으로 점검하고 있다. 나는 모든 분야에서 끊임없이 가치를 탐색하고 있는데, 고성장주보다 회생주에 기회가 더 많다고 판단하면, 회생주 보유 비중을 높인다. 만일 어떤 후보 종목에 사건이 일어나서 내가 확신하게 되면, 나는 그 후보 종목을 주요 종목으로 격상시킨다.

자금을 골고루 배분하라

3장에서 논의했듯이, 자금을 여러 유형의 주식으로 분산하는 것도 손실위험을 축소하는 방법이다. 적절하게 조사해서 공정한 가격으로 주식을 매수했다면, 당신은 이미 위험을 상당 부분 축소했지만, 여기 더해서 다음 사항도 고려해봄 직하다.

저성장주는 저위험, 저수익 종목이다. 저성장주는 기대 실적이 높지 않아서, 주가도 여기에 걸맞게 형성되기 때문이다. 대형우량주는 저위험, 중수익 종목이다. 코카콜라에 투자해서 다음 해에 만사가 잘 풀려나가면 50% 수익을 올릴 수 있다. 자산주는 투자자가 자산의 가치를 확신한다면 저위험, 고수익 종목이 된다. 자산주에 관한 판단이 틀렸더라도 손실은 크지 않을 것이며, 판단이 옳다면 두 배, 세 배, 어쩌면 다섯 배까지 벌 수도 있다.

경기순환주는 투자자가 경기순환주기를 얼마나 능숙하게 예측하느냐에 따라 저위험, 고수익 종목이 되거나 고위험, 저수익 종목이 된다. 예측이 옳다면 10루타 종목을 만들 수도 있지만, 예측이 틀린다면 투자금액의 80~90%를 날릴 수도 있다.

10루타 종목들은 고위험, 고수익 주식 유형인 고성장주나 회생주에서 많이 나온다. 상승 잠재력이 높을수록 하락 잠재력도 높으므로, 고성장주가 흔들리거나 골칫거리 회생주가 악화하면 투자금액을 모두 잃을 수도 있다. 나는 크라이슬러를 매수할 때, 만사가 잘 진행되면 400% 수익을 내고, 만사가 어그러지면 100% 손실을 볼 수 있다고 생각했다. 우리는 투자가 이런 식으로 진행된다고 인식해야 한다. 드러난 결과를 보니, 놀랍게도 나는 이 투자에서 15배나 벌었다.

위험과 보상을 손쉽게 계량화하는 방법은 없다. 그러나 포트폴리오를 설계할 때 대형우량주를 몇 개 포함하면, 고성장주 네 종목과 회생주 네 종목에서 오는 스릴과 오싹함을 완화할 수 있다. 다시 말하지만, 핵심은 종목을 제대로 알고 매수하는 것이다. 고평가된 대형우량주를 편입하여 오히려 위험을 높여서는 안 된다. 1970년대 몇 년 동안은 심지어 그 훌륭한 브리스톨-마이어스조차 위험한 종목이었다는 점을 명심하라. 성장률이 15%에 불과했는데도 투자자들이 주가를 이익의 30배까지 올려놓았기 때문에, 이 주식은 상승할 여지가 없었다. 브리스톨-마이어스는 부풀려진 주가를 따라잡기 위해서 10년 동안 성장을 거듭해야 했다. 만일 성장률의 두 배 가격에 이 주식을 매수했다면, 그 투자자는 불필요한 위험을 떠안은 셈이다.

투자한 회사가 엄청난 성공을 거두었는데도, 너무 비싼 가격에 매수했기 때문에 한 푼도 벌지 못한다면, 이는 정말로 비극이다. 1969년 PER이 500배였던 일렉트로닉 데이터 시스템스에 바로 이런 상황이 벌어졌다. 이익이 다음 15년 동안 극적으로 증가하여 약 20배가 되었다. 그러나 (주식분할을 반영한)주가는 40달러에서 줄기차게 내려가 1974년 3달러가 된 뒤 반등하였고, 1984년에 이 회사는 10년 전 주가 수준인 44달러에 GM으로 인수되었다.

끝으로, 포트폴리오 설계는 투자자가 나이 들어감에 따라 달라져야 한다. 직장 생활 초기의 젊은 투자자라면, 투자 수입으로 생활해야 하는 노인 투자자보다 10루타 종목을 더 적극적으로 노릴 수 있다. 젊은 투자자들은 시간이 있으므로, 실수를 통해서 경험을 쌓음으로써 나중에 좋은 주식을 고르는 안목을 키울 수 있다. 사람마다 상황이 천차만별이므로, 이후의 추가 분석은 각자의 몫으로 남겨두겠다.

잡초에 물을 주는 격 _____

　다음 장에서 주식의 매도 시점에 관해 설명하겠지만, 여기서는 포트폴리오 관리 차원에서 매도에 대해 말할 생각이다. 나는 끊임없이 주식과 스토리를 점검하면서, 상황 변화에 따라 포트폴리오에 종목을 추가하거나 제외한다. 그러나 펀드 환매에 대비하는 현금 보유량 외에는 주식을 팔아 현금으로 보유하지 않는다. 현금화란, 시장에서 빠져나간다는 뜻이다. 나는 기본상황에 따라 종목을 교체하면서 시장에 영원히 머물 생각이다. 만일 당신도 일정 투자금액을 주식시장에 계속 묻어두기로 한다면, 시기를 놓친 매매의 고통을 많이 덜어낼 수 있다.

　어떤 사람들은 기계적으로 오르는 주식을 팔고 내리는 주식을 보유한다. 이것은 꽃을 뽑아내고 잡초에 물을 주는 것처럼 분별없는 행동이다. 또 어떤 사람들은 기계적으로 내리는 주식을 팔고 오르는 주식을 보유하는데, 이것 역시 크게 다를 바 없다. 두 전략 모두 실패한다. 이들은 주가의 현재 움직임이 회사의 기본 가치를 가리킨다는 착각에 사로잡혀있기 때문이다. (1972년 타코벨 주가가 타격을 입었을 때, 회사의 상태가 나빴던 것이 아니다. 단지 주가만 내려갔을 뿐이다. 타코벨 회사는 잘 굴러가고 있었다) 앞에서도 보았지만, 현재의 주가는 회사의 전망을 전혀 알려주지 못할 뿐 아니라, 종종 회사의 기본과 반대 방향으로 움직이기도 한다.

　더 나은 전략은 회사의 스토리와 비교한 주가 움직임에 따라, 주식을 매수하거나 매도하는 방법이다. 예를 들면, 대형우량주가 (내가 기대한 최대 수익률인)40% 상승했는데, 이 회사에 특별한 일이 발생하지 않아서 앞으로 기대할 재료가 없다는 생각이 든다면, 나는 이 주식을 팔고 대신 아직 오르지 않은 매력적인 대형우량주를 매수한다. 이런 상황에서 주식을 모두 팔기 싫으면, 일부만 팔아도 된다.

적절한 수익을 내면서 대형우량주를 몇 번 성공적으로 교체 매매하면, 대박 종목 하나만큼 실적을 올릴 수 있다. 30% 수익으로 여섯 번 교체 매매하면 그 누적이익이 4루타 종목을 넘어서며, 25% 수익으로 여섯 번이면 4루타 종목에 육박한다.

고성장주라면, 이익이 계속 증가하고 확장이 이어지며 장애가 나타나지 않는 한, 나는 계속 보유한다. 몇 달 간격으로 나는 마치 처음 듣는 사람인 것처럼 회사의 스토리를 점검한다. 고성장주 두 종목 중, 하나는 주가가 50% 상승했지만 스토리가 수상해지고, 하나는 주가가 내렸거나 보합이지만 스토리가 나아지고 있다면, 나는 상승한 고성장주를 팔고 두 번째 고성장주를 포트폴리오에 추가한다.

경기순환주와 회생주도 마찬가지다. 가격은 올랐지만 기본이 나빠진 종목에서 빠져나와서, 가격은 내렸지만 기본이 좋아진 종목으로 들어가라.

좋은 주식이 가격이 내렸다면, 이것은 그 가격에 주식을 팔고 다시 사지 않는 사람에게만 비극이 된다. 내 입장에서 보면, 주가 하락은 유망하지만 실적이 부진한 종목들을 싸게 사 모을 기회다.

"25% 손해 보면 팔아야겠어."라는 치명적인 생각을 버리고 "25%

손해 보면 사겠어."라고 확신하지 못한다면, 그런 투자자는 주식에서 큰돈을 절대로 벌지 못한다.

이제 그 이유를 이해하겠지만, 나는 손절매 주문stop-loss order을 몹시 싫어한다. 이것은 미리 정해진 가격으로 빠져나오는 방법으로서, 대개 매수가격보다 10% 낮은 가격이다. 물론 '손절매 주문'을 해두면 손실은 10%로 한정된다. 그러나 오늘날 주식시장의 변동성을 보면, 주식은 거의 틀림없이 손절매 가격을 건드리게 되어있다. 손절매 주문을 해놓으면 주가가 10% 하락하고, 주식이 팔리며, 손실이 방지되는 것이 아니라 기정사실이 되는 과정을 보면 섬뜩한 기분이 든다. 이런 손절매 주문을 냈다면, 타코벨을 보유했더라도 열 번은 손실을 보았을 것이다!

포트폴리오에 10% 손절매 주문이 걸려 있다면, 장담하건대 그 포트폴리오는 10% 손실을 보게 되어있다. 손절매 주문을 내는 행위는 주식을 현재의 가치보다 낮은 가격에 팔겠다고 인정하는 행위다.

손절매에 걸려서 자칫 신중한 투자자가 물량을 털어내고 나면, 주가가 수직으로 상승하는 현상 역시 섬뜩하다. 손절매 주문에 의지해서 하락 위험을 방지할 방법도 없고, 주가 상승에 대해 인위적인 목표가를 설정할 방법도 없다. 내가 "두 배가 되면 팔아라." 따위 말을 믿었다면, 대박 종목을 단 한 번도 잡지 못했을 것이고, 이 책을 쓸 기회도 없었을 것이다. 원래의 스토리가 의미를 유지하는 한, 기다리면서 상황을 지켜보라. 몇 년 뒤에는 놀랄만한 실적을 거둘 것이다.

17장

매매의 최적 시점

여러 말들이 많지만, 나는 매매 시점을 선택하는 사람처럼 보이고 싶지도 않고, 투자의 최적 시점이 있다고 말하지도 않는다. 주식 매수의 최적 시점은 백화점에서와 마찬가지로 좋은 물건이 좋은 가격에 나왔다고 당신이 확신하는 날이다. 하지만 주식을 엄청나게 헐값에 살 수 있는 두 종류의 기간이 있다.

첫 번째는 기묘한 연례행사라 할 만한 연말 절세^{節稅} 매도^{tax selling}이다. 가장 심각한 주가 하락이 10월~12월에 발생한 것도 우연이 아니다. 결국 이때는 연휴 기간이어서 주식중개인들도 다른 사람들처럼 돈이 필요하고, 그래서 이들은 고객에게 전화를 걸어 절세 매도를 부추긴다. 어떤 이유에서인지 투자자들은 놀라운 기회나 선물이라도 되는 것처럼 기꺼이 세금공제 손실^{tax loss}을 만들어낸다. 이렇

폭락장에서 잡을 수 있었던 탁월한 기업들

폭락	고가	저가	1987년 고가
1972~1974			
제뉴인 파츠 Genuine Parts	$15	$4	$44.38
제너럴 시네마 General Cinema	3.50	0.30	31.75
텔레다인 Teledyn	11	3	390
애벗 랩스 Abbott Labs	5	1.88	67
브리스톨-마이어스 Bristol-Myers	8	4	55
캡 시티즈 Cap Cities	34	9	450
하인츠 Heinz	5.75	3	51.75
맥도날드 McDonald's	15	4	61.13
필립 모리스 Philip Morris	17.50	8.50	124.50
머크 Merck	17	7	74.25
1976~1978			
제너럴 일렉트릭 General Electric(GE)	15	11	66.38
매리어트 Marriott	3.75	1.75	44.75
1981~1982			
개닛 Gannett	15	10	56
존 할랜드 John Harland	6.50	4	30.75
1983~1984			
브라우닝 페리스 Browning-Ferris	12	6.50	36
리미티드 The Limited	10	5	53
앤하이저-부시 Anheuser-Busch	12	9	40
NCR	34	22	87
웨이스트 매니지먼트 Waste Management	16	7	48

게 사람들이 손실을 보면서도 기뻐하는 경우는 달리 없을 것이다.

기관투자자들도 다가오는 평가에 대비해서 포트폴리오를 정리하려고, 손해 본 종목들을 연말에 던져버린다. 이런 매도 행렬이 겹치면서 주가를 밀어 내리며, 특히 저가 종목들이 더 내려간다. 주가가 일단 6달러 아래로 내려가면, 신용거래 계좌에서 담보로 사용할 수 없기 때문이다. 신용거래자들도 저가 주식을 팔고, 이런저런 제한을 받는 기관투자자들도 저가 주식을 판다. 이런 매도가 매도를 불러오고, 정말로 좋은 종목들조차 터무니없는 수준으로 주가가 내려간다.

주가가 내리면 사고 싶은 종목이 있다면, 연말이야말로 고대하던 종목을 싸게 살 수 있는 시점이다.

두 번째는 몇 년마다 주식시장에서 발생하는 붕괴, 폭락, 거품 붕괴, 일시적 하락, 대폭락 기간이다. '매도'하려는 본능을 억누르고 용기를 발휘하여 이 무서운 상황에서 주식을 매수한다면, 다시는 보지 못할 기막힌 기회를 잡을 것이다. 전문가들은 너무 바쁘거나 제약이 많아서 폭락장에 신속하게 대응하지 못한다. 하지만 최근 폭락에서 다음과 같이 이익 성장이 뛰어난 건실한 회사들을 싸게 살 수도 있었다.

1987년 폭락 ───────────────────────

1987년 10월 폭락장에서도 이 책에서 내가 줄곧 언급했던 주식들을 매수할 기회가 있었다. 여름과 가을 사이의 1,000포인트 폭락 때 모든 종목이 함께 떨어졌지만, 아래에 열거한 회사들은 실물세계에서 모두 건실하고, 수익성 높았으며, 조금도 흔들리지 않았다. 이들은 신속하게 회복했으며, 나는 이 기회를 최대한 이용했다. 처음에는 드레퓌스를 놓쳤지만, 이번에는 놓치지 않았다(한 번 속으면 상대 탓이지만, 두 번 속으면 내 탓이다). 드레퓌스는 매물 공세로 16달러까지 떨어졌지만, 이 회사는 부채를 차감하고도 주당 현금이 15달러였으니, 무슨 위험이 있었겠는가? 보유 현금에 더해서, 드레퓌스는 이 위기 덕분에 실제로는 이득을 보았다. 많은 투자자가 주식을 팔아 드레퓌스가 운용하는 MMF로 옮겨 탔기 때문이다.

1987년 폭락	고가	저가	1988년 10월
월마트 Wal-Mart	$41	$20	$31.38
드레퓌스 Dreyfus	45	16	25.63
앨버트슨스 Albertson's	34	21	36.13
홈디포 Home Depot	28	12.50	28.38
샐리메이 Sallie Mae – Student Loan Marketing	88	62	83.88
토이저러스 Toys "R"Us	42	22	38.25
코카콜라 Coca-Cola	53	28	43.13
피어원 Pier 1	14	5	11.25
인코 Inco	24	14	28.63
인바이런다인 Environdyne	29.25	10.88	26

매도 시점 _____

때가 아닌데도 회의론자들이 '팔라'고 외치면, 가장 사려 깊고 침착한 투자자들조차 영향을 받기 쉽다. 나는 이 사실을 명심했어야 했다. 남의 말에 넘어가서 10루타 종목을 몇 개 놓쳤기 때문이다.

1977년 5월 마젤란 펀드를 맡은 직후, 나는 워너 커뮤니케이션 Warner Communication에 매료되었다. 워너는 다악화된 복합기업에서 유망한 회생주로 바뀌고 있었다. 회사의 기본을 확신하게 된 나는 26달러에 펀드 자금의 3%를 워너에 투자했다.

며칠 뒤 나는 워너를 연구하는 기술적 분석가로부터 전화를 받았다. 나는 평소 차트 따위에는 관심이 없지만, 단지 예의상 그에게 의견을 물었다. 그는 주가가 "극도로 고평가되었다."라고 주저 없이 말했다. 나는 이 말을 절대 잊을 수가 없었다. 주식시장에 관한 조언의 커다란 문제점은, 좋은 말이든 나쁜 말이든 머릿속에서 지워지지 않는다는 점이다. 아무리 해도 그 기억에서 벗어날 수가 없어서, 사람들은 언젠가 그 말에 반응하고야 만다.

6개월 정도 지나자 워너는 26달러에서 32달러로 올랐다. 이때부터 나는 걱정하기 시작했다. 나는 생각했다. "26달러일 때 워너가 극도로 고평가된 상태였다면, 32달러에서는 틀림없이 엄청나게 극도로 고평가되었을 거야." 나는 회사의 기본을 점검해보았지만, 내 열정이 식을만한 변화가 없었기 때문에 계속 보유했다. 이어 주식이 38달러에 도달했다. 뚜렷한 이유 없이 나는 주식을 매도하기 시작했다. 26달러에 주가가 '극도로' 고평가되었고 32달러에 '엄청나게 극도로' 고평가되었다면, 38달러에서는 틀림없이 형용사가 세 개 붙어야 한다고 판단했던 것이다.

물론 내가 팔고 난 뒤, 주가는 계속 올라서 50, 60, 70달러를 거쳐 180달러가 넘어갔다. 아타리Atari 대실패로 1983~1984년에 주가가 60% 하락했을 때도, 내가 팔고 나온 38달러보다 두 배나 높았다. 이 때라도 교훈을 얻었다면 좋았을 것이다.

이미 앞에서 자랑했던 멋진 고성장주 토이저러스에서도 나는 또 성급하게 빠져나왔다. 1978년이 되자 파산한 모회사 인터스테이트 백화점에서 기업분할 된 토이저러스는(채권자들이 부채 대신 토이저러스 신주를 지불받았다), 이미 실력이 입증된 수익성 높은 기업이었으며, 여러 쇼핑몰로 잇따라 확장하고 있었다. 이 회사는 이미 한 곳에서 성공 시험을 통과했고, 다른 곳으로 복제하고 있었다. 나는 충분히 조사했고, 매장을 방문했으며, 주당 1달러(주식분할 반영 후)에 대규모로 물량을 확보했다. 1985년이 되자 토이저러스는 25달러에 도달하여, 일부 투자자에게 25루타 종목이 되었다. 불행히도 나는 그 일부 투자자에 포함되지 않았다. 너무 일찍 팔아버렸다. 소매업의 거물 밀튼 피트리Milton Petrie라는 영리한 투자자가 토이저러스 주식 20%를 매수했는데, 이 때문에 주가가 올랐다는 글을 어디에선가 읽었기 때문이다. 나는 피트리가 매수를 중단하면 주가가 내린다고 논리적으로 결론을 내렸다. 피트리는 5달러에서 매수를 중단했다.

나는 1달러에 사서 5달러에 팔아 5루타를 만들었는데, 어떻게 불평할 수가 있겠는가? 우리는 모두 같은 격언을 배운다. "할 수 있을 때 이익을 실현하라." "확실한 이익이 손실 가능성보다 항상 낫다." 그러나 좋은 주식을 발굴해서 매수하였고, 모든 증거가 주가 상승을 말해주며, 만사가 유리하게 진행된다면, 그때 주식을 파는 것은 부끄러운 일이다. 다섯 배 이익으로 1만 달러가 5만 달러가 되었지만, 또 다섯 배를 벌었다면 1만 달러가 25만 달러가 되었다. 25루타 종목의 탄생은 펀드매니저들에게도 흔한 일이 아니며, 개인에게는 평생 한두 번 일어나는 일이다. 기회를 잡게 되면, 충분히 이익을 취해야 한다. 내게 처음 토이저러스를 알려주었던 피터 데로스의 고객들은 이렇게 했다. 데로스가 펀드에 끝까지 토이저러스를 보유했기 때문이다.

나는 제과 회사 플라워스Flowers와 크래커 회사 랜스Lance에서도 똑같은 실수를 되풀이했다. 누군가 내게 이 회사들이 인수 후보 기업이라고 말해주었으므로, 나는 이들이 인수되기를 기다렸지만 결국 싫증이 나서 팔아버리고 말았다. 내가 팔고 나서 주식이 어떻게 되었는지는 상상이 될 것이다. 이번에 얻은 교훈은, 이 수익성 높은 제과회사가 인수되든 말든 상관하지 말았어야 했다는 점이다. 사실은 독립 상태를 계속 유지했으면 더 좋았을 것이다.

중요한 내부자가 주식을 팔고 있다는 이유로 내가 라 킨타를 사지 않을 뻔했다고 앞에서 설명한 바 있다. 내부자가 팔기 시작했다고 사지 않는 것은, 외부자(피트리)가 매수를 중단했다고 파는 것처럼 큰 실수다. 라 킨타의 경우에는 내가 그런 허튼 생각을 무시했는데, 그렇게 하길 잘했다.

　이것 말고도 내가 속았지만 기억하지 못하는 사례들이 많이 있다. 대개 주가가 내려간 다음에 주식을 믿고 기다리는 것보다, 주가가 오른 다음에 계속 붙들고 있기가 더 어렵다. 요즘은 내가 속을 위험이 있다고 느끼면, 나는 처음에 주식을 매수한 이유를 다시 떠올린다.

북소리 효과 _____

　아마추어 투자자들도 전문가들처럼 어리석은 일을 저지르기 쉬울 때가 있다. 전문가들에게는 귓속말을 해주는 동료 전문가들이 있고, 아마추어 투자자들에게는 친구, 친척, 주식중개인, 매스컴의 다양한 금융 관계자들이 있다.

　당신은 아마 이런 전화를 받아보았을 것이다. "축하합니다. 이제 욕심내지 마십시오." 주식중개인은 전화를 걸어 이렇게 말한다. "축하합니다. 토글스위치 ToggleSwitch 로 더블을 내셨습니다. 그러나 욕심내지는 마십시오. 토글스위치를 매도하고 카인더마인드 KinderMind 를 매수해보시지요." 그래서 교체매매를 하지만, 팔아버린 토글스위치는 계속 올라가고, 카인더마인드는 파산해서 벌었던 돈까지 모두 날려버린다. 그동안 주식중개인은 양쪽 거래에서 모두 수수료를 챙기므로, "축하합니다."라는 메시지는 두 배로 수수료를 달라는 말이다.

주식중개인 말고도, 주위에서 떠드는 주식에 관한 온갖 어리석은 주장들이 우리 머릿속으로 들어간다. "워너가 극도로 고평가되었다."라는 말이 내 머릿속으로 들어간 것처럼 말이다. 요즘은 어리석은 주장들이 고막을 찢을 정도로 요란하다.

TV를 켤 때마다 누군가 나와서 은행주가 뜨고 항공주는 가며, 공공서비스회사 주식이 전성기를 맞이했고 저축대부조합은 운이 다했다고 주장한다. 라디오 채널을 돌리면, 과열된 일본경제 때문에 세계가 망할 것이라는 즉석 논평이 귀에 들어온다. 다음에 시장이 10% 하락하면, 우리는 이 말을 기억하고 겁에 질려서 보유하고 있던 소니와 혼다를 매도할 뿐 아니라, 경기순환주도 아니고 일본기업 주식도 아닌 콜게이트-파몰리브까지 내다 판다.

점성술사와 메릴린치의 경제학자가 나란히 앉아 인터뷰할 때, 두 사람의 주장이 서로 모순되지만 똑같이 설득력 있게 들린다면, 우리가 모두 혼란스러워하는 것도 당연하다.

최근 들어 우리는 북소리 효과와 맞서 싸워야만 한다. 특히 불길한 메시지가 수없이 되풀이되고 있어서, 도무지 메시지에서 벗어나기가 불가능할 정도다. 몇 년 전에 M1 통화 공급에 관한 북소리가 울렸다. 내가 군대에 복무할 때 M1은 소총이었고, 나는 이것을 잘 알고 있었다. 갑자기 M1이 월스트리트의 장래를 좌우하는 중요한 숫자가 되었지만, 나는 M1이 무슨 뜻인지 모른다. 원 아워 마티나이징One Hour Martinizing을 기억하는가? 아는 사람이 아무도 없는데도, 수백만 드라이클리닝 고객들은 한 번도 물어본 적이 없다. 어쩌면 M1이 사실은 마티나이징 원을 뜻하며, 경제자문위원회 Council of Economic Advisors 구성원 가운데 누군가 드라이클리닝 사업을 했었는지 모른다. 어쨌든 몇 달 동안 뉴스에서는 M1이 너무 빨리 증가한다고 떠들어댔으며, 사람들은 M1 때문에 미국경제가 가라앉고 세계경제가 위태로워질까 봐 걱정했다. M1이 무엇인지 모른다고 해도, "M1이 증가한다."라는 말보다 주식을 팔기에 더 좋은 구실이 어디 있겠는가?

그런데 갑자기 그 무시무시한 M1 통화 공급 증가에 관한 이야기가 더는 들리지 않고, 우리의 관심은 온통 연방준비은행 Fed이 회원은행에 부과하는 재할인율로 쏠리게 되었다. 이 말을 알아듣는 사람이 얼마나 되는가? 나도 이것을 이해하지 못한다. 연준이 무슨 일을 하는지 아는 사람이 얼마나 되는가? 연방준비위원회 의장이었던 윌리엄 밀러 William Miller의 말에 의하면, 미국인의 23%는 연방준비위원회 Federal Reserve를 인디언 보호구역이라고 생각하고, 26%는 야생동물 보호구역이라고 생각하며, 51%는 위스키 상표라고 생각한다.

그런데도 매주 금요일 오후마다(전에는 목요일이었지만, 금요일 주식 시장 개장 전에 실적 데이터를 얻으려고 너무 많은 사람이 연준 빌딩에 몰려들자 변경되었다) 전문 투자자들의 절반이 최신 통화 공급 수치 보도에 홀렸고, 이 때문에 주가가 오르락내리락했다. 통화 공급 증가율이 올라가면 주식시장이 내려간다는 말을 듣고 좋은 주식을 놓쳐버린 투자자들이 얼마나 많은가?

더 최근에도 우리는 다양한 경고를 들었다. 유가 상승은 끔찍한 일이고, 유가 하락도 끔찍한 일이다. 달러 강세는 나쁜 조짐이고, 달러 약세도 나쁜 조짐이다. 통화 공급 감소 때문에 경보가 울리고, 통화 공급 증가 때문에도 경보가 울린다. 지금까지 통화 공급 수치가 차지했던 자리를 예산과 무역적자, 그리고 수천 가지 강력한 공포가 대신 차지한 채, 투자자들에게 겁을 주어 주식을 던지게 하고 있다.

진정한 매도 시점은?

시장을 보아도 매도 시점을 알 수 없다면, 무엇을 보아야 하는가? 한 가지 공식을 적용해서 될 일은 아니다. "금리가 올라가기 전에 팔아라."나 "다음 침체가 시작되기 전에 팔아라."라는 조언은, 이런 일이 언제 일어날지 우리가 알기만 하면 당연히 따라야 한다. 그러나 우리는 그 시점을 알 수 없으므로, 이러한 격언도 상투적인 말이 되고 만다.

오랜 경험을 통해서 나는 매수 시점을 생각하는 것과 똑같은 방법으로 매도 시점도 생각하게 되었다. 나는 특정 사업이 특정 방법으로 명백하게 영향을 받는 몇몇 경우가 아니라면, 외부 경제 여건에 관심을 기울이지 않는다. 유가가 하락하면 오일 서비스회사는 분명히 영향을 받지만, 전문의약품회사는 영향을 받지 않는다. 1986~1987년에 나는 재규어, 혼다, 스바루, 볼보 등 보유하고 있던 외국 자동차회사 주식을 팔았다. 달러 약세 때문에, 미국에서 판매 비중이 높은 외국 자동차회사들이 이익에 타격을 입는다고 확신했기 때문이다. 그러나 380번 회사의 스토리가 낫고 특히 212번 회사의 스토리가 의심스러워지기 시작하면, 나는 십중팔구 212번 회사를 매도한다.

모두 알다시피, 먼저 우리가 주식을 매수한 이유를 안다면, 우리는 그 주식과 작별해야 하는 시점도 자연스럽게 알 수 있다. 주식 유형별로 매도 신호를 살펴보자.

저성장주 매도 시점

먼저 나는 저성장주를 많이 보유하지 않기 때문에, 이 유형에 대해서는 크게 도움을 줄 수가 없다. 내가 매수하는 저성장주는 30~50% 상승하면 매도하고, 주가가 하락했더라도 기본이 악화하면 역시 매도한다. 그 밖에 매도 신호는 다음과 같다.

- 회사가 2년 연속 시장점유율이 하락했고, 다른 광고대행사를 하나 더 고용한다.
- 신제품 개발도 하지 않고, 연구개발비 지출도 삭감하며, 회사가 더는 노력하지 않는 것으로 보인다.
- 최근의 비관련 기업 인수 두 건이 사업다악화로 보이는데, 회사는 '첨단기술 분야'에서 추가로 인수대상 기업을 물색 중이라고 발표한다.
- 회사가 인수에 지나친 비용을 지출하는 바람에, 재무상태표가 부채는 없고 거액의 현금을 보유했던 상태에서, 현금은 없고 거액의 부채를 지는 상태로 악화하였다. 주가가 가파르게 하락

하는데도, 자사주를 매입할 잉여자금이 없다.

- 주가가 내려가도 배당수익률이 투자자들의 관심을 끌만큼 높지가 않다.

대형우량주 매도 시점

대형우량주는 내가 빈번하게 다른 대형우량주로 교체매매 하는 종목이다. 대형우량주에 대해서는 단기간에 10루타를 기대해봤자 소용이 없다. 주가가 이익 곡선 위로 올라가거나 PER이 정상적인 범위에서 크게 벗어나면, 매도하고 기다렸다가 나중에 더 낮은 가격에 다시 매수하던지, 아니면 나처럼 다른 대형우량주를 매수하라.

다른 매도 신호는 다음과 같다.

- 지난 2년 동안 도입된 신제품들이 엇갈린 실적을 보였고, 아직 시험단계에 있는 다른 신제품들은 출시되려면 1년을 기다려야 한다.

- 같은 업종의 비슷한 회사는 PER이 11~12배인데, 이 회사는 PER이 15배다.

- 작년에 회사 주식을 매수한 임원이나 관리자가 한 사람도 없다.

- 회사 이익의 25%를 차지하는 주요 사업부가 현재 진행 중인 (예컨대 주택건축 착공, 석유 시추 분야의) 경제 침체에 취약하다.

- 회사의 성장률이 하락하고 있고, 지금은 원가절감으로 이익을 유지하고 있지만, 앞으로는 원가를 더 절감하기 어렵다.

경기순환주 매도 시점

매도의 최적 시점은 경기상승 순환이 끝나기 전이지만, 그 시점을 누가 알겠는가? 심지어 이들이 말하는 경기순환을 제대로 아는 사람이 누가 있겠는가? 때로는 이 분야에 정통한 선도 투자자가 회사에 하락 징후가 나타나기 1년 전부터 주식을 매도한다. 아무런 이유 없이 주가가 하락하기 시작한다.

경기순환주로 투자에 성공하려면 우리는 이상한 규칙을 이해해야 한다. 그래서 경기순환주는 아주 까다롭다. 주가가 경기순환주처럼 움직이는 방위사업에서, 제너럴 다이내믹스는 이익이 증가하는데도 주가가 50% 하락한 적이 있다. 경기순환을 멀리 내다보는 투자자가, 사람들이 매도 행렬에 몰려들기 전에 일찌감치 팔아버렸기 때문이다.

경기순환의 끝 시점이 아니라면, 매도의 최적 시점은 실제로 어떤 일이 잘못되기 시작했을 때이다. 원가가 상승하기 시작했다. 기존 공장이 전면 가동되고 있는데, 회사는 용량 증설에 돈을 쓰기 시작한다. 무엇에 끌려서 지난 불황과 호황 사이에 해당 주식을 매수했든지, 당신은 이제 최근 호황이 지났다는 점에 주의해야 한다.

한 가지 분명한 매도 신호는 회사가 쌓여가는 재고를 처분하지 못하는 것인데, 이는 장래에 가격이 하락하고 이익이 줄어들기 때문이다. 나는 항상 재고 증가에 관심을 쏟는다. 주차장에 재고가 가득하다면, 이는 분명히 경기순환주를 매도할 시점이다. 사실은 조금 늦었을지도 모른다.

상품가격 하락 역시 매도 시점의 전조다. 대개 석유와 철강 등의 가격은 이익에 문제가 드러나기 몇 달 전에 하락한다. 유용한 신호 또 한 가지는 상품의 선물가격이 현물가격보다 내려가는 것이다. 애초에 경기순환주의 매수 시점을 파악할 정도로 강점이 있는 투자자라면, 가격의 변화도 알아챌 것이다.

기업 간 경쟁 역시 경기순환주에 나쁜 신호다. 새로 진입한 기업은 가격을 인하해서 고객을 획득할 수밖에 없는데, 이 때문에 다른 기업들도 모두 가격을 인하해야 하므로 제조업체들은 모두 이익이 감소하게 된다. 니켈에 대한 수요가 강하게 유지되고 인코에 도전하는 기업이 없는 한, 인코에는 아무런 문제가 없다. 그러나 수요가 약화하거나 경쟁업체가 니켈을 팔기 시작하자마자, 인코는 곤경을 맞이한다.

다른 매도 신호는 다음과 같다.

- 핵심 노사협약 두 건이 12개월 후 만료되는데, 노조 대표들이 지난 협약에서 포기했던 임금과 복지혜택을 완전히 회복시켜 달라고 요구한다.
- 제품에 대한 최종수요가 감소하고 있다.
- 회사가 낡은 공장을 적은 비용으로 현대화하는 대신, 환상적인 새 공장을 짓기 위해서 자본적 지출 예산을 두 배로 늘렸다.
- 회사는 원가절감에 노력했지만 여전히 해외 제조업체와 경쟁할 수가 없다.

고성장주 매도 시점

여기서 핵심은 잠재적 10루타 종목을 놓치지 않는 것이다. 반면, 회사가 악화하여 이익이 줄어들면 투자자들이 올려놓은 PER도 내려간다. 이것은 충성스러운 주주들에게는 매우 값비싼 이중 불행이다.

지켜보아야 할 핵심 요소는 고속 성장의 두 번째 단계가 언제 끝나느냐는 것이다.

갭이 신규매장 설립을 중단하고, 기존 매장들이 초라해 보이기 시작하며, 갭에서는 요즘 유행하는 표백한 데님 의류를 팔지 않는다고 자녀들이 불평한다면, 십중팔구 매도를 고려할 시점이다. 월스트리트 애널리스트 40명이 이 주식을 최우선으로 추천하고, 주식의 60%를 기관투자자들이 보유하고 있으며, 주요 잡지 3개가 CEO에게 아첨하는 기사를 싣는다면, 이때는 확실하게 매도를 생각할 시점이다.

'9장 내가 피하는 주식'의 모든 속성이 '우리가 팔아야 하는 주식'의 속성들이다. 경기 상승기가 다가오면 PER이 낮아지는 경기순환주와는 달리, 고성장주는 대개 PER이 갈수록 높아지며, 터무니없고 비논리적인 수준까지 올라가기도 한다. 폴라로이드와 에이번 프로덕츠를 기억하라. 이런 거대기업이 PER 50배라니? 눈치 빠른 초등학교 4학년짜리도 매도 시점이라고 알아차렸을 것이다. 에이번이 향수를 10억 개 팔겠는가? 미국 주부들이 한 집 걸러 한 사람씩 에이번 판매원인들 가능하겠는가?

홀리데이 인이 이익의 40배에 거래될 때 우리는 파티가 끝났다고 확신하고 주식을 팔 수 있었으며, 그렇게 하는 것이 옳았다.

미국의 모든 주요 고속도로를 따라 30㎞마다 홀리데이 인 프랜차이즈가 보이고, 지브롤터로 여행 갔더니 바위 위에 홀리데이 인이 세워져 있다면, 이제는 분명히 걱정할 시점이다. 이제 홀리데이 인이 어디로 확장해야 하는가? 화성으로?

다른 매도 신호는 다음과 같다.

- 지난 분기 동일점포 매출이 3% 감소했다.
- 신규매장의 실적이 실망스럽다.
- 고위 임원 두 사람과 핵심 직원 여럿이 경쟁회사로 옮겨간다.
- 회사가 최근 2주 동안 12개 도시에서 기관투자자들에게 과장된 스토리를 내세우면서 '겉만 번지르한' 쇼를 하고 돌아왔다.
- 다음 2년의 이익성장률에 대해 가장 낙관적인 예측조차 15~20%인데도, 주식이 PER 30배에 거래되고 있다.

회생주 매도 시점

회생주 매도의 최적 시점은 회사가 회생한 다음이다. 문제가 모두 해결되었고 사람들이 모두 이 사실을 안다. 회사는 고성장주든 경기순환주든 과거 와해하기 이전의 모습을 되찾았다. 주주들은 다시 주식을 보유해도 거북해하지 않는다. 회생주가 회생에 성공했다면, 우리는 이 주식을 다시 분류해야 한다.

크라이슬러는 (주식분할 반영 후)주당 2달러, 5달러, 10달러에서도 회생주였지만, 1987년 중반 48달러에서는 이제 회생주가 아니었다.

이 시점이 되자 부채도 상환하고 문제도 해결되어서, 크라이슬러는 다시 건실한 경기순환 자동차회사로 돌아왔다. 주식도 더 상승할 수 있지만, 10배로 뛰기는 힘들다. 이제는 GM, 포드, 다른 번창하는 기업들을 평가하는 똑같은 방식으로 크라이슬러를 평가해야 한다. 당신이 크라이슬러 자동차를 좋아한다면 크라이슬러 주식을 계속 보유하라. 사업부가 모두 잘 돌아가고 있고, 아메리칸 모터스American Motors인수로 단기 문제가 추가되긴 했지만 장기 전망도 좋아졌다. 그러나 당신의 전문분야가 회생주라면, 크라이슬러를 매도하고 다른 회생주를 찾아보라.

제너럴 퍼블릭 유틸리티GPU는 주당 4달러, 8달러, 12달러에서는 회생주였지만, 두 번째 원자력발전소가 가동을 재개하고, 다른 공익기업들이 스리마일섬 원자력발전소 오염정화 비용을 지원하기로 합의한 뒤, 다시 우량 전기설비업체가 되었다. 이제 GPU가 파산한다고 생각하는 사람은 아무도 없다. 현재 38달러인 주가가 45달러로 오를 수는 있지만, 400달러가 되는 일은 없을 것이다.

다른 매도 신호는 다음과 같다.

- 다섯 분기 연속으로 감소했던 부채가 지난 분기보고서에 2,500만 달러 증가로 나왔다.
- 재고가 매출보다 두 배 빠른 속도로 증가하고 있다.
- 이익 전망에 비해 PER이 부풀려졌다.
- 회사의 핵심 사업부에서 제품의 50%를 단일 고객 기업에 판매하고 있는데, 이 고객 기업의 매출이 감소하고 있다.

자산주 매도 시점

　최근 가장 좋은 방법은 기업사냥꾼을 기다리는 것이다. 회사에 정말로 숨은 자산이 있다면, 솔 스타인버그Saul Steinberg, 하프츠Hafts, 라이히만스Reichmanns 등이 찾아낼 것이다. 회사가 흥청거리며 빚을 져서 자산 가치가 줄어들지 않는 한, 자산주는 계속 보유해야 한다.

　알렉산더 앤드 볼드윈Alexander and Baldwin은 하와이에 대한 독점 해상운송권과 다른 자산에 더해서, 하와이에 부동산 388km^2를 보유하고 있다. 사람들은 이 (주식분할 반영 후)5달러짜리 주식이 그보다 훨씬 더 가치 있다고 생각한다. 이들은 인내심을 발휘하고 있지만, 몇 년 동안 아무 일도 일어나지 않았다. 그러다가 해리 와인버그Harry Weinberg가 나타나서 주식을 5%, 이어 9%, 마침내 15% 매수했다. 와인버그가 매수했기 때문에 다른 투자자들도 매수대열에 동참했고, 주식은 고가 32달러에 도달한 뒤, 1987년 10월 폭락 때 16달러까지 내려갔다. 7개월 후 주식은 30달러로 회복되었다.

　똑같은 일이 스토러 커뮤니케이션과 디즈니에도 일어났다. 디즈니는 자신의 가치도 모르는 따분한 회사였으나, 스타인버그가 찾아와 경영진을 자극하면서 '주주가치를 제고'하게 만들었다. 아무튼 이 회사는 발전하고 있다. 디즈니는 만화영화에서 탈피하여 탁월한 솜씨로 더 폭넓게 더 많은 성년 관객들을 매료시키고 있다. 디즈니 채널과 일본 테마파크에서도 성공을 거두고 있으며, 다가오는 유럽 테마파크도 유망하다. 둘도 없는 영화대출소와 플로리다 및 캘리포니아에 부동산을 보유하고 있으므로, 디즈니는 자산주 겸 회생주 겸

성장주다.

이제는 숨은 자산이 발견되기를 기대하면서 자녀들이 자녀를 낳을 때까지 기다리지 않아도 된다. 전에는 숨은 자산주를 평생 보유해도, 주가가 한 푼도 오르지 않는 경우가 있었다. 하지만 요즘은 저평가된 자산을 샅샅이 찾아 돌아다니는 돈 많은 거물들 덕분에, 주 주가치가 훨씬 빨리 올라간다(몇 년 전 분 피켄스가 우리 사무실에 찾아와서, 걸프 오일Gulf Oil 같은 거대기업을 인수하는 이론적 방법을 설명해주었다. 그의 설명은 논리 정연했지만, 나는 인수가 불가능하다고 즉시 결론지었다. 나는 걸프 오일이 너무 거대해서 인수할 수 없다고 확신했다. 셰브런Chevron이 인수할 때까지는 말이다. 나는 이제 대륙을 포함해서 무엇이든 인수 가능하다고 기꺼이 믿는다).

주위에 기업사냥꾼들이 많아서 아마추어들은 좋은 자산주를 찾기가 더 힘들어졌지만, 매도 시점을 찾는 일은 식은 죽 먹기다. 베이스 브라더스가 나타날 때까지 팔지 마라. 베이스 브라더스가 나타나지 않는다면, 스타인버그Steinberg, 아이칸Icahn, 벨즈버그Belzbergs, 프리츠커스Pritzkers, 어윈 제이콥스Irwin Jacobs, 제임스 골드스미스 경Sir James Goldsmith, 도날드 트럼프Donald Trump, 분 피켄스Boone Pickens, 그리고 정 안 되면 머브 그리핀Merv Griffin이라도 나타날 것이다. 그 뒤 인수, 인수 전쟁, 또는 차입인수leveraged buyout가 일어나 주가가 두 배, 세 배, 네 배로 올라갈 것이다.

다른 매도 신호는 다음과 같다.

- 주식이 실제 시장가치보다 10% 할인되어 거래되는데도, 경영
  진은 사업다각화 자금을 조달하기 위해서 주식을 10% 발행한
  다고 발표한다.
- 2,000만 달러에 팔린다고 기대했던 사업부가 실제로는 1,200
  만 달러에 팔린다.
- 법인세율이 인하되어 회사의 이월결손금 가치가 크게 하락한
  다.
- 5년 전 25%였던 기관투자자 보유 비중이 지금은 60%로 높아
  졌다. 보스턴의 몇몇 펀드 그룹이 대주주다.

18장

가장 어리석고 위험한
열두 가지 생각

주가흐름을 보고 아마추어나 전문가들이나 하나같이 내놓는 설명에, 나는 끊임없이 경악한다. 의학과 일기예보 분야에서는 무지와 미신이 많이 사라졌다. 우리는 조상들이 흉년이 들면 옥수수 신을 비난했다고 비웃으며, "피타고라스처럼 현명한 인물이 어떻게 헝클어진 침대 시트에 악령이 숨어있다고 생각했을까?"라고 의아해한다. 그러면서도 우리는 슈퍼 볼Super Bowl 승자와 주가 사이에 어떤 관계가 있다고 기꺼이 믿는다.

나는 경영대학원과 피델리티의 여름 일자리 사이를 오가면서, 피타고라스가 침대 시트에 대해 잘못 생각한 것처럼, 가장 현명한 교수들조차 주식에 대해 잘못 생각할 수 있음을 처음 깨달았다. 이후 나는 수많은 속설을 들었는데, 하나같이 잘못된 이 속설들이 일반

대중에게 스며들어 있었다. 미신과 오해는 수없이 많지만, 이들 가운데 일부만 적어보았다. 다음은 사람들이 주식에 대해서 말하는 가장 어리석은 이야기 열두 가지다. 당신이 마음속에서 이런 생각을 지워버리기 바라는 마음으로 제시한다. 이 가운데 일부는 귀에 익을 것이다.

내릴 만큼 내렸으니, 더는 안 내려

좋은 말이다. 폴라로이드가 고가 143.50달러에서부터 기나긴 하락행진을 계속하여 3분의 1 정도 떨어졌을 때, 장담컨대 폴라로이드 주주들이 바로 이 말을 되풀이했을 것이다. 폴라로이드는 우량주로 통하는 건실한 회사였으므로, 앞에서 설명했듯이 매출과 이익이 폭락했을 때도 사람들은 폴라로이드가 얼마나 고평가되어 있었는지 관심을 두지 않았다. 대신 사람들은 이런 말을 되풀이하며 스스로 위로했다. "내릴 만큼 내렸으니, 더는 안 내려.", "우량기업은 반드시 회복되는 법이야.", "주식시장에서는 인내심을 발휘해야 해.", "겁에 질려 우량주를 던진다면 분별없는 짓이지."

폴라로이드 주식이 100달러, 이어 90달러, 그리고 80달러로 내려가는 동안에도, 이 말은 투자자의 집 주변과 은행 운용 부서에서 틀림없이 되풀이되었을 것이다. 주가가 75달러를 깨고 내려갔을 때, "더는 안 내려."라고 말하는 사람들은 작은 무리로 규모가 늘어났을 것이고, 50달러를 깨고 내려갔을 때는 폴라로이드 주주 둘 중 하나가 이 말을 되풀이했을 것이다.

새로운 주주들은 '더는 안 내려' 속설을 믿고 주가 하락을 따라가며 폴라로이드를 매수했지만, 이들은 그 결정을 틀림없이 후회했을 것이다. 실제로 폴라로이드는 훨씬 더 내렸기 때문이다. 이 위대한 주식은 1년도 안 가서 143.50달러에서 14.13달러로 내려갔고, 그때 가서야 "더는 안 내려."가 맞는 말이 되었다. '더는 안 내려' 속설은 이 정도로 해두자.

원칙적으로 주가가 얼마나 내려갈 수 있는지 알려주는 규칙 따위는 없다. 나는 피델리티에서 열성적이지만 미숙한 애널리스트로 일하던 1971년에 이 교훈을 얻었다. 카이저 인더스트리^{Kaiser Industries}는 이미 25달러에서 13달러로 떨어진 상태였다. 주가가 11달러에 이르자, 내 추천에 따라 피델리티는 500만 주를 매수했다. 이것은 아메리칸 증권거래소^{American Stock Exchange} 역사상 최대 규모 대량거래였다. 나는 이 주식이 10달러 밑으로 절대 내려갈 수가 없다고 자신 있게 주장했다.

주가가 8달러로 내려갔을 때, 나는 어머니에게 전화해서 이 주식을 사라고 말했다. 카이저가 7.50달러 아래로 떨어지는 일은 절대로 생각할 수 없었기 때문이다. 다행히 어머니는 내 말을 따르지 않았다. 1973년 카이저가 7달러에서 6달러를 거쳐 4달러로 추락하는 모습을 나는 겁에 질린 채 지켜보았다. 마침내 여기서는 더 내려갈 수 없음이 입증되었다.

피델리티의 펀드매니저들은, 카이저가 11달러에도 좋은 매수 종목이라면 4달러에는 틀림없이 헐값이라고 믿고, 500만 주를 계속 보유했다. 나는 이 종목을 추천한 애널리스트였으므로, 이 회사의 재무제표가 건전하다고 말하면서 계속해서 펀드매니저들을 안심시켰다. 유통주식수가 2,500만 주에 불과하므로 주가가 4달러면 회사 전체의 가치가 겨우 1억 달러라는 점을 발견하고, 우리는 모두 기운이 솟았다. 당시에는 이 돈으로 보잉747 네 대를 살 수 있었다. 하지만 오늘날에는 엔진도 안 달린 항공기를 한 대 살 돈이다.

주식시장이 카이저 주가를 그토록 끌어내렸기 때문에, 이 회사는 항공기 네 대 값에 거래되고 있었다. 그러나 이 회사는 지프를 제외하고도 부동산, 알루미늄, 철강, 시멘트, 조선, 골재, 유리섬유, 엔지니어링, 방송 사업을 거느린 강력한 회사였다. 게다가 부채도 거의 없었다. 심지어 자산을 청산한다고 해도, 계산해보니 주당 40달러나 나왔다. 요즘 같으면 기업사냥꾼이 덤벼들어 인수할 것이다.

머지않아 카이저 인더스트리는 주당 30달러로 반등하였다. 그러나 4달러까지 폭락을 경험한 뒤, 나는 "절대로 얼마 밑으로 내려갈 수가 없습니다."라고 말하는 습관을 고치게 되었다.

바닥에 잡을 수 있다 _____

저점 매수bottom fishing는 투자자에게 인기가 높지만, 대개 낚이는 것은 주식이 아니라 투자자다. 떨어지는 주식을 바닥에서 잡으려는 시도는 떨어지는 칼을 잡으려는 행동과 마찬가지다. 칼이 땅에 꽂혀 잠시 부르르 떨다가 멈춘 다음 잡는 편이 낫다. 빠르게 떨어지는 주식을 잡으려다 보면 필연적으로 칼날을 잡게 되므로, 그 결과 뜻밖의 고통을 당하게 된다.

회생주 매수에 관심 있는 투자자라면, 단지 주가가 많이 내려갔으니 오를 것 같다는 이유 정도로는 부족하다. 사업이 살아나는 모습을 실감해야 하고, 재무상태표를 확인해보니 회사의 보유 현금이 주당 11달러인데 주식이 14달러에 거래된다는 식이어야 한다.

하지만 그런 경우라고 해도, 주식을 바닥에서 살 수는 없을 것이다. 대개는 주가가 등락을 거듭한 뒤에야 다시 상승하기 시작한다. 일반적으로 이런 과정은 2~3년 걸리지만, 더 오래 걸릴 때도 있다.

오를 만큼 올랐으니, 더는 못 올라 _____

물론 필립 모리스나 스바루 이야기가 아니라면 맞는 말이다. 차트를 보면(pp.414-415) 필립 모리스는 역사상 가장 위대한 주식의 하나임이 분명하다. 앞에서도 말했지만, 스바루 자동차 대신 주식을 샀다면 백만장자가 될 수 있었다.

우리가 1950년대에 주당 75센트에 필립 모리스를 샀다면, 더는 못 오른다는 속설에 현혹되어 1961년 2.50달러에 팔았을지도 모른다. 11년 뒤 주식이 1961년 가격의 7배이자 1950년대 가격의 23배에 거래될 때도, 우리는 필립 모리스가 더는 못 오른다고 또다시 판단했을지도 모른다. 그러나 당시에 팔았다면, 우리는 23루타에 뒤이은 7루타를 놓쳤을 것이다.

어떻게든 필립 모리스를 계속 붙들고 있었던 사람은 주식이 75센트에서 124.50달러로 꽃피우는 모습을 보았을 것이며, 1,000달러를 투자했다면 16만 6,000달러를 쥐게 되었을 것이다. 여기에는 그동안 받은 배당 2만 3,000달러조차 포함되지 않았다.

만일 내가 '더는 못 올라'라고 생각했다면, 스바루가 이미 20배 오른 뒤 이 주식을 절대 사지 않았을 것이다. 그러나 나는 스바루의 기본을 점검했고, 여전히 싸다고 실감했으며, 주식을 매수했고, 그 뒤 7배를 벌었다.

요점은, 인위적으로 주식의 상승 한계점을 설정할 수 없다는 말이다. 스토리가 여전히 타당하고, 이익이 계속 개선되며, 회사의 기본이 바뀌지 않았다면, '더는 못 올라'라는 속설 때문에 주식을 구박해서는 절대 안 된다. 주식이 두 배로 뛰었을 때 기계적으로 매도하라고 고객에게 권하는 전문가들은 모두 부끄러운 줄 알아야 한다. 그런 짓을 하면 절대로 10루타 종목이 나올 수 없다.

필립 모리스, 쇼니즈, 매스코, 맥도날드, 스톱 앤드 숍 같은 주식들은 해를 거듭하며 '더는 못 올라' 속설을 깨뜨렸다. 솔직히 말해서 나는 어느 주식이 10배로 뛰고, 어느 주식이 5배로 뛸지 도무지 예측할 수가 없었다. 나는 스토리가 유지되는 한, 대박을 기대하면서

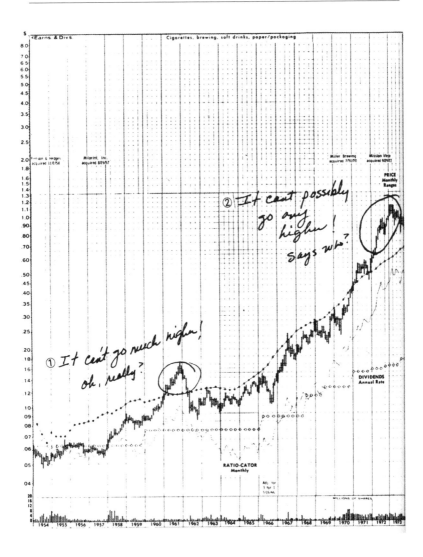

- 더는 못 올라! 정말로?
- 도저히 더는 못 올라! 누가 그래?
- 스토리가 여전히 좋고 이익이 계속 성장한다면, 당연히 더 오른다

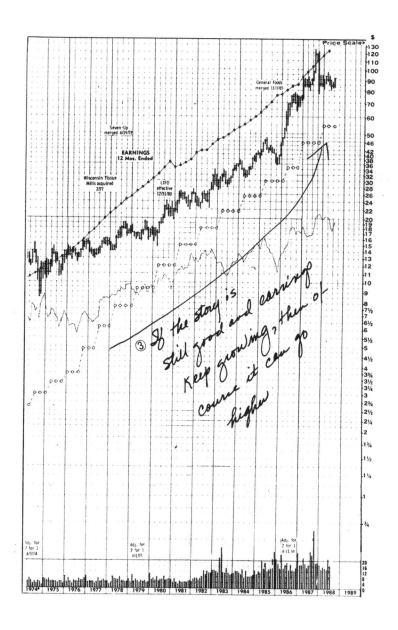

주식을 계속 보유했다. 회사가 성공하는 것은 놀랄 일이 아니지만, 주식이 성공하는 것은 놀라운 경우가 많다. 나는 스톱 앤드 숍이 보수적이고 배당이 좋아서 매수했는데, 이 회사는 기본이 계속 향상되더니 어느새 고성장주가 되어있었다.

헐값인데 얼마나 손해 보겠어?

이런 말을 몇 번이나 들어보았는가? 어쩌면 당신도 이런 말을 했을지 모른다. 당신이 우연히 3달러짜리 주식을 발견하자 이렇게 생각한다. "50달러짜리 주식보다 훨씬 안전하겠군."

내가 20년 동안 투자 업무에 종사한 뒤 마침내 깨달은 사실인데, 50달러에 샀든 1달러에 샀든 주식이 휴지가 되면 무일푼 되기는 마찬가지다. 50센트로 내려가면, 결과는 조금 다르다. 50달러에 산 사람은 투자금액의 99%를 날리는 반면, 3달러에 산 사람은 83%를 날린다. 하지만 그렇다고 위로가 되는가?

요점은, 주가가 내리면 개떡 같은 저가주도 개떡 같은 고가주만큼 위험하다는 말이다. 1,000달러를 43달러짜리 주식에 투자했든 3달러짜리 주식에 투자했든, 주식이 휴지가 되면 날리는 금액은 똑같다. 매수한 가격이 얼마가 되던, 종목을 잘못 골라서 입을 수 있는 궁극적 손실은 항상 100%로 똑같다.

그런데도 싼 맛에 3달러짜리 주식을 뿌리치지 못하고, "얼마나 손해 보겠어?"라고 말하는 투자자가 분명히 있을 것이다. 흥미롭게도, 주가가 내리면 이익을 얻는 공매도 전문가들은 대개 천장보다는 바닥 근처에서 공매도한다. 공매도자들은 회사가 분명하게 실패하여 파산이 확실해질 때까지 기다리기를 좋아한다. 이들은 공매도 가격이 60달러가 아니라 8달러나 6달러라고 해도 전혀 신경 쓰지 않는다. 주식이 휴지가 된다면, 어느 경우든지 얻는 이익은 똑같기 때문이다.

주가가 8달러나 6달러일 때, 이들이 누구에게 주식을 팔려고 하는지 짐작되는가? "얼마나 손해 보겠어?"라고 말하는 불운한 투자자들이다.

결국 반드시 돌아온다 ────────────────

그렇다면 서고트족Visigoths, 픽트족Picts, 칭기즈 칸Genghis Khan도 돌아올 것이다. 사람들은 RCA가 돌아온다고 말했지만, 65년이 지났는데도 돌아오지 못했다. 이 회사는 세계적으로 유명한 성공기업이었다. 존즈 맨빌도 세계적으로 유명한 기업이지만 돌아오지 못했으며, 수많은 석면 소송이 제기된 상태라서 손해배상금액을 도저히 추정할 수가 없다. 이 회사는 나비스타처럼 신주를 수억 주 발행했기 때문에, 이익도 희석된 상태다.

내가 이름을 기억할 수만 있다면, 시세 단말기에서 영원히 사라진 더 작고 생소한 상장기업들을 잔뜩 열거할 수 있을 텐데. 나만 이런 종목에 투자했다고 생각하기는 싫다. 아마 당신도 이런 종목 몇 개에 투자했을 것이다. 수천 개 파산기업과, 파산은 면했어도 과거의 번영을 회복하지 못한 기업들과, 사상 최고가보다 훨씬 낮은 가격에 인수된 기업들을 생각해보면, '결국 반드시 돌아온다'라는 속설이 얼마나 허황한지 깨달을 것이다.

종합건강관리기관Health Maintenance Organization(HMO), 플로피디스크, 더블니트, 디지털 시계, 이동주택 등의 주식은 아직도 돌아오지 않았다.

동트기 직전이 가장 어둡다 _____

사람들은 상황이 조금 나빠지면, 더는 나빠지지 않는다고 믿으려는 경향이 강하다. 1981년 미국에는 가동 중인 유정 굴착 장치가 4,520개였으나, 1984년이 되자 그 수가 2,200개로 줄었다. 그 시점에 사람들은 최악의 상황이 지나갔다고 믿고 오일 서비스 주식을 매수했다. 그러나 2년이 지나자 가동 중인 유정 굴착 장치는 겨우 686개뿐이었고, 오늘날에도 여전히 1,000개가 되지 않는다.

화차 운송량을 기준으로 투자하는 사람들은, 1979년 최고 9만 5,650까지 올라갔던 운송량이 1981년 최저 4만 4,800까지 내려가자 깜짝 놀랐다. 이것은 17년 만의 최저치였으므로 아무도 더는 악화할 수 없다고 믿었지만, 1982년에는 1만 7,582개로 떨어졌고, 이어 1983년에는 5,700개까지 내려갔다. 한때 활기 넘치던 업종이 무려 90%나 쇠퇴한 것이다.

동트기 직전이 가장 어두울 때도 있지만, 또 한편으로는 칠흑 직전이 가장 어두울 때도 있다.

10달러까지 반등하면 팔아야지 _____

내 경험으로는, 한 번 짓밟힌 주식은 우리가 오르면 팔겠다고 작정한 수준까지 회복되는 법이 없다. 실제로는 당신이 "10달러까지 반등하면 팔아야지."라고 말하는 순간, 이 주식은 9.75달러 바로 아래서 몇 년 동안 오르내리다가 4달러로 떨어진 다음, 1달러로 곤두박질친다. 이 고통스러운 과정이 10년 동안 진행될 때도 있다. 단지 내면의 목소리가 10달러를 받아야 한다고 말했다는 이유만으로, 당신은 그동안 고통스러운 투자를 참고 견뎌야 한다.

나는 이런 유혹을 느낄 때마다, 더 살 만큼 확신이 서지 않는다면 그 주식은 즉시 팔아야 한다고 스스로 일깨운다.

걱정 없어. 보수적인 주식은 안정적이야 _____

두 세대에 걸친 보수적인 투자자들이 공공서비스회사 주식^{utility stock}

은 절대 안전하다고 믿으며 성장했다. 사람들은 이 걱정거리 없는 주식을 대여금고에 곱게 넣어두고 배당만 받았다. 그런데 컨솔리데이티드 에디슨 같은 주식은 갑자기 방사능 문제가 일어나고 청구요금 산정기준 문제가 불거지면서 80% 폭락했다. 그런 다음 또 갑자기 컨솔리데이티드 에디슨은 하락했던 폭 이상으로 반등했다.

값비싼 원자력발전소에서 빚어지는 경제 및 규제 문제 때문에, 이른바 안정적인 공공서비스회사 주식도 저축대부조합이나 컴퓨터 주식처럼 변덕스럽고 불안정한 주식이 되어버렸다. 이제는 전력회사도 10배 오르거나 내릴 수 있다. 공공서비스회사 주식도 고르는 능력이나 운에 따라, 크게 벌 수도 있고 크게 잃을 수도 있다.

이런 새로운 상황을 즉시 파악하지 못한 투자자들은 틀림없이 금전적으로나 심리적으로나 끔찍한 고통을 받았을 것이다. 이들은 나름대로 신중한 마음 자세로 퍼블릭 서비스 오브 인디애나Public Service of Indiana, 걸프 스테이트 유틸리티즈Gulf State Utilities, 퍼블릭 서비스 오브 뉴햄프셔 Public Service of New Hampshire 등에 투자했지만, 실제로는 무모한 신생 바이오기업에 투자한 것만큼이나 위험했다. 아니면 이들은 위험을 의식하지 못한 상태였으므로, 사실은 더 위험했다.

기업들은 역동적이며, 전망은 변화한다. 보유하면서 신경을 꺼도 되는 주식은 세상에 없다.

얼마나 더 기다려야 하나? _____

반드시 일어나는 일이 또 있다. 멋진 사건을 기다리다 지쳐 그 종목을 포기하면, 주식을 매도한 다음 날부터 기다리던 사건이 진행된다. 나는 이런 현상을 '매도 후 번영'이라고 부른다.

머크는 모든 투자자의 인내심을 시험했다(차트 참조). 이 회사는 연평균 14%로 꾸준하게 이익이 증가했는데도, 1972~1981년 동안 주가가 꼼짝도 하지 않았다. 기다리다 지치거나 더 많은 움직임을 갈망해서 머크를 팔아버린 불행한 투자자들이 얼마나 많겠는가? 이들이 회사의 스토리를 계속 지켜보았다면 팔지 않았을 것이다.

작업복 제조업체인 안젤리카 코퍼레이션Angelica Corporation 주식은 1974~1979년 동안 한 푼도 벌어주지 못했다. 아메리칸 그리팅스American Greetings는 8년 동안 움직이지 않았다. GAF 코퍼레이션GAF Corporation은 11년이었다. 브런즈윅Brunswick은 1970년대 내내 그랬다. (이전에 타가메트였던)스미스클라인은 1960년대 절반과 1970년대 절반 동안 그랬다. 하커트 브레이스Harcourt Brace는 닉슨, 카터, 초대 레이건 행정부 내내 그랬다. 루켄스Lukens는 14년 동안 움직이지 않았다.

나는 주가가 전혀 움직이지 않아도 기다리는 일에 익숙하므로, 머크를 계속 보유했다. 내가 버는 돈은 대부분 투자한 지 3~4년째 되는 주식에서 나온다. 머크만 조금 더 걸렸다. 회사에 아무 문제가 없고, 나를 처음 매료시켰던 스토리가 변하지 않았다면, 나는 조만간 인내심에 대해 보답을 받는다고 확신한다.

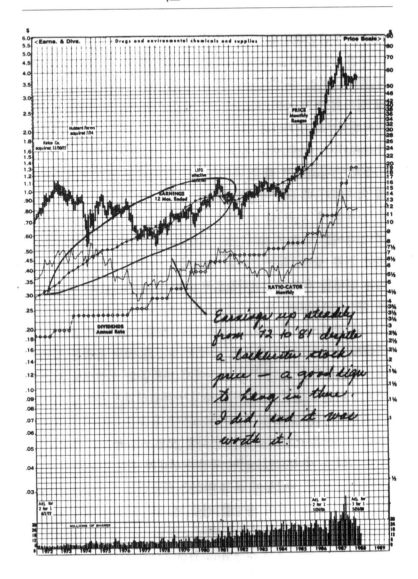

• 1972~1981년 동안 주가는 활기가 없었지만 이익은 꾸준히 증가했다. 이것은 계속 보유하라
는 좋은 신호다. 나는 계속 보유했고, 그만한 가치가 있었다

내가 '바위의 심전도心電圖'라고 부르는 몇 년 동안 꼼짝 않는 현상은, 사실은 좋은 징조다. 내가 이미 매력을 느낀 주식의 차트가 바위의 심전도 모습으로 나타날 때마다, 나는 이 종목이 크게 상승한다는 강력한 암시를 받는다.

본인은 흥미를 느껴도 다른 사람들이 모두 무시한다면, 그 주식을 계속 보유하려면 엄청난 인내심이 필요하다. 다른 사람들이 옳고 자신이 틀렸다고 생각하기가 쉽기 때문이다. 그러나 기본이 유망하면 인내심은 보상받는다. 루켄스는 15년째 해에 6배 올랐고, 아메리칸 그리팅스는 6년 동안 6루타 종목이 되었으며, 안젤리카는 4년 동안 7루타, 브런즈윅은 5년 동안 6루타, 스미스클라인은 2년 동안 3루타가 되었다.

사지 않아서 엄청 손해 봤네 ────────────────

(주식분할 반영 후)주당 50센트에 가진 돈을 모두 크라운 코크 앤드 실에 투자했다면, 우리는 오늘날 훨씬 부자가 되어있을 것이다! 하지만 이 사실을 아는 상태에서, 당신의 은행 계좌를 확인해보라. 돈은 그대로 남아 있다. 방금 크라운 코크 앤드 실을 사지 않아서 엄청난 손해를 보았다고 생각했지만, 사실 당신은 한 푼도 손해 보지 않았다.

바보 같은 소리로 들리겠지만, 내 친구들은 매일 '뉴욕증권거래소의 10루타 종목들'을 살펴보면서, 이런 종목들을 사지 않아서 엄청난 손해를 보았다며 자학하고 있다. 야구카드, 보석, 가구, 집에 대해서도 이런 식으로 자학한다.

다른 사람이 얻은 이익을 자신의 손실로 여기는 태도는 주식투자에 생산적인 태도가 아니다. 사실은 화만 돋울 뿐이다. 주식들을 더 많이 알게 될수록, 당신은 대박 종목들을 더 많이 놓쳤다고 생각하게 되고, 머지않아 수억, 수조 달러를 손해 봤다고 자신을 책망하게 된다. 당신이 주식을 모두 팔고 시장에서 빠져나왔는데 단 하루 만에 시장이 100포인트 상승한다면, 아침에 일어나 이렇게 중얼거릴 것이다. "나는 방금 1,100억 달러를 손해 봤어."

이런 사고방식이 가장 나쁜 점은, 사람들이 손해를 만회하려고 사지 말아야 하는 주식을 사게 된다는 점이다. 실제로는 한 푼도 손해 보지 않았는데도 말이다. 이런 행동의 결과 사람들은 대개 실제로 손실을 보게 된다.

꿩 대신 닭이라도 잡아라 _____

앞에서도 보았지만, '제2의' 아무개는 효과를 보는 경우가 드물다. 위대한 기업 토이저러스를 놓친 다음 대신 신통치 않은 기업 그린먼 브라더스Greenman Brothers를 샀다면, 당신은 실수를 악화시킨 셈이다. 실제로 첫 번째 실수에서는 한 푼도 손해 보지 않았지만(토이저러스를 사지 않았어도 전혀 손해가 없었다), 두 번째 실수 때문에 커다란 손해를 입었다.

홈디포를 싸게 사지 못해서 대신 '제2의 홈디포' 스카티스Scotty's를 샀다면, 십중팔구 또다시 실수를 저지른 것이다. 홈디포는 기업공개 이후 25배 올랐지만, 스카티스는 겨우 25~30% 올라서, 같은 기간 시장보다도 뒤처졌기 때문이다.

피드먼트 Piedmont 항공을 놓치고 피플 익스프레스People Express를 샀거나, 프라이스 클럽Price Club을 놓치고 웨어하우스 클럽Warehouse Club을 샀어도, 똑같은 일이 벌어졌다. 대개 원래의 우량기업을 조금 비싸게 사는 편이, '제2의 아무개'를 싸게 사는 것보다 낫다.

주가가 올랐으니 내가 맞았고, 주가가 내렸으니 내가 틀렸다 _____

내가 엄청난 투자의 오류 하나를 고른다면, 그것은 주가가 오르면 자기가 투자를 잘했다고 믿는 사고방식이다. 사람들은 최근 5달러에 산 주식이 6달러로 올라가면, 마치 자신의 지혜가 입증되기라도 한 것처럼 기뻐한다. 하지만 사실은 전혀 그렇지 않다. 물론 재빨리 더 높은 가격에 매도하면 멋지게 이익을 내지만, 사람들 대부분은 이런 유리한 상황에서 매도하지 않는다. 대신 사람들은 가격이 올랐으니 투자를 잘했다고 확신하면서 주식을 계속 보유하지만, 마침내 주가가 내려가면서 투자를 잘못했다고 확신하게 된다. 이런 식으로 선택한다면, 사람들은 "오른 종목은 보유하고 내린 종목은 매도한다."라는 생각으로 10달러에서 12달러로 올라간 주식은 계속 보유하고, 10달러에서 8달러로 내려간 주식은 처분한다.

1981년에 바로 이런 모습이 나타날 수 있었다. 에너지 호황의 절정기를 맞은 석유 주식 사파타Zapata는 틀림없이 에틸 코프Ethyl Corp. 보다 훨씬 좋아 보였을 것이다. 에틸 코프는 주요 제품인 납 첨가물을 미국 환경 보호국으로부터 금지당해서, 이른바 '차에 깔린 개' 꼴이 되었기 때문이다. 그러나 둘 중 더 나아 보이던 사파타는 주가가 35달러에서 2달러로 폭락했고, 북두칠성 크기의 국자로 구제 금융을 퍼부었어도 구할 수 없을 정도로 망가지고 말았다. 반면 에틸은 전문분야인 화학 사업부에서 탁월한 실적이 나왔고, 해외 실적이 개선되었으며, 보험 영업도 빠르고 꾸준하게 성장했다. 에틸은 주가가 2달러에서 32달러로 상승했다.

따라서 "봐. 2개월 만에 20% 올랐으니, 내가 종목을 제대로 골랐어." 또는 "저런. 2개월 만에 20% 내렸으니, 내가 종목을 잘못 골랐네."라고 말한다면, 이는 가격과 전망을 혼동한다는 뜻이다. 20% 이익을 목표로 삼는 단기 트레이더가 아니라면, 단기성과는 전혀 의미가 없다.

우리가 주식을 산 다음 주가가 오르내리는 것은 똑같은 제품에 대해 더 높은 가격을 지불하려는 사람도 있고, 더 낮은 가격을 지불하려는 사람도 있다는 뜻에 불과하다.

19장

선물, 옵션, 공매도

이제 첨단 투자기법의 인기가 치솟아서, 과거의 격언 "주식으로 미국을 사라."는 "옵션으로 미국을 사라."로 바뀌어야 한다. "미국의 미래에 투자하라."는 이제 "뉴욕선물거래소에서 행운을 잡아라."를 뜻한다.

나는 투자하는 평생 선물도 옵션도 매수해본 적이 없으며, 지금도 매수에 대해서는 상상도 할 수 없다. 일반 주식으로 돈을 벌다 보면 부차적인 내기에 관심이 쏠리는 것은 당연하다. 그러나 내가 듣기로 전문 트레이더가 아니면, 선물이나 옵션에서 돈을 벌기는 거의 불가능하다.

그렇다고 선물이 실물경제에 기여하는 바가 없다는 뜻은 아니다. 농부는 수확 시점의 밀이나 옥수수 가격을 고정할 수 있으므로 이들을 추수해서 인도하면 받는 금액을 알 수 있다. 그리고 밀이나 옥수수를 구입하는 사람도 마찬가지 혜택을 본다. 그러나 주식은 상품이 아니므로 생산자와 소비자 사이에 아무런 관계가 없고, 따라서 이러한 가격보험은 주식시장이 기능을 발휘하는 데 필요가 없다.

선물과 옵션의 양대 중심지인 시카고와 뉴욕의 보고서에 따르면, 아마추어 투자자의 80~95%가 손실을 본다. 이 정도 승률이면 카지노나 경마에서 최악의 승률보다 못한데도, 선물과 옵션이 '합리적인 투자 대안'이라는 날조가 끈질기게 되풀이된다. 선물과 옵션이 합리적인 투자라면, 타이타닉호도 튼튼한 배였다.

선물과 옵션의 원리는 설명해도 소용이 없다. 그 이유는 (1) 길고 지루하게 설명해야 하며, 설명한 뒤에도 계속 혼란스러울 것이다. (2) 더 많이 알면 거래하고 싶어질지도 모른다. (3) 나도 선물과 옵션을 모른다.

사실 나는 옵션에 대해서 조금은 안다. 천천히 돈 버는 데 불만을 느끼는 소액투자자들에게는 막대한 수익 가능성이 매력적으로 보일 것이다. 하지만 이 방법으로는 빠르게 돈을 날릴 뿐이다. 그래서 옵션 계약은 1개월이나 2개월 동안만 유효하고, 주식과는 달리 만기가 되면 가치가 사라진다. 만기 뒤에는 또다시 옵션을 사야 하는데, 이번에도 투자한 돈의 100%를 날릴 뿐이다. 이런 일이 되풀이되면 투자자는 심각한 곤경에 빠진다.

이번에는 가칭 '확실 기업'에 곧 호재가 터져 주가가 상승한다고 절대적으로 확신하는 상황을 가정하자. 아마도 타가메트 같은 제품,

암 치료, 이익 급증, 또는 다른 긍정적인 기본 신호를 발견했을지도 모른다. 당신은 로열플러시에 가까운 완벽한 기업을 발견했다.

자산을 점검해보니 예금계좌에 겨우 3,000달러가 있다. 나머지는 펀드에 투자했는데, 남편은 손도 못 대게 한다. 당신은 전당포에 잡힐만한 물건이 있는지 집안을 샅샅이 뒤진다. 밍크코트는 좀먹었다. 은제 식기류는 괜찮아 보이지만, 주말에 집에서 만찬 모임이 있으므로, 안 보이면 남편이 분명히 알아차릴 것이다. 고양이는 혈통표가 없어서 팔아도 돈이 안 된다. 요트는 물이 새고, 손잡이가 부실한 녹슨 골프채는 아무도 사려 하지 않는다.

따라서 3,000달러가 '확실 기업'에 투자할 수 있는 돈 전부다. 주당 20달러에 겨우 150주 살 수 있다. 단념하고 이 정도로 만족하려는 순간, 옵션의 놀라운 지렛대 효과를 들었던 기억이 난다. 주식중개인에게 물어보니, 확실 기업의 4월 물량의 20달러 콜옵션이 현재 1달러에 거래되며, 주가가 35달러가 되면 옵션은 15달러로 상승한다. 3,000달러 투자하면 4만 5,000달러를 벌 수 있다.

따라서 당신은 옵션을 산 다음, 매일 신문을 펼쳐보면서 주식이 오르기만을 학수고대한다. 3월 중순이 되었는데도 아무런 움직임이 없자, 3,000달러를 주고 산 옵션은 이미 가치가 절반이나 날아갔다. 팔아서 일부라도 건져볼까 하는 마음도 생기지만, 만기까지 아직 한 달이 남아 있으므로 계속 보유하기로 한다. 한 달 뒤, 옵션은 휴지가 된다.

설상가상으로, 옵션에서 거덜 나고 몇 주가 지나서 확실 종목이

드디어 움직인다. 당신은 돈을 모두 잃었을 뿐 아니라, 종목을 정확하게 선택했는데도 돈을 잃었다. 이것이야말로 가장 큰 비극이 아닐수 없다. 당신은 제대로 조사했는데도, 보상을 받기는커녕 무일푼이되었다. 이런 일이 생긴다면 시간, 돈, 재능을 철저하게 낭비하는 셈이다.

옵션이 또 한 가지 고약한 점은 비용이 많이 든다는 점이다. 얼핏안 비싸 보일지 모르지만, 1년 동안 보유하려면 옵션을 4~5번 사야한다는 사실을 깨닫게 된다. 투자자는 말 그대로 시간을 사는 것이며, 더 많은 시간을 살수록 더 높은 프리미엄을 지불해야 한다. 게다가 거래할 때마다 두둑한 수수료가 주식중개인 몫으로 추가된다. 주식중개인들은 옵션으로 손쉽게 큰돈을 번다. 활발한 옵션 고객 몇사람만 붙들면, 주식중개인은 호사스러운 생활을 누릴 수 있다.

무엇보다도 가장 나쁜 점은, 옵션 매수가 회사의 주식을 보유하는 것과는 전혀 다르다는 사실이다. 회사가 성장하고 번영하면 주주들은 모두 이득을 얻지만, 옵션은 제로섬게임이다. 누군가 1달러를벌면, 누군가 1달러를 잃게 되고, 결국 극소수가 모든 이익을 독차지한다.

투자자가 주식 한 주를 매수하면, 그 주식이 아무리 위험한 주식이라도 나라의 성장에 기여가 된다. 그래서 주식은 가치가 있다. 이전 세대 사람들은 소기업에 대한 투자가 위험한 투기라고 생각했지만, 사람들이 이런 '투기'를 통해 자본을 공급한 덕분에 IBM, 맥도날드, 월마트 같은 기업들이 탄생할 수 있었다. 반면, 규모가 수십억 달러에 이르는 선물옵션 시장에서는 단 한 푼도 건설적인 용도로 사용되지 않는다. 한 줌밖에 안 되는 승자들과 주식중개인들이 구입하는 자동차, 자가용 제트기, 주택을 제외하면, 이 시장은 산업에 자금을 제공하지도 않는다. 단지 경솔한 사람들로부터 신중한 사람들로 막대한 자금이 이전될 뿐이다.

근래에 많은 사람이 선물옵션을 통한 포트폴리오 보험^{portfolio} ^{insurance}으로 주식투자를 보호하는 방법에 대해 논의하고 있다. 내 동료 전문가 중에도 앞장서서 이 파멸의 길로 들어선 사람들이 많다. 기관투자자들은 시장 붕괴로부터 보호받기 위해서 포트폴리오 보험을 수십억 달러 사들였다. 이들은 지난 시장 붕괴에 잘 대비되어 있다고 믿었지만, 포트폴리오 보험은 이들에게 불리하게 작용한 것으로 드러났다. 보험 프로그램에 따라 이들은 자동으로 주식을 대량으로 매도하는 동시에 선물을 추가로 매수했는데, 이 자동적인 대량 매도 때문에 시장이 더 내려갔고, 따라서 또다시 주식을 대량으로 매도하고 선물을 추가로 매수하게 되었다. 10월 대폭락의 여러 요인 가운데 포트폴리오 보험이 유력한 용의자인데도, 많은 기관투자자는 여전히 포트폴리오 보험을 매수하고 있다.

일부 개인투자자도 이런 어리석은 생각을 스스로 받아들였다(전문가들을 모방한다고 득 되는 것이 있는가?). 이들은 가격 하락에 대비해서 '풋^{put}'옵션(시장이 내려가면 가치가 올라간다)을 매수한다. 그러나 풋옵션도 만기가 되면 가치가 사라지므로, 계속 보호를 받으려면 계속 옵션을 매수해야 한다. 그러면 5~10% 시장 하락에 대비하기 위해서, 매년 투자금액의 5~10%를 낭비할 수도 있다.

술을 끊었던 알코올 중독자가 우연히 맛본 맥주 한 잔에 다시 술에 빠지듯이, 보험을 위해 옵션을 매수했던 투자자도 자제력을 잃고 유혹에 빠지는 사례가 많다. 머지않아 그는 돈을 벌려고 옵션을 매수하기 시작하고, 이로부터 헤지hedge, 콤비네이션combination, 스트래들straddle로 거래 영역을 넓혀간다. 그는 애초에 자신이 주식에 흥미를 느꼈다는 사실조차 망각한다. 그는 기업을 조사하는 대신, 온종일 시점 선택 관련 자료를 읽으면서 헤드 앤드 숄더head-and-shoulder 패턴이나 이런저런 반전을 걱정한다. 더욱 나쁘게도, 그는 가진 돈을 모두 날린다.

워런 버핏은 주식 선물옵션을 불법화해야 한다고 생각하는데, 나도 동감이다.

공매도

주가가 내리면 이익을 얻는 이상하고도 오래된 관행에 대해서 당신도 틀림없이 들어보았을 것이다(자신의 포트폴리오를 살펴보고, 보유종목들을 최근 몇 년 동안 공매도했더라면 부자가 되었을 거라고 깨달은 뒤, 공매도에 관심을 두는 사람도 있다).

공매도는 이렇게 비유할 수 있다. 이름도 모르는 이웃에게 물건을 빌려서 판 다음 돈을 챙긴다. 조만간 똑같은 물건을 사서 이웃에게 돌려주고 일을 마무리 지으면, 아무도 이 사건을 알지 못한다. 공매도가 도둑질은 아니지만, 그렇다고 이웃을 배려하는 행위도 아니다. 범죄를 저지르려고 물건을 빌리는 행위에 더 가깝다.

공매도 거래자는 빌린 물건을 아주 비싼 가격에 팔고, 대신 같은 물건을 아주 싼 가격에 사서 돌려주어 그 차액을 챙기고자 한다. 잔디 깎는 기계와 정원 호스로도 이런 거래를 할 수 있겠지만, 주식 특히 가격이 잔뜩 부풀려진 주식이 가장 효과적이다. 예를 들어 주당 140달러인 폴라로이드가 고평가되었다고 판단한다면, 1,000주를 공매도해서 즉시 14만 달러를 계좌에 넣어둔다. 기다렸다가 주가가 14달러로 떨어지면 즉시 1,000주를 1만 4,000달러에 다시 사서 돌려주고 12만 6,000달러를 챙겨 집으로 간다.

처음에 주식을 빌려주었던 사람은 어떤 일이 일어났는지 전혀 모른다. 이 모든 거래는 서류상으로 진행되며 주식중개인이 관리한다. 주식 매수가 간단한 것처럼, 공매도도 간단하다.

우리가 공매도에 너무 열광하기 전에 공매도에도 심각한 결점이 있다는 사실을 알아야 한다. 주식을 빌리는 기간 내내 배당과 다른 이득은 모두 원래의 주주에게 돌아가므로, 여기서 다소 손해가 발생한다. 그리고 공매도 주식의 매각대금은 주식을 갚고 거래를 종결할 때까지 사용할 수 없다. 폴라로이드의 사례에서, 당신은 14만 달러를 들고 프랑스로 달아나 휴가를 즐길 수가 없다. 당신은 공매도한 주식을 되살 만큼 충분한 잔고를 증권사 계좌에 반드시 유지해야 한다. 폴라로이드 주가가 내려가면 잔고 일부를 인출할 수 있지만, 주가가 오르면 어떻게 되는가? 그런 경우 공매도 포지션을 유지하려면, 추가로 자금을 계좌에 넣어야 한다.

공매도 투자에서 무서울 때는, 당신은 그 회사가 형편없는 상태라고 확신하더라도, 다른 투자자들은 그렇게 생각하지 않고 오히려 주식을 매수해서 주가가 더 올라갈 때이다. 폴라로이드는 이미 터무니없이 높은 수준까지 도달했지만, 또다시 두 배로 뛰어 더 터무니없는 300달러가 되면 어떻게 되는가? 공매도한 상태라면, 당신은 무척이나 초조할 것이다. 14만 달러에 매도한 주식을 30만 달러에 다시 매수해야 할지도 모르므로 걱정될 것이다. 계좌에 증거금으로 몇만 달러를 더 넣지 못하면, 당신은 막대한 손실을 보면서 공매도 포지션을 강제로 청산하게 된다.

주가가 내려가도 공포를 느끼지 않는 사람은 아무도 없지만, 일반 주식은 0 밑으로는 떨어지지 않기 때문에 공포가 어느 정도 제한되는 면도 있다. 만일 당신이 공매도한 주식이 상승한다면, 주가에는 천정이 없으므로 이 주식의 상승행진을 막을 방법이 없다. 공매도한 주식은 항상 무한히 상승할 것처럼 보이는 법이다.

공매도 성공담 가운데는 항상 공매도에 관한 공포물이 있다. 공매도자는 자신이 만만하게 보았던 개떡 같은 주식이, 모든 이치와 논리를 거스르며 계속 치솟으면서 자신을 무일푼으로 몰아넣는 모습을 속수무책으로 지켜본다. 이런 불운을 당한 사람 중 하나가 로버트 윌슨Robert Wilson이라는 영리하고도 노련한 투자자인데, 그는 약 10년 전 리조트 인터내셔널Resorts International을 공매도했다. 결국에는 그의 판단이 적중하여 마침내 주가가 폭락했다. 사실 대부분 공매도 자들의 판단은 적중한다. 존 메이너드 케인즈^{John Maynard Keynes}도 "우리는 모두 죽는다."라고 말하지 않았는가? 하지만 그사이에 주가가 70센트에서 70달러로 무려 100배나 올랐고, 윌슨은 자그마치 2,000만~3,000만 달러나 손실을 보았다.

당신이 공매도를 생각하고 있다면, 이 이야기를 기억해두기 바란다. 공매도를 하려면, 회사가 무너진다는 확신만으로는 부족하다. 인내심과 용기가 필요하고, 주가가 내리지 않거나 심지어 오를 때에도 버틸 수 있는 자금도 필요하다. 떨어질 것으로 예상하는데도 떨어지지 않는 주식을 보면, 나는 절벽에서 허공으로 걸어 나가는 만화영화 캐릭터들이 떠오른다. 자신이 허공에 떠 있다는 사실을 깨닫지 못하는 한, 이들은 언제까지나 허공에 떠 있다.

20장

전문가 5만 명이
모조리 틀릴 수도 있다

1960년 케네디 대통령 선거 시점부터 시작해서, 내가 주식투자를 하면서 보낸 인생을 돌아보면, 여러 가지 뉴스와 사건들이 주가에 영향을 미쳤다. 열여섯 살 어린 나이에 나는 민주당에서 대통령이 나오면 항상 주식시장이 내린다고 들었으므로, 선거 다음 날인 1960년 11월 9일 주식시장이 조금 오르는 것을 보고 놀랐다.

쿠바 미사일 위기가 발생해서 미국 해군이 러시아 함정들을 봉쇄했을 때(미국이 핵전쟁 직전까지 갔던 유일한 시점이었다), 나는 자신과 가족과 나라를 걱정했다. 그런데도 그날 주식시장 하락폭은 3%도 안 됐다. 7개월 뒤, 케네디 대통령이 US스틸을 질타하고 철강 가격을 인하하도록 강요했을 때, 나는 전혀 두렵지 않았는데도 주식시장은 7%에 이르는 역사상 최대 수준의 낙폭을 기록했다. 월스트리트 입장에서는 핵무기에 의한 대량학살 위험보다 대통령의 기업에 대한 간섭이 더 무서웠던 것인지 나는 이해할 수 없었다.

1963년 11월 22일 내가 보스턴대학교에서 시험을 치르는 날, 케네디 대통령이 총에 맞았다는 소식이 캠퍼스에 퍼졌다. 나는 학교 친구들과 함께 세인트 메리홀St. Mary's Hall에 기도하러 갔다. 다음 날 신문을 보니, 암살 소식이 공식적으로 발표되자 주식거래가 중단되었지만, 낙폭은 3%에도 미치지 않았다. 사흘 뒤 시장은 11월 22일의 낙폭을 만회하고도 더 올랐다.

1968년 4월 존슨 대통령이 자신은 차기 대선에 출마하지 않을 것이고, 동남아시아에 대한 공습을 중단할 것이며, 평화회담을 지지한다고 발표한 뒤 시장이 2.50% 상승했다.

1970년대 내내 나는 주식에 완전히 몰두하여 피델리티에서 내 직업에 전념했다. 이 기간의 주요 사건과 이에 대한 시장의 반응은 다음과 같다. 닉슨 대통령이 가격 통제를 시행(시장 3% 상승), 닉슨 대통령 사임(1% 하락)(닉슨이 자기가 대통령이 아니라면 주식을 사겠다고 말하자, 월스트리트 익살꾼은 닉슨이 대통령이 아니라면 자기도 주식을 사겠다고 응수했다). 포드 대통령의 '타도 인플레이션Whip Inflation Now(WIN)' 캠페인(4.6% 상승). IBM이 대형 독점 금지법 위반 소송에서 승리(3.3% 상승). 제4차 중동 전쟁Yom Kippur War 발발(소폭 상승). 1970년대는 1930년대 이래 주식시장이 가장 부진했던 10년이었지만, 방금 언급한 날에는 일일 변동률이 모두 올라갔다. 가장 장기적으로 영향을 미친 사건은 1973년 10월 19일(이번에도 10월 19일이다!) 석유수출국기구OPEC의 석유 수출 금지조치였다. 이로 인해 시장은 3개월 뒤 16% 하락했고, 12개월 뒤 39% 하락했다. 시장이 수출금지조치에 처음에는 심각하게 반응하지 않은 점이 흥미롭다. 실제로 이 조치가 나온 당일에는 4포인트가 올랐고, 이후 이어진 5회 개장 동안 14포인트가 추가로 오른 다음에야 극적인 하락행진을 시작했다. 이것을 보면 시장은 개별 종목과 마찬가지로, 단기적으로는 기본과 반대 방향으로 움직이기도 한다. 석유 수출 금지가 시행되자 휘발유 가격이 올랐고, 주유소 앞에 자동차가 장사진을 이뤘으며, 인플레이션이 가속되었고, 금리가 가파르게 상승했다.

1980년대에는 이례적으로 크게 오르고 내린 날의 숫자가 나머지 기간에 그런 날을 모두 합친 것보다도 많았다. 그러나 대국적으로 보았을 때, 대부분은 의미가 없었다. 장기투자자에게 미친 영향력 기준으로 순위를 매기면, 1987년 10월의 508포인트 폭락은 1985년 9월 22일 재무장관회의보다 훨씬 아래에 놓인다. 주요 선진국들이 경제정책 협력과 달러화 평가절하에 합의한 것이 바로 이 G7 회의였다. 이 결정이 발표된 후, 시장은 6개월 동안 38% 상승했다. 이 결정은 달러 약세로부터 혜택을 받는 특정 기업들에 더 극적으로 영향을 미쳤으며, 해당 기업들은 주가가 다음 2년 동안 두 배, 세 배로 뛰었다. 1987년 10월 10일과 마찬가지로, 나는 제4차 중동 전쟁과 G7 회의 때도 유럽에 있었지만, 이때는 골프장에서 헤매는 대신 기업을 방문하고 있었다.

추세와 점진적인 변화들도 내 마음속에 남아 있다. 1960년대 중반에서 말까지 복합기업의 시대가 진행되어, 그 결과 많은 대기업이 사업다악화를 추진하다가 쓰러졌으며, 이후 15년 동안 회복하지 못했다. 많은 기업이 영영 돌아오지 못했고, 걸프 앤드 웨스턴 Gulf and Western, ITT 코퍼레이션 ITT Corporation, 오그덴 Ogden 같은 기업들은 회생주가 되어 다시 일어섰다.

1970년대에는 고품질 우량주에 대한 열풍이 불었다. 이들은 니프티 피프티 nifty fifty(멋진 50종목), 또는 한 번 사서 평생 보유한다고 해서 '1회 결정 the one decision' 종목으로 불렸다. 이런 우량주들이 고평가되어 잠시 횡재를 안겨준 뒤, 1973~1974년에 시장이 붕괴하면서 50~90% 폭락했다(다우지수가 1973년 1,050에 도달한 뒤 하락행진을 계속하여 1974년 12월 578로 후퇴했다).

1982년 중반~1983년 중반에는 소형기술주와의 연애가 유행했지만, 비슷하게 사랑받던 이들 종목 역시 60~98% 폭락했다. 작은 것이 아름다울지는 모르지만, 반드시 수익성도 좋은 것은 아니다.

1966~1988년에는 일본 시장이 급성장하면서 닛케이지수가 17배나 올랐지만, 같은 기간 다우지수는 겨우 두 배 올랐을 뿐이다. 1987년 4월 일본 주식의 시가총액이 미국 주식을 실제로 추월했으며, 이후 그 격차가 더 벌어졌다. 일본 사람들은 주식에 대한 사고방식이 독특한데, 나는 아직도 이해하지 못하고 있다. 상황을 조사하러 일본에 갈 때마다 나는 모든 주식이 역겨울 정도로 고평가되었다고 결론짓지만, 그래도 일본 주식은 여전히 오르고 있다.

요즘은 거래시간이 변경되어 증권 시세 단말기에서 눈을 떼기가 어려우므로, 기업의 기본에 관심을 쏟기가 더 힘들다. 1952년까지 80년 동안 뉴욕증권거래소는 오전 9시에 개장해서 오후 3시에 폐장했으므로, 석간신문에 종가가 실려서 투자자들이 퇴근하는 길에 주가를 확인할 수 있었다. 1952년 토요일장이 없어졌으나, 평일 폐장시간이 3시 30분으로 연장되었고, 1985년에는 개장시간이 9시 30분으로 늦춰지면서 이제 폐장시간도 4시로 밀려났다. 나는 개인적으로 거래시간이 훨씬 더 단축되기를 바란다. 그렇게 되면 우리는 모두 기업 분석에 시간을 더 쏟을 수 있고, 아니면 그 시간에 박물관이라도 갈 수 있는데, 어느 쪽을 선택하더라도 주가가 오르내리는 모습을 지켜보는 것보다는 유용하기 때문이다.

기관투자자들은 1960년대만 해도 역할이 미미했으나, 1980년대에는 주식시장을 지배하게 되었다.

주요 증권회사의 법적 지위도 개인의 재산이 걸려 있는 합명회사로부터, 개인의 책임이 제한되는 주식회사로 변경되었다. 주식회사는 대중에게 주식을 팔아 자본을 조달할 수 있으므로, 이론적으로는 이 변화가 증권회사를 강화할 것으로 기대되었다. 하지만 나는 이 변화로 부정적인 효과가 더 많았다고 확신한다.

장외거래소가 떠오르면서, 한때 모호한 '장외거래시세표pink sheet' 방식(공정한 거래가격을 전혀 알 수 없다)으로 거래되던 유통주식 수천 종목이, 더 효율적이고 신뢰도 높은 전산화된 시장에서 거래되고 있다.

나라 전체가 몇 분 전에 일어난 금융 뉴스에 촉각을 곤두세우고 있는데, 이는 20년 전에는 TV 뉴스에서 언급도 하지 않던 내용이다. 루이스 러카이저의 월스트리트 위크Wall Street Week, with Louis Rukeyser가 1970년 11월 20일 시작되자마자 놀라운 성공을 거둠으로써, 금융 뉴스쇼도 실제로 인기 프로가 될 수 있음이 입증되었다. 러카이저가 보여준 성과 덕분에 일반 방송에서 취급하는 금융 정보의 폭을 확대하게 되었고, 이런 움직임이 계기가 되어 파이낸셜 뉴스 네트워크 Financial News Network가 설립되었으며, 수백만 미국 가정에서도 주식시세 테이프를 볼 수 있게 되었다. 이제는 아마추어 투자자들도 온종일 보유종목의 시세를 확인할 수 있다. 아마추어 투자자가 전문 트레이더와 다른 점은 주식시세 테이프가 15분 지연된다는 사실뿐이다.

조세회피수단이 붐을 이루며 폭발적으로 증가했다. 농지, 유정油井, 석유 굴착 장치, 거룻배, 저가 임대주택, 묘지, 영화제작, 쇼핑센터, 스포츠팀, 컴퓨터 리스, 이밖에 구입, 융자, 임대할 수 있는 거의 모든 것이 증가했다.

인수합병그룹들이 부상하였으며, 이들은 200억 달러 규모의 인수에도 흔쾌히 융자를 제공할 수 있다. 미국 인수합병그룹(콜버그 크래비스 로버츠Kohlberg Kravis Roberts, 켈소Kelso, 코니스턴 파트너스Coniston Partners, 오디세이 파트너스Odyssey Partners, 워스레이Wesray), 유럽 인수합병그룹(핸슨 트러스트Hanson Trust, 임페리얼 케미컬Imperial Chemical, 일렉트로룩스Electrolux, 유니레버Unilever, 네슬레Nestle 등), 대규모 은행 역할을 소화하는 개인 기업사냥꾼들(데이비드 머독David Murdock, 도널드 트럼프Donald Trump, 샘 하이먼Sam Hyman, 폴 빌저리언Paul Bilzerian, 베이스 브라더스the Bass brothers, 라이히만스the Reichmanns, 하프츠the Hafts, 루퍼트 머독Rupert Murdoch, 분 피켄스Boone Pickens, 칼 아이칸Carl

Icahn, 애셔 에들먼Asher Edelman 등)이 있어서, 크고 작은 기업들이 언제든지 인수될 수 있다.

회사 전체나 사업부를 '비상장회사로 만드는' 차입인수LBO가 유행했다. 외부 세력이나 현재의 경영진은 은행이나 정크본드 발행을 통해서 필요한 자금을 조달했다.

드렉셀 버넘 램버트Drexel Burnham Lambert가 처음 개발한 정크본드가 이례적인 인기를 누렸는데, 지금은 어디에서나 이 기법을 사용하고 있다.

선물과 옵션, 특히 주가지수 선물 및 옵션이 등장했다. '프로그램 트레이더'들은 정규 주식시장에서 대규모로 주식을 사거나 파는 동시에 이른바 선물시장에서 포지션을 뒤집어서, 수십억 달러를 거래하면서 미세한 이익을 냈다.

이러한 온갖 소동 속에서도, SS 크레스지SS Kresge가 망해가는 싸구려 잡화점으로부터 K마트 공식을 개발하자, 주가가 10년 동안 40배 상승했다. 매스코는 편수 수도꼭지를 개발하여 주가가 1,000배 상승함으로써, 40년 뒤 최고의 주식이 되었다. 수도꼭지 회사가 최고의 종목이 되리라고 누가 상상이나 했겠는가? 성공을 거둔 고성장 주들은 10루타 종목이 되었고, 소문주들은 파산했으며, 투자자들이 AT&T가 분할되면서 받은 '베이비 벨Baby Bell' 주식은 4년 동안 두 배가 되었다.

가장 중요한 사건이 무엇이었냐고 내게 묻는다면, AT&T의 기업 분할이 거의 정상을 차지하는 반면(296만 주주들에게 영향을 미쳤다), 10

월의 시장 대폭락은 내가 꼽는 3대 사건에 들어가지 못한다.

최근에는 다음과 같은 이야기가 들린다. 소액투자자들은 이런 위험한 환경에서는 승산이 없으므로 투자를 접어야 한다는 이야기다. 신중한 자문가는 "지진이 일어나는 곳에 집을 지으려고 하십니까?"라고 묻는다. 그러나 지진은 집을 덮치는 것이 아니라, 부동산 중개업소를 덮친다.

소액투자자들도 좋은 상품을 보유하는 한, 어떤 시장에서든지 버틸 수 있다. 걱정해야 할 사람들은 똑똑한 바보, 즉 투자전문가들이다. 결국 10월 대폭락에서 발생한 손실은 주식을 매도하여 손실을 실현한 사람들에게만 돌아갔다. 손실을 본 사람은 장기투자자가 아니라, 신용거래자, 차익거래자, 옵션투자자, 프로그램의 신호에 따라 주식을 '매도'한 펀드매니저들이었다. 거울을 들여다본 고양이처럼 매도자들은 자신이 던진 매물에 놀라 달아났다.

투자전문가들이 운용하는 시대가 왔으므로, 주식시장이 더 정교하고, 신중하며, 지성적으로 되었다는 소리도 들린다. 투자전문가 5만 명이 이 쇼를 지배하며, 이들은 절대로 틀릴 수가 없다고 주장한다.

내가 보기에는 투자전문가 5만 명이 옳기는 하지만, 전형적인 주가흐름의 마지막 20%에 대해서만 옳다. 줄곧 출구만 날카롭게 지켜보면서 이들이 연구하고, 주장하며, 지지하는 내용의 마지막 20%만 옳다는 말이다. 이들은 재빨리 돈을 챙겨서 출구 밖으로 달아나려는 속셈이다.

소액투자자들은 이런 무리와 싸울 필요가 없다. 출구에 군중이 몰릴 때는 입구로 조용히 걸어 들어오고, 입구에 군중이 몰릴 때는 출구로 걸어 나가면 되기 때문이다. 다음은 1987년 중반에 대형 기관투자자들로부터 사랑받았으나 이익 증가, 흥미로운 전망, 훌륭한 현금흐름에도 불구하고 10개월 뒤 헐값으로 떨어진 종목들이다. 회사는 달라지지 않았지만, 기관투자자들이 흥미를 잃었기 때문이다. 오토매틱 데이터 프로세싱, 코카콜라, 던킨 도너츠, GE, 제뉴인 파츠, 필립 모리스, 프라이메리카Primerica, 라이트 에이드Rite Aid, 스퀴브Squibb, 웨이스트 매니지먼트.

사람들은 일 거래량 2억 주가 일 거래량 1억 주보다 훨씬 발전한 것이며, 유동성 높은 시장이 월등히 유리하다고 말한다.

거래의 홍수에 우리가 빠져 죽지만 않는다면 말이다. 그런데 우리는 빠져 죽고 있다. 작년에 뉴욕증권거래소 상장주식의 87%가 적어도 한 번 주인이 바뀌었다. 1960년대에는 일 거래량 600~700만 주가 일상적이었고, 주식 회전율도 연 12%였다. 1970년대가 되자 일 거래량 4,000~6,000만 주가 정상 수준이 되었고, 1980년대에는 1억~1억 2,000만 주가 정상 수준이 되었다. 이제는 일 거래량이 1억 5,000만 주에 못 미치면 사람들은 뭔가 잘못되었다고 생각한다. 나도 매일 주식을 사고팔기 때문에 이런 거래량 증가에 한몫하고 있다. 그러나 내가 대박을 내는 종목들은 여전히 3~4년 보유한 종목 가운데서 나온다. 거래량이 증가하고 회전율이 높아진 것은 인기 높은 인덱스 펀드와 엄브렐러 펀드 때문이다. 인덱스 펀드는 기업의 개별 속성과 관계없이 수십억 주를 사고팔며, 엄브렐러 펀드는 아무런 추가 비용 없이 즉시 주식에서 MMF로, 또는 MMF에서 주식으로 갈아탈 수 있기 때문이다.

머지않아 우리는 주식 회전율이 연 100%에 이르는 모습을 보게 될 것이다. 오늘이 화요일이면, 나는 GM을 매수해야 한다! 이 딱한 회사들이 연차보고서를 누구에게 보내야 하는지 어떻게 알겠는가? 새로 나온 책《What's Wrong with Wall Street?(월스트리트는 뭐가 잘못됐나?)》에 따르면, 우리는 다양한 거래소를 유지하고 주식, 선물, 옵션을 거래하는 비용으로 매년 250~300억 달러를 지출하고 있다. 이는 구주를 사고파는 데 들어가는 비용이 신주발행 금액과 맞먹는다는 뜻이다. 결국 주식을 발행하는 첫 번째 이유는 새로운 사업을 위해 자금을 조달하는 것이다. 그런데 한 해 동안 거래가 끝나고 12월이 올 때마다 보면, 투자전문가들의 거대한 포트폴리오는 전년도 1월과 거의 같은 모습이다.

이런 거래습관에 물든 거대 투자자들은, 주식중개인들이 좋아하는 단기 트레이더로 빠르게 바뀌어 간다. 그래서 어떤 사람들은 주식시장을 렌터카처럼 '렌터 주식시장rent-a-stock market'이라고도 부른다. 이제는 오히려 아마추어가 신중하고 전문가들은 경박하다. 대중이 시장을 북돋우고 안정시킨다.

금융회사 신탁부서, 월스트리트 회사들, 보스턴 금융가 등의 경박한 행태가 당신에게 기회가 될지 모른다. 당신은 기다렸다가 인기를 잃은 주식들이 터무니없는 가격으로 추락하면 헐값에 매수하라.

내가 듣기로는, 월요일에 일어난 10월 19일의 대폭락이 월요일에 일어난 여러 역사적 하락 가운데 하나에 불과하며, 애널리스트들이 월요일 효과를 연구하느라 일생을 바치고 있다. 내가 와튼 스쿨에 다닐 때도 애널리스트들은 월요일 효과를 논하고 있었다.

조사해보니 그 말에도 일리가 있었다. 1953~1984년 동안 주식시장은 모두 919.6포인트 상승했으나, 월요일만 계산하면 1,565포인트 하락했다. 1973년에 시장은 전체적으로 169포인트 상승했지만, 월요일만 계산하면 149포인트 하락했다. 1974년에는 전체적으로 235포인트 하락했는데, 월요일의 하락폭이 149포인트였다. 1984년에는 전체적으로 149포인트 상승했고, 월요일에 47포인트 하락했다. 1987년은 전체 42포인트 상승에, 월요일 483포인트 하락이었다.

월요일 효과가 존재한다면, 나는 그 이유를 안다. 투자자들은 주말 이틀 동안 회사에 문의할 수가 없다. 기본 뉴스의 원천이 문을 닫으므로, 사람들은 온갖 걱정에 싸여 60시간을 보낸다. 엔화가 폭락했다가 폭등하고, 나일강에 홍수가 나며, 브라질이 커피 수확에 피해를 보고, 살인 벌떼가 출현하며, 온갖 공포와 격변이 일요일자 신문에 보도된다. 주말에는 사람들이 시간 여유가 있어서 경제학자들이 신문 초대칼럼에 쓴 우울한 장기 전망도 읽는다.

만일 당신이 늦잠을 자면서 일반 비즈니스 뉴스를 무시하지 않는다면, 주말 동안 온갖 두려움과 의심이 누적되어 월요일이 되자마자 주식을 모두 내던지게 될지 모른다. 나는 이것이 월요일 효과의 주된 원인이라고 생각한다(월요일 오후 늦게 회사 한두 군데에 전화해보면 아직 망하지 않은 것으로 드러나는데, 그래서 주식이 이튿날부터 반등한다).

어떤 사람들은 1987~1988년 시장에 1929~1930년 시장이 재현되므로, 우리가 또다시 대공황을 맞이한다고 말한다. 지금까지는 1987~1988년 시장 움직임이 1929~1930년 시장과 아주 비슷한 모습을 보였지만, 그래서 어쨌다는 말인가? 만일 또다시 대공황이 일어난다고 해도, 지난번 대공황이 주식시장 대폭락 때문에 일어나지는 않았던 것처럼, 이번 대공황도 주식시장 붕괴 때문에 일어나지는 않을 것이다. 당시 공황 기간에는 미국인 중 겨우 1%만 주식을 보유하고 있었다.

이전 대공황은 경제 침체 때문에 일어났는데, 당시 미국 노동인구의 66%가 제조업에 종사했고, 22%가 농사를 지었으며, 사회보장제도, 실업급여, 연금제도, 복지 및 의료 보험, 학자금 대출 보증, 정부의 보호를 받는 은행 계좌 등도 없었다. 오늘날에는 제조업이 노동인구 중 겨우 27%를 차지할 뿐이고, 농업인구는 3%에 불과하며, 1930년에는 12%였던 서비스 부문이 불황과 호황을 거쳐 꾸준히 성장하여 이제 미국 노동인구의 70%를 차지하고 있다. 1930년대와는 달리 오늘날에는 사람들 대부분이 자기 집을 소유하고 있다. 저당 잡히지 않은 집이 많고, 저당을 잡혔더라도 부동산 가격이 가파르게 올랐으므로 지분이 대폭 증가하였다. 현재 일반 가정은 대부분 맞벌이를 하고 있으므로, 60년 전과는 달리 경제에 완충 역할을 한다. 따라서 대공황이 오더라도 이전과는 다른 모습이 될 것이다!

나는 주말은 물론이고 주중에도 나라가 무너지고 있다는 소리를 들는다. 우리 돈은 전에는 금만큼 가치가 있었으나, 지금은 티끌처럼 가치가 없다. 우리는 이제 전쟁에서 이기지 못한다. 심지어 아이스하키에서 금메달도 따지 못한다. 우수 두뇌들이 해외로 빠져나가고 있다. 한국인들에게 일자리를 빼앗기고 있다. 일본에 자동차 시장을 빼앗기고 있다. 농구도 러시아에 패배하고 있다. 석유 시장을 사우디에 빼앗기고 있다. 이란 때문에 체면을 깎이고 있다.

매일 대기업들이 파산한다는 소리도 들린다. 분명히 대기업 가운데 일부는 파산하고 있다. 하지만 소기업 수천 개가 새로 사업을 시작하면서 새로운 일자리 수백만 개를 만들어주고 있지 않은가? 나는 다양한 기업 본사들을 일상적으로 방문하면서, 많은 기업이 여전히 강하게 운영되는 모습을 보고 놀란다. 일부 회사들은 실제로 돈을 벌고 있다. 우리가 기업가 정신과 근로 의욕을 모두 잃었다면, 출퇴근 시간에 붐비는 저 많은 사람은 도대체 누구인가?

나는 이런 수백 개 회사가 원가를 절감하고 제품을 더 효율적으로 만들게 되었다는 증거도 보았다. 내가 보기에 이들 중 다수는 투자자들이 더 낙관적이었던 1960년대 말보다도 더 좋은 상태다. CEO들은 더 명석하며, 실적에 대해 더 무거운 압박을 받고 있다. 관리자들과 종업원들은 경쟁해야 한다는 사실을 이해한다.

나는 매일 우리가 망한다는 소리를 듣는다. 우리가 에이즈 때문에 망하고, 가뭄 때문에 망하며, 인플레이션 때문에 망하고, 경기침체 때문에 망하며, 재정 적자 때문에 망하고, 무역적자 때문에 망하며, 달러 약세 때문에 망한다고 한다. 젠장맞을. 차라리 달러 강세 때문에 망한다고 말하라. 사람들은 부동산 가격이 폭락한다고 말한다. 사람들은 지난달부터 부동산을 걱정하기 시작했다. 이번 달에는 오존층을 걱정하고 있다. 만일 당신이 주식시장은 '근심의 벽'을 타고 올라간다는 옛 격언을 믿는다면, 지금 근심의 벽이 제법 큼직한 데다 매일 커지고 있다는 사실에 주목하라.

나는 무역적자 때문에 우리가 망한다는 흔한 주장에 대해서 반론을 준비했다. 영국은 70년 동안 무역적자가 막대했는데, 이 무렵에 영국이 번창했던 것으로 드러났다. 그러나 이런 반론을 제기해봐야 아무 소용이 없다. 내가 이런 반론을 생각해낼 즈음, 사람들은 무역적자에 대해서는 잊어버리고, 이제 무역흑자에 대해서 걱정할 것이기 때문이다.

왜 월스트리트의 황제는 항상 벌거숭이여야 하는가? 우리는 너무도 근심이 많아서, 황제가 훈장을 잔뜩 달고 행진할 때마다 그가 벌거숭이라고 생각한다.

투자한 회사가 기업사냥꾼에게 인수되거나 경영진에 의해 비공개기업이 되면서 주가가 하룻밤 새 두 배로 오르면, 투자자들이 기뻐한다는 말이 들린다.

기업사냥꾼이 건전하고 유망한 기업을 인수하면, 강탈당하는 사람은 바로 주주다. 오늘 당장은 유리한 거래처럼 보일지 모르지만, 주주들은 미래 성장에 대한 자신의 몫을 내주는 셈이기 때문이다. 펩시콜라가 주당 40달러에 타코벨을 인수할 때, 투자자들은 주식을 내주면서 몹시 기뻐했다. 그러나 이 고성장주는 계속 빠르게 성장했으므로, 강력한 이익 능력을 고려하면 인수되지 않았을 경우 지금쯤 주당 150달러가 되었을 것이다. 어떤 침체한 회사가 10달러 수준에서 오르고 있는데, 한 재력가가 나타나서 20달러에 인수하여 비상장회사로 만든다고 가정하자. 당장 거래가 일어날 때는 멋져 보일 것이다. 그러나 100달러까지 올라가는 나머지 상승폭은 모두 인수한 재력가에게 돌아간다.

최근 인수합병에서 잠재적 10루타 종목 여러 개가 시장에서 사라졌다.

미국이 부채가 증가하고, 카푸치노를 마시며, 휴가를 즐기고, 크루아상을 먹는 쓸모없는 나라가 되고 있다고 사람들은 말한다. 미국의 저축이 선진국 가운데 최저 수준이라는 말은 슬프게도 사실이다. 그 책임의 일부는 정부 몫이다. 매매차익과 배당에 대해서는 계속 세금을 물렸지만, 지급이자는 세금공제를 허용함으로써 부채에 대해 보상했기 때문이다. 개인퇴직계좌는 지난 10년 동안 개발된 제도 가운데 가장 혜택이 큰 제도다. 마침내 미국인들도 세금을 떼이지 않고 저축할 수 있게 되었다. 그런데 정부가 어떻게 했는지 아는가? 저소득 근로자를 제외하고는 세금공제를 모두 없애다시피 했다.

수많은 어리석은 행위에도 불구하고, 나는 미국, 미국인, 투자 전반에 대해 여전히 낙관적이다. 우리가 주식에 투자할 때는 인간의 본성, 자본주의, 국가, 미래의 번영을 전반적으로 신뢰해야 한다. 지금까지는 나의 강한 신념을 흔들 만한 일이 아무것도 없었다.

내가 듣기로, 우리가 자동차와 TV를 만들기 시작했을 때, 일본은 자그마한 파티 기념품과 하와이안 칵테일 장식용 종이우산을 만들기 시작했다. 이제는 일본이 자동차와 TV를 만들고, 우리는 파티 기념품과 하와이안 칵테일용 종이우산을 만든다. 이 말이 사실이라면, 미국 어딘가에 파티 기념품을 만드는 고성장 기업이 있을 터이니, 찾아봐야 하겠다. 그 회사가 제2의 스톱 앤드 숍이 될 것이다.

- 다음 달이나, 내년이나, 3년 뒤 어느 날 시장이 가파르게 하락할 것이다.

- 시장 하락은 우리가 좋아하는 주식을 살 훌륭한 기회다. 조정(주가 폭락을 일 컫는 월스트리트의 정의)이 일어나면 탁월한 기업들도 헐값이 된다.

- 1년이나 2년 후 시장의 방향을 예측하는 것은 불가능하다.

- 남보다 앞서기 위해서 판단이 항상 옳아야 할 필요도 없고, 심지어 대부분 옳 아야 할 필요도 없다.

- 대박 종목은 항상 뜻밖의 종목 가운데서 나왔으며, 피인수 종목은 더욱 뜻 밖의 종목 가운데서 나왔다. 큰 실적이 나오려면 몇 달이 아니라 몇 년이 걸 린다.

- 유형이 다른 주식은 위험과 보상도 다르다.

- 대형우량주에 투자해서 20~30% 수익을 몇 차례 누적하는 방법으로 큰돈 을 벌 수 있다.

- 주가는 종종 기본과 반대 방향으로 움직이지만, 장기적으로는 이익의 방향 과 지속성을 따라간다.

- 현재 실적이 부진한 기업은 실적이 더 나빠질 수도 있다.

- 단지 주가가 올라간다고 우리의 판단이 옳았다고 보면 안 된다.

- 단지 주가가 내려간다고 우리의 판단이 틀렸다고 봐도 안 된다.

- 어떤 대형우량주의 기관투자자 보유 비중이 높고, 월스트리트에서 많은 애 널리스트가 조사 중이며, 시장보다 주가가 더 올랐고, 주가가 고평가되어 있 다면, 주가는 횡보하거나 하락한다.

- 회사의 전망이 신통치 않은데도 단지 주가가 싸다고 매수한다면, 이는 돈을 잃는 방법이다.

- 탁월한 고성장주를 단지 조금 고평가된 것 같다고 매도한다면, 이것도 돈을 잃는 방법이다.

- 기업이 성장하는 데는 이유가 있으며, 고성장주가 영원히 성장하는 것도 아니다.

- 10루타 종목일지라도, 그 종목을 보유하지 않았다고 우리가 돈을 잃은 것은 아니다.

- 주식은 주인이 누구인지 모른다.

- 주식이 상승한다고 충족감에 젖어서 스토리 점검을 중단하면 안 된다.

- 주식이 휴지가 되면, 50달러, 25달러, 5달러, 2달러 어느 가격에 매수했든지 잃는 금액은 똑같다. 투자한 금액 전부가 날아간다.

- 기본에 바탕을 두고 조심스럽게 가지치기와 교체매매를 하면, 실적을 개선할 수 있다. 주식이 실제 가치에서 벗어났고 더 좋은 대안이 나타난다면, 그 주식을 팔고 다른 종목으로 교체하라.

- 유리한 카드가 나타나면 판돈을 올리고, 불리한 카드가 나타나면 판돈을 줄여라.

- 꽃을 뽑아내고 잡초에 물을 줘서는 실적을 개선할 수 없다.

- 시장을 이길 수 없다고 생각되면, 펀드에 투자하는 방법으로 시간과 돈을 절약하라.

- 걱정할 일은 항상 생기는 법이다.

- 새로운 아이디어에 항상 마음을 열어놓아라.

- 당신은 '모든 이성에게 키스'할 필요가 없다. 나도 10루타 종목을 여럿 놓쳤지만, 시장을 이기는 데 지장이 없었다.

$

항상 만반의 준비를 해라

이 책은 휴가 이야기로 시작했으므로, 휴가 이야기로 맺어야 할 것 같다. 1982년 8월이었다. 캐럴린과 나와 아이들이 차에 올랐다. 우리는 캐럴린의 동생 매덜린의 결혼식에 참석하려고 메릴랜드로 가는 길이었다. 보스턴에서 결혼식장까지 가는 길에 나는 8~9개 들를 곳이 있었다. 이들은 모두 직선 경로에서 반경 $160km$ 안에 있는 상장기업들이었다.

캐럴린과 나는 최근 새 주택을 구입하기로 계약했다. 8월 17일은 먼저 지불한 계약금 10%를 잃지 않고 계약을 해지할 수 있는 마지막 날이다. 나는 이 10%가 피델리티에서 처음 3년 동안 받은 월급에 해당한다는 사실을 떠올렸다.

내가 주택을 구입하려면 미래의 내 소득에 대한 상당한 믿음이 필요하며, 내 소득은 미래의 주식회사 미국에 크게 좌우된다.

최근 시장 분위기가 가라앉고 있다. 금리는 두 자리 숫자로 올라갔고, 사람들은 나라가 브라질처럼 되지 않을까 걱정하고 있으며, 일부에서는 곧 1930년대처럼 곤경에 처할 것이라고 확신하고 있다. 조만간 숲속으로 들어갈 실업자 수백만 명이 숲속 생활을 순조롭게 시작하려면 낚시, 사냥, 열매채취 등을 배워둬야 한다고 걱정하는 관료들도 있다. 다우지수는 700대인데, 10년 전에는 900대였다. 사람들 대부분은 상황이 악화하리라 예상한다.

1987년 여름이 낙관적이었다면, 1982년 여름은 정반대였다. 우리는 이를 악물고 주택 매입계약을 해지하지 않기로 했다. 우리는 코네티컷주에서 마음에 드는 새 보금자리를 발견했다. 문제는 장기적으로 어떻게 갚아나가야 하느냐는 것이다.

모든 고민을 접어두고, 나는 코네티컷주 메리덴Meriden에 있는 인실코Insilco에 들렀다. 캐럴린과 아이들은 아타리Atari를 연구하면서 비디오 게임센터에서 세 시간을 보냈다. 미팅을 마치고 나는 회사에 전화했다. 회사 사람들이 시장이 38.8포인트 상승했다고 내게 말해주었다. 776에서 상승했으므로, 1988년 여름 기준으로는 120포인트에 해당하는 상승폭이었다. 갑자기 사람들이 흥분했다. 8월 20일 시장이 또 30.7포인트 상승하자 사람들은 더욱 흥분했다.

거의 하룻밤 사이에 모든 상황이 바뀌었다. 숲속에 야영지를 마련해두었던 사람들이 다시 몰려와 닥치는 대로 주식을 사들였다. 이들은 서로 걸려 넘어지면서 강세장에 올라타려고 덤벼들었다. 1주

전만 해도 망했다고 단념하던 온갖 기업들에 미친 듯이 투자행렬이 몰리고 있다.

　나는 평소의 업무 말고는 특별히 할 일이 없다. 이렇게 이례적인 반등이 나타나기 전이나 후나 내 자금은 모두 주식에 투자되어 있기 때문이다. 나는 항상 자금을 전부 주식에 투자한다. 만반의 준비를 한 상태에서 반전을 맞이할 때는 정말 기분이 좋다. 게다가 나는 주식을 더 사러 돌아갈 수도 없다. 나는 코네티컷주 미들버리^{Middlebury}에 있는 유니로열^{Uniroyal}에 방문한 다음, 뉴헤이븐^{New Haven}에 있는 암스트롱 러버^{Armstrong Rubber}도 방문해야 한다. 다음 날은 뉴욕주 미니올러^{Mineola}에 있는 롱아일랜드 라이팅^{Long Island Lighting}과 코맥^{Commack}에 있는 헤이즐타인^{Hazeltine}도 방문해야 한다. 그다음 날에는 필라델피아주에 있는 필라델피아 일렉트릭^{Philadelphia Electric}과 피델코^{Fidelcor}가 기다린다. 내가 충분히 질문을 던지면, 내가 몰랐던 내용을 알게 될지도 모른다. 그리고 나는 처제의 결혼식을 놓쳐서는 안 된다. 주식에서 좋은 성과를 올리려면, 우리는 항상 우선순위를 잘 지켜야 한다.

$

감사의 글

《월가의 영웅》 개정판 작업에 능숙한 솜씨로 친절하게 도움을 주신 많은 분과 기업들에 감사드린다.

지원 총괄 - 저작권 대리인 도 쿠버Doe Coover, 피델리티 캐피털Fidelity Capital 마케팅 이사 폴라 캐퓨토Paula Caputo, 데번셔 퍼블리싱Devonshire Publishing의 엘렌 호프만Ellen Hoffman.

데이터 수집 및 확인 - 네드 데이비스 리서치Ned Davis Research, 팩트세트FactSet, 다우 존스Dow Jones, 피델리티 마켓 리서치Fidelity Market Research의 스콧 마초비너Scott Machovina, 피델리티 테크니컬 그룹Fidelity Technical Group 특히 패트리셔 멀데리Patricia Mulderry, 드니즈 러셀Denise Russel, 숀 바스티안Shawn Bastian, 크리스타 윌슈센Krista Wilshusen.

편집 지원 - 사이먼 앤드 슈스터Simon & Schuster의 아이리 데키지예프Airie Dekidjiev, 도리스 쿠퍼Doris Cooper.

애칭 피도Fido로 알려진 피델리티 매니지먼트 앤드 리서치Fidelity Management and Research에 내가 1960년대 이래 가족의 한 사람이 된 것은 엄청난 행운이었다. 피도는 보스턴의 낡은 9층 건물에 자리 잡은 순박하면서도 고풍스러운 회사다. 사람들은 다양한 차이에도 불구하고 사이좋게 지내며, 주식에 관한 토론이 말다툼으로 번지는 일도 없고, 누가 생일을 맞으면 케이크를 놓고 파티를 열어 축하해준다.

너무도 많은 분이 내게 도움을 주었기 때문에, 이름을 열거하자면 한이 없을 것이다. 아래에 몇 분의 이름을 열거했는데, 누락된 분들에게 진심으로 용서를 구한다.

지난 15~20년 동안, 그리고 일부는 1966년부터 내게 베풀어주신 호의에 감사드린다. 고故 마이크 앨러러Mike Allara, 샘 보드먼Sam Bodman, 도널드 버튼Donald Burton, 빌 번즈Bill Byrnes, 고故 워런 케이시Warren Casey, 샌디 쿠시먼Sandy Cushman, 리오 드워스키Leo Dworsky, 도시 가드너Dorsey Gardner, 조 그로스Joe Grause, 앨런 그레이Allan Gray, 배리 그린필드Barry Greenfield, 딕 하버만Dick Haberman, 빌 헤이즈Bill Hayes, 밥 힐Bob Hill, 고故 존슨 2세Mr. Johnson Ⅱ, 네드 존슨Ned Johnson, 브루스 존스톤Bruce Johnstone, 케일럽 로링Caleb Loring, 맬컴 맥노트Malcolm MacNaught, 잭 오브라이언Jack O'Brien, 팻시 오스트랜더Patsy Ostrander, 고故 프랭크 패리시Frank Parrish, 빌 파이크Bill Pike, 딕 라일리Dick Reilly, 딕 스미스Dick Smith, 캐시 스티븐슨Cathy Stephenson, 고故 조지 설리번D. George Sullivan, 존 티에John Thies, 조지 밴더하이든George Vanderheiden.

나는 피델리티의 헌신적인 펀드매니저들로부터도 많은 도움을 받았다. 고故 제프 버마이어Jeff Barmeyer, 개리 버크헤드Gary Burkhead, 윌리엄 대노프William Danoff, 조지 도몰스키George Domolky, 베티나 덜튼Bettina Doulton, 빌 입스워스Bill Ebsworth, 리치 펜틴Rich Fentin, 카리 파이어스톤Karie Firestone, 밥 하버Bob Haber, 스티브 케이Steve Kaye, 앨런 라이퍼Alan Leifer, 브래드 루이스Brad Lewis, 스티브 피터슨Steve Peterson, 켄 리처드슨Ken Richardson, 밥 스탠스키Bob Stansky, 베스 테라나Beth Terrana, 고故 어니스트 위긴스Ernest Wiggins.

또한 마젤란 펀드의 주식매매를 담당해준 뛰어난 직원들에게도 도움을 받았으며, 특히 마젤란 펀드가 소규모 펀드에서 수십억 달러 규모로 성장하도록 도와준 분들에게 감사드린다. 로버트 번스Robert Burns, 칼린 데루카 오브라이언Carlene De Luca O'Brien, 배리 라이든Barry Lyden.

나는 월스트리트의 온갖 약점들을 들추어냈지만, 증권회사 산업 애널리스트와 펀드매니저라는 두 그룹의 친구와 동료들로부터 도움을 받았다. 이번에도 몇몇 사람들만 열거하므로, 누락된 분들에게 용서를 구한다.

애널리스트 명단

존 애덤스John Adams(애덤스 하크니스 앤드 힐Adams, Harkness & Hill)

마이크 아르멜리노Mike Armellino(골드만삭스Goldman, Sachs & Co.)

스티브 베르만Steve Berman

앨런 보텔Allan Bortel

존 버크Jon Burke

놈 카리스Norm Caris(그룬털 앤드 코Gruntal & Co.)

톰 클리페인Tom Clephane(모건 스탠리Morgan Stanley & Co.)

아트 데이비스Art Davis

고故 돈 디센저Don DeScenza(노무라 시큐리티즈Nomura Securities)

데이비드 아이젠버그David Eisenberg(샌퍼드 번스타인Sanford Bernstein)

제리 에퍼슨Jerry Epperson

조 프래재너Joe Frazzano

딕 프레더릭스Dick Fredericks

조너선 겔스Jonathan Gelles

제인 길디Jane Gilday(매킨리 올소프McKinley Allsopp)

매기 길리엄Maggie Gilliam

톰 핸리Tom Hanley

허브 하트Herb Hardt(모니스 크레스피 하트 앤드 코Monness, Crespi, Hardt & Co., Inc.)

브라이언 하라Brian Harra(브린 머리 포스터 시큐리티즈Brean Murray, Foster Securities)

아이러 허시Ira Hirsch(포틴 리서치 코프The Fourteen Research Corp.)

에드 하이먼Ed Hyman

샘 이샐리Sam Isaly

리 이스거Lee Isgur

로버트 존슨Robert Johnson

조 졸슨Joe Jolson

폴 켈러허Paul Keleher

존 켈레니John Kellenyi

댄 리Dan Lee

밥 맬러니Bob Maloney(우드 건디 코프Wood Gundy Corp.)

피터 마커스Peter Marcus

제이 멜처Jay Meltzer(골드만삭스Goldman Sachs & Co.)

톰 피트리Tom Petrie

래리 레이더Larry Rader

톰 릭터Tom Richter(로빈슨 험프리Robinson Humphrey)

빌 리트커Bill Ritger(딜런 리드 앤드 코Dillon Reed & Co.)

엘리엇 실랭Elliot Schlang

엘리엇 슈나이더Elliot Schneider(그룬털 앤드 코Gruntal & Co.)

릭 슈나이더Rick Schneider

돈 신서바우Don Sinsabaugh(스워골드 셰피츠 앤드 신서바우Swergold, Chefitz & Sinabaugh)

스타인 솔버그Stein Soelberg(베어드 패트릭 앤드 코Baird, Patrick & Co.)

오크스 스폴딩Oakes Spalding

스튜어트 스펙터Stewart Spector

조셉 스테클러Joseph Stechler(스테클러 앤드 코Stechler & Co.)

고故 잭 설리번Jack Sullivan(밴 캐스퍼 앤드 코Van Kasper & Co.)

데이비드 월시David Walsh

스킵 웰스Skip Wells(애덤스 하크니스 앤드 힐Adams, Harkness & Hill)

펀드매니저 명단

제임스 로저 베이컨James Roger Bacon(퍼트넘 매니지먼트Putnam Management)

조지 볼트리스George Boltres(티드만 칼린 볼트리스Tiedman, Karlin, Boltres)

톰 캐시먼Tom Cashman(매사추세츠 파이낸셜 서비스Massachusetts Financial Services)

켄 캐시디Ken Cassidy(캐시디 인베스트먼트Cassidy Investments)

토니 코프Tony Cope

리처드 코넬리어슨Richard Corneliuson

제럴드 커티스Gerald Curtis(웹스터 매니지먼트Webster Management)

피터 데로스Peter deRoetth(어카운트 매니지먼트Account Management)

톰 던컨Tom Duncan(프런티어 캐피털 매니지먼트Frontier Capital Management)

찰스 플레이더Charles Flather(미들그린 어소시에이츠Middlegreen Associates)

리처드 프루치Richard Frucci(퍼트넘 매니지먼트Putnam Management)

마리오 가벨리Mario Gabelli(가벨리 앤드 컴퍼니Gabelli & Company)

밥 긴텔Bob Gintel(긴텔 앤드 컴퍼니Gintel & Company)

딕 골드스타인Dick Goldstein(리처드 골드스타인 인베스트먼트Richard Goldstein Investments)

존 그루버Jon Gruber(그루버 캐피털 매니지먼트Gruber Capital Management)

폴 하겐센Paul Haagensen(퍼트넘 매니지먼트Putnam Management)

빌 해리Bill Harri(은퇴)(매사추세츠 파이낸셜 서비스Massachussetts Financial Services)

켄 히브너Ken Heebner(캐피털 그로스 매니지먼트Capital Growth Management)

필립 헴플먼Philip Hempleman(어즐리 파트너스Ardsley Partners)

고故 에드 휴브너Ed Huebner(헬먼 조던 매니지먼트Hellman, Jordan Management)

리처드 조드카Richard Jodka

고故 올던 존슨 2세H. Alden Johson, Jr.(매사추세츠 파이낸셜 서비스Massachussetts Financial Services)

도널드 켈러Donald Keller(로버트 앤드 설리번Rollert & Sullivan)

데이비드 나이트David Knight(나이트 베인 시스 앤드 홀브룩Knight, Bain, Seath & Holbrook)

캐시 매그래스Kathy Magrath(밸류퀘스트Valuequest)

테리 매그래스Terry Magrath(밸류퀘스트Valuequest)

에드 머사이어스Ed Mathias(칼라일 그룹The Carlyle Group)

조 맥네이Joe McNay(에식스 인베스트먼트 매니지먼트Essex Investment Management)

빌 밀러Bill Miller(레그 메이슨Legg Mason)

닐 밀러Neal Miller(피델리티Fidelity)

데이비스 밀즈David Mills

어니스트 먼래드Ernest Monrad(노스이스트 인베스터Northeast Investors)

존 네프John Neff(은퇴)(웰링턴 매니지먼트Wellington Management)

마이클 프라이스Michael Price(MFP인베스터MFP Investors, LLC)

지미 로저스Jimmy Rogers

빙클리 쇼츠Binkley Shorts(웰링턴 매니지먼트Wellington Management)

릭 스필레인Rick Spillane(이튼 밴스Eaton Vance (현재 피델리티))

리처드 스트롱Richard Strong(스트롱 코넬리어슨Strong Corneliuson)

이크 밴 오테를로Eyk Van Otterloo(그랜덤 메이요 밴 오테를로Grantham, Mayo, Van Otterloo)

어니스트 본 메치Ernst H. von Metzch(웰링턴 매니지먼트Wellington Management)

월리 워드먼Wally Wadman(컨스티튜션 리서치 앤드 매니지먼트Constitution Research & Management Inc.)

매트 웨더비Matt Weatherbie(웨더비 앤드 코M. A. Weatherbie & Co., Inc.)

지난 40년 동안 우리 가족의 친구가 되어주신 탁월한 분, 보스턴 대학교의 존 콜린스John J. Collins, S. J. 신부님께 특별히 감사드린다. 신부님은 내가 대학교에 다닐 때 재무처장이었으며, 내게 유용한 지식을 많이 가르쳐주셨다. 나중에 신부님은 세 아이 모두에게 영세를 주셨고, 나와 보스턴대학교 재학생 및 졸업생 수백 명에게 끊임없이 도움을 주셨다.

이 책은 맬러스피나 커뮤니케이션Malaspina Communication의 페기 맬러스피나Peggy Malaspina의 끈질긴 노력이 없었으면 절대로 나올 수 없었다. 또한 제인 래셔웨이Jane Lajoie와, 몇 달 동안 이 책의 사실을 조사하고 확인해준 작가 데릭 니더먼Derrick Niederman에게도 감사드린다. 피델리티 연구소 도서실 캐시 데이비스Cathy Davis와 잭 카힐Jack Cahill, 피델리티 기술부의 로버트 힐Robert Hill, 피델리티 주식조사부와 다른 펀드매니저 여러분, 특별히 도와준 베티나 덜튼Bettina Doulton, 친절하게 늦은 시간까지 도와준 비서 네 사람 폴라 설리번Paula Sullivan, 이블린 플린Evelyn Flynn, 나탈리 트래커스Natalie Trakas, 캐런 쿠니오Karen Cuneo에게도 감사드린다.

이 프로젝트를 처음부터 끝까지 도와주신 사이먼 앤드 슈스터Simon & Schuster의 선임 편집자 밥 벤더Bob Bender와 도 쿠버 에이전시Doe Coover Agency의 도 쿠버Doe Coover에게도 특별히 감사드린다.

끝으로 이 책이 나올 수 있게 해준 존 로스차일드John Rothchild에게 최고의 경의를 표한다. 그의 태도, 재능, 유연성, 탁월한 근면성이 지난 1년 동안 내게 더없이 소중했다.

전설로 떠나는
월街의 영웅

초   판 1쇄 발행 1995년 5월 30일
개정3판 1쇄 발행 2021년 7월 30일
개정3판 25쇄 발행 2025년 1월 2일

지은이 피터 린치, 존 로스차일드
옮긴이 이건
감수자 홍진채
펴낸이 이종문(李從聞)
펴낸곳 국일증권경제연구소

등   록 제406-2005-000029호
주   소 경기도 파주시 광인사길 121 파주출판문화정보산업단지(문발동)
사무소 서울시 중구 장충단로8가길 2(장충동 1가, 2층)

영업부 Tel 02)2237-4523 | Fax 02)2237-4524
편집부 Tel 02)2253-5291 | Fax 02)2253-5297
평생전화번호 0502-237-9101~3

홈페이지 www.ekugil.com
블 로 그 blog.naver.com/kugilmedia
페이스북 www.facebook.com/kugilmedia
E - mail kugil@ekugil.com

ISBN 978-89-5782-594-5 (13320)